KB273889

高麗時代 敎育制度史 硏究

朴贊洙

景仁文化社

머 리 말

　필자가 고려시대의 교육 제도에 관심을 갖게 된 것은 지금부터 20여년 전이었다. 당시 民族文化推進會의 古典國譯 사업에 참여하면서 여러 자료를 접하다 보니 그때까지 알고 있었던 고려시대의 교육 제도에 대한 인식에 의문이 가기 시작했다. 첫번째 의문은 고려시대 지방 교육 제도에서 시작되었다. 당시의 통설은 고려시대 지방 교육 기관의 명칭은 鄕學이고, 鄕校는 고려 후기 성리학 전래 이후 麗末鮮初에 전국적으로 확산·보급되었다는 것이었다.

　그런데 필자의 눈에는 향교란 단어가 고려 중기 이후 심심찮게 散見되는 것이었다. 이것이 계기가 되어 자료를 모아 엮어 낸 것이 「高麗時代의 鄕校」(『韓國史硏究』 42, 1983)였다. 여기에서 필자는 고려시대 지방 교육 기관의 실체는 향교였고, 그 기원은 成宗대까지 거슬러 올라간다는 사실을 확인할 수 있었다.

　한편 위의 논문을 쓰기 위해 참고 자료를 섭렵하는 과정에서 무심코 지나쳤던 고려시대 교육 제도에 관한 의문이 하나하나 떠오르기 시작했다. 국초부터 開京에 中央官學이 있었을까. 국자감은 언제 설립되었을까. 高麗學式 규정대로 國子監에는 父祖의 官爵에 따라 입학을 달리하는 國子監·太學·四門學이란 학제가 실제로 존재하고 운영되었을까. 私學 12徒는 고려말까지 사학의 전통을 이어 왔을까. 崔冲이 세웠다고 하는 9齋의 성격은 어떤 것이었을까. 그 동안 이에 관한 여러 연구자들의 훌륭한 연구 성과가 많이 나왔지만 이러한 문제들에 대해 속시원히 대답해 준 것은 별로 없었다.

필자의 본 연구는 이러한 의문점들을 究明함으로써 고려시대 교육 제도의 체계를 밝히려는 목적에서 출발했다. 천성이 본래 게으른데다 생업의 여가에 연구를 진행하다 보니, 10년 가까운 세월이 흘러서야 겨우 한 권의 學位論文을 세상에 내놓을 수 있었다. 하지만 이를 곧바로 책으로 발간하기에는 한계가 있었다. 내용이 썩 마음에 내키지 않았을 뿐 아니라 한문으로 된 인용문을 번역하고, 불충분한 부분은 자료를 찾아 논지를 보완해야만 했다.

게다가 章·節을 바꾸어 새롭게 편집해야 했기 때문이다. 이 과정에서 또 7년을 소모했으니, 처음 연구를 시작한 이래 한 권의 연구서가 완성되기까지 이러구러 두 번이나 강산의 변화를 겪은 셈이다. 필자의 타고난 게으름을 탓할 뿐이다.

그러나 이렇게 늦게나마 굳이 上梓하려는 의도는 아직까지 고려시대의 교육 제도에 대한 체계적인 연구가 이루어지질 않아 개설서를 읽는 많은 독자들이 혼동을 일으키는 현실을 안타깝게 여겨서이다. 그렇다고 감히 이 책이 고려 교육체계를 바로잡았다고 스스로 자부하는 것은 아니다. 고려시대의 교육 관련 자료가 零星하고 해석상의 한계가 있어 논지의 전개 여하에 따라 다른 결론이 도출될 수도 있을 것이기 때문이다. 다만 본서가 이러한 자료상의 한계를 극복하고 고려시대 교육제도사의 체계를 세우는 데 일조를 함으로써 고려시대사를 올바르게 이해하는 데 도움이 될 수 있다면 필자로서는 더 바랄 것이 없겠다.

이 책이 세상에 나오기 위해서는 여러 분들의 지도와 후원이 있었다. 특히 연구를 진행하는 과정에서 아낌없는 지도와 조언을 해주신 朴龍雲·閔賢九·朴性鳳·閔丙河·李成茂 등 여러 선생님들께 감사를 드리며, 촉박한 논문 제출 기일을 맞추느라 허둥댈 때

밤을 도와 함께 입력과 교정을 도와 준 趙洙翼 형께도 늦게나마 감
사의 뜻을 표한다.

　어려운 국학계의 출판 여건 하에서 본서의 출간을 흔쾌히 맡아
주신 景仁文化社 韓相夏 회장님, 여러 차례의 체재 변경 과정의 수
고를 마다 않고 아담한 책으로 만들어 주신 申鶴泰 편집부장 이하
직원 여러분, 그리고 叢書체재에 맞추기 위하여 처음부터 끝까지
검토해 준 高麗史學會 李相植 간사의 노고에 감사를 드린다. 마지
막으로 어려운 여건 하에서 묵묵히 內助해 준 아내(金弼順)에게 이
자리를 빌어 고맙다는 말을 하고 싶다.

2001년 1월

저　자

〈차 례〉

머리말

序 章 ··· 11

  1. 연구 동향 ······································ 11
  2. 연구 방향 ······································ 17

第1章 고려 전기의 國子監 ························· 21

  I. 羅末麗初의 교육 ······························ 23
    1. 시대적 배경 ································· 23
    2. 교육 실태 ··································· 24

  II. 고려의 건국과 교육 정책 ···················· 27
    1. 太祖와 光宗의 교육 이념 ················· 27
      1) 太 祖 ··································· 27
      2) 光 宗 ··································· 29
    2. 고려 건국 초기의 학교 문제 ·············· 31
      1) 국초의 학교 문제 ····················· 31
      2) 고려 초기의 지방 학교 ················ 33
      3) 文翰機關 ······························ 43

  III. 國子監의 성립과 興替 ······················ 50
    1. 成宗의 정치·교육 이념 ·················· 50
      1) 成宗의 정치 이념 ····················· 50
      2) 成宗의 교육 이념 ····················· 54
    2. 國子監의 성립과 구성 ··················· 56
      1) 國子監의 성립 ························· 56
      2) 國學의 호칭 문제 ····················· 62
      3) 國子監의 職官 ························· 64
      4) 國子監生의 신분과 입학 자격 ·········· 72

3. 國子監의 발전과 쇠퇴 ……………………………………………… 75

1) 國子監의 발전 ……………………………………………… 75

2) 官學의 쇠퇴 ………………………………………………… 78

第2章 고려 중기의 國子監 개혁과 그 운용 …………………… 85

Ⅰ. 睿宗의 國子監 개혁과 그 운용 ………………………………… 87

1. 개혁 이전의 국자감 교육 ……………………………………… 87

2. 예종의 교육 개혁과 국학 진흥 ……………………………… 91

1) 예종의 교육 정책 …………………………………………… 91

2) 7齋의 成立 …………………………………………………… 93

3) 7齋生의 선발고사-升補試 ……………………………… 98

4) 齋生과 과거제도 …………………………………………… 106

5) 三舍制 ………………………………………………………… 110

(1) 三舍制의 성립 ………………………………………… 110

(2) 三舍制의 성격 ………………………………………… 112

Ⅱ. 學式의 검토 ……………………………………………………… 116

1. 성립 시기와 내용 ……………………………………………… 118

1) 성립 시기 …………………………………………………… 118

2) 學式 내용 …………………………………………………… 121

2. 學式과 國子監 구성 …………………………………………… 124

1) 三學-國子學·太學·四門學-의 검토 …………………… 124

(1) 國子學 ………………………………………………… 124

(2) 太 學 ………………………………………………… 127

(3) 四門學 ………………………………………………… 134

2) 及第前 자격 ………………………………………………… 139

3. 국자감 운용 …………………………………………………… 143

1) 입학 자격과 학생 정원 …………………………………… 143

(1) 입학 자격 ……………………………… 143

(2) 학생 정원 ………………………………… 148

2) 교과 과정과 수업 연한 ……………………… 151

(1) 교과 과정 ………………………………… 151

(2) 수업 연한 ……………………………… 153

第3章 고려 후기 國學의 변천 ……………………… 157

Ⅰ. 무신 집권기의 교육 …………………………… 159

1. 전반기의 교육 ……………………………… 160

2. 抗蒙期의 교육 ……………………………… 163

Ⅱ. 몽고 간섭기의 국학 교육 ……………………… 167

1. 충렬왕대의 교육 정책 …………………… 167

2. 安珦의 국학 진흥 ……………………… 170

1) 安珦의 교육 이념 ……………………… 170

2) 養賢庫 확충과 국학 復興 …………… 172

3) 교수 확보와 교육 효과 ……………… 173

Ⅲ. 고려 말기의 교육 개혁 ………………………… 175

1. 공민왕대의 과거제 개혁과 흥학 ………… 175

2. 공양왕대의 교육 …………………………… 182

第4章 고려시대 鄕校의 성립과 발전 ………………… 185

Ⅰ. 고려 전기의 鄕校 ……………………………… 187

1. 鄕校의 始設 ……………………………… 187

2. 鄕校의 발전 ……………………………… 190

Ⅱ. 고려 후기의 鄕校 ……………………………… 202

1. 무신 집권기의 鄕校 …………………… 202

2. 말기 鄕校의 復興 ……………………… 206

Ⅲ. 고려 鄕校의 실태 …………………………………… 219
  1. 향교의 시설과 운영 ……………………………… 219
  2. 향교 교수와 생도 ………………………………… 224
  3. 교과 과정 ………………………………………… 230
  4. 지방 교육과 향교 ………………………………… 233

第5章 私學十二徒의 성립과 變遷 ……………………… 239

Ⅰ. 서 언 ……………………………………………… 241

Ⅱ. 고려 전기 私學의 발달 …………………………… 243
  1. 私學의 기원과 12徒의 발전 …………………… 243
  2. 私學 발달의 시대적 배경 ……………………… 253
  3. 9齋의 성격 문제 ………………………………… 257

Ⅲ. 고려 후기 私學의 변천 …………………………… 264
  1. 몽고 침략 이전의 私學十二徒 ………………… 264
  2. 私學十二徒와 夏課의 부활 …………………… 266
  3. 私學十二徒의 官學化 ………………………… 269
  4. 9齋의 위치 문제 ………………………………… 278

Ⅳ. 私學十二徒의 역사적 의의 ……………………… 281

結 論 …………………………………………………… 283

附 錄 …………………………………………………… 291

찾아보기 ………………………………………………… 305

序 章

1. 연구 동향

고려시대 敎育史를 주제로 한 연구는 한일합병 직후 일본인들이 朝鮮敎育史 서술[1]의 일부로서 언급한 것 외에는 柳洪烈의 「麗末鮮初의 私學」이 최초이다.[2] 그러나 이 연구는 제목이 말해주는 바와 같이 고려시대 교육의 주류가 私學이라고 보았고, 이 사학이 조선전기 書院의 母胎라는 관점에서 서술했기 때문에 고려시대 사학에 관한 인식은 극히 제한적이었다. 그 후 李萬珪가 『朝鮮敎育史』를 저술하면서 고려시대의 교육 제도·과거제도·교육사상가에 이르

---

1) 이들의 연구 동기는 日帝의 植民地政策 수립을 위한 자료 제공과 식민 통치의 합리화를 도모하기 위하여 추진되던, 재래의 한국 사회에 대한 연구의 일부로서 한국 교육사를 정리했기 때문에 그 결론은 한국 교육이 遲滯不毛하다든가 아예 없었다는 식의 부정 일변도였다(渡部學, 『近世朝鮮敎育史研究』 第二章 朝鮮敎育觀の二形態 참조). 이들 저술은 다음과 같다.
　①幣原坦, 『朝鮮敎育論』, 1919.
　②高橋亨, 『朝鮮の敎育制度略史』, 朝鮮總督府學務局, 1920.
　③小田省吾, 『高麗敎育制度史』, 朝鮮史講座分類史, 1924.
2) 『靑丘學叢』 24, 1936.

기까지 원 사료를 인용하고 실증적인 연구를 함으로써 비로소 고려시대 교육사의 윤곽이 어느 정도 드러나게 되었다.[3]

그 이후 40여 년이 지난 지금, 이 분야에 관한 연구는 한 권의 저서[4]와 40여 편의 논문이 간행될 만큼 연구 업적이 축적되었다. 본서에서는 이들 성과를 일일이 거론하지 않고, 관련 논문들을 주제별로 일괄적으로 열거했다. 다만 견해의 차이는 논지를 전개해 나가는 과정에서 인용하면서 비교 검토할 것이다.

그 동안의 교육사 분야 연구 동향을 요약하면 대략 다음의 5개 부문으로 나누어 볼 수 있다.

첫째, 고려 건국 초기의 학교와 國子監 설치 문제이다.[5]

초기의 연구자들은 성종 11년(992) 12월의 국자감 창건 교서를

---

3) 李萬珪,『朝鮮教育史』上·下, 乙酉文化社, 1947·1949.
4) 申千湜,『高麗教育制度史研究』, 螢雪出版社, 1983.
5) 이 문제에 관련된 주요 논문으로는 다음과 같은 것들이 있다.
　　①金光洙,「羅末麗初의 地方學校問題」『韓國史研究』7, 1972.
　　②李基東,「羅末麗初 近侍機構와 文翰機構의 擴張—中世的 側近政治의 志向—」『歷史學報』77, 1978.
　　③申瀅植,「宿衛學生考」『歷史教育』11·12 合輯, 1969.
　　④李基白,『高麗光宗研究』, 一潮閣, 1981.
　　⑤閔丙河,「高麗時代의 教育制度—特히 國子監을 中心으로—」『歷史教育』2, 1957.
　　⑥李基白,「新羅統一期 및 高麗初期의 儒教的 政治理念」『大東文化研究』6·7 合輯, 1969~1970.
　　⑦朴晴湖,「高麗時代의 儒學發達과 私學十二徒의 功績」『史叢』2, 1957.
　　⑧＿＿＿,「國子監과 私學」『한국사』6, 國史編纂委員會, 1975.
　　⑨金貞玉,「高麗時代 教育制度에 대한 一考察」『梨大七十周年紀念論文集』, 1956.
　　⑩朴天植,「高麗時代의 國子監 沿革考」『全北史學』6, 1982.
　　⑪申千湜,「高麗國子監의 教育職官 變遷」『史學研究』36, 1983;『高麗教育制度史研究』, 螢雪出版社, 1983.
　　⑫＿＿＿,「高麗前期 學制成立과 教育理念」『高麗教育制度史研究』, 螢雪出版社, 1983.
　　⑬金奉斗,「高麗前期 教育政策에 關한 考察」『國史研究』3, 朝鮮大, 1982.

근거로 成宗 11년을 국자감 설치 연대로 보아 왔다. 그러나 태조 13년, 西京에 行幸하여 학교를 세웠다는 기사를 근거로, 서경에 학교를 세웠으니 개경에는 물론 학교가 있었을 것이라는 당위론과, 選擧志 서문에 '태조는 먼저 학교를 세웠다'고 하는 기사를 토대로 보건대, 고려는 국초부터 국립대학격인 관학을 개경에 세웠었고, 그것을 國學이라 불렀다. 그리고 국학이 성종 초에 국자감으로 명칭을 바꾸고, 동왕 11년에는 국자감 學舍를 창건하고 국립대학으로서의 면모를 일신했는데, 이때 이미 國子學·太學·四門學의 구분도 생겼다(註 5)-⑧ 참조).

국자감은 그 후 발전을 거듭하다가 현종대에 거란의 침입으로 위축되었고, 문종대에는 私學 12徒의 출현으로 중앙관학으로서의 권위를 상실했다. 사학 12도는 科擧 교육을 철저히 실시하여 급제자를 많이 배출함으로써 숙종대에 오면 國子監 폐지론이 宰臣들의 입에서 나올 정도였다.

다음은 사학 12도의 성립과 발전 문제이다.[6]

문종대에 이르러 國子監이 국립대학으로서의 기능을 상실하자 교육에 뜻이 있는 儒臣 문관들은 致仕 후 다투어 사학을 설립했다. 이들은 문종 9년(1055)에 설립한 崔冲의 徒를 필두로 숙종대의 黃瑩에 이르기까지 30~40년 동안에 10여 도가 설립되었는데, 이들을 '私學 12徒'라 했다.

이들 사학에서는 九經·三史를 중요 과목으로 하고, 겸하여 詩·賦 등 詞章도 공부시켰다. 매년 한여름이 되면 절이나 林間을 찾아

---

6) 이에 관련된 論文들은 다음과 같다.

　①柳洪烈, 「麗末鮮初의 私學」『靑丘學叢』 24, 1936.

　②朴晴湖, 「高麗時代의 儒學發達과 私學十二徒의 功績」『史叢』 2, 1957.

　③朴性鳳, 「國子監과 私學」『한국사』 6, 國史編纂委員會, 1975.

　④尹南漢, 「儒學의 性格」『한국사』 6, 國史編纂委員會, 1975.

　⑤金忠烈, 「崔冲의 私學十二徒」『高麗儒學史』, 高麗大出版部, 1984.

　⑥孫仁銖, 「韓國私學의 傳統과 崔冲의 位置」『崔冲研究論叢』, 慶熙大 傳統文化研究所, 1984.

급제한 先達들을 教導로 삼아 시 짓기를 했으므로 과거의 급제율도 높았다.

특히 崔冲은 학생들이 모여들자 이들을 여러 齋에 나누어 수용했는데, 이것이 이른바 樂聖·大中·誠明·敬業·造道·率性·進德·大和·待聘의 9齋이다. 이 9재는 단순한 분반이 아니라 교과과정에 따른 진학 단계였다는 것이다(註 6)-③~④참조). 그리고 이 私學 12徒는 여말까지 9齋로 뒤섞여 불리면서 잔존하다가 恭讓王 3년, 폐지될 때까지 私立 교육기관으로서의 명맥을 유지해 왔다는 것이다.

셋째, 예종대의 7齋 문제이다.7)

이 7齋는 침체해 가고 있던 국자감을 쇄신하기 위하여 儒學經典인 6經과 武學을 전공으로 하는 전문 강좌를 개설했다. 시험으로 학생들을 선발하고, 이들 齋生에게는 성적에 따라 禮部試에 直赴할 수 있는 특전도 부여했다. 이렇게 되자 이제까지 사학을 선호하고 국학을 기피하던 귀족의 자제들이 국자감으로 모여들어 국학은 중흥의 계기를 맞았다.

그런데 이 7齋의 성격에 대해서는 종전의 국자감이 칠재로 개편되었다는 주장(註 8)-① 참조)과 국자감 학생들이 일반 국자감생 및 보다 상급 수준의 7齋生으로 이원화되었으며, 이 중 7재생이 宋의

---

7) 이에 관련 된 논문들은 다음과 같다.

①許興植, 「高麗科擧의 應試資格」『高麗科擧制度史研究』, 一潮閣, 1981.

②辛虎雄, 「高麗中期 國學에 관한 小考-그 構成과 敎育課程을 中心으로-」『韓國學論叢』2, 1982.

③申千湜, 「高麗中期 敎育理念과 國子監運營-睿宗의 敎育改革을 中心으로-」『高麗敎育制度史研究』, 螢雪出版社, 1983.

④______, 「高麗時代 武科와 武學」『軍史』7, 1983.

⑤朴性鳳, 「國子監과 私學」『한국사』6, 國史編纂委員會, 1975.

⑥金貞玉, 「高麗時代 敎育制度에 對한 一考察」『梨大七十周年紀念論文集』, 1956.

⑦朴贊洙, 「高麗學式에 대한 再檢討」『國史館論叢』21, 1991.

영향을 받아-宋의 3舍制는 外舍·內舍·上舍로 구성되었다-上舍에 해당된다는 주장(註 7)-①참조), 明經이 침체되자 유교 경전을 연구하기 위한 전문적 교육 기관이라는 주장(註 7)-③ 및 8)-④ 참조) 등 세 가지 설이 있다.

넷째, 仁宗대에 詳定했다는 學式 문제이다.[8]

이 學式은 정확한 시기는 알 수 없으나 仁宗 때 式目都監이 제정되었다고 한다. 그 내용을 보면 學部에 따른 입학자의 신분, 학생 수, 입학 제한 대상, 학부의 구성, 교과 과정 및 수업 연한 등 고려 교육 제도에 관한 포괄적인 내용을 담고 있어 교육사 연구가들에게 상당한 주목을 받아 왔다.

최근까지 부분적인 견해 차이는 있었지만 이 학식을 바탕으로 고려 전 시대에 걸쳐 學制가 구성되고 學事가 운영되어 왔다는 인식이 별다른 의심 없이 받아 들여져 왔다. 그러다가 1980년대에 들어와서 이 학식의 운용에 대한 의문이 제기되었다. 그 하나는 國子監·太學·四門學 학생의 입학 자격과 신분에 대한 의문이고(註 7)-② 참조), 다른 하나는 이 학식이 통설과 같이 고려시대 전 시기에 걸쳐 운용된 것이 아니고, 仁宗대 이후 고려의 귀족화 성격의 가속화와 더불어 시행되었다는 것이다(註 7)-③ 및 8)-④ 참조).

다섯째, 지방 학교 즉 鄕校 문제이다.[9]

---

8) 이에 관련된 論文들은 다음과 같다.
　　①閔丙河,「高麗 '學式'考」『成均館大論文集』 11, 1966.
　　②朴性鳳,「國子監과 私學」『한국사』 6, 國史編纂委員會, 1975.
　　③辛虎雄,「高麗前期의 敎育政策과 官學」『關東史學』 1, 1982.
　　④申千湜,「高麗中期 敎育理念과 國子監運營-仁宗代의 學式을 中心으로-」『明知史論』 創刊號, 1983;『高麗敎育制度史研究』 螢雪出版社, 1983.
　　⑤朴贊洙,「高麗學式에 대한 再檢討-儒學部를 中心으로-」『國史館論叢』 21, 1991.
9) 이에 관련된 논문들은 다음과 같다.
　　①柳洪烈,「麗末鮮初의 私學」『靑丘學叢』 24, 1936.
　　②金貞玉,「高麗時代 敎育制度에 對한 一考察」『梨花女大七十周年紀念論文集』, 1956.

　　고려시대 지방 교육에 대한 연구는 그 동안 중앙의 관학이나 私學 12徒 등에 비해 매우 저조하다. 특히 지방의 관립 교육 기관인 鄕校를 주제로 한 연구는 1980년대 초기까지도 전무하며, 중앙의 교육 제도 연구나 과거제도 연구 등에 부수적으로 언급되어 왔다. 더욱이 고려시대의 지방 학교는 仁宗 때 설치되기 시작했는데, 그 명칭도 '鄕學'이라 하여 조선시대의 향교와는 성격이 다른 것이며, 이 향학마저 지방 통치조직의 미숙성 등으로 전국적으로 보급되지 못했다고 보았다. 그러다가 麗末鮮初 성리학의 보급과 더불어 향교가 설치되기 시작했다는 것이다(註 9)-④ 참조). 그후 1983년에 향교를 주제로 다룬 연구가 발표된 이래(註 9)-⑧ 참조) 비로소 개설서에서도 고려시대의 지방 학교를 향교라고 기술하게 되었으며,10) 뒤이어 향교의 변천과 그 교육 정책에 대한 연구가 발표되어(註-9)-⑩~⑪ 참조) 지방 학교에 대한 인식에 일대 전환을 가져 왔다.

　　이상에 열거한 문제들이 고려시대 교육사 관련 연구 실적을 총망라하지는 못했지만, 그래도 고려시대 교육사의 줄거리는 거론한 것이라 생각된다. 이상과 같은 연구 실적을 비교 검토하면서 본 연구의 論旨를 전개해 나갈 것이다.

---

③朴晴湖, 「高麗時代의 儒學發達과 私學十二徒의 功績」『史叢』 2, 1957.
④李成茂, 「朝鮮初期의 鄕校」『李相玉回甲紀念論文集』, 敎文社, 1970.
⑤金光洙, 「羅末麗初의 地方學校問題」『韓國史硏究』 7, 1972.
⑥李秉烋, 「麗末鮮初의 科業敎育 -書齋를 중심으로-」『歷史學報』 67, 1975.
⑦朴性鳳, 「國子監과 私學」『한국사』 6, 國史編纂委員會, 1975.
⑧朴贊洙, 「高麗時代의 鄕校」『韓國史硏究』 42, 1983.
⑨宋春永, 「高麗時代의 西京學校」『大丘史學』 28, 1985.
⑩＿＿＿, 「高麗時代 鄕校의 變遷史的考察」『歷史敎育』 41, 1987.
⑪＿＿＿, 「高麗時代의 鄕校敎育政策」『歷史敎育論集』 제11집, 慶北大邱 歷史敎育學會, 1987. 12.
10) 朴龍雲, 『高麗時代史』, 378쪽, 一志社, 1985.

2. 연구 방향

　앞에서 고려시대의 연구 성과들을 훑어보았다. 언뜻 보면 이 연구들을 통해 고려시대 교육사의 대체적인 윤곽이 잡힐 듯도 하지만, 자세히 보면 의문점이 많다는 것도 부인할 수 없다. 고려 건국 초기의 중앙 관학은 정말 國學이었을까, 국자감과의 관계는 어떠하며, 교육을 통한 化民成俗이라는 成宗의 유교적 정치·교육 이념에 의해 발전을 거듭하던 국자감이 불과 얼마 뒤에 국자감 폐지론까지 나오게 된 역사적 배경은 무엇이었을까, 그리고 私學 12徒는 원래의 성격을 지니면서 고려말까지 계승되었을까 등등에 대해 뚜렷한 답을 제시한 연구 성과는 없는 것 같다.

　이외에도 7齋의 위상과 성격, 式目都監이 상정했다는 學式 해석, 國子監·太學·四門學의 학생 신분에 대한 학식의 규정의 실제성, 그 운용 실태 등은 여전히 논란의 대상이다.

　지방 학교에 대해서도 그 설치 및 호칭·시기 등은 논의가 귀결되지 않았다. 가장 큰 이유는 우선 고려시대 교육의 체계가 정립되지 않았기 때문이다. 교육 체계의 정립은 교육 제도의 정확한 이해를 위한 전제 조건이며, 교육 제도의 올바른 규명은 과거제 연구의 선결 요건이고, 과거 급제자들이야말로 고려 사회를 이끌어 온 한 축임을 감안할 때, 교육사 연구의 필요성은 더욱 절실해진다고 하겠다.

　본 연구는 고려 교육사에서 그동안 쟁점이 되었던 고려 초기의 학교와 國子監 설치 문제, 고려 전기의 교육 개혁, 고려 후기 교육 제도의 변천, 고려시대 향교의 성립과 발전, 私學 12徒의 성립과 변천 등을 5章으로 나누어 서술했다. 이들 각 장들은 독립된 논문으로서 각각의 논지에 충실했지만, 덧붙여 역사의 계기적 발전 과정에서 각 교육 제도들이 어떻게 유기적으로 변천해 왔는가를 밝힘으로써 고려시대 교육사의 체계적 이해에 도움을 주자는 점도 고려했다.

제1장 「고려 전기의 國子監」에서는 고려 초기의 학교 문제와 국자감의 성립 및 그 성쇠를 다루었다. 본장은 다시 몇 개 부문으로 나누어 검토했다.

첫째는 건국 초기의 중앙 학교 문제이다. 통설에 의하면 국초의 학교는 그 명칭이 '國學'이었으며 이 국학이 국자감으로 개편되었다는 것이다. 그런데 이 주장을 뒷받침할 만한 명확한 근거는 어디에도 찾을 수 없었다. 따라서 여기에서는 국초의 개경 학교의 實在 여부와 명칭을 살펴보고 한다. 그리고 만약 국학이 실재하지 않았다면 당시 중앙의 교육을 담당했던 기관이 무엇이었는가의 문제도 집중적으로 다룰 것이다.

두 번째는 국자감의 설치와 그 발전 문제이다. 과연 국학이 발전적으로 개편된 것인가, 아니면 국자감이 고려의 중앙 관학으로서 최초로 설립된 학교인가, 개편, 또는 설치된 시기는 언제인가. 이것은 成宗 초 지방 학생 260명을 불러 올렸다는 기사를 집중적으로 검토하면서 밝힐 것이다. 또 성종·목종대에 급증했던 과거 급제자 수가 현종·덕종 때에는 하락하는 데 이것이 중앙 관학의 흥쇠와 어떤 관련이 있는가도 살필 것이다.

제2장 「고려 전기 국자감의 개혁」에서는 예종대의 7齋와 인종대의 學式에 관해 논증했다. 먼저 예종의 7재 설치 동기가 침체되었던 관학의 기능을 회복하려 했다는 점에는 異論이 없다. 그러나 7재의 위상이나 성격에 대해서는 앞서의 연구 동향에서도 밝혔듯이 재론의 여지가 있다. 따라서 본장은 이들 문제를 집중적으로 검토하여 7재의 실체를 밝히는 데 중점을 두었다.

다음은 學式인데, 고려시대 교육사를 연구하는 대부분의 연구자들은 이 학식을 액면 그대로 받아들여 고려시대 5백년간의 교육사를 서술했다. 그러나 이 학식은 조금이라도 주의를 기울인다면 석

연치 못한 부분이 보인다. 우선 국자감 학생의 입학 자격에서부터 의문이 제기된다. 과연 학식에 명시된 대로 국자감에서는 國子學·太學·四門學·律學·書學·算學의 6學으로 분화되었을까. 그리고 그 입학 자격도 국자감은 3品 이상 자의 子·孫, 태학은 5품 이상 자의 子·孫, 사문학은 7품 이상 자의 子·孫 등으로 父祖의 官爵에 따라 입학 자격이 엄격히 구별되었을까. 형제간에도 입학 당시 아버지의 관작과 品階에 따라 각각 입학하는 곳이 달랐을까. 출생 때부터 혈통에 의해 직급이 제한되었던 신라와 같은 骨品制 사회라면 또 모르되, 貴族制 사회라고는 하지만 鄕吏의 자손도 일단 品官으로 出仕하면 宰樞의 반열에까지도 오를 수 있었던 상하간의 신분 이동이 상당히 개방적이던 고려 사회에서 그것이 가능한 일이었을까. 이런 의문점을 해결하기 위해 중국측 사료와 金石文 등에 나타난 실제 인물들의 가계 등을 검토했고, 이를 통해 이 학식을 다각도로 검토하여 그 운용 실태를 살펴보았다.

제3장은 고려 후기 국학의 변화에 관한 내용을 살펴보았다. 이 시기 220여년 간은 고려시대의 큰 시련기였다. 교육부분에서도 국학 교육이 일시 중단되는가 하면, 국자감의 명칭 또한 여러 차례 바뀌었다. 그러나 이 와중에서도 침체한 교육을 진흥시키려는 열성적인 노력도 진행되었다. 본장에서는 이 시기 교육 제도의 변천을 살펴보고, 아울러 교육 재건에 공이 큰 교육가의 노력을 중심으로 국학의 부흥을 고찰해 보았다.

제4장에서는 鄕校 문제를 다루었다.

成宗 6년, 12牧에 儒學 敎授를 파견하여 지방 자제들의 강학을 맡겼다. 고려시대 전 시기를 통하여 그들의 존재가 빈번히 나타나고 있다. 이 사실은 지방 교육 기관, 즉 鄕校를 통해 지방 교육이 수행되었던 것을 반증하는 것이다. 또 고려 후기 활발해진 鄕吏層이 과거를 통해 신분 상승했던 점도 당시의 대표적인 지방 교육 기관이었을 향교와의 관계에서 고찰할 필요가 있다.

따라서 본장에서는 고려시대 향교의 실체를 규명해 보았다. 고려시대 향교의 실체를 확인하기 위해 고려시대 향교의 설치시기, 역사적 변화과정, 향교의 제도와 교육 실태를 考究했다. 또 지방 교육에서의 향교의 비중, 불교국가인 고려에서 유학을 정치 지도 이념으로 하는 조선으로 교체되면서 어떻게 定型化했는가도 살펴보았다.

제5장에서는 私學 12徒의 실상과 변천 과정을 규명해 보았다.

私學 12徒는 國子監과 쌍벽을 이루는 대표적 교육 기관으로서 인식되어 왔다. 그런데 고려 전기 사학 12도의 기원 문제, 9齋의 성격 등에 미진한 점이 있다. 다만 자료의 부족을 이유로 후기의 사학 12도를 전기의 그것과 동일한 성격으로 파악하려는 것은 문제가 있다고 본다.

따라서 본장에서는 고려 전기의 두 가지 문제 중의 하나인 기원 문제를 成宗 때의 文官 私塾과의 관련 속에서 찾아보고, 다음 9재의 성격 문제는 각 齋와의 관련을 통해 밝혀보았다. 마지막으로 고려 후기 사학 12도의 官學化 과정을 國學(成均館)과 관련하여 고찰함으로써 후기 私學 12徒의 성격을 규명해 보았다.

제1장

고려 전기의 國子監

Ⅰ. 羅末麗初의 교육
Ⅱ. 고려의 건국과 교육 정책
Ⅲ. 國子監의 성립과 興替

Ⅰ. 羅末麗初의 교육

1. 시대적 배경

신라는 7세기 후반, 백제와 고구려를 멸망시키고 唐나라의 세력 마저 한반도로부터 축출하여 삼국 통일의 위업을 달성했다. 이렇게 확장된 국토와 늘어난 국민을 효과적으로 통제하기 위해서는 새로운 중앙 정치기구와 지방 행정조직이 필요했으며, 이에 따른 행정 인력의 수요 증대는 필연적이었다.

神文王 2년(682)의 國學 설립은 이러한 시대적 요구의 결과였다. 이 국학에서의 교과목은 儒敎經典인 『論語』·『孝經』 그리고 5經이 중심이었다. 이어 100여년 뒤인 元聖王 4년(788)에는 관리 채용을 위한 일종의 국가시험 제도인 讀書三品科를 시행하기에 이르렀다. 이 독서삼품과는 관리 채용의 기준을 신분보다도 지식에 두자는 것이었다. 하지만 철저한 骨品制 사회인 신라에서 그 한계성은 분명했다.

이 骨品制에 가장 큰 불만을 가진 부류는 말할 것도 없이 六頭品 계열이었다. 이들은 당시의 中國 개방 물결을 타고 대거 唐으로 건너갔다. 그들 중 상당한 숫자는 그곳에서 과거에 합격하고 벼슬한 이들도 있었다.[1] 그러나 이들은 금의환향의 꿈에 부풀어 신라에 귀국했을 때 닥친 현실은 이때까지 자신들이 당에서 경험한 실력 본위의 개방 체제와는 엄청난 차이가 있었다.

---

1) 崔瀣의 『拙藁千百』 권 2. 「送奉使李中父還朝序」에 의하면 唐의 과거에 합격한 新羅 유학생이 唐이 망할 때까지 58명, 그 후 五代 시기에 32명 이라 했다.

한편 중앙에서는 골품제의 모순을 극복하지 못한 眞骨 귀족들이 왕위 쟁탈전에 여념이 없었다. 이 틈을 타서 지방에서는 호족들에 의한 한반도 권력구조 재편의 地殼 균열이 일어나고 있었다. 10세기를 전후해서 후삼국은 중국의 승인을 얻어 한반도에서의 입지를 높이려고 중국 五代의 여러 나라와 활발한 외교 활동을 전개했다.

여기에서 遣唐 유학생, 혹은 당의 賓貢科 합격자들의 역할이 증대되었다. 眞聖女王에게 時務 10條를 올렸으나 받아들여지지 않자 좌절감을 느껴 속세를 버리고 가야산에 은거했다는 崔致遠이나, 후백제에 포섭된 崔承佑, 고려 태조 王建에 협력한 崔彦撝 등이 그 대표적인 인물들이었다.

오컨대 羅末 후삼국의 국내외적 상황은, 대내적으로는 骨品制的 통일신라의 귀족 체제가 해체되어 가는 한편, 호족 세력의 대립과 항쟁이 전개되던 시기였다. 대외적으로는 唐이란 세계 제국이 와해됨에 따라 각지에서 할거하던 藩鎭 세력들이 차례로 멸멸하던 5代의 혼란기로서 통일 국가로 지향하는 과도기적 성격이 한반도의 상황과 너무나도 유사했다.

2. 교육 실태

통일신라 시대에는 중앙에 국립대학 격인 國學이 설치되고 관리 채용 시험인 讀書三品科가 시행되었다. 그리고 빈번한 遣唐 유학생의 내왕에 의해 한문학 내지 儒學의 도입이 활발했다. 중앙에서뿐만 아니라 지방, 최소한 9주의 治所까지 교육기관이 설치되어 있었던 사실은『東史綱目』景德王 6년(747) 正月條에 '이때 각 州에 助敎를 두었는데 韓恕意를 熊川州助敎로 삼았다.'[2]는 기사로도 확인된다. 또한 이것은 웅천주뿐 만 아니라 다른 8개 주에도 관립 교육

---

2)『東史綱目』第 4 下 景德王 6년 1월 및『東京通志』권3 景德王.

기관이 존재했음을 말해 주는 것이다. 물론 9주보다 상위 조직이었던 5小京에 學院이라는 교육 기관이 실존했음은 金光洙의 精緻한 연구 결과에 의해 밝혀졌다.[3] 즉 통일신라시대에는 14개 대단위 행정구역인 9주 5소경에는 모두 교육 기관이 존재했고, 韓半島 중부 이남의 전역에는 지방 교육 기관이 골고루 분포되어 있었다는 것을 말한다.

이들 교육 기관들은 초기에는 중앙의 통제를 받았겠지만 통일신라 말기 이들 지역들이 호족들의 세력권으로 들어간 뒤에는 호족들의 영향하에 村主 등 토착 세력이 운영했음도 밝혀졌다.[4] 그리고 淸州 등 5소경에 존재했던 교육기관의 일반적 명칭은 學院이었다는 것은, 고려 태조 王建이 13년(930) 西京에 行幸하여 廷鶚에게 설립하게 한 교육기관의 명칭을 學院이라고 한 데서도 유추해 볼 수 있다. 學院은 高麗가 三韓을 통일한 지 수 십년 뒤인 光宗대까지도 토착민에 의해 운영되고 있었다.[5]

이상에서 언급한 여러 가지 상황 등으로 볼 때 지방의 교육 수준은 새로 三韓을 통일한 고려의 수도 開京을 능가했을는지도 모른다. 그 구체적인 실례를 보면 첫째, 고려 초기 文筆 혹은 유학적 교양으로 이름을 남긴 인물들 중에는 지방 출신들이 많다는 것이다.

A-① 泰評은 鹽州人으로 널리 서적과 역사를 섭렵하여 행정사무에 익숙했다. 처음에 그 고을 賊帥인 柳矜順의 記室이 되었다.[6]

② 崔凝은 黃州土山人으로 아버지는 大相祐達이다. … 어려서부터 학문에 힘써 장성해서는 5經을 통달하고 글을 잘 지었다. 弓裔의 翰林郎이 되었다.[7]

---

3) 金光洙, 「羅末麗初의 地方學校問題」 『韓國史硏究』 7, 韓國史硏究會, 1972.
4) 金光洙, 앞의 논문, 130쪽.
5) 金光洙, 앞의 논문, 128~129쪽.
6) 『高麗史』 列傳 5, 泰評傳. 泰評 鹽州人 博涉書史 明習史書 初爲其州賊帥 柳矜順記室.
7) 『高麗史』 列傳 5, 崔凝傳. 崔凝 黃州土山人 父大相祐達 … 自幼力學 旣

③ 王儒의 본 성명은 朴儒이고 字는 文行으로 光海州人이다. 성품이 강직
하고 經史에 통달하여 처음 벼슬하여 弓裔의 員外郎이 되었다.[8]

④ 崔知夢의 초명은 聰進인데 南海靈岩郡人으로 元甫相昕의 아들이다. 성
품이 청렴·온화하며 총명하여 학문을 좋아했다. 大匡 玄一에게서 배워
經史를 널리 섭렵했다.[9]

위에 인용한 泰評(鹽州:延安)·崔凝(黃州)·王儒(光海州:春州)·崔知
夢(靈岩) 등은 출신지가 모두 지방이다. 이들은 王建이 高麗를 건국
할 전후 시기에 왕건을 보좌했다. 이들이 경사를 익힌 시기는 궁예
나 왕건에게 仕宦하기 전이었을 것이다. 그리고 이들이 경사에 통
달할 정도로 학업을 닦자면 師事할 상당한 수준의 학자가 있어야
했을 것이고, 이들이 수업받은 곳은 이들이 仕宦하기 전까지 거주
하던 출신 지역으로 보는 것 또한 무리가 없을 것이다.

한편 光宗 9년(958) 과거제를 실시한 이래, 초기의 몇몇 안 되는
급제자 중에서 柳邦憲·晋兢 등 鄕貢 출신자의 비율이 높다는 사
실 또한 당시의 지방 교육 수준을 반증하는 것이 아닌가 한다.[10]

요컨대 통일신라 초기에는 慶州 중심의 문화 기반이 9주 5소경
을 중심으로 확장되었다. 그러나 新羅의 중앙 정부가 지방에 대한
통제력을 상실해 가던 말기에는 호족들의 비호를 받는 토착 세력
에 의해 교육이 운영되었다. 그 결과 고려 건국 초기 얼마 동안 지
방 교육은 높은 수준을 유지했던 것으로 볼 수 있다.

長通五經 善屬文 爲裔翰林郎.
8) 『同上書』 列傳 5, 王儒傳. 王儒 本姓名朴儒 字文行 光海州人 性質直 通
  經史 初任弓裔爲員外.
9) 『同上書』 列傳 5, 崔知夢傳. 崔知夢 初名聰進 南海靈岩郡人 元甫相昕之
  子 性淸儉慈和 聰敏嗜學 學於大匡玄一 博涉經史.
10) 許興植, 『高麗科擧制度史研究』, 一潮閣, 1981, 15쪽.
  李成茂, 「韓國의 科擧制와 그 特性」 『科學』, 一潮閣, 1981, 113쪽.

Ⅱ. 고려의 건국과 교육 정책

1. 太祖와 光宗의 교육 이념

1) 太 祖

羅末·後三國의 혼란한 사회 현상은 王建과 그의 추대 세력에게 유교적 혁명론을 고려 왕조의 창건에 연결시키기에 안성맞춤이었다. 비록 20세를 전후한 나이에 弓裔의 휘하로 전장에서 잔뼈가 굵은 무장 출신의 王建이었지만 그의 정치 행적이나 경륜을 보면, 유학에 대해 상당한 소양을 가지고 있었고, 유교를 치도 이념으로 채택할 줄도 알았다. 사실 유교란 王道政治란 미명하에 백성을 통제하기에 안성맞춤인 지배자의 이론인 것이다.

新羅 景明王 2년(918) 6월, 같은 궁예의 휘하인 洪儒·裵玄慶·申崇謙·卜智謙 등이 原始 儒家의 천명사상과 역성혁명사상을 근거로 "昏君을 폐하고 明王을 세우는 것은 천하의 대의니 公께서는 殷이나 周의 사실을 실천하십시오"라고 주장했을 때, 王建은 "내 스스로 충의로운 사람이라 생각했는데, 王이 비록 포악하다고 한들 어찌 감히 두 마음을 품겠습니까. 신하가 임금을 치는 것은 바로 혁명인데, 부덕한 내가 어찌 감히 湯王이나 武王의 일을 본받을 수 있겠소" 하며 사양했다.[11] 여기에서 왕건 태조의 유교적 윤리관의 일단을 엿볼 수 있다.

그런데 다음 날 발표한 즉위 조서에서는 자신의 즉위에 역사적 당위성과 유교적 正統論을 부여했다.

---

11) 『高麗史』列傳 권 53, 洪儒傳.

前主(궁예)의 폭정으로 천지가 용납하지 아니하고 神人이 모두 원망하게 되어 결국 정권이 전복되게 했으니 어찌 경계하지 않으랴. 朕은 群公들의 추대에 응하여 왕위에 올라 모든 풍속을 고치고 다 함께 새롭게 시작하려 하니 마땅히 새 규율을 세우고 지난 일을 교훈 삼아야 할 것이다. 군신이 화락하고 온 나라를 태평하게 할 것이니, 모든 백성들은 내 뜻을 알라.12)

물론 이 내용은 어느 창업주의 조서에서나 나타나는 공통의 투식이기도 하다.

太祖 17년(934) 5월 乙巳일, 禮山鎭에 行幸했을 때 내린 조서에서도13) 자신이 왕위에 오르게 된 배경과 민심을 收攬하는 데 주안을 둔 왕도 정치에 관한 내용으로 일관했다. 또 19년에는 후백제 神劍을 정벌한 후 문무 백관의 조하를 받고서 臣子의 도리를 밝힐 목적으로 『政誡』 1권과 『誡百寮書』 8편을 스스로 지어 중외에 반포했다.14) 태조 자신이 직접 이런 글을 製述할 수 있다는 것은 그의 학문적 소양의 수준을 알 수 있는 동시에 또한 그의 유교적 禮敎主義를 잘 나타낸 일면이라 하겠다. 태조에게 유교적 교양이나 의식이 형성된 배경은 先學이 이미 지적했듯이15) 그의 세력 근거지가 중국 교통의 요충지인 禮成江口였던 때문인지도 모르겠다.

태조의 이같은 儒學에 대한 인식은 현실 정치에도 그대로 나타났다. 태조는 즉위 직후, 崔凝으로부터 浮屠와 陰陽을 지나치게 믿는다는 간언을 듣자 "지금은 건국 직후의 불안정한 민심을 진정시키기 위해 好佛과 信讖이란 姑息之計를 쓰는 것이지만 앞으로 국가가 안정되기를 기다려 풍속을 바꾸고 백성을 교화하겠다"16)라고 대답했다. 이는 미개한 백성들이 神佛을 좋아하기 때문에 어쩔 수 없이 하는 임시 방편일 뿐, 호국의 대본은 유교를 통한 移風易俗과

---

12) 『高麗史』 世家 권 1 太祖 1년 6월 丁巳.
13) 『高麗史』 世家 권 2 太祖 17년 5월 乙巳.
14) 『高麗史』 世家 권 2 太祖 19년 9월.
15) 尹南漢, 「高麗儒學의 性格」 『한국사』, 國史編纂委員會, 1975, 221쪽.
16) 崔滋, 『補閑集』 권 上.

敎學化民에 있다는 것은 태조가 굳게 믿고 있음을 알 수 있다. 또 개국 초기의 設官分職에서 賢能을 주로 한 것이나, 人事에서 淸謹 奉公을 강조한 것, 그리고 널리 어진이를 구한 것 등은 유교 정치 의식의 발현이라 할 수 있다.

이상에서 살펴본 바와 같이 태조가 추구한 정책이나 후손들에게 제시한 정책 방향은 유교적 정치 이념에 따른 治國理民에 있었음을 알 수 있다. 다만 유능한 정치인이었던 太祖는 후삼국의 鼎立으로 호족들의 향배가 한반도의 정세를 좌우하는 급박한 상황 속에서 敎條的 유교주의만을 고집할 수 없다는 현실을 어느 누구보다도 정확히 꿰뚫어 보고 있었다. 이 때문에 태조는 당시 사회에 풍미하던 陰陽·浮屠에 치중하지 않을 수 없었고, 이것이 후세까지 태조의 정치사상 내지 정치이념으로 비춰지게 되었다.

요컨대 태조의 교육 이념의 초점은 유교를 통한 민중 교화보다는 훌륭한 문장가를 양성하여 中國이나 後百濟와의 관계에서 주도권을 잡는 일이었으며, 행정 실무에 밝은 유능한 관원을 양성하는 일이었다. 결국 유교를 통한 대중 교화라는 王道政治 이념·의 시행은 뒤로 미룰 수밖에 없었다.

2) 光 宗

崔承老는 成宗에게 올린 時務策에서 光宗의 정치를 평하여 '건국 시의 勳臣宿將들을 무고하게 살륙·추방하고 재능없는 南北庸人들을 중용했으며, 浮屠를 혹신하여 국고를 낭비했다'고 혹평했다. 그러나 광종은 태조의 유교정치이념이 成宗代에 와서 구현될 수 있도록 整地한 과도기적 역할을 했다는 긍정적인 평가도 아울러 받을 수 있는 군주였다.

광종은 태자로 있을 때 遣唐유학생 출신인 崔彦撝를 師傅로 맞이하여 유교 지식을 함양했다. 특히 광종이 즉위하던 해 정월, 큰 바람이 불어 나무가 부러지는 이변이 있자 王은 祈福禳災의 방안으로 德을 닦고 이후부터 늘 『政觀政要』를 읽었다.[17] 주지하다시피 『政觀政要』는 儒敎政治의 대표적 이념서인데, 禳災의 방법을 음양·부도에 의하지 않고 유교의 修德에 둔 것은 帝王學으로서의 유교에 대한 광종의 관심과 이해를 엿볼 수 있게 한다.

그런데 무엇보다 특기할 일은 王 9년(958) 5월에 우리나라 최초로 실시한 과거제로서 인재를 시험에 의해 선발했다는 사실이다. 물론 시험 과목은 詩賦가 중심이었으나 유교 경전도 兼修해야만 했다. 이는 유학의 진흥에, 그리고 교육 발전에 획기적인 의미를 지닌다. 나라를 다스리는 관리를 한문학과 유학에 소양 있는 학자로 충당한다는 것은 유교를 治道의 도구로 삼았다는 사실을 말하는 것이며, 仕宦을 기대하는 사람들에게는 교육 목표가 뚜렷이 설정된 것이다. 유사이래 많은 교육학자들은 교육의 최고 목표를 人格陶冶라고 부르짖어 왔지만 동서 고금을 막론하고 항상 피교육자들의 성취 동기는 교육 후에 얻어지는 현실적인 반대급부였다.

益齋 李齊賢은 光宗대 이후의 교육 성과를 忠宣王에게 이렇게 말했다.

> B. 光廟 이후로 문교를 더욱 닦아 중앙에는 국학을 높이고 지방에는 향교가 벌여 있었습니다. 里에는 庠, 黨에는 序가 들어서니 글 읽는 소리가 서로 들리고 師弟가 涵養하고 감화시켜 띠풀처럼 서로 엉켜 草創하고 윤색했으니 이른바 문물이 中華와 견줄 만하다는 말이 지나친 말은 아니었습니다.[18]

광종 이후 문교가 닦여진 것은 두말할 것도 없이 과거라는 현실적인 목표가 설정되었기 때문이다. 이렇게 학문하는 사람들의 목표

---

17) 『高麗史』世家 권 2 光宗 元年 春 正月. 大風拔木 王問禳災之術 司天奏日 莫如修德 自是常讀貞觀政要.

18) 『櫟翁稗說』前集 1 又問. 光廟之後 益修文敎 內崇國學 外列鄕校 里庠黨序 絃歌相聞 師儒弟子 涵養陶薰 連茹而彙征 草創而潤色 所謂文物侔於中華 蓋非過論也.

가 분명하게 설정되자 文風이 크게 일어나게 되었다. 이와 동시에 나라에서는 유능한 인재를 널리 구할 수 있었으며, 교육적 분위기를 온 나라에 확산시키는 데 큰 효과를 거두었다. 과거 제도의 실시야말로 고려 유학을 진흥시키는 결정적인 촉매제가 되었다고 해도 과언이 아니다. 崔承老가 그렇게도 신랄하게 비판했던 사안의 하나인 과거제 실시가 결과적으로 崔承老가 지향했던 합리주의적인 유교 정치 이념의 확산에 크게 기여했던 것이다.

광종의 모든 개혁 정치는 유교 정치 이념을 바탕으로 한 중앙집권화 정책이었다. 그러나 호족적 요소가 강했던 건국 초기의 제반 여건은 광종의 이러한 개혁과 정면 충돌하지 않을 수 없었다. 이를 극복해 나가는 과정에서 발생한 정치 행태가 '참소를 믿어 사람을 함부로 죽였고, 절제 없이 사치스러웠다'는 부정적인 평가로 나타나게 된 것이다.

2. 고려 건국 초기의 학교 문제

1) 국초의 학교 문제

앞에서 살펴본 바와 같이 무장 출신이면서도 유교적 정치 이념에 투철했던 태조 왕건은 化民成俗의 첫걸음이라고 할 수 있는 교육 문제를 어떻게 해결해 나갔을까. 여기에는 가장 기초적인 문제로 우선 학교 설립을 상정할 수 있을 것이다. 이 문제에 대해 『高麗史』 選擧志 서문은 다음과 같이 밝히고 있다.

> C-① 삼국시대 이래 과거 제도가 없었다. 고려 태조는 먼저 학교를 세웠으나 과거로 선비를 뽑는 일은 미처 시행할 겨를이 없었다.[19]

---

19) 『高麗史』 志 권 27 選擧 1. 三國以來 未有科擧之法 高麗太祖 首建學校 而科擧取士未遑焉.

즉 고려 태조가 먼저 학교를 세우기는 했으나 미처 과거로 선비를 뽑지 못했다는 것이다. 그러면 태조가 首建했다는 학교는 무엇이며, 언제 어디에다 세웠다는 것인가. 사료의 문맥으로 보아 태조가 開京에 설립한 사실을 말한 것같이 보이나 開京 학교 설립에 관련된 구체적인 흔적은 어디서도 찾아볼 수 없다.

『高麗史』 편찬 당시인 조선 초기의 시대적 분위기로 보아 학교를 설치하는 일은 公廨를 건축하는 일같이 너무나 일반적인 행사이기 때문에 『高麗史』 편찬자가 이를 기록에서 생략해 버렸던 것은 아닐까? 아마 그렇지는 않았을 것이다. 文治主義를 표방한 조선 초기의 상황으로 보아 단편적인 기록이라도 있었다면 오히려 대서특필했을 것이다.

이렇게 상정할 때 당시의 기록에도 개경 학교 설립 사실 기록이 애당초 없었다고 보는 것이 어떨까. 아니면 개경 학교는 존재했으되 기록의 누락이었다면 어떨까. 그렇다면 그 후 50~60년 동안 한두 번이라도 개경학교에 관한 기록의 흔적이 보여야 할텐데 그렇지 않다는 사실이다. 따라서 기록의 누락이라고 보기도 어렵다.

이상에서 살펴본 대로 이제까지의 통설과는 달리 고려 초기 중앙 교육기관인 개경 학교는 존재하지 않았다고 보아도 무리는 없겠다. 그렇다고 수도인 개경에 교육을 담당하는 기관이 전연 없었다는 것도 수긍할 수 없다. 이 문제에 대해서는 文翰機關에서 검토하기로 한다.

그렇다면 選擧志 서문의 사료는 무엇을 의미하는 것일까. 우리는 우선 이 기사가 선거지 서문이라는 사실에 주목할 필요가 있다. 아마도 『高麗史』 撰者는 선거지를 편찬하면서 과거 제도의 설명을 하기 위해서 그 전제 조건인 학교가 있어야겠으므로 어떤 명확한 典據가 있어서가 아니라 나라를 세우고 國都를 정하면 먼저 학교를 세우는 것이 너무나도 당연한 사실이기 때문에 이렇게 기술했을 가능성 또한 충분하다.

또 태조 13년(930), 왕이 西京에 行幸하여 학교를 설립하고 秀才 廷鶚을 書學博士로 삼아 6部의 생도를 모아 가르쳤다는 기사를 근거로, 서경에 학교를 설립할 정도였으니 開京에는 당연히 훨씬 이전부터 학교가 설립되어 있었을 것이라는 선입관에서 선거지 서문에 그렇게 기록했을 가능성도 배제할 수 없다. 또 西京學院의 설립 기사를 '首建學校'로 선거지 서문에 인용했을 가능성도 있는 것이다.

이상 여러 측면을 고려하면서 서경 학원과 文翰機關의 검토를 통해 고려 건국 초기의 교육 기관 문제를 살펴보기도 하자.

2) 고려 초기의 지방 학교

통일신라 이후, 전국 주요 행정 중심지였던 9주 5소경에 설립되었던 지방 학교는 羅末의 혼란기를 맞아 중앙 통제력이 약화되자 이들 교육 기관들이 지방 호족들의 장악하에 들어가 그들의 지식인 공급처로 기능했다는 사실은 앞에서 언급한 바와 같다. 그리고 學院이라는 이름의 이 교육 기관은 광종대까지 존재했었음도 밝혀졌다.[20]

고려 초의 지방 학교로는 淸州의 學院과 西京學院이 있다. 청주 학원에 대해서는 金光洙의 연구가 있어 재론할 필요가 없고, 서경 학원을 중심으로 당시의 교육 문제를 유추해 보고자 한다. 다음은 『高麗史』와 『高麗史節要』의 관련 기록들이다.

> C-② 태조 13년 서경에 行幸하여 학교를 처음으로 세웠다. 秀才 廷鶚을 명하여 書學博士로 삼아 별도로 학원을 만들어 6부의 생도를 모아 교수하게 했는데, 뒤에 그가 학문을 일으켰다는 말을 듣고 비단을 하사하여 권장하고, 겸하여 醫業과 卜業을 두게 했으며, 또 창고 곡식 1百石을 하사하여 學寶로 삼게 했다."[21]

---

20) 金光洙, 앞의 논문, 126쪽.
21) 『高麗史』志 권 28 選擧 2 學校條. 太祖十三年 幸西京 創置學校 命秀才

③ 「太祖十三年」 서경에 行幸하여 학교를 처음으로 설치했다. 전에는 西京
에 학교가 없었는데, 왕이 秀才 廷鶚을 명하여 머물러 두고 書學博士 로
삼아 별도로 학원을 세워 육부의 생도를 모아 교수하게 했다. 뒤에 王이
그가 학문을 일으켰다는 말을 듣고 비단을 하사하여 장려하고, 겸하여
醫業과 卜業을 설치하게 했으며, 또 곡식 百碩을 하사하여 學寶로 삼았
다. 寶란 것은 방언인데 돈이나 곡식을 施納하여 본전은 남겨 두고 이자
를 취하여 그 이익의 혜택이 오래 계속되게 하는 것이다.[22]

위의 사료 C-②와 ③은 고려시대 최초의 학교 관계 기록인 西京
學院의 설치 문제를 설명한 태조 13년 12월 조의 기사이다. 최초의
학교 관계 기록으로서 연구자들에게 일찍부터 비상한 관심을 불러
일으켰다. 그 첫째는 해석상의 차이점에 의한 것이고, 다음은 이
사료가 고려 초 개경 학교의 존재를 추측하게 하는 기능을 하기 때
문이다. 먼저 해석상의 차이점에 대해 알아보자.

이들 두 기사의 대체적인 의미는 같다. 다만 그 출전이 『高麗史』
나 『高麗史節要』냐에 따라 표기상의 차이가 있다. 또 출전이 같은
경우에도 용어나 자구의 이해에 따라 해석이 달라질 수도 있다. 따
라서 이 기사에 대한 선학들의 해석도 다양했다.

가장 근본적인 차이인 '學校'와 '學院'이 별개의 교육기관이냐 아
니면 동일한 대상물에 대한 표현의 차이냐에 관한 것이다. 별개의
교육 기관이란 주장[23]은 사료 C-②, 즉 『高麗史』 選擧志 기록을

廷鶚爲書學博士 別創學院 聚六部生徒敎授 後太祖聞其興學 賜綵帛勸之
兼置醫卜二業 又賜倉穀百石爲學寶.

22) 『高麗史節要』太祖 13년 12월條. 幸西京 創置學校 先是西京未有學 王命秀
才廷鶚 留爲書學博士 別創學院 聚六部生徒敎授 後王聞其興學 賜綵帛勸之
兼置醫卜二業 又賜倉穀百碩爲學寶 寶者方言也 以錢穀施納 存本取息 利施
久遠.

23) ①李萬珪, 『朝鮮敎育史』上, 乙酉文化社, 1947, 108쪽.

②金庠基, 『高麗時代史』, 東國文化社, 1966, 296~297쪽.

③李丙燾, 『高麗時代의 研究』乙酉文化社, 1967, 135쪽.

④金貞玉, 「高麗時代 敎育制度에 관한 一考察」『梨花女大 70周年紀念論
文集』, 1956.

토대로 설명했는데, 이들 간에도 상당한 견해 차이가 있다. 李丙
燾·金貞玉·金庠基 등은 '太祖가 西京에 행차하여 서경학교를 세
우고, 廷鶚은 서경에다 별도의 학원을 세웠다'고 주장했다. 더구나
韓基彦은 李萬珪의 설을 답습하여 서경학교는 서경에 세운 초등
수준의 교육 기관이고, 학원은 개경에 있는 것으로 개경 國子監의
前身이라고까지 주장했다. 이러한 비약이 어디에서 연유한 것인지
알 수 없다. 朴天植은 서경학교를 '西京學'이라 표현하면서, 學院의
상위 개념의 교육 기관으로 파악했다. 이 또한 자의적 해석으로 立
論의 근거가 없다. 따라서 학교와 학원을 별개의 교육 기관으로 보
는 이상의 견해들은 高麗史 관련 두 기록들을 비교할 때 무리임이
명확하게 드러난다.

한편 兩者를 동일 교육 기관으로 보려는 연구자들은 朴性鳳·河
炫綱·申千湜·宋春永 등이다.24) 물론 이들 간에도 다소의 견해 차
이는 있으나, 대체로 『高麗史』選擧志와 『高麗史節要』의 같은 시기
의 기사를 비교 검토하여 '幸西京 創置學校'란 구절을 학교 관계 기
사를 요약 정리한 '綱' 성격의 제목 기사로 보았다. 그리고 그 이하
의 문장은 학교 관계 기사를 구체적으로 부연 설명한 '目'의 성격으
로 보아 단일 사실에 대한 기사로 간주했다. 이들은 두 사료를 종합
정리하여 서경학교 설립에 대해 하나의 결론에 도달했다. 필자도
같은 견해이며 정당한 해석이라 할 수 있다. 이 견해를 토대로 설립
과정을 종합해 보면, 다음과 같이 정리할 수 있다.

太祖는 西京에 行幸하여 학교를 설립했다. 이전에는 서경에 학교가 없었

---

⑤韓基彦, 『韓國敎育史』, 博英社, 1963, 54~55쪽.
⑥朴天植, 「高麗前期의 國子監沿革考」 『全北史學』 6, 1982, 71~72쪽, 등
　의 학설이 이에 속한다.
24) ①朴性鳳, 「國子監과 私學」 『한국사』 6, 國史編纂委員會, 1975, 176~177쪽.
　②河炫綱, 『高麗地方制度의 硏究』, 韓國硏究院, 1977, 124쪽.
　③申千湜, 앞의 책, 15~16쪽.
　④宋春永, 「高麗時代의 西京學校」 『大丘史學』 28, 1985, 14쪽.

는데, 수행했던 秀才 廷鶚을 書學博士로 삼아 그곳에 머무르게 하니 정악은 특별히 學院을 세워 6部生徒를 모아 가르쳤다. 뒤에 태조가 정악이 興學에 공로가 있다는 말을 듣고 비단을 내려 권장하고 醫·卜 二業을 증설케 했으며, 곡식 1百石을 내려 장학재단인 學寶를 만들게 했다.

위에서 살펴본 바와 같이 『高麗史』와 『高麗史節要』의 기사를 종합해 보면, 學校와 學院은 두 개의 다른 교육 기관으로 볼 수 없다. 또 羅末 5小京의 교육기관 명칭이 學院이었던 것과 같이 서경 교육 기관의 명칭이 학원이었다는 사실을 확인할 수 있다.25) 그러나 이런 결론이 나왔다고 해서 서경학원에 대한 우리의 이해가 만족스러운 것은 아니다. 秀才의 성격, 書學博士란 敎職의 기능, 6부의 실체 등 의심나는 것이 한두 가지가 아니기 때문이다.26)

이상에서 제기된 서경학원에 관련된 문제들을 염두에 두면서, 당시의 시대적 상황과 서경의 지정학적 위치 등을 고려하면서 의문점들을 검토해 보기로 하자.

먼저 서경의 지정학적 위치에 대해 살펴보자. 평양은 고구려가

---

25) 『高麗史』 志 권 32 食貨1 公廨田柴 및 志 권34 食貨3 西京官祿에 學院·諸學院 등이 보인다.

26) 이에 대한 견해 또한 다양하다. 먼저 秀才에 대한 해석을 사전에서 찾아보면, ① 美稱의 뜻 ② 科擧及第者의 뜻 ③ 書生의 뜻 세 가지가 있고, 中國에서는 唐初에 秀才科란 科名이 있었기 때문에 及第者를 지칭하기도 했으나 이는 일시적이었다. 그러나 『唐書』 選擧志에 '其科目 有秀才 自後 士人 通稱秀才'라 했듯이 唐代 이후 士人을 通稱하여 秀才라고 부르게 되었다. 이 때문에 科擧에 합격하지 못한 선비를 지칭한다는 견해(韓基彦, 앞의 책, 54쪽)가 있는가 하면 及第者로서 出仕하기 전의 호칭이란 주장(申千湜, 앞의 책, 130쪽, 註5)이 있다. 다음, 書學博士에 대해서도 儒學을 가르쳤을 것이라는 설(申千湜, 앞의 책, 130쪽)과 書學이란 명칭에서 보이듯이 글씨 전공이었을 것이라는 주장(韓基彦, 앞의 책, 54쪽)으로 갈려져 있다. 또한 6部에 대해서는 세가지 견해가 있는데, ① 西京의 行政區劃인 部坊里制로 보는 견해(金庠基, 앞의 책, 296쪽) ② 尙書六部로 보는 견해(韓基彦, 앞의 책, 55쪽 및 小田省吾 「朝鮮敎育制度史」 『朝鮮史講座 分類史』, 136쪽) ③ 西京管內를 총칭한다는 견해(河炫綱, 앞의 책, 24쪽) 등 다양하다.

망한 이후 고려 태조 왕건이 이곳에 관심을 쏟기까지의 수백년 동
안은 거의 버려진 지역이었다. 주인 없는 이 지역에 원대한 정치적
경륜을 가졌던 왕건 태조가 각별한 관심을 기울였던 것은 너무도
당연한 일이었다. 신라 下代의 정치적 혼란기를 통해 대소 호족들
이 저마다의 연고권을 주장하는 한반도의 중부 이남 지역에 비하
면 평양은 국력을 신장시킬 터전으로 무한한 가능성을 지닌 곳이
었다. 태조는 왕위에 오른 지 3개월 만에 여러 신하들 앞에서 피력
한 평양에 대한 관심과 조치는 각별한 것이었다.

C-④ 군신들에게 下諭하기를, "평양은 古都로서 황폐화된 지 오래 되었으나
　　基址는 그대로 남아 있다. 그러나 가시덤불이 무성하여 蕃人(女眞人)들
　　이 그 사이에서 사냥을 하며, 인하여 邊邑을 침략하여 큰 해가 되니 마
　　땅히 백성을 이주시켜 이곳을 채움으로써 國家百世의 利를 견고히 해
　　야 할 것이다." 하고 드디어 大都護府로 삼고 堂弟 式廉과 廣評侍郎 列
　　評을 보내어 지키게 했다.27)

　　위의 기록을 보면 古都 평양의 황폐함이 눈에 선하다. 한때 동북
아의 정세를 좌우하던 고구려의 심장부가 신라의 삼국통일 이후
新羅와 唐 양쪽으로부터 300년 가까이 철저히 방기되어 황무지로
변한 것이다. 古都로서의 잔영은 차치하고라도 주민들의 집단 거주
지로서의 기능이나마 했었는지 의심스럽다. 허물어진 터전 위에 잡
초만이 무성하여 금수를 좇는 女眞人의 사냥터로 변했다는 표현은
문자상의 과장만은 아닐 것이다. 결국 평양은 여진인들의 전진 기
지가 되었다.

　　이후 태조는 줄곧 평양 경영에 심혈을 기울였다. 앞서 9월의 조
서에 따라 黃州·鳳山·海州·鹽州 등 여러 고을의 민호를 나누어
보내 여기에 살도록 했다. 또 평양을 大都護府로 삼아 堂弟인 왕식

---

27) 『高麗史』 世家 太祖元年 9월 丙申條. 諭群臣曰 平壤古都 荒廢雖久 基址
　　尙存 而莉棘滋茂 蕃人遊獵於其間 因而侵掠邊邑爲大害矣 宜徙民實之 以
　　固藩屛百世之利 遂爲大都護 遣堂弟式廉廣評侍郎列評守之.

렴과 廣評侍郎 열평을 보내어 지키게 하고 參佐 4~5인을 두었다. 그 후 태조는 2년 10월에 평양성을 쌓고,[28] 4년 10월에는 서경에 行幸했다.[29] 그런데 중요한 것은 이 즈음 어느 때인가 평양대도호부를 西京留守京으로 승격시키면서 태조의 서경경영에 일대 전환점을 맞고 있다는 점이다.[30]

태조 5년 11월에는 大丞 質榮·行波 등의 父兄子弟와 여러 고을 良家의 자제들를 옮겨서 서경을 충실하게 하며 새로이 官府員吏를 두었다.[31] 앞서 즉위년에는 여러 州의 민호를 이주시켰고, 이번에는 지배계층을 옮기고 새로이 관부 원리를 두었다면 이는 군사 거점이었던 평양이 5년 사이에 서북 지방의 행정 중심지로서, 행정관리가 배치된 민호가 충실하고 문물이 殷盛한 활기찬 서경으로 발전했음을 말해 주는 것이다. 태조가 경영하기 이전의 평양은 민호도 별로 없던 황폐한 고도였음을 반증하는 또 하나의 사실은 평안·함경도 지방의 지명을 貫鄕으로 하는 성씨가 거의 없다는 데서도 확인된다.[32]

이처럼 주인 없는 빈땅인 평양을 태조는 적극적으로 개척하여 그 경영에 심혈을 기울였다. 물론 태조의 서경 경영의 가장 큰 목표는 이곳에 수도를 옮기려는 것이었다. 이 사실은 15년 5월에 신하들에게 한 諭示의 서론에서 잘 드러난다.

> C-⑤ 여러 신하들에게 하유하기를 "저번에 서경을 修葺하고 백성을 이주시켜 민호를 채운 것은 이 지방을 의지하여 三韓을 평정하고 장차 여기에 도읍을 정하려 했던 것이다.[33]

---

28) 『高麗史』 世家 권 1 太祖 2년.
29) 『高麗史』 世家 권 1 太祖 4년 10월 壬申.
30) 河炫綱, 앞의 책, 146쪽.
31) 『高麗史』 世家 권 1 太祖 5년 11월 辛巳.
32) 『新增東國輿地勝覽』 平壤府條를 보면 平壤 출신의 土姓은 趙氏가 유일하다. 이 趙氏가 高麗末 蒙古 간섭기에 두각을 나타낸 趙仁規 집안의 平壤趙氏일 것이다.

흔히들 태조의 서경 경영 목적이 북진정책에 대비한 전진 기지화에 있었다고 한다. 그러나 보다 현실적인 의도는 서경을 三韓統一의 발판으로 삼음과 동시에 統一三韓의 도읍지로 정하려 했음을 알 수 있다. 물론 이 목표는 서경에서 여러 가지 災異가 발생했다는 이유 등으로 무산되고 말았지만[34] 태조의 서경 경영은 단순한 영토 확장 이상의 의미가 있었던 것이다. 적어도 태조 15년 이전까지는 서경이 천도 예정지였고, 서경에 학원이 설치된 것은 바로 태조 13년이었다. 이것으로 볼 때 태조가 서경에 학원을 설치한 것 또한 특별한 의미가 있다고 하겠다.

앞서 말했듯이 흔히들 서경에 학교를 세웠으니 개경에도 물론 학교가 있었을 것이며, 그 명칭은 國學이었을 것으로 추단했다.[35] 그런데 태조 13년은 신라 敬順王이 고려로 귀순해 오기 5년 전이었다. 대의명분을 누구보다 중히 여겼던 태조는 이때 형식적이나마 尊周大義의 명분을 내걸고 신라를 종주국으로 받들었다. 또 자신이나 견훤은 춘추시대에 주나라 왕실을 보호하여 중국 천하의 질서를 확립한 齊桓公·晋文公의 역할을 해야 한다고 역설했다.[36]

---

33) 『高麗史』 世家 권 2 太祖 15년 夏5월 甲申. 諭群臣曰 頃完葺西京 徙民實之 冀憑地力 平定三韓 將都於此.

34) 『高麗史』 世家 권 2 太祖 15년 夏 5월.

35) 이 說은 누구의 주장이랄 것도 없이 현재까지 거의 통설로 받아들여지고 있으나 國學의 존재에 대한 검증을 거친 일은 없다.

36) 이러한 내용은 『東文選』 권 57 「高麗王答甄萱書」에 잘 나타나 있는데, 거기에 '金城(慶州)이 몹시 궁지에 몰렸고 임금(新羅王)은 놀라 두려워 했으니 누가 義로써 周를 높인 齊桓公·晋文公의 覇業과 같다 하겠는 가.' 하여 자신이나 甄萱은 新羅에 대하여 齊桓公·晋文公의 입장임을 밝히고 '지극히 높은 임금(新羅王)께서도 足下에게 굽혀 子라고 칭했으니 尊卑가 차례를 잃었다.' 하여, 王과 諸侯의 질서가 무너졌다고 했으며, 다시 '나는 간특한 마음이 없고, 王(新羅王)을 높이자는 생각만 간절하므로 방치된 조정을 돕고 위태한 나라(新羅)를 부지하게 되었다.' 하면서 新羅를 후원한 명분을 自讚했다. 물론 이러한 명분도 史料 C-⑤에서 보이는 바와 같이 太祖 15년이면 그의 본심이 드러나고 있지만 적어도 公式的인 견해는 이런 것이었다.

노련한 정치가인 태조 왕건이 비록 본심을 숨겼는지 모르지만 한반도에서의 주도권을 장악하기 위해서는 우선 민심을 얻어야 했고, 그러자면 광명정대한 명분이 필요했을 것이다. 만약 태조가 신라 경주의 그것과 동일한 국학이라는 교육 기관을 서둘러 개경에 설치한다면 그것은 바로 그의 원대한 삼한 통일정책에 하나의 欠缺을 내는 것이었다. 이것도 서경 學院이 설립된 태조 13년(930) 이전에 개경에 국립대학인 국학이 설립되어 있지 않았을 것이라는 가설의 방증이 된다.

다음으로 고려 태조의 입장으로서는 위에서 말한 존주대의의 명분을 무시하면서까지 개경에 꼭 학교를 설립해야 할 필요성이 있었을까. 이에 대한 대답을 하기 전에 우선 교육의 일반적인 필요성에 대하여 살펴보자.

교육의 목적, 특히 官立 교육기관의 설립 목적은 대강 두 가지 측면에서 고려될 수 있다. 하나는 교육을 통해 백성을 교화하고 풍속을 바로잡는 化民成俗의 기능이며, 또 다른 하나는 국가 통치에 필요한 유능한 인력을 길러 내는 인재 양성 기능이다. 그런데 당시 후삼국의 형편은 제각기 누가 한반도의 주도권을 잡느냐 하는 급박한 상황에 처해 있었다. 곧 교육을 통한 化民成俗은 부차적인 문제였다. 인재 양성 문제는 그 동안 지방 학원을 통해 배출된 인력이나 도당 유학생들을 나름대로 포섭하여 활용했었으므로 어느 정도 필요한 인력은 확보할 수 있었다. 특히 고려는 문한기관으로 보이는 元鳳省・翰林院・光文院 등에서 인재를 양성하여 공급한 듯이 보인다.37) 따라서 고려로서는 개경에 국학과 같은 중앙 교육 기관의 창설이 그리 절실한 문제가 아니었을 듯하다.

셋째, 앞에서도 잠시 언급했듯이 고려 건국 초기에 개경 학교의 존재를 보여줄 만한 증거가 전혀 보이지 않는다는 점이다. 물론 개경 학교에 관련된 기록이 보이지 않는다는 사실 자체가 개경 학교

---

37) 文翰機關의 교육기능에 대해서는 후술할 것이다.

의 존재를 부정할 절대적 근거는 되지 못한다. 문제는 학교 설립 기사의 경우 생략 혹은 누락으로 빠질 수 있다하더라도 그것이 존재했었다면, 교수나 학생, 혹은 학교 운용 과정의 흔적이 그 片鱗이나마 남아있어야 하는데 그런 것을 전혀 찾아볼 수 없다는 점이다. 더구나 元鳳省學生·翰林院學生·光文院書生 등 피교육자들의 호칭임이 분명한 기록들만이 여기 저기에 나타나고 있는 점이다.

이상에서 살펴본 바와 같이 이제까지 의심없이 믿어 왔던 고려 초기의 개경 학교 즉 國學의 존재여부에 의문점이 있고, 그 근거로 제시되었던 서경학교 창설만 가지고는 역시 설득력이 약하다는 것을 확인할 수 있었다.

그러면 마지막으로 서경 學院의 성격에 대하여 살펴보자. 여기서의 성격은 시기적으로 成宗 때 관제가 어느 정도 정비되기 이전까지, 즉 고려 건국 후 60여년까지의 성격에 국한된 것임을 밝혀둔다. 우선 그 실마리를 서경학교의 설치 기사에 나오는 秀才·書學博士·6部 등의 검토를 통해 찾아보기로 하자.

먼저 수재란 칭호는 여러 가지 뜻이 있다.[38] 우리나라의 경우는 고려 초기 이 수재에 대한 다른 용례가 없다. 따라서 당시 어떤 의미로 쓰였는지는 전혀 알 길이 없다. 아마도 '書學 또는 漢學에 상당한 조예가 있는 뛰어난 선비' 정도로 평가함이 타당할 듯하다. 수재가 정악이 서경 학원의 교수인 서학박사에 임명되기 이전의 호칭이기 때문에, 수재 자체는 서경 학원과 직접적인 관련은 없다. 다만 중요한 것은 이러한 정악이 서학박사에 임명되어 생도들을 가르쳤다는 점이다.

그러면 書學博士에 대해 검토해 보자. 여기에서 박사는 교수직을 지칭하고, 서학은 정악이 맡은 담당 교과목을 나타냄은 두말할 필요도 없다. 그렇다면 이 서학이 후일의 律學·算學과 함께 기술학의 하나인 書學과 상통하는 과목은 아닐까 하는 가설을 세워 본다.

---

38) 주 18) 참조.

그러나 이때는 京師 6學(學式에 나오는 국자학·태학·사문학·율학·서학·산학)의 명칭도 나오기 전이라 후일의 서학과 동일한 성격의 과목으로 단정하기는 성급하다. 하지만 光宗 때 다행히 書博士란 관직이 보인다. 광종 16년(965)에 건립된 靜眞大師圓悟塔碑의 비문을 한림학사 李夢游가 짓고, 翰林院書博士 張端說이 썼다는 기록이다.[39] 즉 한림원 소속의 서박사 장단열은 왕명을 받아 비문과 碑額의 대자 篆書를 썼다. 특별히 대자 전서까지 썼다면 장단열은 글씨에 상당한 조예를 가진 인물임에 틀림없다. 그의 관직이 서박사인 것도 글씨를 잘 썼기 때문이다. 서박사란 글씨를 잘 쓰는, 그리고 주로 글씨를 쓰거나 글씨를 가르치는 업무를 맡은 이에게 주는 직함이 아닐까 생각된다. 서학박사도 '學'자가 들어간 것이 다를 뿐 서박사와 같은 성격의 교직으로 추측된다.

그러면 學式에 보이는 京師 6學 관련 기록이 공식적으로 나타나기 전의 서학박사란 관직을 어떻게 이해해야 할까. 이 점은 국자감이나 경사 6학이 고려의 독창적인 관제가 아니고, 唐의 제도를 적절히 채용한 것이라는 점을 생각한다면 간단하다. 관제가 정식 출범하기 전이라도 얼마든지 부분적인 채택이 가능할 것이기 때문이다.

그렇다면 서경학원의 서학박사 정악은 수준 높은 유학이나 문학 교육을 담당했다기보다는 행정 실무에 필요한 기본적인 한자 내지 한문을 익히는 교육을 맡았을 가능성이 높다. 사실 이 학원이 뒤에는 유학 교육을 주로 하는 교육 기관으로 발전했을 것이다. 그러나 처음에는 뛰어난 수준의 학자를 양성하기보다는 西京에서 당장 시급하게 필요한 인력, 즉 기본 한문을 익혀 행정 실무를 담당할 인력이 더 필요했을 것이다.

이런 의미에서 추가로 설치한 醫業과 卜業도 결코 우연이 아니다. 경영 시작 10여년 밖에 안되어 새로 부흥한 古都 평양, 계속되는 후삼국의 각축전에서 오는 민심의 불안, 이런 사회에서 절실히

---

39) 『朝鮮金石總覽』, 196쪽, 「羲陽山鳳岩寺 王師贈謚靜眞大師圓悟塔碑」.

필요로 하는 것은 행정 실무에 필요한 기본 한자 교육이나 병을 고치는 의학, 길흉·화복을 예언하는 卜業 등이었을 것임은 당연한 귀결이다.

끝으로 6部 문제도 이설이 분분하다. 6부가 행정 구획인 部·坊·里制라고 보는 견해, 尙書 6部로 보는 견해, 또는 전대의 행정 구역이었던 5부와 그 변방 고을을 포함한 것이라는 주장 등 실로 다양하다.[40] 그러나 모두가 고려 초라는 시대적 상황과는 거리가 먼 것이었다. 오히려 河炫綱이 주장한 바와 같이[41] 서경 관내를 총칭한 편의상의 호칭으로 보는 것이 보다 타당할 것 같다.

3) 文翰機關

고려 건국 후 50~60년 동안, '태조 13년(930)에 서경에 行幸하여 학교를 세우고 수재 廷鶚을 書學博士로 삼아 6部 生徒를 모아 가르치게 했다'는 기사 외에는 교육에 관한 직접적인 사료는 찾아볼 수 없다. 반면 교육과 관계가 있음직한 명칭이나 관직은 드물지 않게 나타나고 있다. 이것을 검토함으로써 고려 초기의 교육 실태를 유추해 볼 수 있지 않을까 생각된다. 다음 피교육자로 보이는 세 사람의 경우를 살펴보자.

D-① 崔承老는 경주인으로 성품이 총민하고 학문을 좋아하며 글을 잘 지었다. 나이 12세(937. 太祖 21)에 태조가 불러보고 논어를 읽게 한 뒤 매우 가상히 여겨 염분을 하사하고 이듬해 명하여 원봉성 학생으로 소속시켰다. … 그에게 이후부터(당대의) 문병을 맡겼다.[42]

---

40) 주 18) 참조.
41) 河炫綱, 앞의 책, 124쪽 참조.
42) 『高麗史節要』 권 2 成宗 8년 5월. 崔承老慶州人 性聰敏好學善屬文 年十二 (太祖 21. 937) 太祖召見 使讀論語甚嘉之 賜鹽盆 明年命隷元鳳省學生 … 自是委以文柄 ….

② 翰林(院) 學生 金遠[43]

③ 한언공은 성품이 민첩하고 학문을 좋아했다. 광종조에 15세의 나이로 광문원서생에 소속되고 얼마 안 되어 본원의 승사랑이 되었다가 내직으로 옮겨 승지가 되었다. 진사시에 나갔으나 급제하지 못하고 여러 번 옮겨 내의승지 사인이 되었다.[44]

위의 사료 D-①은 성종 때 時務策을 올린 최승로이다. 그는 경주 출신으로 총명하여 어릴 때부터 글을 잘 했다. 12세의 어린 나이로 태조 앞에서 『논어』를 암송한 것이 인연이 되어 이듬해 13세로 왕의 특명에 따라 원봉성 학생이 되었다. 그 뒤 여러 관직을 두루 역임하고 성종 1년(982)에는 選官御事 上柱國으로서 28조의 시무책을 올려 성종대의 정책 방향을 제시했다. 7년(989) 守門下侍中에 오르고 淸河侯에 봉해졌다.

D-②의 전 翰林(院)학생 金遠은 광종 13년(962)에 건립된 淸州龍頭寺鐵幢記의 撰者라는 것 외 더 이상의 이력은 어디에서도 찾아볼 수 없다.

D-③의 韓彦恭은 장단인으로 아버지는 光綠少卿을 지낸 聰禮이다. 품성이 민첩하고 학문을 좋아한 덕분에 광종 때에 15세의 어린 나이로 光文院書生이 되었다. 그 후 진사시에 응시했으나 끝내 급제하지 못했다.

그러면 이들이 학생, 혹은 서생의 신분으로 소속되었던 元鳳省·翰林院·光文院의 성격에 대하여 알아보자. 『고려사』 백관지 예문관조에는 원봉성과 한림원의 관계를 다음과 같이 설명했다.

D-④ 예문관은 制撰과 詞命을 맡았다. 태조 때에는 태봉의 제도를 그대로 따라서 원봉성을 두었다가 뒤에 학사원으로 고쳐 한림학사를 두었다. 현종이 한림원으로 고쳤는데 문종 때 판원사는 재상이 겸하도록 하고, 학

---

43) 『朝鮮金石叢覽』, 195쪽, 「龍頭寺鐵幢記」.
44) 『高麗史』 列傳 권 6 韓彦恭傳. 韓彦恭性敏好學 光宗朝年十五屬光文院書生 未幾爲本院承事郎 轉內承旨 請赴進士擧不第 累轉內議承旨舍人.

사승지 1인은 정3품, 학사 2인은 정4품으로 하고, 시독학사 1인은 …45)

즉 태조는 태봉의 제도인 원봉성을 그대로 이어받았다가 뒤에 학사원으로 고쳤다. 현종 때 다시 한림원으로 바뀌었는데, 이것들이 예문관의 전신이다. 그런데 사료 D-④와 같이 태봉의 원봉성이 현종 때 와서야 한림원으로 바뀐 것이 틀림없다면 광종 때로 추정되는 인용 사료 D-②의 전 한림(院) 학생 김원의 설명이 불가능해진다. 이렇게 된 원인은 원봉성과 동시에 또 다른 한림원이 존재했었거나, 아니면 이들 기관에 대한 불확실한 인식이 기록화 된 결과로 초래된 것이거나 두 가지 중 어느 하나일 것이다. 따라서 이에는 새로운 검증이 필요하다.

다행스럽게도 태조대와 광종대에 한림원이란 관서가 보이고 있다. 즉 도당유학생으로서 당나라에서 급제한 후 후백제를 거쳐 고려에 仕宦한 崔彦撝는 벼슬이 大相元鳳省大學士 翰林院令 平章事에 올라 惠宗 1년(944)에 사망했다.46) 광종 16년(965)에 한림원 서박사 張端說이 聞慶의 義陽山鳳岩寺에 있는 靜眞大師圓悟塔碑의 비문과 大字 篆額을 썼다.

이들 두 기록에 의거하면 최소한 惠宗 1년부터 광종 16년 사이 22년 동안에는 한림원이 실존했다. 주목되는 점은 최언위의 이력에서 보이듯이 원봉성이 학사원으로, 학사원이 다시 한림원으로 변천한 것이 아니라 원봉성과는 별개의 한림원이 존재했다는 점이다. 그렇다면 이 이중적인 한림원의 존재를 어떻게 설명해야 할 것인가. 우리는 이점을 염두에 두면서 원봉성의 성격에 대해 관심을 가질 필요가 있다.

---

45) 『高麗史』志 권 30 百官 1 藝文館條. 藝文館掌制撰詞命 太祖仍泰封之制 置元鳳省 後改學士院有翰林學士 顯宗改爲翰林院 文宗定判院事宰臣兼之 學士承旨一人正三品 學士二人正四品 侍讀學士一人 ….

46) 『高麗史』列傳 권 5 崔彦撝傳. 崔彦撝 初名 愼之 慶州人 … 官至大相元鳳省大學士翰林院令平章事 惠宗元年卒 年七十七 ….

흔히들 원봉성이 태봉의 제도를 이어받은 것으로 한림원의 전신, 즉 한림원의 태봉식 이름이라 이해했다. 이렇게 보는 근거는 원봉성이란 관서의 기능이 제대로 究明되어서가 아니다. 전적으로 앞의 인용 사료(D-④), 즉 원봉성이 한림원으로 바뀌었다는 기록을 의심 없이 믿었기 때문이다. 애당초 원봉성의 기능이 한림원의 역할, 그 것뿐이었다면 같은 시기에 똑같은 기능의 기구가 병립할 필요는 없었을 것이다.

당나라 때 중국 관제를 보면 다른 이름의 기관으로서 기능이나 역할이 비슷하게 보이는 관서가 상당히 많다. 예를 들면, 상서성 소속의 弘文館이나 中書省 소속의 集賢館이 공히 學士・直學士 등으로 구성되었다. 이들은 典籍詳正・書籍編纂 등 文翰과 가까운 업무를 담당했기 때문에47) 얼핏보기에 학사직인 한림원과 구별이 잘 안 되는 점이 있다.

이러한 경우를 상정할 수 있다면 원봉성＝한림원이라는 도식 외에, 원봉성은 본디 중서성・상서성과 같이 여러가지 기능을 가진 관서였으나, 이 기능 중 학사직의 기능을 제외한 다른 기능의 기록들은 전하지 않게 되어 원봉성＝학사직으로 인식된 것은 아닐까. 고려초 원봉성의 기능이 무엇이었는지 알 수는 없다. 그러나 당대 제일의 석학으로 인정받는 최언위가 元鳳省大學士를 역임했고 12세의 崔承老가 그 학생으로 선발된 것을 보면 원봉성은 문한기관임과 동시에 교육기관이었을 것임은 충분히 수긍이 간다.

다음 翰林院에 대하여 살펴보자. 한림원은 본디 당나라에서 학사들이 문학이나 언어로써 皇帝의 고문에 대비하는 곳이었다. 황제의 측근에 있으면서 정책 모의에 참여하고, 諫諍을 하는 역할을 했다. 이 때문에 恩禮가 융숭하여 심지어는 大內의 재상이란 뜻으로 '內相'으로 불리기까지 했다.

이 제도는 당 태종 때 문장・경학에 뛰어난 사람들을 別院에 숙

---

47) 『唐書』志 권 36 百官 1.

직시키며 자문에 이바지하게 한 것이 시초이다. 玄宗 때 翰林待詔라 부르다가 翰林供俸이라 고치더니 이어 학사로 바꾸었다.[48] 그런데 대조니 학사니 하는 관직과 유사한 용어들이 羅末麗初 자료에 자주 散見된다. 원봉성대조니 원봉성대학사니 하는 것들이 그것이다. 이들에 대해서는 뒤에 다시 논하기로 한다.

끝으로 光文院에 대하여 살펴보자. 우선 '光文'이란 용어 자체가 문한기관으로서의 분위기를 짙게 풍기고 있다. 광종 9년(958) 첫 과거시험에 급제한 晋兢은 광문원 少監을 역임했다. 광종 23년(972)에 급제한 柳邦憲은 급제 직후 攻文博士에 제수되었다가 光文院校書郎 光文郎을 역임했다.[49] 당시 희소가치가 있던 과거급제자가 모두 광문원의 관직을 역임했다는 것은 광문원이 우선 문한직과 무관하지 않다는 것을 반증하는 것이다.

유방헌은 공문박사를 거쳐 뒤이어 광문원교서랑에 제수되었다. '校書'란 말은 책을 교정한다는 의미이다. 실제로 당나라 弘文館에 속한 종9품의 교서랑은 典籍을 교정하고 착오를 刊正하는 직임이다.[50] 또 학생을 考試하는 임무까지 띄고 있어 國子監제도와 같다고 했다.

당나라의 관제가 그대로 고려에 계승되었다고 보기는 어렵다. 하지만 적어도 당나라의 홍문관과 高麗의 광문원과는 어떤 상관 관계가 있을 것이다.[51] 光文校書郎이란 官職은 典籍校正이 主務였겠지만 敎育機能도 어느 정도 하지 않았나 하는 心證을 굳히게 한다.

---

48) 『唐書』志 권 36 百官 1 學士之職.
49) 『韓國金石文追補』, 176쪽, 「晋光仁墓誌」 및 『朝鮮金石總覽』, 265쪽, 「柳邦憲墓誌」.
50) 『唐書』志 권 37 百官 2 弘文館條에서 '校書郎二人 從九品上 掌校正典籍 刊正錯謬 凡學生敎授考試 如國子之制'라 했다.
51) 당시 유일한 선진문화의 輸血 루트였던 唐과의 관계에서 그 영향이 절대적이었음을 부인할 수 없다. 다만, 唐의 제도가 우리나라에 수용되는 과정에서 상황에 따라 상당한 변화가 있었을 것임을 항상 염두에 두어야 할 것이다.

이상에서 우리는 원봉성·한림원·광문원에 대해 여러 측면에서 검토했다. 그 결과 이들 기관이 당시의 문한기관임을 확인했다.

다음 柳邦憲이 급제 후 임명된 첫 관직인 攻文博士에 대하여 살펴보자. '攻文'이란 '文을 전공한다'는 뜻이다. '博士'란 '後生을 가르치는 관직'이라는 것이 일반적인 인식이다. 따라서 공문박사란 십중팔구 학생을 가르치는 교직임이 분명하다. 이 공문박사의 칭호가 광종·경종대까지는 보이다가[52] 성종조에는 보이지 않는다. 이는 아마도 문한기관의 교육기능이 국자감으로 흡수되면서 공문박사직 역시 소멸되고, 국자감 교직으로 대체된 결과일 것이다. 공문박사의 소속 관서가 어디인지는 알 수 없지만 이 공문박사 역시 문한기관 내의 교육 담당 관직임이 틀림이 없을 것이다.[53]

이상의 것들은 사료 D-①~③으로 돌아가 학생·서생 등 피교육자를 지칭하는 용어들과 연관지어 검토해 보자. 崔承老는 13세, 韓彦恭은 15세의 어린 나이로 소속 관아에 예속되었다. 그러나 그들이 아무리 재능이 뛰어난 이들이라 하더라도 이 나이에 이미 학문이 완성되어 일찍 실무에 종사했다기보다는 앞으로 크게 쓰기 위

---

52) 攻文博士는 위의 柳邦憲 외에 崔亮도 광종조에 등제하여 공문박사에 임명되고 있으며,(『高麗史』 列傳 권6 崔亮傳) 許載의 증조인 許玄도 景宗朝에 진사에 급제하고 나서 攻文博士를 역임했는데, 이 시기가 한결 같이 國子監이 창설된 成宗朝 이전이라는 점이다. 朴天植氏는 앞의 논문 57쪽에서 아무런 설명 없이 공문박사의 소속 기관을 공문원으로 추단했으나 그렇게 볼 근거가 없다.

53) 중국제도를 우리나라에서 채용할 때에는 ① 명칭과 기능을 그대로 수용하는 경우, ② 명칭은 우리 사회에서 잘 이해되는 것으로 바꾸되 기능은 그대로 계승하는 경우, ③ 명칭은 그대로 수용하되 기능을 달리 하는 경우의 세 가지로 나누어 볼 수 있는데, 위에 보이는 攻文博士·詳文師 (司)·通文博士 등이 ②의 경우에 해당된다고 하겠다. 이러한 관직들은 衒學的으로 표현하기를 좋아하는 중국 관제에서는 볼 수 없는, 단순하고 소박하게 의미를 직접 나타내며 직명에서 그 직임이 곧바로 드러나는 것이 특징이다. 이는 당시의 한문 이해 수준과도 관계되는 것으로 '攻文'은 '문을 전공한다'는 의미, '詳文'은 '문에 정통하다'는 의미, '通文'은 '문에 통달했다'는 의미 등임을 누구나 알 수 있다.

하여 교육을 시킬 목적으로 이들 문한기관에 소속시킨 피교육자로
보는 것이 순리이다. 따라서 앞에서 말한 학사·공문박사·교서
랑·통문박사 등 문한직들은 詔勅이나 書·表를 지어 올리는 한편,
학생·서생 등 피교육자들을 교수했을 가능성이 많다.54)

그러면 같은 피교육자 중 학생과 서생은 어떤 차이가 있었을까.
사료 D-③의 한언공은 15세에 광문원서생으로 발탁될 정도로 총민
했지만, 그는 끝내 과거에 실패하고 만다. 이는 어쩌면 학생과 서
생의 業이 다르기 때문이 아니었을까. 그가 결국 과거에 실패한 원
인은 그가 서생이라고 기록에 나타난 대로 그의 전공은 書業이었
기 때문이었을 것이다. 그가 과거에 계속 집념을 가졌던 것은 아직
건국 초기이기는 하나 製述·明經 양대업이 雜業과는 현저하게 격
이 달랐기 때문이었을 것이다.

이상에서 살펴본 대로 고려 초기에 장래가 촉망되는 연소배들을
학문에 뛰어난 이는 학생으로, 글씨에 소질이 있는 이는 서생으로
구분했고, 그 所長에 따라 각 문한기관에 소속시켜 학업을 연마케
하는 도제식 교육이 이루어졌을 가능성이 높았다. 즉, 麗初에 지식
인 조달은 이들 문한기관을 통해 이루어졌던 것이다. 따라서 고려
초기에 있었을 것으로 추단되는 國學이라는 중앙 교육 기관은 존
재하지 않았고, 太祖 13년(930)에 설치한 西京學院이나 開京學校(이
른바 國學)의 실존을 반증할 자료도 되지 못한다. 이는 羅末麗初의
문한기관과 문한직들의 역할을 검토한 결과 이들이 중앙 교육 기
관의 기능을 대행했었다는 사실로써 확인된 셈이다. 이렇게 고려의
중앙 교육 기관의 설치가 늦어진 배경은 대략 다음의 세가지로 설
명할 수 있을 것이다.

첫째, 당시로서는 아직 전국의 학생들을 모집 관리할 지방 통제

---

54) 이 문제는 이미 許興植氏가 그 가능성을 주장했으나 이에 대한 구체적
　　인 논증이 없이 뒤에 든 사료를 근거로 추론한 것이었다(許興植, 앞의
　　책, 18쪽 참조).

기능이 확립되어 있지 못했다.

둘째, 문관들 중에는 공무의 여가에 개인적으로 제자를 양성하는 이들이 많았다.[55] 元鳳省·翰林院·光文院 등 문한기관에 소속되지 못한 젊은이들은 자기들이 공부하기를 원하면 얼마든지 배울 곳이 있었다. 적어도 개경은 師儒나 師長 등 교수의 인적자원 문제에 관한 한 다른 어느 곳보다 풍부했다.

셋째, 중국 유학생 혹은 賓貢科 합격자들이 계속적으로 공급되어 외교문서 작성 등 수준 높은 文翰 인력들이 조달되었다. 그 외 행정 실무에 필요한 인력은 9주 5소경을 중심한 學院이라는 지방 교육기관을 통해 꾸준히 양성되고 있었기 때문에 별도의 국학이 필요 없었다.

Ⅲ. 國子監의 성립과 興替

1. 成宗의 정치·교육 이념

1) 成宗의 정치 이념

성종은 그 廟號가 말해주듯, 초창기 고려의 어수선하던 문물제도를 중국 고대 정치체제의 전형이라고 할 수 있는 당나라의 관제에 따라 정비한 군주였다. 羅末麗初의 혼란기를 통해 각 지방에 웅거했던 호족세력은 태조 왕건의 遠慮深謀한 포용 정책에 의해 일단

---

55) 『高麗史』志 권 28 選擧 2 學校條. 成宗八年 四月敎曰 … 自今 凡文官 有弟子十人以下者 有司於政滿遷轉之時 具錄奉聞以爲褒貶이라 했는데, 이는 당시 문관들 중에는 자기 舍第에서 사사로 제자를 교수했었다는 증거이다.

외형상으로는 고려에 순응했다. 그러나 태조가 죽자 일시적 봉합 상태에 있던 여러 모순이 차례로 드러나기 시작했다. 惠宗에서 景宗대까지 이르는 30~40년 동안의 왕위계승을 둘러싼 대립과 갈등, 숙청과 보복이 그것이었다. 이 기간 동안은 정치·사회적으로 불안한 때였고, 사상적으로는 陰陽浮屠에 의존한 祈福禳災 행위와 맹목적이고 미신적인 운명관이 팽배한 혼란의 시기였다.

이러한 시대적 배경에서 정치적 안정과 이념적 혼란을 극복할 임무가 成宗에게 주어졌던 것이다. 지방 분권적이고 다원적인 정치·사회의 혼란상을 실질적인 국가 권력 체계 속에 흡수하여 명실상부한 중앙 집권적 통일 국가를 형성하는 것이 성종에게 부과된 역사적 책무였다.

이러한 목표의 달성 방법은 두 가지가 있었다. 하나는 토호들을 물리적인 힘으로 통제하는 것이며, 다른 하나는 문치를 통한 교화로 호족들의 거칠은 尙武的 성향을 순화시키는 것이었다. 문치를 통한 교화의 대표적인 사례는 중앙과 지방의 청사 벽에 『說苑』에 있는 '임금을 올바르게 보필할 여섯 종류의 신하와 그르치는 여섯 종류의 신하를 구별하는 글[六正六邪之文]'과 漢나라 때에 정한 '수령이 지켜야 할 6개 조항[刺史六條之文]'을 써서 게시케 한 것을 들 수 있다.56)

지방 호족들의 무력을 중앙 정부의 물리적인 권력으로 통제한다는 것은 무모하고도 비효율적인 방법이다. 학교 교육을 통해서 얻은 지식인 관료들을 통해 儒敎政治理念을 확산시킴으로써 무사적 기질의 호족 세력을 지배 통제하는 일이야말로 중앙 집권적 관료 체제를 이룩할 수 있는 최상의 방법이었다. 또한 학교를 넓히고 교육을 대중화·보편화하는 것이야말로 바로 풍속을 바꾸는 지름길이 되므로 백성 교화의 최대 효과를 거두는 방책인 것이다. 물론 위에서 말한 교육의 대중화니 보편화니 하는 것도 당시로서는 지

---

56) 『高麗史』列傳 권 8 德宗初.

극히 제한적인 개념이었다. 하지만 학교 교육을 통해 民知가 열린 사람들의 영향으로 백성들이 토속적 미신 숭배나 허망한 운명론, 또한 圖讖說의 미혹에서 벗어나게 될 수도 있을 것이다. 이에 따라 민심을 안정시키고 나라의 기틀을 공고히 하는 일석이조의 효과를 얻을 수도 있었다.

이렇게 볼 때 成宗의 興學 정책이야말로 시의적절하고도 절실한 방안이었다. 이러한 성종에게 이념적 토대를 제공한 이가 崔承老였던 듯하다. 물론 성종의 親儒敎的 성향은 즉위 직후에 八關會를 雜技라 하여 중지한 것에서도[57] 엿볼 수 있다. 하지만 재위 16년간의 정치가 최승로의 봉사 22개조와 비교해 볼 때 전체적으로 그 軌跡을 같이했다는 데서 더욱 확신할 수 있다.[58]

더욱 흥미로운 것은 成宗代의 정치가 철저한 광종 정치의 비판을 전제로 한 최승로의 시무책에 절대적인 영향을 받았으면서도 성종이 중앙 집권적 유교 정치 이념을 구현할 수 있었던 배경은 광종의 무자비한 개혁 정치의 바탕 위에서 가능했다는 점이다. 다시 말하자면 광종은 조선시대 태종이 세종대 정치 안정의 토대를 닦았듯이 성종 시대를 위해 토대를 닦아 놓은 셈이다.

당시의 주변 정세도 성종이 유교화 정책을 수행하기에 좋은 방향으로 변화되어 갔다. 중국 대륙에서 藩鎭 세력이 각축하던 5代의 혼란기를 극복하고 천하통일의 대업을 완수한(960) 趙宋이 文治主

---

57)『高麗史』世家 권 3 成宗 即位년 11월條. 以八關會 雜技不經 且煩擾悉罷 之. 그런데『高麗史節要』成宗 6년 10월에 開京과 西京의 八關會를 폐지 했다는 기사(罷兩京八關會)가 또 있어 양자의 관계가 어떤 것인지 잘 알 수가 없다.

58) 이 상소는 成宗 원년, 王의 求言敎書에 답한 것으로 현재 22개조만이 전 해 오는데 그 내용을 요약하면, 佛事의 축소, 지방관의 파견, 政治紀綱의 확립, 賦稅의 공평, 用度의 절약, 관제의 개정 등 이른바 유교적 정치이 념을 구현하라는 것으로서 그 밑바탕에는 光宗의 개혁정치에 대한 철저 한 비판을 깔고 있는 것이 특징이다(『高麗史節要』成宗 元년 6월條 및 『高麗史』列傳 권6 崔承老傳 참조).

義를 포방하고 나선 것이 그것이다. 이는 고려가 儒敎治國의 의지를 실현하기 위한 더없이 좋은 분위기 조성이었다.

성종 재위 16년간은 일관된 중국화 내지 유교화 정책이 추진되었다. 성종 원년(982) 3월 백관의 官號를 중국식으로 개정하고,[59] 6월 京官 5품 이상에게 封事로 시정의 득실을 논하게 했다.[60] 이런 조치는 동양적 왕도정치의 전형이었고, 여기서 성종 일대의 정치 지표가 된 최승로의 시무책이 나왔던 것이다.[61] 2년(983) 1월에는 圜丘에 祈穀하고 籍田에 親耕하는 예를 처음으로 시행함으로써 자주 독립국가로서의 존재를 과시하는 한편, 농본사회의 유교적 전통 의식이 계승되게 했다.[62]

성종 2년 2월에는 12목에 지방관을 파견하여, 고려 건국 65년만에 본격적인 지방 통제가 가능하게 되었다.[63] 5월에는 박사 任老成이 宋으로부터 귀국하면서 太廟圖·社稷壇圖·文宣王廟圖·祭器圖·72賢贊記 등을 가지고 왔다. 또 같은 달에 당나라의 관직제도를 본따 관제를 개혁하여 三省·六曹(部)·七寺를 설치했다.[64] 5년 7월에는 개경에 올라와 수학하던 지방 학생들 중 원하는 이들을 본향으로 귀환시켰는데, 이것이 향교 설치의 배경이 되었다.[65] 이어 9월에는 12목에 守令 7事를 내려 수령들을 신칙했다.[66] 이듬해인 6년 8월에는 전해에 귀향시킨 학생들을 위해 처음으로 12목에 經學博士·醫學博士 각 1인씩을 파견함으로써, 고려 건국이래

---

59) 『高麗史』 世家 권 3 成宗 1년 3월 庚戌. 改百官號.
60) 『高麗史』 世家 권 3 成宗 1년 6월 甲申. 制曰 其京官五品以上 各上封事論時政得失.
61) 『高麗史』 世家 권 3 成宗 1년 및 『高麗史節要』 成宗 1년.
62) 『高麗史』 世家 권 3 成宗 2년. 春正月 辛未 및 甲甲.
63) 『高麗史節要』 成宗 2년 2월.
64) 『高麗史』 世家 권 3 成宗 2년 5월 戊午.
65) 『高麗史』 志 28 選擧 2 學校條.
66) 『高麗史』 世家 권 3 成宗 5년 9월. 당시에 내린 敎書는 麗末의 守令七事 그것은 아니었으나 賦稅를 가벼이하고 백성들을 敎養시키라는 등 牧民官의 임무를 포괄적으로 담고 있다.

처음으로 지방 官學이 성립되었다. 이것은 지방 교육에 대한 직접
적인 중앙 정부의 통제가 가능해진 것을 의미한다.[67] 8년(989) 4월
에는 앞서 파견한 鄕校 교수의 실적을 褒貶하여 후진 敎誨에 현저
하게 공이 많은 자들을 표창했다.[68]

成宗 8년부터 시작된 太廟의 役事가 11년(992) 12월 1일에 낙성
하자, 이달 7일에 서재를 널리 짓고 국자감을 창건하며 田莊을 量
給하여 학자에 대비하라는 興學敎書를 내렸다.[69] 이듬해에는 遼의
침략을 받아 건국이래 최대의 위기를 맞았으나 徐熙의 외교적 활
약으로 이를 슬기롭게 극복할 수 있었다.

이상에서 살펴본 바와 같이 성종 재임 16년 동안, 때로는 거란의
침략 등 국가적 위기도 있었지만, 안으로는 중앙 집권 국가로서의
기반을 닦고, 밖으로는 對中國 정세 변동에 능동적으로 대처함으로
써 고려의 國基는 튼튼해지고 문물 제도는 정비된 시기였다.

李齊賢은 成宗贊에서 성종이 최승로의 상소를 窮行 실천하지 않
아 遼의 내침을 자초했다는 식의 다소 비판적인 견해도 보였으나
태묘 설립, 복시 시행, 백성 구휼, 孝節崇獎, 풍속 교화와 함께 興學
정책을 높이 평가했다.[70]

2) 成宗의 교육 이념

앞에서 성종 一代의 정치 동향을 일별함으로써 성종 16년간의
정치는 유교적 정치이념의 具顯化로 일관했었다는 사실을 알 수
있었다. 이를 바탕으로 이번에는 그의 빈번한 興學 교서에 나타난

---

67) 『高麗史』志 권 28 選擧 2 學校條.
68) 上同.
69) 上同.
70) 『高麗史』世家 권 3 成宗 16년 말미의 李齊賢贊에는 '立宗廟 定社稷 贍
　　學以養士 覆試以求賢 勵守令恤其民 賚孝節美其俗 每下手札 詞旨懇惻 而
　　以移風易俗爲務'라 하여 극찬했다.

교육 이념의 실체를 파악해 보자.

    E-① 짐은 평소 덕이 부족함을 부끄러워했지만 유학을 숭상하는 마음은 간절
        하여 주공·공자의 풍교를 일으키고 堯舜(唐虞)의 정치를 기대하여 학교
        (庠序)를 세워 사람을 기르고 과거로 인재를 뽑아 …71)

이 글은 성종 5년 7월, 개경에 올라와 수학하던 지방 학생들에게 去留의 선택권을 주면서 내린 교서의 일부이다. 여기서 학교 설립의 목적은 유교의 교화를 통한 요순의 이상 정치를 이룩함에 있음을 강조했다. 이어 이듬해 6년 8월에도 12목에 경학박사와 의학박사 1인씩을 파견하는 한편, 숨은 인재의 천거를 지시했다.

    E-② 문자가 생긴 이래 국가를 경영하는 임금은, 五倫을 익혀 교화를 베풀고
        六經72)에 근거하여 규범을 만들었다. 그러므로 舜·禹·殷·周는 모두
        학교를 세우고 선생을 초빙하여 國子들에게 명하여 나아가 배우게 했
        다. 그리하여 군신과 부자가 모두 사랑하고 공경하는 풍습을 알게 되고
        예·악·시·서는 국가를 경륜하는 대업을 창조하기에 충분했다. 이리
        하여 인륜의 본보기와 왕도의 기강이 찬연히 빛났다.73)

위의 글은 학교의 유래와 그 필요성을 역설했다. 즉, 인륜과 정치 기강이 육경에 근거했음을 재천명하는 한편, 이를 밝히는 길은 학교를 세워 국가의 자제들을 가르치는 것 뿐이라고 강조했다. 성종

---

71) 『高麗史』志 권 28 選擧 2 學校條 및 『高麗史節要』成宗 5년 7월. 五年七
    月敎曰 朕素慚薄德 尙切崇儒 欲興周孔之風 冀致唐虞之理 庠序以養之 科
    目以取之.
72) 六經은 詩·書·禮·樂·易·春秋의 六籍을 말한다. 金忠烈氏는 앞의 책
    83쪽에서 六籍을 六藝라고 했는데, 六藝에 六經을 말하는 뜻이 없는 것은
    아니나 六藝라고 하면 먼저 藝·樂·射·御·書·數를 생각하게 된다.
73) 『高麗史』世家 3 成宗 6년 8월. 敎曰 自昔結繩旣往畫卦以來 北辰御極之
    君 南面經邦之主 莫不習五常而設敎 資六籍以取規 故乃有虞開上下之庠
    夏后置東西之序 殷修而學 周立二膠 擇先生而討論 命國子以肄習 君臣父
    子 咸知愛敬之風 禮樂詩書 足創經綸之業 所以人倫軌範王道紀綱 灼爾可
    觀 煥然斯在.

11년 12월에는 太廟를 낙성한 여세를 몰아 국자감 창건을 명하면서
지난 5~6년 간의 흥학 교서를 되풀이했다.

> E-③ 임금이 천하를 교화하기 위해서는 학교가 첫째이다. 요·순의 풍습을 계
> 승하고 주공·공자의 도를 닦으며, 국가의 헌장을 세우고 군신·상하간
> 의 의례를 분별해야 하는바 훌륭한 선비가 아니면 어찌 이러한 규범들을
> 창안할 수 있겠는가 절기를 살피며 영토를 개척하여 국가를 보위하고 공
> 을 세우는 일은 이를 마땅히 장려할 것이오 잠시라도 폐기할 수 없다.74)

즉 '임금이 천하를 교화하기 위해서는 가장 급한 것이 학교를 세
우는 일'이고, 이를 통해 '周公·孔子의 道를 닦아야 한다'고 전제
했다. 그리고 지난 5년 7월의 흥학 교서를 되풀이한 뒤, 치도의 要
諦는 교육을 통해서만 터득할 수 있다고 역설하여 학교를 통한 유
교 이념의 확산만이 소기의 목표를 달성할 수 있다고 주장했다. 이
상 몇몇 사료를 통해 살펴본 바와 같이 성종은 유교를 기본 이념으
로 한 敎育立國의 철저한 신봉자였다. 이러한 성종인지라 그는 결
국 고려의 관학을 일으킨 창시자가 된 것이다.

2. 國子監의 성립과 구성

1) 國子監의 성립

성종 재위 연간 중 史書에 나와 있는 20여 회도 안 되는 詔와 敎
중에서 흥학에 관한 下敎(詔)가 6~7회나 된다는 사실은 교육에 대
한 성종의 관심이 다른 어느 분야보다 각별했음을 말하는 것이라
하겠다. 이점은 앞서 성종의 교육 이념에서 이미 확인된 바이기도

---

74) 『高麗史』 世家 3 成宗 11년 12월. 王者化成天下 學校爲先 祖述堯舜之風
　　聿修周孔之道 設邦國憲章之制 辨君臣上下之儀 非任賢儒 豈成軌範 揆天
　　拓地 保大定功 固將崇奬而行 不可斯須而廢.

하다. 여기서는 성종대의 각종 흥학에 관련된 교서를 중심으로 고려 관학교육의 성립과 발전을 살펴보기로 한다.

성종대의 교육 관련 기록으로 가장 먼저 나타나는 것은 연대 불명의 다음 기사이다.

E-④ 성종이 조서하기를 "여러 주·군·현으로 하여금 자제를 선발, 서울에 와서 학업을 닦도록 하라" 했다.[75]

이 史料의 내용이 지방 자제들을 중앙에 불러 올리는 就學詔書임에는 이론이 없지만 이 조서가 내려진 시기에 대해서는 두가지 설이 있다. 즉 성종 원년으로 보는 견해와 성종 2년으로 보는 견해가 그것이다. 『東史綱目』의 저자 順庵 安鼎福은 원년이라 했고, 李基白 등은 2년 설을 주장했다.[76] 그런데 이 시기는 高麗敎育史上 대단히 중요한 문제로서 철저히 구명해야 할 필요가 있다. 이해가 바로 고려의 중앙 교육 기관인 國子監의 설립 연도가 되기 때문이다. 그렇다면 이 시기에 대해서는 보다 치밀한 다각도의 검증이 필요하겠다.

앞서 말한 바와 같이, 5년 7월에는 전일 서울에 올라와 학업을 닦던 지방 자제들을 귀향시키는 조처가 행해지고 있다.

E-⑤ '이번(今)에 여러 州에서 올라온 學士들이 고향을 그리워하는 생각이

---

75) 『高麗史』志 권28 選擧2 學校條. 成宗詔 令諸州郡縣選子弟 詣京習業.

76) 順庵 安鼎福은 이를 성종 원년조에 넣었는데(『東史綱目』 권6 상), 이는 아마 성종초라고 한 『高麗史』의 기록을 원년으로 유추한 결과로 보인다. 이에 반해 李基白氏는 성종 2년으로 추단했는데(『한국사』 4, 國史編纂委員會, 1974, 185쪽), 氏는 그 근거로 성종 2년에 12牧에 地方官을 파견하고서 이들로 하여금 州·郡·縣의 子弟를 서울로 뽑아 올리게 했을 것이라고 주장했다. 그리고 申千湜氏(앞의 책, 36쪽)와 宋春永氏(「高麗時代鄕校의 變遷史的考察」『歷史敎育』 41, 1987, 49쪽)도 李氏의 영향을 받은 듯, 成宗 2년說을 그대로 따르고 있다. 그러나 成宗 2년說은 再考되어야 한다.

있을까 염려되니 모두들 남아 있든지 귀향하든지 편리한 대로 하되 너
희들은 나의 말을 명심하여 학업을 저버리지 말라. 歸寧學生 207인에게
는 布 1,400필을 나누어 주고, 남아 있겠다는 53인에게도 幞頭 106枚와
米 265석을 나누어 주도록 하라' 하고서 通事舍人 高榮崳을 客省(禮賓
省)에 보내 선유하고 酒果를 하사하게 했다.[77]

그런데 이들 260명의 學士들은 지방에서 언제 올라 왔다가 얼마
동안의 학업을 닦고 귀향하는 것일까? 이에 대한 견해로 성종 원년
또는 2년일 것이라는 주장이 있다는 것은 앞에서 이미 언급했다. 여
기서는 그 타당성 여부를 검증하고 사실에 접근해 보기로 하자.

첫째, 안정복의 성종 원년설이다. 이때는 아직 12목에 지방관도
파견하지 못하는 상황인데 지방학생들을 불러 올릴 수 있었겠느냐
것이 문제이다. 물론 그 이전부터 今有·租藏들이 지방의 租賦를
징수하는 등 지방 통제 역할은 했었으나, 이들은 중앙 정부와 지방
호족들 간의 최소한의 약속을 수행하는 장치일 뿐이었다. 설사 지
방관을 파견하기 1년 전이어서 지방 통제 분위기가 어느 정도 무
르익었을 것이라는 점을 고려하더라도 역시 성종 원년의 학생 소
집은 무리였을 것이다.

다음 李基白 등의 성종 2년설이다. 성종 2년 2월에 12목을 설치
하고 외관을 파견했으니, 동시에 학생을 徵召했을 것이라는 견해이
다. 얼핏 보면 그럴 듯하다. 그러나 그러할 개연성은 상당히 희박
하다. 우리는 흔히 사료가 희소할 경우에는 관련 사료들 간에 상당
한 間隙이 있음에도 불구하고 이를 직접 연결해 보려는 충동을 느
끼게 된다. 12목에 지방관을 파견한 것과 지방 학생 소집 문제를
관련 지우려는 것도 이런 유형에 속하는 착상일 것이다. 그러면 당
시의 상황을 사료에 입각하여 다시 한번 살펴보자.

---

77) 『高麗史』 志 권28 選擧 2 學校 ; 『高麗史節要』 成宗 5년 7월. 今諸州所
    上學士 慮有思鄕之人 皆令從便去留 汝等祗稟予言 勿墜其業 其歸寧學生
    二百七人 可賜布一千四百匹 願留者五十三人 亦賜幞頭一百六枚 米二百六
    十五石 仍差通事舍人高榮崳就 客省宣諭賜酒果.

① 12목에 지방관을 파견한 일은 실로 고려 건국 64년만에 처음으로 실시된 획기적인 사건이었다. 그러나 이것은 지금까지 미루어 온 것이 아니라 지금에야 겨우 분위기가 성숙되어 그 실현을 보게 된 것이었다. 그렇다면 이에 따라 火急하게 처리해야 할 다른 부수적인 일들도 산적했을 것이다. 교육 문제가 시급한 문제이기는 하지만 12牧 설치 직후에 모든 다른 시급한 일에 우선하여 학생들을 소집하고, 또 방금 파견된 牧宰들이 곧바로 학생들을 소집할 수 있었겠느냐라는 점에 대해서는 선뜻 수긍하기 어려운 면이 있다.

② 만약 12목에 지방관 파견과 동시에 지방 학생들을 소집할 정도로 이것이 화급하고 중대한 사안이었다면 성종 2년 2월부터 5년 7월 이전까지 학교 또는 교육 문제가 한번도 언급되지 않았을 리 만무하다는 점이다.

③ 사료 E-⑤의 '이번(今)에 여러 주에서 올라온 學士들이 …'에서 '이번(今)'이라고 했는데 이 '이번(今)'이란 말에 주의를 기울일 필요가 있다. 성종 2년에 올라 왔다면 만 3년 전인데, 3년 전의 사실을 설명하면서 '이번'이라고 표현했을 리는 없을 것이다.

④ 이들이 上京한 지 3년이 지났다면 최소한 2~3차는 휴가를 받아 歸省할 기회가 있었을 것이다. 따라서 이들에게 고향을 그리는 마음은 그렇게 심각하지는 않았을 것이다. 또 주어진 휴가 기간에 한번도 歸省하지 않고 공부에 몰두한 열성 학생이라면 새삼스럽게 학업을 폐할 정도로 고향 생각이 간절하여 문제가 될 리가 없었을 것이다.

⑤ 성종 2년에 상경했다면 260명이나 되는 많은 지방 학생들이 開京에서 겨울을 세 번 지낸 것이 되는 셈이다. 260명의 학생들이 겨울을 세 번 지낼 정도의 방대한 시설을 해 놓고, 교육 받던 학생들의 思鄕之心 때문에 그들을 일시에 흩어버리는 것은 국가 정책으로 볼 때 앞뒤가 맞지 않는 즉흥적인 조처이다. 물론, 殘留學生 1인당 米 5석씩(265÷53=5) 분급했던 것을 보면, 이들은 단체 숙식을

한 것이 아니라 分給받은 미를 가지고 개인적으로 숙식을 해결한 듯하다. 그렇더라도 최소한 260명을 수용한 공동 교육장은 있었을 것이다.

⑥ 성종 2년부터 260명이나 되는 전국의 학생들을 모아 놓고 교육했다면 적어도 그 3년 후인 5년경에는 과거 시험을 포함한 어떤 교육 효과가 나타났어야 한다. 그런데 성종 7년까지는 급제자의 수에 있어서 전혀 그런 흔적을 찾아볼 수 없다.

이상 여섯 가지 이유로 보건대, 성종 2년, 12목 설치와 더불어 지방 학생들을 서울로 불려 올려 교육을 실시했을 것이라는 推斷은 설득력이 떨어진다고 할 수 있다. 그렇다면 고려 관학체계의 성립 기점이 되는 그 시기는 언제였을까.

첫째, 성종은 '詔書를 내려 지방 학생들을 上京肄業케 했다'고 했다. 이 취학 조서가 내린 것은 '詔'를 '敎'로 고치기 전인 성종 5년(986) 3월 이전 어느 때였을 것이다.[78] 그렇다고 학생들의 취학 시기가 반드시 5년 3월 직전일 필요는 없다. 중앙의 명령이 지방에서 시행되자면 수개월은 걸릴 것이기 때문이다.

둘째, 위의 ③번에서 지적한 바와 같이 '이번'이라는 표현은 적어도 歸寧敎書가 내린 성종 5년 7월과 그리 멀지 않은 3~4개월 전이었을 가능성이 많다. 더 정확하게 말하자면 농한기이기도 한, 성종 5년 2~3월경이었을 것이다.

셋째, 성종 8월 3월에 실시한 과거에서 進士·明經의 급제자 수는 19인으로 종래까지 최소 3인, 최대 9인이던 것에 비하면 실로 2~9 배나 대폭 증가했다.[79] 후일의 기록이기는 하지만 國子監 3년 재학자에게 國子監試 응거 자격을 주었다.[80] 이때로부터 3년을 소

---

78) 詔를 敎로 고친 것은 成宗 5년 3월이었다. 『高麗史』 권 3 世家. 始以詔稱敎.

79) 이 문제에 대해서는 다음 절에서 상론할 것이다.

80) 『高麗史』 志 권 27 選擧 1 科目 1. 靖宗 二年 七月制 '生徒入學滿三年方許赴監試.

급하면 바로 성종 5년 봄이 된다. 이점이 다른 어느 항목보다 5년 2~3월 학생 소집설을 뒷받침할 수 있는 가장 설득력 있는 증거라 하겠다.

이상의 여러 정황을 추단하여 결론을 내린다면 다음과 같이 정리할 수 있다. 2년 2월 처음으로 12목에 지방관을 파견, 지방 통제를 강화하기 시작한 성종은 2~3년 동안 시급한 국사를 처리한 뒤, 교육을 통해 백성을 교화하고 풍속을 바로잡겠다는 평소의 敎育立國 의지를 실천해 나가기 시작했다. 성종 4년 말 혹은 5년 초에 전국에 취학 조서를 내려 5년 2~3월 경에는 260명의 지방 학생들을 上京詣業시킴으로써 중앙 교육 기관을 창설했다. 이것이 國子監의 시작이었다.

그러나 당시의 교육에 대한 일반적 인식이나 제반 여건은 성종의 의지를 수용할 만한 형편이 되지 못했다. 학생들간에도 학업을 성취한 뒤의 영광보다는 현실의 불편한 생활이 修學에 뜻을 잃게 했다. 불과 몇 달 뒤에는 학생들의 고향을 그리워하는 생각 때문에 학업을 계속 강행할 수가 없게 되었다. 이렇게 되자 성종은 5년 7월, 歸寧敎書를 내려 207명을 귀향시키고 53명은 서울에 머물면서 계속 학업을 닦게 했다. 이들 53명이 國子監의 母胎가 되고 귀향한 207명이 지방 학교 즉 鄕校의 구성원이 되었을 것임은 의심의 여지가 없다.

서울에 머문 학생 53명이 국자감의 모태가 되었다고 보는 근거로는 成宗이 이들에게 官人의 상징인 幞頭 2매씩을 하사했다는 사실을 들 수 있다.81) 따라서 성종 5년 7월에 내린 교서의 의의는 실

---

81) 幞頭는 朝鮮時代 과거 급제자가 紅牌를 받을 때 쓰던 것으로 모양이 紗帽와 비슷한데 앞턱이 없이 밋밋하고 위가 편평하며 네모지게 생긴 儒者가 쓰던 관이다. 복두는 글자 그대로 머리털이 난발되는 것을 막기 위한 일종의 머리수건에서 출발했다. 때문에 통일신라시대에는 진골 귀족으로부터 평민에 이르기까지, 재료는 비단에서 베에 이르기까지 차이가 있었으나 청소년 이상의 남성이면 누구나 썼다. 그러다 차츰 지배계층의 상징으로 변천해 갔다. 성종 9년 10월 서경에 行幸하여 9품~4품에게 복두를 하사한 것이나(世家) 이후 자주 품관들에게 복두를 하사하는 것으

로 큰 것이다. 재삼 강조하지만 이때가 바로 고려 관학체계의 출발
점이 되기 때문이다.

2) 國學의 호칭 문제

앞 절[Ⅱ-2-3]에서 고려 건국 초기의 文翰機關을 검토하면서 元
鳳省·翰林院·光文院 등 文翰 관서에 학생·서생 등의 피교육자
가 소속되어 있고, 이들은 중국유학생, 지방의 학원 출신 학생들과
함께 당시 고려가 필요로 하는 인재의 주된 공급원이 되었음을 밝
힌 바 있다. 그리고 다시 開京에 중앙 교육 기관이 설립되지 못한
배경으로는 學院이라고 하는 지방 호족들에 의해 운영되는 지방
교육 기관이 존재했었고, 중앙의 통제가 불가능했을 것이란 점도
언급했다.

그러나 광종의 개혁 정치를 통해 勳臣宿將들이 숙청되자 호족
세력이 약화되면서 중앙의 통제가 가능하게 되었다. 성종 2년 2월
에는 12목에 지방관을 파견하기까지 했는데 이는 중앙 교육 기관
의 설립과도 직결되는 일이었다. 왜냐하면 이 12목의 지방 통제 기
능을 통해 지방 학생들을 중앙에 소집, 취학시킬 수가 있었기 때문
이다. 하지만 지방관 파견과 동시에 지방 학생들의 취학은 이루어
지지 못했고 성종 5년 2~3월경에야 실현될 수 있었다.

태조 13년에 서경에 學院을 창설한 것을 근거로 개경에도 일찍부
터 학교가 설립되어 있었을 것이라는 종래의 주장은 앞 절[Ⅱ-2-1)]
에서 검토한 바와 같이 사실과 다르다는 것이 확인되었다.

성종 5년에 중앙집권적 교육기관의 출현은 종래의 과도기적 방
안으로는 유교적 정치 이념의 구현에 따라 폭발적으로 늘어나는

로 보아, 이것은 관인이거나 앞으로 관인이 될 후보자들이 쓰는 관일 것
이다. 따라서 서울에 잔류한 학생들에게 복두를 하사했다는 사실은 관인
후보생으로 대접했다는 것을 의미한다.

인력 수요를 감당할 수 없다는 것을 의미한다. 이러한 사실은 3년 뒤에 과거 급제자 수가 종전의 2~9배로 증대되었다는 점에서도 증명된다. 그러면 성종 5년 창설된 중앙 관학의 이름은 무엇이었을까. 지금까지는 국초부터 國學이 있었고 이것이 성종 11년부터 國子監으로 개칭되었다고 보는 주장이 학계의 지배적인 통설이다.[82] 그러나 앞에서 논증한 대로 개경 국학의 존재를 인정할 수 없는 이상, 명칭 문제 또한 재검토되어야 할 것이다.

> F-① 헛되이 국학에 이름을 걸어 놓았으나 科場에서 재주를 겨루는 자는 드물다.[83]
>
> ② 유사는 좋은 지역을 가려 서재와 학사를 널리 건설하고 농장을 헤아려 지급하여 학생들의 양식에 충당할 것이며, 또 국자감을 창건하라.[84]
>
> ③ (이성공이) 돌아올 때 개경에 데리고 와서 국학에 소속시켰는데 목종조에 등제했다.[85]

위의 사료 F-①은 초기 국학 교육의 부진한 모습을 한탄한 것이고, F-②는 교육 시설의 확충 문제를 다룬 것이며, F-③은 東京留守로 갔던 李成功이 그곳의 출신은 한미하나 총민한 학생 李周佐를 서울로 데리고 와 국학에 소속시켰더니 뒤에 급제까지 했다는 내용이다. 국학은 경주에 있던 통일 신라시대의 중앙 관학이며, ─사실 이 국학도 당나라 국자감에 대한 상대적인 호칭이었을 가능성이 많지만─ 국자감은 중국의 여러 왕조와 고려에서 두었던 중앙 관학을 지칭하는 교육기

---

82) 1960연대까지만 해도 成宗 11년을 國子監 설치 연대로 보는 것이 일반적이었다. 그러다가 朴性鳳氏가 1975年에 '高麗의 敎育機關은 新羅 이래의 제도를 계승한 國學이 있다가 成宗 때에 이르러 唐의 文物制度를 대폭적으로 채택하면서 國子監으로 개편되었다'(『한국사』 6. 176쪽)고 주장한 이래 많은 학자들이 이 설에 동조했다.

83) 『高麗史』 世家 권 3 成宗 8년 4월 壬戌. 空係名於國學 罕較藝於春場.

84) 『高麗史』 志 권 28 選擧 2 學校條. 有司相得勝地 廣營書齋學舍 量給田莊 以充學粮 又創國子監.

85) 『高麗史』 列傳 권 7 李周佐傳. (李成功) 及還携至京 使隷國學 穆宗朝登第.

관 명칭이다. 그런데 고려 국자감의 전신이 국학이었다는 통설의 근
거로서 흔히 인용되는 사료가 F-①의 국학이다. 그러나 국학이란 명
칭은 太學과 같이(國子學·太學·四門學 중의 태학이 아님) 국립대학 또
는 국립 학교란 의미의 일반 명사로서도 흔히 쓰인다.[86]

　사료 F-③의 국학은 일반 명사로 쓰여진 국학임은 말할 것도 없
다. 성종 때부터 국자감이 국립 대학의 호칭으로 확정되었기 때문
이다. 그런데도 국자감이라 쓰지 않고 국학이라 한 것은 한문에서
는 뜻이 달라지지 않는 한, 주로 四字成語로 축약하여 문장을 만드
는 構文上의 특징이 있기 때문이다. '使隸國子監'으로 할 것을 '使
隸國學'의 4자로 만든 것이다. 그리고 '使隸國學'도 원래 '使隸於國
學'에서 '於'가 생략된 것이다. F-①의 국학도 예외는 아니며 정식
명칭으로서의 국학일 가능성보다는 일반 명사인 국학으로 인용되
었을 가능성이 훨씬 크다. 실제로 고려시대 사료에서 국학은 중앙
관학의 뜻으로 쓰인 경우가 다반사이다. 그렇다면 고려 최초의 중
앙 관학의 호칭이 國學이었다는 주장은 설득력을 잃게 된다. 따라
서 성종 5년 개경에 설립된 관학의 명칭은 처음부터 國子監이었을
것으로 보는 것이 타당하다.

3) 國子監의 職官

　성종은 중앙 관학의 명칭은 당나라의 그것을 본따 국자감으로
정함과 동시에 그 직관에 있어서도 차용한 것이 많다.『高麗史』百
官志에는 성종 때의 국자감 관직으로 國子司業·國子博士·國子助
敎, 太學博士·太學助敎, 四門博士·四門助敎를 둔 것으로 되어 있
다. 이 관제는 물론 당나라 國子監 관제의 일부를 따온 것으로 사
업은 국자감 운영의 총책임자이고 국자박사에서 사문조교까지는

---

86)『高麗史』志 권 30 百官 1 成均館條.

教職이다.87)

그러나 우리는 위의 『高麗史』 百官志 기록에 대해서는 실제성 여부를 검증할 필요가 있다. 왜냐하면 초창기 『高麗史』 기록 중에는 『高麗史』 撰者들이 편찬 당시의 推斷을 사실인양 서술하여 硏究者들의 판단을 혼란시키는 경우가 많았기 때문이다.

그런데 성종대에 성립된 직제였을 것으로 추측되는 국자감 관직이 보이고 있어 주목된다.

〈표 1〉 田柴科 體制하의 國子監職官

科	穆宗(改定)田柴科 (元年 12月)	文宗(更定)兩班田柴科 (30年)
5		國子祭酒
6		
7		國子司業
8	國子司業	國子博士
9	國子博士	
10		太學博士
11	國子助敎 · 太學博士	國子助敎
12		四門博士
13	四門博士 · 太學博士	太學助敎
14		四門助敎 · 律學博士
15	四門助敎 · 律學博士	律學助敎 · 書 · 算學博士
16	書 · 算學博士 · 律學助敎	
17		
18	國子典學	

출전: 『高麗史』 志 32 食貨 1 經理

---

87) 唐의 國子監 관직에는 司業 위에 국자감의 실질적인 책임자인 祭酒를 비롯하여 많은 관리 운영직이 있으나 성종 때의 고려에서는 司業과 博士 · 助敎 등 교직만이 보이고 있다. 이는 여기에서 누락된 관직도 있을 수 있 겠지만, 또 방대한 唐의 국자감 직제를 고려에 그대로 적용할 수도, 그럴 필요도 없어 고려 실정에 맞도록 축소 도입된 결과일 것이다. 그리고 이것 이 국자감 창립 초기의 실제 상황에 맞는 최소한의 관직 체계였을 것이다.

국자감 관직이 나타나는 과를 적출하면 앞의 〈표 1〉과 같다. 즉 穆宗 원년 12월에 제정 반포된 文武兩班及軍人田柴科로서 1科에서 18科까지로 구분된 전시과체계 속에서 국자감 관직이 제8과로부터 마지막인 제18과에 걸쳐 나타나고 있는 것이다.

同 전시과가 穆宗 원년에 반포된 것임을 고려할 때 여기에 나오는 관직은 목종 원년에 신설된 것들도 있겠으나 그 이전, 즉 성종대에 설치된 것들이 대부분일 것이다. 그 이유는 전시과에 나타나는 관직들은 신라나 태봉적 요소가 많이 소멸된 반면, 당나라 관제의 영향이 압도적으로 나타나고 있다. 성종은 원년(982) 3월에 백관의 관호를 개정하고, 이듬해 5월에는 三省·六曹·七寺를 설치하는[88] 등 중국식으로의 관제 개혁에 열성적이었기 때문이다. 특히 국자감 직제는 교육입국에 특별한 관심이 있던 성종에게는 어느 다른 직제보다도 일찍 제정했을 가능성이 높다. 실제, 목종 원년 전시과와 국자감 관직을 비교해 볼 때 國子司業에서 四門助敎까지 완전히 일치되고 國子典學만이 전시과에 추가되고 있을 뿐이다. 그리고 당시 인물들 중에는 국자감 관직을 역임했던 실례도 나타나고 있어 위의 국자감 직제의 성종대 성립 가능성을 뒷받침해 주고 있다.

G-① 公(柳邦憲)은 鄕貢進士로 과거에 응시하여 乾元(德) 10년 임신(光宗 23, 972) 9월 5일 과거에 科首[89]으로 급제하니 왕명으로 攻文博士에 임명했다. 이로부터 光文校書郎으로 옮기고, 光文郎·國子主簿를 거쳐 四門博士가 되니 雍熙 4년 정해년(成宗 6, 987)이다. 성종초 왕이 즉위하여 儒臣에게 명하여 對策文을 짓게 했는데 公이 또 1등을 했다. 統和 13년 을미년(成宗 14, 995)에 制하여 通直郎을 삼고 또 국자사업으로 옮겼다.[90]

---

88) 『高麗史節要』 成宗 2년 5월.

89) 이 科首가 무엇을 의미하는 지 알 수 없으나 壯元이 아님은 분명하다. 왜냐하면 당시 과거의 장원은 楊演이기 때문이다. 光宗代 榜目에는 甲科·明經科·醫科·卜科만 보이고, 景宗代부터 甲·乙·丙科와 明經, 그리고 雜科가 보인다. 따라서 科首란 乙·丙·明經科의 수석을 말하는지 자세히 알 수 없다.

② 성종 8년 4월 敎에 '태학조교 宋承演과 南海道 羅州牧 경학박사 全輔仁
은 사람들을 가르치기에 부지런하니 마땅히 장려하여 발탁해야겠다. 승
연은 9등을 뛰어 발탁할 만하니 국자박사를 제수하고 緋色公服 한 벌을
하사할 것이며, 전보인에게는 공복 한 벌과 쌀 50석을 하사할 것이다.[91]

③ 田拱之는 靈岩縣人으로 성종조에 登第하여 목종 10년 10월 태학박사에
임명되었다.[92]

④ 劉徵弼은 현종 11년 5월에 國子祭酒로서 知貢擧가 되어 진사를 선발했
다.[93]

⑤ 徐訥은 성종 15년에 甲科로 뽑혔으며, 현종 12년 3월에 國子祭酒 知吏
部事가 되었다.[94]

⑥ 李可道(王子琳)는 靑州人으로 성종조에 등제했으며 현종 13년 10월에
中樞使 國子祭酒에 임명되었다.[95]

⑦ 李瓊은 현종 13년 2월, 국자사업으로서 參知政事 朴忠淑과 遼나라에 갔
다.[96]

⑧ 黃周亮은 목종 7년 4월, 內史舍人 崔沆의 방에 갑과로 등제하고, 현종
20년 11월 國子祭酒 翰林學士가 되었다.[97]

⑨ 李周佐는 慶州人으로 성종조에 國學에서 수학하여 목종조에 등제했으
며, 덕종 3년 3월, 國子祭酒 左諫議大夫에 임명되었다.[98]

⑩ 孫夢周는 현종 원년 4월 국자사업으로서 지공거가 되어 진사를 뽑았
다.[99]

---

90) 『朝鮮金石總覽』, 265쪽, 柳邦憲 墓誌. 公 … 應鄕貢進士 乾元(德)十年壬申
九月五日 一擧中科首 勅可攻文博士 自此轉光文校書郎 又加光文郎 又加國
子主簿 又加四門博士 雍熙四年丁亥 成宗初踐祚 命儒臣對策 公又中科首 …
統和十三年乙未(成宗 14, 995) 制可通直郎 中樞直學士 又轉國子司業.
91) 『高麗史』志 권 28 選擧 2 學校條 成宗 8년 4월 敎.
92) 『高麗史』列傳 권 94 田拱之傳.
93) 『高麗史』志 권 27 選擧 1 選場 顯宗 11년 5월.
94) 『高麗史』世家 권 4 顯宗 12년 3월.
95) 『高麗史』世家 권 4 列傳 7 李可道傳, 顯宗 13년 10월.
96) 『高麗史』世家 권 4 顯宗 13년 2월.
97) 『高麗史』志 권 27 選擧 1 科目 1 穆宗 7년 4월, 世家 권 5 顯宗 20년 11월.
98) 『高麗史』列傳 권 7 李周佐傳, 世家 권 4 德宗 3년 3월.
99) 『高麗史』志 권 27 選擧 1 顯宗 원년 4월.

⑪ 白玄禮는 國子丞으로서 현종 17년 왕명에 의하여 翰林學士 宣議郞內史
舍人 知制誥兼史館修撰官 崔冲과 함께 弘慶寺碑記를 왕명을 받들어 짓
고 있다.[100]

이상 G 群의 사료는 고려 초기에 여기저기에서 나타난 국자감
職官의 용례를 모은 것이다. 여기에서 우리는 사문박사·태학조
교·경학박사·태학박사·국자박사·국자사업·國子祭酒 등의 교
직을 볼 수 있다. 이 중에서 國子主簿·國子丞·國子祭酒를 제외하
면 모두 成宗朝 백관지 국자감조에 보이는 교직 및 목종 원년의 전
시과 체제와도 대부분 일치하고 있어 적어도 성종 말년까지는 국
자사업을 최고직으로 하는 백관지의 교직이 실제로 기능했었음을
알 수 있다.

여기서 문제가 되는 것은 성종조 백관지 성균관조에는 없는 국
자주부와 문종 30년 更定兩班田柴科에 나타나는 國子祭酒 및 문종
조 백관지 성균관조에 보이는 國子丞이다.

먼저 국자주부를 검토해 보자. 국자주부가 나오는 사료는 G-①
이 유일하다. 柳邦憲은 鄕貢進士로서 광종 23년(972) 9월 과거에 科
首로 급제한 뒤 攻文博士·光文校書郞·光文郞을 거쳐 국자주부와
사문박사를 역임했고(?) 성종초 儒臣對策에서 1등을 했으며, 뒤에
국자사업을 역임했다. 유방헌이 국자감직을 역임했던 시기는 광종
말년에서 성종 14년 사이로 잡을 수 있다. 명확하지는 않지만 문맥
으로 보아 유방헌은 성종 6년의 유신 대책에서 1등했을 때가 바로
사문박사 재직시로 보이며, 그 직전인 성종 5년 어느 때에 국자주
부를 역임한 것이 아닌가 한다.

그런데 성종조 백관지 성균관조에 보이지 않는 국자주부를 어떻
게 해석해야 할까? 백관지 성균관조의 성종대 기사를 보면, 국자감
의 최고 운영 책임자인 司業을 제외하고는 교수직만 있고 행정 실
무 관직은 전혀 보이지 않는 점을 감안할 때, 그리고 주부가 唐의

---

100) 『朝鮮金石總覽』上, 76쪽 弘慶寺碑.

국자감에서 맡은 임무를 고려하면,101) 고려 국자감에서의 주부는 유일하고도 필수적인 행정 실무직이었음을 알 수 있다. 다만, 성균관조의 성종대 기사에 주부가 누락된 이유는, 주부가 미관말직이었기 때문인지 혹은 기록의 누락인지 알 수는 없지만 미관말직으로 인한 기록의 누락으로 보인다.

다음 國子祭酒를 보자. 국자좨주가 직제로서 최초로 나타나는 것은 문종 30년 12월의 更定田柴科이다. 즉 성종조의 교직을 한 단계씩 승격시키면서 이제까지의 최고 교직이던 사업 위에 祭酒를 추가 설치한 것이다. 이는 아마도 국자감의 비중이 그만큼 상승한 것도 한 원인이겠으나, 자제를 교육하는 교학 기능 위주의 국자감에 先賢을 제사지내는 奉祀 기능의 강화가 가장 큰 요인이었을 것이다. '학업을 담당한다'는 의미의 사업 위에 享祀의 의미가 함축된 좨주란 관직이 증치된 데서 이를 유추할 수 있다. 이는 중국에서 좨주란 관직의 형성된 배경이나 그 기능과도 일치하는 것이다.

그러면 이 國子祭酒는 언제 증치되었을까? 아마 그것은 현종초 어느 때였을 것이다. 이렇게 추정할 수 있는 근거는 다음과 같다. 현종 원년 4월 孫夢周가 국자사업으로서 知貢擧가 되어 선비를 뽑고 있으며(G-⑩), 劉徵弼은 현종 11년 5월 국자좨주로서 지공거가 되어 과거를 주관했는데(G-④), 현종 원년 이전에 국자좨주직이 설치되었다면 국자사업인 孫夢周는 지공거를 맡지 못했을 것이다. 이렇게 볼 때 국자좨주는 현종 원년에서 11년 5월 사이에 설치된 것으로 보아야 한다. 그리고 國子丞도 현종 17년에 나타나는 것으로 보아(G-⑩) 현종초 어느 시기에 일부 국자감 직제가 개편되면서 국자좨주와 함께 설치된 것으로 보인다.

다음으로 公服 문제와 교직을 검토해 보자. 사료 G-②는 태학조

---

101) 『新唐書』 志 권 38 百官 3 國子監條에 '主簿一人 從七品下 掌印勾督監事 七學生不率敎者 擧而免之'라 하여 주부의 직임이 인장 관리, 학생 감독 등의 직무임을 알 수 있다.

교 宋承演과 南海道 羅州牧 經學博士 全輔仁이 학생 교육에 부지런하여 좋은 성적을 올렸으니 褒奬한다는 내용이다. 송승연은 9등을 뛰어 국자박사에 발탁하고, 전보인과 함께 緋色公服 한 벌씩을 하사받았다는 것이다.

공복의 복색 구분이 나오는 것은 경종조의 始定田柴科에서이고, 緋衫公服은 4색 공복 중 제3등의 복색이다.102) 사료에서와 같이 緋衫公服 下賜를 特記했던 것을 감안할 때, 宋承演이 지금까지 입고 있던 공복은 비삼이 아닌 제4등인 綠衫이었을 가능성이 농후하다. 만약 녹삼이었다면 宋承演의 당시 관직이었던 태학조교는 녹삼 10품위 중의 하나이고, 국자박사는 비삼 8품위 중 하나에 해당될 것이다. 그러나 더 이상 자세한 내용은 알 길이 없다.

始定田柴科에서 보이는 복잡한 4색 공복체제가 改定田柴科의 간편한 18과 단일 체제로 정리된 것은 의심의 여지가 없다. 또 이 개정전시과 18과 등─시정전시과의 紫衫18품도 포괄한다─이 고려의 正·從9품 관품제와 일정한 대응 관계가 있다는 연구 결과가 있다.103) 하지만 국자감 직관을 여기에 곧장 대응시켜 그 실체를 파악하고자 하는 것은 무리이다. 宋承演이 녹삼공복 대신 비삼공복을 입는 품계로 승격된 것은 분명 시정전시과의 品位 기준을 적용 받고 있는 것이다.

한편 宋承演은 태학조교에서 9등을 뛰어 넘어 국자박사에 擢用되었다는 내용은 지나친 超擢이고, 또 관제도 아직 완비되지 않은 상태이므로 다소 의심이 간다. 그러나 『唐書』 백관지의 국자감 직제에 비추어 보면 일견 타당성도 발견되어 국자감직제는 국자감 설치 당시 唐制를 그대로 채용해 쓴 것이 아닌가 하는 생각을 떨쳐 버릴 수가 없다. 다음 표에서 볼 수 있듯이 『唐書』 백관지를 기준으로 종7품 하의 태학조교에서 정5품 상의 국자박사에 초탁된 것

---

102) 『高麗史』 志 권 32 食貨 1 田制條. 景宗元年十一月 始定職散官各品田柴科.
103) 李佑成, 「閑人·白丁의 新解析」 『歷史學報』 19, 1962, 60쪽.

을 말했던 것 같다.

〈표 2〉『新唐書』百官志(권3)의 國子監 職制

品階	從3 下	從4 下	正5 上下	從5 上下	正6 上下	從6 上 / 下	正7 上下	從7 上 / 下	正8 上下	從8 上 / 下	正9 上下	從9 上 / 下
官職	(祭酒)	司業	國子博士		太學博士	國子助教 / (丞)	四門博士	太學助教 / (主簿)		四門助教 / 律學博士	律學助教	書學博士 / 算學博士

① 고딕 : 百官志 成均館條에 나오는 成宗代의 國子監 職制
② 唐 국자감직제 중 直講 등 品外職은 생략했다.

표를 검토해 보면 『新唐書』 백관지에는 종3품의 좨주로부터 종9품의 算學博士・書學博士에 이르기까지 16개 종류의 관직이 있는데, 성종조 직제는 7개 관직뿐이다. 이것은 앞에서 언급했듯이 성종 때 唐의 국자감 직제를 도입하여 宋承演의 승급에서는 唐 職制 그대로를 적용하면서 실제 관직에 있어서는 꼭 필요하고 시급한 직제만을 설치했기 때문일 것이다. 그러나 아무리 교육에서 성과를 냈다고 하더라도 단번에 9등급을 뛰어 擢用했다는 사실은 이해하기 곤란하다. 다만 아직까지 국자감 직제가 확고히 정립되지 못했기 때문이 아닌가 추측할 뿐이다.

여하튼 宋承演은 공복에서는 시정전시과의 품등 기준에 따라 褒獎을 받고, 승급에서는 전시과 체제와는 다른 唐國子監 관품제의 적용을 받은 셈이다. 이는 송승연이란 한 개인에 대한 포장에 두 가지 관직 체계가 적용되었다. 이 사실은 중요한 의미를 시사한다. 즉 성종초의 국자감 직제는 始定田柴科의 4색 공복체제를 완전히 벗어나지 못한 것이라는 점이다.

이상에서 검토한 대로 사색 공복에서의 각 관직의 품계는 분명히 밝힐 수 없지만, 성종조 백관지 성균관조의 교직은 대체로 그대로 기능했다는 것을 알 수 있다. 즉 성종 5년 초의 국자감 창설 당시, 운영 책임자로서의 국자사업을 필두로 교수직으로서 국자박사·국자조교·태학박사·태학조교·사문박사·사문조교가 있었다. 그 후 행정 실무자로서의 國子主簿 등 敎學 중심 체제가 한동안 계속되다가 현종 초기 어느 때인가 享祀 기능이 강화되면서 국자사업의 상위직인 國子祭酒와 중간 관리직인 丞이 증치되었다. 이것이 뒤의 문종대 백관지 성균관 직제의 모체가 되었다.

마지막으로 국자감직 補任者의 자격을 살펴보자. 당연한 귀결이지만 모두 과거 급제자였다. 위의 G 群 사료에서 과거 급제 여부가 불분명한 G-②의 태학조교 宋承演과 羅州牧 경학박사 全輔仁 중 전보인은 明經科 출신임이 확인된다.[104] 송승연만이 미확인이나 급제자가 지방 향교의 경학박사로까지 나가는 상황에서 국자감 태학박사가 된 송승연이 급제자였을 것임은 당연하다. 이상과 같이 교직은 과거 급제자였을 뿐만 아니라 甲科·혹은 科首로 표현했던 바와 같이 급제자 중에서도 우수한 자들이었으며, 전보인의 경우에서 보이듯이 여러 교직을 역임하는 것도 관례였던 듯하다.

또 뒤에서 언급하겠지만 성종 7년 이전의 급제자 수가 매회 평균 4~5명에 불과하다. 이는 이들 엘리트 지식인을 향교 교수로까지 임명했던 것에서 당시 교육 진흥 정책의 일면을 엿볼 수 있다. 그리고 성종 후반부터 목종대에 걸쳐 과거 급제자 수가 25~26명으로 급증하는 것도 행정 인력 수요의 증가도 원인이 되겠지만 확대되는 교직 인력 수급과도 무관하지 않았을 것이다.

4) 國子監生의 신분과 입학 자격

國子監에는 어떤 사람들이 입학했을까. 국자감생들의 신분을 논

---

104) 『高麗史』 世家 권 4 顯宗 10년 2월. 壬辰日 右僕射全輔仁卒 以明經累授
    學官 時稱宿儒.

하자면 먼저 우리의 선입관인 學式에 나오는 父祖의 官爵에 따라 학생들의 수학처가 달랐다는, 이른바 國子學・太學・四門學의 개념이 명확히 구명되어야 한다. 이것은 국자감의 역사적 변천과정과도 밀접한 관계가 있다. 이에 대해서는 제2장 Ⅱ절 學式의 검토 과정에서 별도로 살펴보기로 하고 여기서는 초기 국자감생도의 신분과 입학 자격에 대해서만 언급하기로 한다.

성종 5년 7월에 여러 고을에서 뽑아 올린 학생들은 자유 의사에 따라 去留를 선택하게 했다. 서울에 머물기를 희망한 53명이 국자감 학생의 주축이 되었다는 것은 앞에서 언급한 바와 같다. 귀향한 사람들은 물론 이듬해 12목에 설립되는 향교의 생도가 되었을 것임은 두말할 필요도 없다. 이때 국자감생이 되느냐 향교 생도가 되느냐는 문제는 父祖의 관작도 아니요 학생들의 실력 차이에 의한 것도 아니었다. 思鄕之心을 근거로 去・留의 선택에 따른 것이었다.105)

물론 이들이 성종의 就學詔書에 따라 개경에 모일 때도 특별한 조건은 없었다. 이러한 과정은 초창기 관학이 성립될 때 어디서나 볼 수 있는 공통적 현상이었다. 長吏나 백성 중 가르칠 나이에 해당되는 사람들은 누구나 해당이 되었다. 여기서 말한 장리는 향리이고, 백성이란 향리에 버금가는 계층, 일반적으로 말하는 백성이 아닌, 중간 계층의 신분층이었을 것으로 보인다.106)

여기에서 문제는 '長吏百姓'이라는 교서의 내용을 액면 그대로 믿을 수 있느냐는 것이다. 임금의 상투적인 對民下諭로 사실과 다른 것이 없지 않느냐는 반론도 있을 수 있겠으나 敎書 全篇에 흐르는 간절한 성종의 흥학 의지로 볼 때, 그리고 전년에 불러 올린 학

---

105)『高麗史』志 권 28 選擧 2 學校條.
106) 金光洙氏는 長(人)吏나 백성의 역할을 교육 대상・兩班軍役代理・事審官 추천・조세 수납 책임・지방 토지문서 관리・관직 취득의 6가지로 보았는데, 이들 백성은 일반 백성들과는 달리, 언제든지 관인 신분으로 승격할 부류로 보았다. 金光洙,「高麗의 中間階層」『한국사』5, 國史編纂委員會, 1975, 254쪽 및 李佑成,「麗代 百姓考」『歷史學報』14, 1961 참조.

생들 중 80% 이상이 귀환했던 당시 분위기로 볼 때, 개경에 올라와 수업한다는 것이 그렇게 매력 있는 일이 아니었다. 학교 설립 초창기에 학생을 모집하면서 엄격한 조건을 내걸기는 사실상 불가능했을 것이다.

구체적인 실례로 성종 때(?) 東京留守로 있던 李成功이 그 고을의 가세가 한미한 李周佐를 개경에 데려다 국학에 입학시켜, 이주좌는 결국 급제하여 관직이 형부상서 判御史臺事에까지 이르렀다.107) '家世가 單微' 하다고 했으니 이것만 가지고서는 이주좌의 신분을 분명히 알 수는 없다. 하지만 재산도 후견인도 없는, 위에서 말한 長吏나 百姓의 범주에서 크게 벗어나지 않는다고 보아야 한다.

이상의 몇 예를 통하여 살펴보았듯이 적어도 초기 國子監의 입학 신분은 백성 이상이면 가능했고, 이들의 자제로 배울 만한 나이에 도달한 청소년이라면 별다른 제한없이 입학이 허락되었다.

한편 그들의 자격에 대해서는 입학에 따른 시험은 없었으나 나이로 보아 고향을 떠나 수백리나 되는 개경에서 학업을 닦아야 했으니 童蒙의 나이는 면해야 했을 것이다. 성종 5년 7월, 귀향시키고 남은 서울에 남은 학생 53인에게 儒巾의 일종인 幞頭 2매씩을 하사했다고 했으니, 학생들을 유생으로 대우했음을 알 수 있다. 특히 이들을 學士라고 표현한 것도 같은 맥락일 것이다.

요컨대 초기 國子監 학생의 신분은 장리나 백성 신분 이상이면 가능했다. 또 연령이나 학문 수준도 어느 정도 이상이어야 한다는 자격 제한은 없었으나 童蒙을 면한 청소년으로 한문의 기본 소양을 익힌 자라면 가능했을 것이다. 그리고 이들은 유생으로 대접도 받았다. 이는 마치 19세기말 우리나라 개화기 때 선교사들이 세운 초기 교육 기관에서 입학생들의 자격을 크게 따지지 못한 경우와 같은 형편이었을 것이다.

---

107) 『高麗史』 列傳 권 7 李周佐傳.

3. 國子監의 발전과 쇠퇴

1) 國子監의 발전

성종 5년에 설치된 국자감은 성종의 각별한 관심과 보살핌 속에서 눈부신 발전을 거듭했다. 6년 8월에는 전년에 귀향한 학생들에게 교수가 없는 것을 걱정하여 12牧에 경학박사와 의학박사 각 1인씩을 파견하여 배우게 했다.[108] 8년 4월에는 그간의 교육에 성과를 거둔 태학조교 宋承演 등을 파격적으로 襃獎했다.[109] 또한 앞으로 과거에 응시하는 門生이 한 사람도 없는 經學博士는 임기가 끝나더라도 성과가 있을 때까지 계속 仍任하게 했다.[110] 성종 11년(992)에는 새로 國子監을 창건하고 學田을 주어 학교 재정을 확충해 주었다.[111] 私學도 장려하여 문관으로서 제자를 10인 이하 둔 사람은 임기가 만료되어 체직할 때 그 교육 실적을 인사고과에 반영하도록 했다.[112]

이렇게 교육에 정성을 쏟은 결과는 국자감을 창립한 지 3년만에 그 성과가 나타났다. 과거 급제자 수의 급증이 그것이다. 다음 禮部試의 制述科·明經科 급제자의 王代別 변화 推移(표 3)에서 볼

---

108) 醫學博士는 醫學敎育보다 醫療 활동과 藥材 채취가 더 중요한 임무였다(『高麗史』 志 권 28 選擧 2 學校條).

109) 『高麗史』 同上.

110) (成宗) 八年 四月. 敎曰 … 其十二牧經學博士 無一個門生赴試者 雖在考滿 復令留任 責其成效 量授官階 以爲恒式(同上).

111) (成宗)十一年 十二月 敎. 有司 相得勝地 廣營書齋學舍 量給田莊 以充學糧 又創國子監(同上). 여기서 볼 수 있는 바와 같이 文臣官員 중에는 재직 중에 私塾을 두고 제자를 길렀음을 알 수 있다. 이 史料의 '以下者'를 李成茂氏는 '以上者'로 고쳐 읽었는데 이점에 대해서는 뒤에 詳論하기로 한다.

112) (成宗) 八年 四月. 敎曰 … 自今文官有弟子十人以下者 有司於政滿遷轉之時 具錄奏聞以爲襃貶(同上).

수 있듯이 성종 7년까지는 성종대의 1회 평균 급제자 수가 3.3명에 불과하던 것이 성종 8년(989) 3월의 과거에서는 19명으로 급증하여 종전의 매회 평균인 3.3인의 약 6배에 이른다. 이는 물론, 인력의 수급 계획상 합격자를 늘렸다고 볼 수도 있겠으나, 5년 3월 국자감을 창립한 지 3년만에 이러한 성과가 나왔다는 사실은 꾸준하고도 열성적인 성종의 관학 교육 장려책의 결과였다는 것 외에는 달리 설명할 길이 없다. 물론 이때도 私塾이 존재했지만 사학 12徒가 본격적으로 등장하기 이전이니 급제자의 갑작스런 증가를 私學 발달의 결과로 볼 수는 없다.

이렇게 볼 때, 앞에서도 언급했지만 성종 8년 3월의 급제자수 급증은 3년전인 성종 5년 3월에 국자감이 창립되었을 것이라는 주장의 강력한 뒷받침이 된다. 뒷날의 사실이기는 하지만 국자감 재학 3년이면 監試의 응시 자격을 주었다.[113] 감시가 없던 이 당시에도 3년 재학 후 응거하는 것이 어떤 기준이 되지 않았는지 생각된다. 즉 3년 정도 재학해야 비로소 科擧 응시 자격을 주었을 것이란 말이다.

그러면 다음 도표를 통해 왕대별 과거 합격자의 변화 추이를 살펴보자.

〈표 3〉은 과거제가 실시된 광종 9년(968)부터 충숙왕대까지 약 200년 동안의 과거합격자의 변화를 도표화한 것이다. 표에 밝혔듯이 가장 위에 있는 굵은 선은 兩大業(製述·明經)의 매회 평균 급제자 수의 합이며, 중간의 점선(⋯)은 제술업의 매회 평균 숫자, 그리고 맨 아래의 것은 明經 급제자의 매회 평균이다. 이 도표는 제술·명경 급제자들의 왕대별 추이를 나타낸 매우 간단한 꺾은선 그래프지만 이것이 내포하는 의미는 매우 크다. 곧 이것이 고려 전기 관학의 興替를 나타내는 중요한 지표가 되기 때문이다.

---

113) 『高麗史』 志 권 27 選擧 1 科目 1, 靖宗 二年七月判. 生徒入學滿三年方許赴監試.

〈표 3〉 王代別 科擧合格者의 變化推移

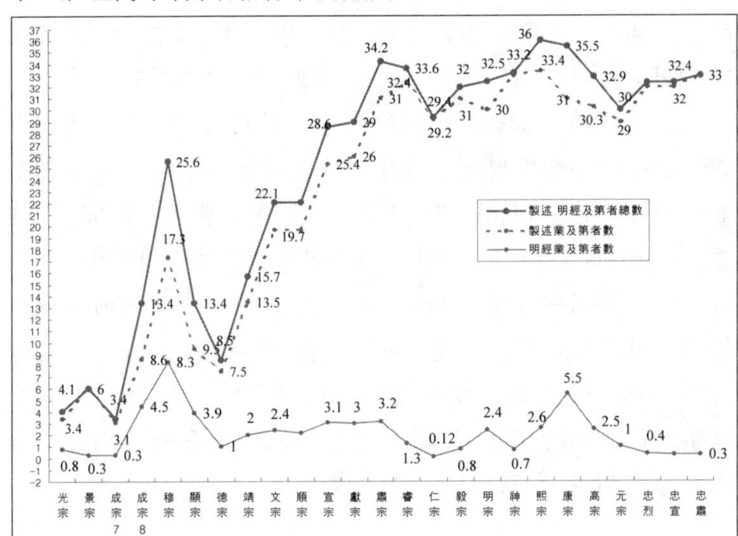

도표를 一瞥하면, 광종 9년부터 성종 7년(988)까지는 매회 평균 4~6명으로 거의 수평을 유지하다가 성종 8년 이후부터 급등하기 시작하여 목종대에는 평균 약 26명으로 절정을 이루고 있다. 그러나 현종대에는 반으로 줄고, 덕종대에 오면 매회 평균 8.5명으로 목종 대의 3분의 1 수준으로 떨어진다. 그 후 정종대부터 다시 증가하기 시작하여 宣宗대가 되면 약 30명 선으로 이후 대략 고정된다.

성종 8년 이후의 급제자가 급증하는 현상은 앞에서도 언급했지만 성종 5년의 국학 설립 결과였다. 물론 이것은 성종 대의 중국식 관제 개혁에 따른 관인층의 수요 확대에 따른 결과로 볼 수도 있겠다. 그러나 이것만이 이유라면 덕종대의 급격한 감소를 설명할 길이 없어진다. 역시 이 시기 급제자의 증가는 성종의 꾸준한 관학 진흥책의 결실이었다는 결론에 도달하게 된다.

다음 명경업 급제자 수도 같은 변화의 추이를 보자. 이것도 성종 7년 이전에는 연평균 1명 미만이던 것이 성종 8년 이후에는 3명으로 증가했다가 목종대에는 8명으로 급등하고, 현종대에는 2.5명으로 하강 곡선을 그리다가 덕종 대에는 1명, 예종 10년(1115) 이후부터 1명 내외로 줄다가 강종대 5.5명을 고비로 거의 없어지고 만다.

이것 역시 관학 교육의 성쇠와 깊은 관련이 있었다. 다시 말하면 관학 교육이 흥하면 명경업 역시 활기를 띠고, 관학이 쇠하면 명경업이 침체된다는 것이다. 그 까닭은 고려 전기 관학의 교과는 科業 중심이 아니라 儒經 중심이었기 때문이다. 제술업과 명경업이 인기나 대우 면에서는 상당한 차이가 있었지만[114] 관계 진출에는 별다른 차별이 없었다.[115] 이 당시에는 明經 경시 풍조도 심하지 않았기 때문에 受學 조건이 좋지 못한 지방 출신의 국자감생들이 다수 명경업에 응시했을 것이다. 결국 성종·목종·현종 대의 명경업 급제자 수가 많은 것 역시 이 시기 관학 교육 진흥의 결과였다.

2) 官學의 쇠퇴

성종·목종대에 급격히 증가한 과거급제자 수는 현종·덕종 연간에는 급격히 하강했다.[116] 이는 바로 이 시기 관학교육이 쇠퇴하게 된 결과이다. 현종 때 두차례의 거란 침입에 따른 국내 정세의 불안도 한 원인으로 검토될 수 있겠으나 교육 및 과거 정책 전반에 관한 방향 전환이 이 시기에 집중적으로 강력하게 이루어졌기 때문이다. 즉 歲貢하는 鄕貢의 제한, 國子監試의 설시 등 일련의 과거

---

114) 文臣이라면 詩文을 짓고 읊을 줄 알아야 문인 축에 들 수 있었다. 그런데 특히 製述科에 응시하기 위한 科業 준비는 특별 교습을 받아야 했기 때문에, 어느 정도 文理만 나면 經書를 가지고 독학이 가능한 明經과는 달랐다. 유교국가인 朝鮮에서까지 詩·賦·頌·策을 시험보는 進士試에 名家의 자손이 모이고, 儒敎經典을 대상으로 하는 生員試에는 한미한 시골 선비가 주로 응시하는 것도 같은 맥락이었다.

115) 朴龍雲, 앞의 책, 592~3쪽 참조.

116) 앞의 〈표 3〉 참조.

제에 대한 통제 조치는 과거 급제자의 수준을 향상시키기 위함이라
는 그럴듯한 명분을 내걸었지만, 보다 큰 이유는 이제까지 급제자
의 주류를 이루었던 향공이나 지방학생 주류였던 국자감생들의 관
계 진출을 억제하기 위한 것이었다. 향공은 초기 국자감생의 주류
가 지방 출신이었을 것이란 점은 앞에서 이미 언급한 바와 같다.

국자감생들의 신분 구성이 이러했으므로 私塾을 통해 학문을 닦
아 급제·仕宦의 길로 들어가는 명문대가의 후예들이 국자감에 들
어가 수학하기를 꺼렸을 것임은 충분히 상상되는 일이다. 그렇다고
중앙 귀족들이 급증하는 지방 출신 국자감생 문제를 그냥 방치할
수도 없었다. 이에 대한 대책으로 나타난 것이 앞서의 각종 제한
조치이다. 이것이 고려 전기 관학이 침체되고 사학이 일어나게 된
배경이 된 것이다.

15년(1024)에는 국자감에 대해 제도적인 통제를 가했다. 다음 기
사를 검토해 보자.

H-① 여러 州縣의 千丁 이상인 고을은 歲貢 3인, 오백정 이상인 고을은 2인,
　　오백정 이하인 고을은 1인 기준으로 계수관으로 하여금 시험을 보여 선
　　발하는데, 製述業은 五言六韻詩 1수를 시험 보이고, 명경은 五經 각 1机
　　씩 시험 보여 관례에 따라 개경으로 뽑아 보내면 국자감에서 다시 시험
　　을 보여 입격자에게는 과거응시를 허락하고 나머지는 모두 고향으로
　　돌려보내 학습케 한다. 만약 계수관이 부적격자를 선발했을 경우에는
　　국자감이 이를 따져 죄를 준다.117)

위의 史料는 크게 세 가지로 나누어 볼 수 있다.

① 주현별로 人丁의 다과에 따라 세공을 하되, 천정 이상 고을은
3인, 5백정 이상 고을은 2인, 5백정 미만은 1인씩 계수관으로 하여

---

117) 『高麗史』 志 권 27 選擧 1 科目 1, 顯宗 十五年 十二月判. 諸州縣 千丁
　　以上歲貢三人　五百丁以上二人　以下一人　令界首官試選　製述業則試以五
　　言六韻詩一首　明經則試五經各一机　依例送京　國子監更試　入格者許赴擧
　　餘並任還本處學習　如界首官貢非其人　國子監考覈科罪.

금 시험하여 선발하게 하는데, 제술업은 5言6韻詩 1수, 명경은 5경에서 각각 1궤씩 시험하여 관례대로 서울로 보낸다.

② 국자감에서는 이들을 다시 시험하여 「國子監更試」[118] 합격자는 과거에 응시하는 것을 허락하고 나머지는 모두 소속처로 돌려보내 재학습하게 한다.

③ 만약 계수관이 실력이 없는 사람을 歲貢했을 경우에는 국자감에서 조사하여 죄를 준다는 등의 내용들이다.

위에서 조목조목 해석한 대로 이 判文은 교육 문제에 있어 매우 중요한 의미들을 내포했다. 첫째, 향공의 세공 숫자를 한 고을당 1~3인으로 제한했다는 사실은 물론 여기에는 중앙 귀족들의 배타적 성향도 작용했겠지만 한편으로는 당시 국자감의 발전과 병행하여, 향교 교육도 향공의 숫자를 줄여야 할 정도로 활발히 수행되고 있음을 말하는 것이다.

둘째, 界首官試를 통해 선발한 인원에 대해 국자감에서 다시 시험을 보여 부적격자가 있을때 국자감이 계수관을-아마 계수관 향교 교수일 것이다-죄주는 것은, 비록 과거 제도를 통해서이기는 하지만 중앙 교육 기관인 국자감이 지방 교육 기관인 계수관향교를 통제하는 일면도 엿볼 수 있다. 그런데 여기서 '國子監更試'라고 한 것은 顯宗 8년 10월 判에 이미 '東堂監試給暇'라고 하여 監試란 용어가 7년 전에 나오기는 하지만[119] 감시가 禮部試 예비고시로서의 위치가 확고하게 성립되지 못한 때문일 것이다.

때문에 德宗 즉위년에 가서야 국자감시가 시설되었다는 기록이 나오고 있다.

---

118) 이 國子監更試에 대해 柳浩錫氏는 國子監試와는 다른 禮部試—물론 國子監試를 國子監 入學試驗으로 보는 견지에서—의 예비 시험으로 보고, 朴龍雲氏는 이것은 바로 國子監試를 지칭하는 것으로 보았다. 여러 가지 정황이나 자료로 보아 國子監試가 禮部試 예비 시험임을 확신하는 필자로서는 물론 후자의 견해를 따른다.

119) 『高麗史』志 권 27 選擧 1 科目 1. 顯宗八年十月判. 東堂監試給暇 兩大業試前三朔 醫卜律書業二朔 算業一朔.

Ⅰ-① 덕종 즉위년 윤시월 기유에 처음으로 국자감시를 설치했다.[120]

② 국자감시는 바로 진사시인데 덕종 때 처음으로 설치되었다.[121]

그러나 앞에서 살펴본 바와 같이, 이 사료에서 밝혔듯이 국자감시가 이때 와서 비로소 시행되었다는 것을 그대로 믿을 수는 없다. 이에 대해 여러 가지 여건을 참작할 때 국자감시는 현종 8년으로부터 그리 멀지 않은 시기에 시설되어 德宗 즉위년(1031)에 정비를 보았을 것이란 주장[122]에 수긍이 간다. 여하튼 이 국자감시의 실시는 과거제도에 있어서 중대한 영향을 미쳤던 것은 사실이다. 그런데 이때에 와서 국자감시를 실시한 근본 이유는 어디에 있었을까?

앞에서 推斷한 대로 성종의 계속된 흥학정책으로 관학이 발달하여 응거자수가 급격히 늘어나게 되었고, 더불어 이들의 수준 저하를 우려하는 소리도 나왔을 것이다. 이에 따라 蔭敍나 중앙의 사학을 통해 子姪들을 宦路로 진출시키고 있는 중앙 지배 귀족들로서는 관학을 통한 지방 학생들의 대량 진출을 제한할 필요도 있었을 것이다.

국자감의 모태가 된 것은 성종 5년, 고향으로 돌려보내고 개경에 남은 학생 53명이었고, 향교생의 주축은 귀향한 207명이었다. 성종 8년 3월의 과거에는 이들이 주류를 이루었을 것이고 이러한 전통은 계속되었을 것이다. 사실 향교와 국자감이 지방과 중앙의 구분은 있지만 학생들의 뿌리는 같은 것이었다. 중앙의 귀족 자제들은 국자감 재학을 기피한 반면, 과거에 떨어진 지방 학생들은 다음 과거를 위한 留京學習所로 즐겨 사용했다. 당시 지방 학생들의 수준이 상당히 높았던 것[123]도 이러한 사정 때문이었다.

---

120) 『高麗史』 권 5 世家 5 德宗 即位年 閏10월條. 德宗 即位年 閏(十)月己
  酉 始設國子監試.
121) 『高麗史』 권 74 志 28 選擧 2 國子監試條. 國子監試卽進士試 德宗始置.
122) 朴龍雲, 『高麗時代蔭敍制와 科擧制研究』, 一志社, 1990, 191쪽.
123) 許興植, 앞의 책, 15~16쪽 참조.

그런데, 당시 私塾을 열어 제자를 길러 사학의 전통을 이어 가고 있는 문신관료들에게는 지방 학생들 견제가 절실했을 것이고 그 대안이 국자감시였다고 생각된다. 국자감시의 고시 과목이 국자감이나 향교의 교과목인 유교의 경전이 아니라 사학 출신들에게 상대적으로 유리한 詩(뒤에 賦 추가)였다는 사실에서도 드러난다. 현종 15년 判의 歲貢 향공 숫자의 제한도 같은 맥락이었다. 현종·덕종 연간에 과거 급제자 수가 급격히 떨어진 것은 이상 열거한 교육 정책 변화에 따른 결과였다. 그러나 정종·문종·선종대를 거치면서 과거 급제자 수는 다시 급증하기 시작한다. 1회 급제자 수가 30명까지 육박했다. 이들의 주류는−성종·목종대가 관학 출신이던 것에 비해−사학 출신 자제들로 바뀌었다. 靖宗 2년 7월에는 입학 후 만 3년이 지나야 비로소 國子監試에 응시할 수 있다는 규정이 마련되었다.

> J. 생도가 (國子監에) 입학한 지 만 3년이 되어야 비로소 監試에의 응시를 허락한다.[124]

이 규정은 관학 발달에 어떤 기능을 했을까. 이 규정은 모든 국자감시 응시생들에게 꼭 거쳐야 할 의무 규정이 아니고 국자감생들에게만 적용되는 규정이었다. 때문에 순기능보다는 역기능으로 작용했을 가능성은 충분히 감지할 수 있다.

이 제도는 국자감 생도들에게 禮部試에의 접근을 보장한 조치가 아니라 '滿三年' 이상까지로 제한함으로써 아무런 예비 관문이 없이 과거에 응시할 수 있던 종래의 과거제도에 제동을 가한 것이었다. 현종 이전까지는 어느 정도의 실력을 갖추면 별다른 제한없이 응시할 수 있었다. 그러나 예비 시험인 국자감시를 시설하더니, 이제는 이 국자감시의 응시 자격마저 국자감생의 경우, '국자감 재학

---

124) 『高麗史』 志 권 27 選擧 1 科目 1. 生徒入學 滿三年方許赴監試.

만 3년'이라는 까다로운 규정을 설정했다. 결과적으로 국자감을 기피하게 만들었고 이것이 국학 침체의 원인이 되었다. 私學으로 科業의 주도권이 넘어간 당시의 국자감은 학업을 연마하는 교육 기관으로서보다는 국학에 적을 걸어 놓고 과거 때가 되면 모였다가 끝나면 흩어지는 과거 응시생들의 在京 유숙소 또는 대기소 성격이 더 컸다는 것은 중국의 경우에 비추어 보아도 증명된다.125)

당시 형편으로 보아 국자감의 쇠퇴는 필연적인 귀결이었다. 정종 8년에는 국자감 諸業 학생으로서 장년이 되었는데도 才器를 이루지 못한 자는 光軍에 충당하는 조치까지 내려지게 되었다.126) 문종 7년에는 국자감생 중 폐업을 하는 사람이 많이 발생하는 사태까지 이르게 되었다.127) 이같은 사실은 국자감이 이젠 국가의 동량을 기르는 교육장으로서의 기능을 상실했다는 것을 의미하며, 동시에 이를 대체할 인재 양성 기관이 별도로 존재했었음을 말한다. 그 대체 기관이 다 알다시피 사학 12徒였다.

---

125) 이는 宋代의 사정에서도 증명되는데,『文獻通考』學校考 3에 '宋初國子學的主要作用 是科學之附庸 正始慶歷二年(1042) 天章閣侍讀王洙所說 限隨秋試詔集取解 及科場罷日則生徒散歸 但爲游士寄應之所 殊無國子肄習之法'라 했고, 이는 조선시대의 경우도 마찬가지였다.
126)『高麗史』志 권35 兵1 兵制.
127) 上同, 志 권 28 選舉 2 學校條.

제2장

고려 중기의 國子監 개혁과 그 운용

Ⅰ. 睿宗의 國子監 개혁과 그 운용
Ⅱ. 學式의 검토

I. 睿宗의 國子監 개혁과 그 운용

1. 개혁 이전의 국자감 교육

고려 일대를 통하여 文運의 최전성기라고 하는 문종대에 '국자감 재생으로 근래 학업을 폐한 자가 많다'[1]하여 學官들을 責勵하면서 왕은 국학 교육 부진 책임을 학관들에게 돌렸다. 이러한 결과가 나오게 된 원인은 지방 학생을 중심으로 설립된 국자감의 생태적 한계성에 따른 집권층의 국학에 대한 무관심과 사학의 발달 때문이었다. 당시 국자감 교육의 부진을 나타내는 기록이 여기저기에 나타난다.

> A. 일찍부터 문선왕묘(孔子 祠堂)를 국자감 안에 창건하고 관원을 두고 스승을 배치했으며, 선종대에 이르러서는 교육을 실시하려 했으나 미처 시행하지 못했다 …[2]

위 사료는 국자감 교육이 거의 廢弛된 듯이 서술했다. 그러나 이는 예종의 국학 진흥 공로를 부각시키기 위한 지나친 과장일 것이다. 보다 사실에 접근한 기록은 국학 재건 후 學官으로 부임한 殷純臣이 국학 창건을 하례하기 위해 올린 표문이다.

> B. 국가가 일어난 지 2백여 년에 열 네 분의 어진 聖君들이 나셨으니 누가 국학을 회복하고 유교를 넓혀 京師로부터 首善하기를 바라지 않았으리요마는, 오랑캐 나라들이 아직 모두 順服하지 않고 조정이 말끔히 淸閑하지

---

1) 『高麗史』志 권 28 選擧 2 學校.
2) 『高麗史』志 28 學校 睿宗 14년 7월. 初肇 立文宣王廟于國子監 建官置師 至宣宗將欲敎育而未遑 ….

> 못했으니, 비록 그 성의만은 있었으나 어느 틈에 그 일을 議論했사오리까.
> 학관은 빈 이름 뿐으로 아무런 실적을 나타내지 못했고, 스승은 例에 따
> 른 직위가 되어 아무도 그를 높이지 않아. 문과 담에 풀이 우거지고 책상
> 과 자리에 먼지가 날렸습니다 …3)

즉 개혁 이전의 국자감은 그 존재만 남았을 뿐 중앙 관학으로서의
기능은 상실된 지 이미 오래였음을 알 수 있다. 그렇다면 당시 국
학의 실정은 어떠했을까. 숙종 7년 윤6월에 재상 邵台輔 등이 상주
한 국학 폐지론을 주목해 볼 필요가 있다.

> C. 재상 소태보 등이 上奏하기를, "국학에서 선비를 양성하는 데 소비하는
> 비용이 적지 않아 실로 민폐가 되고, 또 중국의 法은 우리나라에서 시행
> 하는 데 어려움이 있으니 (國學을) 폐지하소서." 하니 답하지 않았다.4)

중국 당나라 제도를 모방한 국자감 제도가 우리 실정에는 맞지
않으니 국학을 폐지하라는 주장이다. 이는 우리나라라고 해서 인재
양성의 필요성이 없었을 리 없겠지만, 우리나라에는 우리 고유의
인재 양성 및 공급 기능이 있어 中國式 국자감은 제대로 기능을 하
지 못하고 무용지물이 되고 있음을 반영하는 것이라 하겠다. 다 아
시다시피 邵台輔는 숙종을 옹립하는 데 주동적 역할을 한 당대의
실력자이다. '소태보 등'이라고 했으니 당시 조정 중신들의 의견을
소태보가 대표해서 상주한 것임을 알 수 있고, 이 주장은 숙종에
의해 기각되었다. 그러나 이 건의는 소태보 개인의 私見이 아니라
당시 조정 重臣들에 의한 조정 공론이었을 것이다.

---

3) 『東文選』 권 36 創立國學後學官謝上表. 國家之興二百歲 賢聖之作十四君
　　孰不欲復雍泮以恢儒 自京師而首善 然由夷未盡賓服 朝廷未甚淸閑 雖存其
　　誠 奚暇而議 官有空名而不責以效 師爲常職而未見其尊 草沒門墻 塵生几
　　席 廟貌漫涽 ….
4) 『高麗史』 志 권 28 選擧 2 學校條 및 『高麗史節要』 肅宗 7년 閏 6월. 宰
　　相邵台輔等奏 國學養士 靡費不貲 實爲民弊 且中朝之法 難以行於我國 請
　　罷之 不報.

예종 8년 5월, 參知政事 柳仁著가 卒하자 그 인물평에 '그는 외척으로 가문이 貴顯했는데도 급제 전 '國學' 재생들과 어울려 독서한 것을 칭찬했으니'5) 당시 대부분의 귀현 자제들이 국학을 기피할 정도로 국학의 인기가 없었음을 알 수 있다. 이러한 사실들은 당시의 중앙 교육 실태를 추측할 수 있는 좋은 예라 하겠다. 여기에서 우리는 다음과 같은 결론을 도출해 낼 수가 있다.

첫째, 당시의 국학(國子監)은 유명무실하여 그 본래의 설립 목적인 국가에 有爲한 인재 양성에 별다른 기능을 하지 못했고, 국학 이외에 이를 대신한 별도의 교육 기관이 존재했었다. 둘째, 국학 재학생의 대부분은 귀족이나 勳戚 등 당시 지배 계층의 자손들은 아니었을 것이다. 만약 지배층의 자손이 상당수 재학했었다면 어느 학부모들이 공공연히 자기들의 자제가 다니는 국학의 폐지를 들고 나왔겠는가. 셋째, 이렇게 지배 계층으로부터 외면당하는 국학이었지만 민폐가 된다고 주장할 정도로 비용이 많이 들었다. 여기서 당시 국학에는 상당수의 재생이 居接했었음을 알 수 있다.

7齋가 설립되기 이전, 지배 계층들의 국자감에 대한 인식은 아예 국립 대학으로서의 위상을 인정하지 않는 경향이었다. 인종 17년 10월, 禮部 貢院이 上奏했다.

> D. 국학이 설립되기 전에는 初場에 貼經으로 시험보였으나 국학이 설립된 뒤에는 大小 經義를 시험보이므로 과거 응시자들이 어렵게 여깁니다. 지금부터는 여러 경을 겸하여 시험하는 경의를 없애고 本經의 經義만 시험보이소서.6)

즉 국자감이 설립되기 전에는 초장에 구술 시험인 貼經을 치렀으나 國學이 설립된 뒤에는 필기 시험인 經義도 겸하여 시험 보이므

---

5) 『高麗史節要』睿宗 8년 5월.
6) 『高麗史』志 권 27 選擧 1 仁宗 17년 10월. … 且國學未立前 初場試以貼經 立學以後 兼試大小經義 擧子難之 今後經義 以試本經義.

로 응시자들이 어렵게 여기니 기본 經 한 가지 經義만 시험 보이자
는 것이다. 이것은 과거제 개혁에 관한 내용이지만 당시 사람들의
국학에 대한 인식을 내포했는데, 바로 국학 설립 시기를 언급했던
점이다.

그렇다면 국학 설립 시기란 언제를 말하는 것일까? 먼저 성종대의
국자감 설립을 상정할 수도 있으나 고시 방법이 貼經에서 經義로
변한 것은 예종 14년 이후이니 성종대는 고려의 대상이 될 수 없
다. 다음으로 생각되는 것이 7齋의 성립이다. 물론 7재는 예종 4년
7월에 설립되었다. 7재를 설립하여 국자감 기능이 본 궤도에 오르
고 재생들의 지적 수준이 향상되자 보다 고난도의 고시방법이 필
요하게 되어 예종 14년에 과거제가 바뀐 것이다. 앞에서도 살펴본
바와 같이 邵台輔 등이 폐지를 주장한 국학이 존재는 했으나, 당시
지배 계층의 국학에 대한 대체적 인식은 그 존재 자체를 무시할 정
도로 유명무실했던 것이다.

　이상과 같이 국학은 당시 중앙 귀족들에게 무시당했고, 문종대
이후 사학의 발달로 인해 과거 등용문으로서의 역할이 축소되고
국가재정만 축내면서 국립 대학으로서의 기능을 제대로 수행하지
못했다. 따라서 크게 개혁되지 않으면 안될 상황에 놓여 있었다.
당시 국왕인 숙종도 학문을 좋아하고 유학 진흥에 남다른 관심을
가진 인물이었다. 그러나 북쪽으로부터 여진의 압박을 받는 상황에
서 국방 문제에 보다 더 관심을 갖지 않으면 안될 처지에 놓여 있
었으므로 미처 學事를 염두에 둘 겨를이 없었다. 그리하여 이 문제
는 다음 왕인 예종의 책임으로 넘겨지게 되었다.

2. 예종의 교육 개혁과 국학 진흥

1) 예종의 교육 정책

예종이 재위 17년 만에 돌아가자 史臣은 이렇게 평했다.

E. 예종은 천성이 명철하여 일찍이 東宮에 있을 때에도 어진 선비를 禮로 대접하며 효도하고 공손함이 독실했다. 즉위하여서는 밤낮으로 염려하고 부지런하여서 정신을 가다듬어 좋은 정치를 하려 했다. 다만 국경을 개척하는 데에 뜻을 두고 요행의 공을 바라 事端이 그치지 않았으며, 중국 풍속을 사모하고 胡宗旦을 신용하여 그의 말에 너무 혹해서 실수를 면하지 못했다. 그러나 뒤에는 군사 쓰는 일이 어려운 것을 알고 원망을 버리고 修好하여 이웃나라로 하여금 감동하고 사모하여 와서 복종하게 했으며, 鰥寡를 구휼하고, 노인을 부양하며, 학교를 개설하여 生員을 양성하고, 淸讌閣·寶文閣을 설치하여, 날마다 문신들과 더불어 經을 강론하고, 武를 쉬고 文을 닦아 禮와 樂으로 풍속을 바로잡으려 했다. 그러므로, 韓安人이 말하기를, 17년 간의 사업이 후세 자손에게 모범이 될 만하다 했는데, 참으로 옳은 말이다.[7]

睿宗에 대해서는 위 史臣의 史論과 같이 宋人 胡宗旦을 惑信했다는 부정적인 평가도 있다. 반면 고려 역대 제왕 중 英明한 군주의 한 사람으로 유교를 정치 지도 이념으로 채용하는 데 적극적이었던 임금이었다. 이러한 예종이었기 때문에 '학교를 세워 어진이를 양성하는 것은 三代(중국 夏·殷·周) 이래 정치의 근본이다'[8]라는 신념 아래 재위 17년 동안 일관되게 문교 진흥에 진력했다.

즉위하자마자 三京·八牧의 通判 이상 및 知州使와 縣令으로서 문과 출신자는 학사를 겸하여 감독하게 함으로써 지방 교육을 활성화시켰다.[9] 4년 7월에는 중신들의 반대를 무릅쓰고 宋의 三舍制

---

7) 『高麗史節要』 睿宗 17년 4월 史讚.
8) 『高麗史』 志 권 28 選擧 2 學校 睿宗 2년.

를 본따 7齋를 설립했다.10) 11년에는 국자감 직제 개편을 통해 종전까지 국자감의 최고 책임자였던 祭酒를 정4품으로 내리고 종3품의 大司成을 신설했다. 다 알다시피 대사성은 당나라때 국자감의 최고 관직이었다. 享祀 주제자의 의미가 강한 祭酒 위에 대사성직을 설치했다는 것은 국자감의 향사 기능보다는 敎學 기능을 더 중시한 예종의 교육 이념이 반영된 결과라 할 수 있다. 같은 해에 국자감 옛 터에 새 學舍를 창건하여 국자감의 면목을 일신하고, 이어 14년에는 처음으로 국학장학재단인 養賢庫를 설립함으로써11) 중앙 교육 재정을 확충했다.

또한 자신도 유교 교양을 쌓기에 열심이어서 학문 연구기관인 淸讌閣·寶文閣을 설립, 수시로 그곳에 나가 經筵을 열었으며,12) 禮儀詳定所를 설치하여 祖宗朝의 式例를 기준으로 上下의 의복 제도와 예의 절차를 제정하여 신분 질서를 바로잡았다.13) 예종은 중국문물 수용에도 적극적이어서 宋의 귀화인인 胡宗旦의 건의를 받아들여 교육 개혁 정책에 반영하는가 하면, 유학생을 송나라 국자감에 파견하여14) 그 학문을 직접 받아들이는 데도 부지런했다. 예종은 이러한 일련의 조치들을 과감하고도 일관성 있게 추진함으로써 고려 일대를 통해 대표적 흥학 군주로 자리매김하게 되었던 것이다.

---

9) 『高麗史』睿宗 卽位年.

10) 『高麗史』志 권 28 選擧 2 學校 睿宗 4년 7월.

11) 『高麗史』志 권 28 選擧 2 學校 睿宗 14년 7월.

12) 睿宗은 총 20여 회의 經筵을 실시한 것으로 기록에 나타나 있는데 儒經 아닌 것은 『老子』를 講한 1회뿐이고, 『書經』·『禮記』가 주종을 이루고 있다. 17년 동안 20여 회의 經筵이 결코 많은 횟수는 아니지만 이것만으로도 高麗 임금으로서는 특기할 만한 사실이다.

13) 『高麗史節要』睿宗 11년 4월.

14) 睿宗은 王 10년 7월, 이부상서 王字之와 戶部侍郎 文公美가 송나라에 가는 편에 진사 金端·甄惟辰·趙奭·康就正·權適 등 5명을 딸려 보내 宋 太學에 들어가 공부하게 했다. 이 중에서 권적은 그곳 과거에 급제하고 2년 후 귀국 여러 교직을 거쳐 國子祭酒가 되어 태학 교육을 담당했다(『高麗史節要』睿宗 10년 7월).

2) 7齋의 成立

백성을 교화하고 풍속을 이루는 것은 太學의 학풍에서 말미암는 것이라는 예종의 남다른 유학 진흥 열망이 현실로 나타난 것이 바로 7齋의 성립이다. 그러나 이 국학 개혁은 女眞 문제 해결 뒤로 늦추어 질 수밖에 없었다. 3년 여진 정벌을 완료하여 外優가 진정되자 그 이듬해인 4년 7월, 7齋를 설립했다.

F. 국학에 7재를 두었다. 『주역』「전공」을 麗(이)澤齋, 『상서』를 待聘齋, 『毛詩』를 經德齋, 『주례』를 求仁齋, 『戴禮』를 服膺齋, 『춘추』를 養正齋라 하고,15) 武學을 講藝齋라 했는데,16) 태학에 최민용 등 70人을 시험보여 뽑고,

---

15) 七齋의 이름 중 麗澤·待聘·經德·求仁·服膺·養正 등 용어는 모두 『周易』·『書經』·『論語』 등 儒教經典에서 따온 것들로 모두 인격 함양에 도움이 되는 내용을 담고 있으나 여기에 특별한 의미를 부여할 것은 없다. 즉 여러 경전에 나오는 교육적인 용어를 分班 성격인 각 齋의 명칭으로 삼은 것이기 때문이다. ① 麗(이)澤은 『周易』 兌卦에서 따온 것으로 君子가 朋友와 講習하는 것을 상징한 것이고, ② 待聘은 『孔子家語』의 儒行篇에 '인물이 오는 것을 기다려 등용한다(候人來聘用)'라는 말에서, 따온 것이며, ③ 經德은 『孟子』와 『尙書』에서 '사람이 언제나 지켜야 할 道德'을 경덕이라 한 데서 연유한 것이다. ④ 求仁은 『論語』 述而의 '求仁而得仁 又何怨'에서, ⑤ 服膺은 『中庸』에서 나오는 것으로 '마음에 깊이 간직하여 잊지 않는다'는 뜻이며, ⑥ 養正은 『周易』 頣卦의 '正首를 함양한다'는 뜻을 취했다. 끝으로 ⑦ 講藝는 『文選』의 '文藝를 謂習한다'라는 句節에서 '文'을 '武'로 대체하여 명명한 것이다. 그리고 '周易曰麗澤', '尙書曰待聘' 등에서 '曰'을 그대로 번역해서는 의미가 요령부득이기 때문에 '전공한다'는 말을 첨가하여 번역했다. 그러나 여기에서 '전공한다'는 뜻은 그 경전만을 공부한다는 의미가 아니라 다른 경전도 공부하되 어느 한 경전을 선택하여 집중 연구한다는 의미로 보인다.

16) 이 武學의 설치는 女眞의 수상한 동태 등 현실적인 국방상의 필요성도 있었겠지만 국학에 과정까지 설치한 것은 宋의 영향을 받은 것이다. 宋은 仁宗때에 중국 역사상 최초로 무학을 설치했는데, 한때 폐지되었다가 北宋末에는 지방까지 확대되었다(『宋史』 권 110 志 選擧 3 學校試). 申

무학에 한자순 등 8인을 시험보여 뽑아 나누어 거처하게 했다.17)

이들 국학 7재의 설치는 고려 교육사상 다음과 같은 몇 가지 중요한 의의가 있다. 첫째 문종대 이래 사학의 발달로 이제까지 겉돌고 있던 중앙의 관학이 제자리를 찾게 되었다는 점이다. 즉 제술 일변도였던 고려의 교육과 과거에 강경을 중요시함으로써 양자간에 어느 정도의 균형을 이룰 수 있었다. 또 齋生들에게 禮部試 直赴를 허락하는 등 각종 특전이 부여되자 국자감이 국립 대학으로서의 권위를 회복하게 된 것이다. 둘째로, 文(儒)學뿐만 아니라 武學을 설치했다는 점이다. 무학이 7재 중 겨우 한재뿐이었지만 고려 전기 문신귀족정권하에서 최고학부 안에 무학이 설치되고 또 무과까지 설시되었다는 것은 중요한 의미를 갖는다. 창설 당시 8인이던 무학재의 정원이 예종의 강력한 의지와 여진의 수상한 동향 등으로 14년에는 17인으로 증가했다. 하지만 인종 11년(1133)에는 문무가 角立한다는 문신귀족들의 반발에 부딪혀 폐지되고 말았다. 이 무학재의 설치와 폐지는 당시의 시대 상황을 잘 나타내 주는 사건이라 하겠다.

이상과 같은 7齋의 설치는 고려 교육 제도사상 획기적인 사건이었다. 당시 사람들은 7재 설치를 국자감 제도의 일부 개편을 의미하는 정도가 아니라 국학의 신설로 인식했다는 점이다.

  G. (仁宗 17년 10월) 예부 공원이 상주하기를 "… 국학이 아직 설립되기 전에는 초장에 첩경으로 시험을 보였는데, 「국학」 설립 후에는 대경과 소경을 겸하여 경의를 시험 보이므로 거자들이 어렵게 여깁니다. 지금부터는

　千湜氏는 高麗前期부터 '武學'이 존재했고, 武科에 비견되는 '武選'이 있었다는 주장을 펴고 있으나 확신할 수 없다(「高麗時代武科와 武學」『軍史』7, 1983).

17) 『高麗史』志 권 28 選擧 2 學校 睿宗 4년 7월. 國學置七齋 周易曰麗擇(澤) 尙書曰待聘 毛詩曰經德 周禮曰求仁 戴禮曰服膺 春秋曰養正 武學曰講藝 試取大學崔敏庸等七十人 武學韓自純等八人 分處之.

두 경의 경의를 시험보이는 제도를 없애고 본경의로만 시험 보이도록 하
소서"했다.[18]

그 주요 내용은 국학이 설립되기 전에는 첩경으로 시험을 보였는데,
국학 설립 후에는 경의로 시험을 보이되 그것도 대·소경 두 가지를
겸하여 보였다. 이에 과거 응시자들이 어렵게 여기니 대표적인 한
경만 경의로 시험보여 부담을 줄이자는 내용이다.

　貼經이란 경서의 한 부분을 무작위로 선정하여 그것을 읽고 해
석하는 것이다. 經義란 경서 중 어떤 문구를 제목으로 하여 응시자
들이 작문을 짓되 제목에 내포된 義理를 천명하는 일종의 논술 고
사로서 송나라 때에 시작된 고시 과목이다. 따라서 경의가 첩경보
다 한단계 높은 수준의 고시였음은 말할 것도 없다. 과거 응시자들
에게 이렇게 어려운 고시를 부과한 배경에는 이에 상응하는 교육
제도가 뒷받침되었을 것임을 想定할 수 있고, 그 교육 개혁이 국학
설립이라는 표현으로 나타난 것이다. 그렇다면 그 시기는 인종 17
년 10월 이전 과거 고시 과목이 첩경에서 경의로 바뀐 어느 때일
것이다. 바로 아래 사료에서 그 시기를 추정할 수 있다.

H. (睿宗 14년) 동당시(禮部試)에서 처음으로 경의를 채용했다.[19]

위 사료에서 예부시에서 경의를 처음 시험 보인 때가 예종 14년임
을 알 수 있다. 예종 4년 7월, 7재를 설립, 학관을 갖추고 학생들을
선발하여 수준 높은 교육을 실시하게 되자 과거 고시 과목의 수준
도 한 단계 높일 필요가 있었을 것이다. 국학 설립이란 공통인식은
예종 때 학관으로 선발된 殷純信의 표문에도 그대로 나타났다.

---

18) 『高麗史』 志 권 27 選擧 1 科目 1. 禮部貢院奏 … 且國學未立前 初場試
　　以貼經 立學以後 兼試大小經義 擧子難之 今後除兼經義 以試本經義.
19) 『高麗史』 志 권 27 選擧 1 科目 1. 東堂始用經義.

I. 성상께서 有司에게 명을 내리시어 국학을 세워 선비를 기르게 하여 신 등으로 박사 등 관직 수를 채우시고 재생들을 뽑아 입학하게 하시었습니다 … 搢紳과 꾀하시고 이 국학을 여시어 굽어 각 지방의 선비들을 맞아들이고, 우러러 祖宗의 영혼을 위로하옵니다 …"[20]

이제까지 유명무실해져 명목만 유지되었던 국학과, 이름만 차지했던 학관에 대해, 예종은 국학을 세우고 학관을 충원하며, 선비를 뽑아 교육을 실시했다는 것이다. 여기에서 '국학을 세웠다'고 한 것은 바로 7재의 성립을 말한 것임은 贅言할 필요가 없다.[21] 이것이 바로 당대인들의 7재에 대한 인식이었다.

그러면 7재의 성격은 어떠했으며, 7재와 기존 국학과는 어떤 관계에 있었을까. 종래까지 7재는 국학이 개편되어 보다 체계화 조직화된 것으로 인식되었다.[22] 許興植은 7재를 일반 국학생보다 우위에 있던 학제로서 이것이 바로 上舍라고 추정했으며,[23] 그 뒤 申千湜은 이상 두 설을 부정하고, 7재는 예종의 교육 이념에 따라 기존의 국자감 외에 증치된, 유교경전을 전공으로 하는 새로운 성격의 교육 체제로 보았다.[24] 관련 사료들을 토대로 이상의 제설을 검증해 보기로 하자.

예종이 7재를 설치하기 전인 숙종 7년 윤6월에도 재상 邵台輔

---

20) 『東文選』 권 36 表箋 創立國學後學官謝上表.
21) 창립 국학을 學舍 신축으로 보는 견해가 있을 수 있으나 앞 뒤 문맥이나 글 전체의 분위기로 보아 단순히 학사 신축을 말한 것이 아님은 명백하다. 예종 7년 4월, 7재를 설치할 당시에는 미처 새 학사를 마련할 겨를이 없어 종전의 국자감 건물을 그대로 사용했던 것 같다. 따라서 殷純信의 '創立國學後學官謝上表'나 張佇의 '諸生就養表'는 구학사에서의 일일 것이다. 그러나 실제로 7재 체제하에서 교육을 실시해 보자. 학사가 협소한 것을 절감하고 예종 9년 2월, 국자생 張佇 등 60인이 학사 설립을 청원하는 소를 올리고 있다.
22) 閔丙河, 「高麗時代에 있어서 成均館의 成立과 發展」 『大東文化研究』 6·7 合輯, 16~17쪽.
23) 許興植, 『高麗科擧制度史研究』, 一潮閣, 1981, 87쪽.
24) 申千湜, 앞의 책, 78쪽.

등이 그 혁파를 주장했듯이 당시 지배 계층으로부터 외면당하던 국학생이 있었다. 그러면 7재 설치 후, 기존 국학생은 어떻게 되었을까? 7재의 설치와 더불어 이들 국학생 중 일부는 7齋生으로 선발되었겠지만 상당수는 탈락했을 것이다. 7재라는 엘리트과정을 설치한 이상 이들의 교육에 주력하기 위하여 나머지 학생들을 黜學시켰을까. 아니면 비록 7재의 입학시험에 떨어지기는 했어도 기득권을 인정해서 다시 더 정진하여 과거나 7재에 도전할 수 있도록 예비과정으로 남겨 두었을까. 이 두 가지 문제에 대해 대답을 주는 직접적인 사료는 없다. 그러나 당시 관학 교육의 중흥을 꾀하려던 예종의 교육에 대한 신념으로 보나, 혁명이 아닌 이상 기득권은 언제나 존중되어 왔다는 관례로 볼 때 후자를 수용했을 가능성이 훨씬 더 많다. 실제로 '登上舍' '居上舍' 등 이를 강력히 뒷받침하는 사료가 보이고 있다.

그렇다면 우리는 7재보다 한단계 낮은 교육기관의 존재를 인정할 수 밖에 없다. 만약 그 존재를 인정한다면 가장 적합한 것이 바로 일반 국학생이었을 것이다. 따라서 우리는 당시 국학이 7재와 그 하급 과정인 일반 국학생의 이중 구조로 구성되어 있었을 것이라는 결론에 도달하게 된다. 그러나 이러한 이중 구조는 국자감이 7재 중심으로 운용되자 일반 국학생들의 비중은 점차 낮아진 듯하다. 무신 정권과 蒙古亂을 거친 고려 후기에 와서는 국학은 7재 중심으로 단일화되었다. 7재에 대한 實證은 재생 승격 시험을 거쳐 재생이 된 경우나 앞으로 언급할 三舍制度에서 찾을 수 있을 것이다.

한편, 예종은 왕 14년 7월 養賢庫를 설치하여, 국학의 재원 확보를 위한 재단을 설립했다. 이 양현고의 내용이나 규모에 대해 알 길이 없으나 이로써 국학 재생들의 거접 비용 등 국학 운영에 관한 기본적 재정은 확립되었을 것이다.

3) 7齋生의 선발고사 — 升補試

7재생의 선발은 어떤 고사를 거쳐 치러졌을까. 초기의 명칭은 알수 없다. 다음은 7재 설립 후 張仔가 재생을 대표하여 올린 글이다.

> J. 자애로우신 조서가 반포되었을 때 망령되이 유사의 시험에 나아갔더니 실로 뜻밖에도 변변찮은 자들이 문득 거두어져 선발되었습니다.[25]

일개 諸生의 신분으로 국학에 입학한 것을, 謝恩 表文까지 올려 국왕의 은혜에 사례한 것을 보면, 엄격한 시험을 거쳐서 선발되었고, 여기에 선발된 당사자들 또한 선발을 큰 영광으로 여겼다는 사실을 알 수 있다.

그러나 불행하게도 이 시험이 어떤 이름으로 불리어졌는지 알수 없다. 7재가 설치된 예종 4년(1109)부터 인종 말년(1146)까지 38년 동안 이에 관련된 기사를 전혀 찾아볼 수 없다. 그러다가 의종원년 8월부터 국학생 선발 시험을 보이는 고시가 시행되었다. 이것이 이른바 升補試이다.

> K. (의종 원년 8월) 승보시로 任裕公 등 55인을 뽑았는데, 승보시는 여기에서 시작되었다.[26]

시험의 처음 이름은 승보시이며, 설치된 시기는 의종 원년 8월이고, 이때 임유공 등 55인을 선발했다는 것이다. '승보시는 여기에서 비롯되었다'라는 명문이 있으니, 우리는 일단 승보시의 設施를 의

---

25) 『東文選』 권 36 表箋 諸生謝就養表. 當溫詔之頒 妄造有司之試 夫何無狀 輒此見收.

26) 『高麗史節要』 권 11 毅宗 元年 八月. 取升補試任裕公等五十五人 升補試 始此.

종 원년으로 믿을 수밖에 없지만 일말의 의문이 없을 수 없다.

즉, 종전까지는 재생 선발고사를 특별한 명칭없이 시행해 오다가 이때에 와서 승보시라 명명했는지, 아니면 다른 명칭으로 불려지던 고시를 바꾸어 승보시라 개칭했는지, 혹은 '승보시로 임유공 등 55 인을 뽑았다'는 『고려사』 편찬 당시의 원 史料를 보고 승보시란 명칭이 비로소 나타나자 『고려사』 찬자가 '승보시는 여기서 비롯되었다'고 단정적으로 기록한 것인지는 알 수 없기 때문이다.

여하튼 우리는 우선 승보시란 명칭에서부터 과거의 시험과는 다른 뉘앙스를 느낄 수 있다. 즉 升補란 升堂補闕의 약어로서 결원을 채우는 시험이었을 것이란 점이다. 재생 중에는 과거 급제나 퇴학 등으로 인하여 항상 결원이 생겼을 것이다. 이미 일정한 시설과 관직을 갖추어 놓은 국학에서 결원 보충 없이 그대로 둔다는 것은 인재 양성을 목적으로 설립한 국학의 운용면으로 볼 때 여간한 손실이 아니었을 것이다. 바로 이 국학생의 결원을 보충하기 위한 시험이 승보시였고, 여기에서 선발된 사람들이 재생이었음은 이론의 여지가 없다. 고려 말기의 자료이긴 하지만 승보시를 통해 국학생을 선발한 기록이 보인다.

L. 庚申年(우왕 6) 여름, 내가 부족한 자질로 祭酒가 되어 입학생을 시험보였는데, 李氏의 아들 敢이란 사람이 그 선발에 들었다.[27]

위 자료는 우왕 6년, 당시 成均祭酒였던 權近이 성균관 입학생을 선발했는데, 李敢이란 사람이 선발되었다는 기록이다. 이 내용은 『高麗史』 選擧志 升補試條에 우왕 6년(1380) 6월, 祭酒 권근이 洪尙彬 등 110명을 선발했다는 데서도 확인되어 승보시가 국학생을 뽑는 입학 시험이었음이 증명된다. 그리고 이 승보시가 일반 국학생을 뽑는 시험이 아니라 재생을 선발하는 시험이었음은 고종대에

---

27) 『陽村集』 권 21 義民子說. 庚申之夏 予承乏祭酒 試入學生 有李氏子曰敢 中其選.

급제한 金守剛, 공민왕대의 李玖와 全伯英, 우왕대의 李就 등이 모두 승보시에 합격한 재생들로서 급제했던 데서도 확인된다.

그러면 승보시의 시험 과목, 변천 과정 등을 통해 그 성격을 구명해 보자. 이를 위해서는 다음 사료가 유용하다.

> M. 승보시는 곧 생원시이다. 의종 원년에 처음 실시했는데, 詩賦와 經義로 시험하여 任裕公 등 55인을 뽑았다[28]

앞서 의종 원년의 승보시 始設 사료에다 승보시의 고시 과목이 시부와 경의이며, 승보시를 생원시라고도 불렀다는 내용이 추가되었다.

먼저 승보시가 생원시로 바뀐 문제에 대해 검토해보자. 승보시가 곧 생원시라는 明文이 고려 말기의 각종 사료에 자주 나타나고 있지만 언제 생원시로 바뀌었느냐는 명확한 기록은 없다. 사실 '生員'이란 용어가 諸生의 의미를 내포했으므로 승보시가 생원시로 바뀌었다고 해서 하등 이상할 것은 없다. 아마도 이러한 변화는 공민왕 후반기 과거제 및 교육 체계가 바뀌면서 이루어진 듯하다.

즉 공민왕 16년에는 7재(사실은 6齋)가 폐지되고 5經 4書齋로 개편되었다.[29] 실제로 『高麗朝科擧事蹟』의 급제 전 자격을 보면 공민왕 18년(1369)에 2명, 20년에 2명을 끝으로 재생은 榜目에서 자취를 감추었다. 이는 7재가 공민왕 16년에 폐지되었지만 일찍이 승보시로 보아 합격하여 입학한 학생들이 재생의 자격으로 와서 과거에 응시한 때문일 것이다.

또 공민왕 18년이 되면 원나라의 과거제를 본따 科擧 3層制(鄕試·會試·殿試)를 채용하지만 공민왕이 시해되고 구세력이 정권을

---

28) 『高麗史』志 권 28 選擧 2 科目 2 升補試.

29) 『高麗史』志 권 28 選擧 2 學校 공민왕 16년조에 의하면, 國子祭酒 林樸의 건의에 의해 성균관을 중건하고, 또 五經四書齋를 설치했다고 했는데, 이에 대해서는 후술하겠지만 오경사서재에 대해서는 의문점이 많다.

주도하자 과거 3층제도 우왕 2년(1376)에는 폐지된다. 그리고 공민왕 15년(1364)부터 우왕 1년까지 11년 동안은 국자감시가 실시되지 않았다.30) 이 기간 즉 공민왕 17년과 23년 두 차례에 걸쳐 승보시가 시행되었는데 국자감시의 기능을 승보시가 대행한 것이 아닌가 하는 추측을 갖게도 한다.

이상과 같은 과거제의 변혁 과정에서 국자감시는 진사시로 불리어지고, 그 대칭으로 승보시는 생원시로 개칭된 것으로 보인다. 사실 공민왕 18년부터는 전기 高麗科擧史蹟의 급제 전 자격에 진사와 생원이 각각 7명씩으로 급증한 것이 이를 뒷받침했다.31)

그 뒤 우왕 대에 국자감시가 부활되었지만 생원시(升補試)는 고려가 망하는 공양왕 4년까지 국학생 입학 시험으로 기능했다. 이 생원시가 고려 전 시기를 통하여 사료상 남아 있는 유일한 공적인 국학생 선발 시험32)이었기 때문에 시험 과목과 그 실시 시기를 구체적으로 살펴보는 것도 고려 교육 제도 이해에 도움이 될 것이다. 후대의 자료이긴 하지만 조선왕조실록을 통해 그 실상을 밝혀 보자.

N. 成均司成 鄭坤이 상서하여 의논드리기를 "… 전조의 선비를 뽑던 법은 문과 실시 전에 하는 것을 감시라 하여 시부로 시험하고 합격자를 진사라 불렀으며, 문과 실시 후에 있는 것을 승보시라 하여 사서의와 경의로 시험하고 합격자를 대현이라 불렀는데, 그 후 생원시로서 승보시를 대신케 하고 감시도 시행했습니다 …"33)

---

30) 『高麗史』 志 권 27 選擧 科目 2 國子試之額.
31) 朴龍雲氏는 앞의 책, 173쪽에서 승보시가 생원시로 바뀐 시기를 공민왕 17년으로 보고 있다.
32) 연구자들 간에는 국자감시를 국자감 입학 자격시험이라고 주장하는 이도 있으나(柳浩錫·宋俊浩·周藤吉之·李成茂 諸氏) 朴龍雲氏의 치밀한 고증으로(앞의 책, 156~174쪽) 과거 예비 시험임이 밝혀졌고, 후술하겠지만 필자 역시 동감이다.
33) 『世宗實錄』 권 40 世宗十年 閏四月. … 前朝取士之法 在文科之前者曰監試 試以詩賦 號曰進士 在文科之後者 曰升補試 試以疑義 號曰大賢 厥後 以生員試代升補試 而監試亦行焉.

위 사료는 조선 세종조 기록이지만 성균사성 정곤 자신이 여말
에 급제한 인물이기 때문에[34] 이 말은 고려시대의 고시 제도를 이
해하는 데 매우 신빙성이 높은 자료이다. 이를 정리하면,

① 考査는 감시→예부시(東堂試)→승보시(生員試)의 순서로 실
시되었다.

② 승보시(生員試)는 四書疑와 經義로 시험하고 합격자를 大賢
이라 했다.

고시의 순서와 승보시에서 사서의와 경의를 가지고 시험보였다
는 점은 고려시대 교육 제도 또는 과거제를 이해하는 데 있어 시사
하는 바가 많다. 왜냐하면 연구자들 간에 국자감시가 과거 예비 시
험이냐 국자감 입학 시험이냐는 논란이 있었고, 조선시대 생원시의
淵源도 여기에서 찾을 수 있기 때문이다.

이해를 돕기 위하여 승보시가 실시된 시기와 가까운 국자감시
및 예부시의 시행 연월 및 선발 인원을 도표로 만들어 보면 아래
〈표 4〉와 같다.

〈표 4〉를 통해 보는 바와 같이 시행의 차서가 있을 뿐만 아니라
예외가 있기는 하지만 국자감시는 예부시가 있기 전 짧을 때는
1~2개월, 길 때도 1년 내에 거행했음을 보여 주고 있다. 국자감시
와 예부시는 여기에서는 제시되지 않았지만 인종 17년부터는 두
고시가 비슷한 간격을 두고 거의 같은 횟수로 실행되고 있어[35] 앞
서 인용한 사료의 鄭坤의 말대로 國子監試→禮部試(文科)→升補試
의 순서로 고시가 실시되었음이 다시 한번 확인된 셈이다.

합격자의 수도 의종 원년의 경우를 제외하면 국자감시 합격자의
수가 禮部試 급제자의 2~3배 수준을 유지하다가 말기에 가서는
3:1의 수치를 나타낸다. 이런 두 가지 현상은 결국 양자간에는 어
떤 상관관계가 있고, 그 상관관계란 바로 전자가 예비고시, 후자가

---

34) 鄭坤은 禑王 12년 5월 李穡의 掌試下에 급제했다(『高麗科擧事蹟』).
35) 朴龍雲, 앞의 책, 180쪽.

본 고시임을 일러주는 강력한 시사라 하겠다.

〈표 4〉 國子監試 · 禮部試 · 升補試의 施行年月 및 人員對比表

國子監試

	월	인원
毅宗 원년		11
〃 5년	4월	87
〃 11년	4월	100여명
明宗 2년	3월	115
〃 6년	6월	47
〃 7년	4월	86
〃 9년	5월	81
〃 19년	5월	81
〃 21년		?
神宗 5년	4월	92
〃 6년	5월	100
元宗 4년	5월	55
〃 6년		?
忠烈 9년	5월	84
〃 11년	4월	55
〃 12년	5월	76
〃 27년	4월	77
忠肅 7년	8월	80여명
恭愍 2년	4월	87
〃 9년	9월	99
〃 11년	9월	101
禑王 3년	3월	99
〃 6년	5월	99
〃 8년	4월	99
〃 9년	4월	105
〃 11년	4월	99
恭讓 4년	3월	99

禮部試

	월	인원
毅宗 원년	5월	32
〃 6년	5월	27
〃 12년	5월	27
明宗 2년	7월	29
〃 6년	8월	34
〃 8년	6월	33
〃 10년	6월	32
〃 20년	5월	35
〃 22년	4월	29
神宗 5년	5월	33
〃 7년	10월	43
元宗 5년	4월	25
〃 7년	5월	28
忠烈 10년	10월	35
〃 11년	10월	31
〃 12년	10월	31
〃 27년	5월	33
忠肅 7년	9월	33
恭愍 2년	5월	33
		33
〃 11년	10월	33
〃 17년	4월	71
〃 23년	4월	33
禑王 3년	4월	33
〃 6년	5월	33
〃 8년	5월	33
〃 9년	4월	33
〃 11년	4월	33
恭讓 4년	5월	33

升補試(生員試)

	월	인원
毅宗 원년	8월	55
〃 6년	7월	25
〃 12년	9월	16
明宗 2년	9월	38
〃 6년	10월	48
〃 8년	8월	41
〃 10년	9월	40여명
〃 20년	9월	32
〃 22년	9월	30
神宗 5년	9월	43
〃 7년	2월	41
〃 8년	5월	52
元宗 5년	6월	47
〃 7년	6월	31
忠烈 10년	11월	33
〃 11년	11월	38
〃 12년		29
〃 27년	7월	150
忠肅 7년	10월	?
恭愍 2년	6월	50
〃 10년	10월	8
〃 11년	11월	5
〃 17년	8월	37
〃 23년	4월	100
禑王 3년	5월	?
〃 6년	6월	110
〃 8년	5월	100
〃 9년	4월	109
〃 11년	5월	60
恭讓 4년	5월	120

* 禮部試 급제자는 明經을 포함한 숫자이다.

한편 승보시는 간혹 예외가 있지만 예부시 放榜 그달이나 1~2
개월 뒤에 시행하는 것을 원칙으로 삼았으며, 합격자 수도 적게는
5명에서 많게는 150명까지 들쭉날쭉하다. 이것은 무엇을 의미하는

것일까. 역시 승보시는 예부시와는 직접적인 관계가 없는 국학의 수용 한도에 따라 국학생(齋生)을 뽑는 시험이었다는 것을 말해 주는 것이다.

승보시 응시생 중에는 이제까지 예부시에서 낙방한 사람은 물론 국자감시에 떨어진 자, 그리고 예부시에 응거하지는 않았지만 앞으로 과거에 뜻을 둔 사람들까지 합하여, 국학 입학을 달가워하지 않는 사람들을 제외한다고 하더라도 지원자는 아마 상당한 숫자에 이르렀을 것이다.

그러나 본디 국학의 학생 수는 정원이 있는데다, 특히 고려 말기에는 재정 형편상 수용 능력이 수십명에 불과했기 때문에36) 공민왕 10년과 11년에는 각각 8명과 5명만 뽑을 수밖에 없었다. 그러다가 16년 林樸의 건의를 學舍를 중건하고 學資를 출연하여 학생 수를 常養 100명으로 증원했다.37) 이에 그 이듬해부터는 매번 승보시 합격자 수를 100명 전후로 고정시켰다. 이렇게 승보시 합격자의 수는 그때그때 형편에 따라 다를 수밖에 없었다. 따라서 예부시 放榜 뒤에 반드시 승보시가 실시되는 것은 아니었다.

選擧志에 정리된 것처럼 의종 원년 이후 예부시는 140회 가량, 승보시는 겨우 33회 실시되었는데 그치고 있다. 승보시가 이렇게 누락이 많은 이유 중에는 우선 고종대와 같이 몽고의 침략으로 수도를 옮기는 등 편안한 날이 없어 승보시로 국학생을 뽑아 인재를 양성할 계제가 되지 못했던 점을 들 수 있다. 또한 앞서 말한대로 국학의 수용 능력, 그리고 승보시 자체가 국자감(成均館) 내부의 입학 시험으로서 간주되고 시행되었기 때문에 선거지에서 누락된 점

---

36) 『高麗史』 列傳 권 28 李穡傳에 '전일(공민왕 16년 이전)에는 館生이 수십 명에 불과했다.' 당시 국학 교육의 침체를 단적으로 표현한 말이다. 그러나 당시 국학의 실제 형편 또한 국학 지원자가 적어서라기보다 學舍가 퇴락하고 국가 재정이 어렵게 되자 실제 수용 능력의 한계가 수십 명이었을 것이다. 이는 그해 학사를 중건하고 學資을 충실히 한 후 정원을 100명으로 늘인 데서 알 수 있다.

37) 『高麗史』 志 28 選擧 2 學校.

도 들 수 있을 것이다. 조선 세종조의 河演이 '試官도 없고 放榜도 없었다'라고 말한 것[38]도 실제 시관이 없거나 합격자 발표가 없어서였다기보다는 특별히 조정에서 시관을 차출할 필요가 없이 國學 學官이 출제하고 채점해서 합격자를 발표하면 되었기 때문에 나온 말일 것이다. 실제 33회의 승보시 중 시관을 확인할 수 있는 14회 가운데서 大司成·祭酒·司業·司藝 등 국학 학관이 주관한 경우가 10회를 차지하고 있어 이를 뒷받침해 준다. 그리고 他職이 시관이 된 경우는 예외로 보면 어떨까 한다.

다음으로 升補試(生員試)의 고시 과목이 經義와 四書疑였다는 문제에 대해 검토해 보자. 이는 '詩賦와 經義로 시험보여 任裕公 등 55인을 뽑았다'고 한 『高麗史』 선거지 升補試條의 기록과도 차이가 있어 고시 과목도 시대에 따라 변화가 있음이 주목된다. 고려시대 과거제도에는 본 시험인 예부시에만 經義가 있고, 예비 시험인 국자감시에서는 詩賦와 十韻詩만으로 선발했다. 승보시는 시부와 경의로 선발하다가 고려말에 와서 시부가 사서의로 대체되고 있다. 經義란 앞에서도 언급했듯이 유교 경전(三經 혹은 五經)의 뜻을 밝히는 문제이고, 四書疑란 四書(論語·孟子·中庸·大學)의 내용 중에서 특정 주제를 뽑아 그에 대한 응시자의 견해를 묻는 일종의 논술 고사이다. 따라서 여기에는 유교 경전에 대한 상당한 이해가 있어야 답안지 작성이 가능했을 것이다. 비록 과거 본 고사에도 經義가 있었지만 제술이 많은 비중을 차지한 데 비해 승보시에서 경의와 사서의를 시험 보인 것은 최고 학부인 국자감(成均館)에서 수업을 받기 위해서는 유교 경전에 대한 상당한 기본 지식이 필요했던 것이고, 국학 교육의 근본 취지도 여기에 있었기 때문이다. 특히 시부가 사서의로 대체된 것은 충렬왕 때 성리학이 전래되고 그 기본으로 四書가 중시된 때문이었다.

이러한 경향은 여말선초로 내려오면서 더욱 강화되어 시부로 시

---

38) 『世宗實錄』 권 84 世宗 21년 正月 庚申.

험 보던 국자감시는 진사시로 불리어지고, 조선시대에 들어와서는 진사시는 제술과로, 생원시는 명경과로 고착되었다.

4) 齋生과 과거제도

7齋生에 대한 과거제 상의 특전을 살펴보자. 물론 종전에도 국학 생에 대한 국자감시의 자격 요건은 있었다. 다음은 정종 2년(1036) 7월 判文이다.

O. 생도는 입학한 지 만 3년이 경과해야 비로소 감시에 응시를 허락한다.[39]

즉 국학 생도는 입학한 지 만 3년이 경과해야 감시 응시 자격이 주어진다는 것이다. 국자감시 始設(1031) 후 5년 뒤에 마련된 이 判文은 국자감시 응시 자격이 국학생들에게만 주어진 특권은 아니다. 만 3년 재학이라는 실행하기 어려운 까다로운 규정을 만들어 놓음으로써 국학 교육을 활성화시키기 보다는 불편한 居齋生活을 꺼리는 중앙의 귀족 자제들이 국학을 기피하게 되어, 국학 교육의 침체를 가져오는 역기능으로 작용했던 것이다. 결국 정종 2년 7월의 判文은 앞에서도 언급했듯이 국학 교육을 강화하기 위한 조처가 아니라 전기 고려 國子監의 주류였던 지방 학생들을 규제하기 위한 조치의 일환으로 만든 규정이었을 것이란 생각을 갖게 한다.

이러한 상황에서 국학 진흥을 위해 7재의 설치라는 특단의 제도 개혁을 단행하게 된 예종으로서는 국자감 교육을 과거제와 연결하는 어떤 조치를 취하지 않을 수 없었고, 이에 부응하여 나타난 것이 예종 5년 9월의 판문이다.

---

39)『高麗史』志 권 27 選擧 1 科目 1. 生徒入學滿三年 方許赴監試.

P. ㉠제술·명경 諸業에 새로 응시하려는 자는 국자감에 소속시켜 출사 일수가 만 300일이 된 자는 各 業 감시에 응시하는 것을 허락한다. ㉡西京에서는 유수관이 선발해 올리고 ㉢향공은 동·남경·八牧·三都護 등 계수관이 전일의 규정에 의거하여 선발해 보고하도록 한다.[40]

이는 바로 전년의 7재 설치에 이은 국자감 교육의 강화 조치이다. 상기 자료에 대해서는 연구자들 간에 논란이 많으나[41] 필자의 견해는 신규 제술·명경 응시자들의 국자감 재학 의무 규정이라는 것이다. 즉 이제까지는 제술·명경과 응시자도 반드시 국자감에 적을 두지 않아도 되었으나 이후부터는 기득권자들(이미 국자감시에 합격한 자)을 제외하고, 새로 제술·명경의 諸業[42]에 응시하려는 자들에게는 국자감 입학을 의무화시킴으로써 국학 교육을 정상화하려 한 조치이다. 앞서 인용한 정종 2년 7월 판문의 '국학 입학 만 3년이 되어야 감시에 응시할 수 있다'는 내용에 비해 3년 동안 300일만 출석하면 자격이 주어지므로 규제가 한결 완화된 듯이 보인다. 하지만 과거의 본류였던 제술·명경 양대업 응시자들에게 국자감 재학의 의무 규정을 두어 이를 과거제에 연계시킴으로써 중앙

---

40) 『高麗史』志 권 27 選擧 1 科目 1 예종 5년 9월. 製述明經諸業新擧者 居國子監三年仕滿三百日者 各業監試許赴 四京則留守官選上 鄕貢則東南京八牧三都護等界首官 依前式試選申省.

41) 許興植氏는 앞의 책, 28쪽에서 '擧'를 국자감시 합격의 뜻으로 보아 '제술·명경의 국자감시에 새로 합격한 자는 국자감에 3년 간 소속시킨다.' 했고, 申千湜氏는 앞의 책, 56쪽에서 국자감생들의 제술·명경업 예부시 응시 요건으로 보았으며, '仕滿 300일'에 대한 해석은 공히 入仕者에 대한 규정으로 보았다. 그리고 柳浩錫氏와 朴龍雲氏는 '국자감에 3년 간 재학하고서 300일을 출석해야 각업 감시에 응시를 허락한다.'라고 했는데(柳浩錫, 「高麗時代 國子監試에 대한 再檢討」 『歷史學報』 103, 1984, 14쪽 및 朴龍雲, 『高麗時代 蔭敍制와 科擧制研究』, 1990, 一志社, 192쪽), 필자 역시 동감이다. 다만 ㉡ 이하의 문장은 모두 지방 학생들의 선발 요건으로 보아 견해가 공통된다.

42) 여기서 諸業이라는 것은 제술·명경 이외의 과업이란 의미가 아니라 바로 제술·명경 양대업이 복수로 나왔기 때문에 제업이라 했다.

관학 교육의 진흥을 꾀한 것이다.

물론 상기 규정은 일반 국학생들에게만 해당되는 것이다. 또 실제로 이 규정이 얼마만큼 시행되었는지도 의문이다. 왜냐하면 그 후 국자감은 일반 국학생 중심으로 운영되었다기보다는 7재(실은 6齋) 중심으로 운영되었기 때문이다. 일찍이 국자감시를 거쳐 國學生이 된 재생들에게는 적용되지 않았을 것이고, 또 선발고사[43]를 거쳐 입학한 재생들에게도 해당이 없는 조항이었다. 재생으로 선발된 학생들에게는 국자감시를 거치지 않고 본 시험인 예부시에 직부할 수 있는 파격적인 특전이 주어졌다. 이들은 일정한 시험을 거쳐 선발되었을 뿐만 아니라 재학 중에도 考藝試 등을 통해 수시로 실력을 테스트할 기회가 있었기 때문이다. 그런데 유감스럽게도 우리는 인종대 전반까지는 재생들의 예부시 직부 특전에 관련된 기록을 찾을 수가 없고 인종대 중기에 와서야 구체적 사료를 접할 수가 있다.

Q-① (仁宗 13년判) 국학 재생들은 4계절마다 私試를 실시하여 점수(分數)를 통산하여 「일정한 점수에 달하면」 과장(禮部試)에 直赴케 했는데, 혹한기와 혹서기 두 달에는 시험을 면제했다.[44]

② (仁宗 14년 8월) 중서문하성에서 상주하여 行藝의 점수(分數)가 14분 이상이면 「科場의」 제3장에 직부하게 하고 13분 이하 4분 이상이면 시부장에 나아가게 했다.[45]

---

43) 초기에 이 시험의 명칭이 무엇이었는지는 모르겠으나 毅宗 원년(1147)부터는 승보시라 불렀다. 실제로 승보시 합격자는 예비시인 국자감시를 보지 않고 급제하는 사례를 여러 명 볼 수 있다. 高宗代에 급제한 金守剛, 恭愍王代의 李玖와 全伯英, 禑王代의 李就 등은 모두 승보시에 합격한 齋生이었다. 먼저 국자감시에 합격하고 다시 승보시를 보아 재생이 되었다가 급제하는 예는 있으나(忠烈王代의 崔凝) 재생으로서 과거 예비시인 국자감시에 응시한 예는 찾아볼 수 없다.

44) 『高麗史』 志 권 28 選擧 2 學校. 國學諸生 四季私試 通考分數 直赴科場 大寒大熟 兩朔免試.

45) 『高麗史』 志 권 27 選擧 1 科目 1. 中書門下奏 國學諸生 行藝分數 十四

③ (毅宗 8년 5월 … 又) 국학생들의 六行을 고찰하여 14분 이상인자는 정원
에 구애됨이 없이 終場에 직부하도록 하고 이어 三場連卷法을 없앴다.[46]

이상의 사료 Q 群은 모두 예부시 각 장에 직부할 수 있는 특전
들을 열거해 놓은 것이다. 사료 Q-①은 仁宗 13年, 국학재생(齋生)
들에게 4계절마다 자체 시험(私試)을 실시, 종합한 성적의 분수에
따라 과장에 직부케 한다는 판문이다. 그러나 이 판문도 모호하기
는 마찬가지이다. '종합한 성적의 점수'를 따른다고 했지만 분수의
기준이 어떤 것인지, 과장의 어느 場에 직부하는지 알 수가 없기
때문이다. 仁宗 14년 8월에 중서문하성은 이에 대한 명확한 기준을
건의했다(史料Q-②). 즉 국학재생 중 行藝分數가 14분 이상인 자는
제3장에 직부하도록 하고, 13分 이하 4분 이상인 자는 시부장(中場)
에 나가도록 하자는 것이다.[47]

여기에서 行藝의 行은 학생으로서의 규범을 잘 지키는 행실, 藝
는 경전을 익히고 문장을 짓는 기능을 말하니, 행실과 학식을 병용
하여 인물 선발 기준을 삼았다는 데에 주목할 필요가 있다. 그런데
이 '행예'의 '행'이 순전히 학생들의 일상 행실을 평가한 것인지 학
업 성적을 기준으로 산출한 것인지는 불분명하다. 그러나 학업성적

分以上 直赴第三場 十三分以下 四分以上 赴詩賦場.

46) 위와 같음. 國學生 考以六行 積十四分以上者 許直赴終場 不拘其額 仍除
三場連卷法.

47) 이 分數의 기준이 어떠했는지는 잘 알 수가 없다. 다만 申千湜氏는 앞의
책, 119쪽에서 『宋史』 選擧志를 인용, 다음과 같이 설명했으나 申千湜氏
가 인용한 선거지 3 학교조에서는 이를 확인할 수 없었다. 그 내용을 보
면 '성적평가를 상·중·하로 했는데, 상의 경우는 2차의 시험이 모두
상이 되었을 때의 평가이며, 한번은 상이고 한번은 중인 경우는 둘 다
중인 경우와 같이 취급하여 中으로 평가했고, 한번이라도 하가 있으면
나머지는 상이라 하더라도 하로 평가했다. 이같이 평가를 다시 종합하여
등급을 정하여 분수하는데, 1등은 두지 않고, 2등 1명에게 3분을 주고, 2
등 2명에게는 2.5분을 주며, 3등의 경우 1명은 2분, 다음 5명은 1.5분, 그
다음 9명에게는 1.3분을 주고, 나머지는 모두 1분씩 주었다. 불통인 자는
퇴학시켰다'는 것이다.

에 대한 평가 기준으로는 藝가 있으니 행을 행실로 보아도 무리는 없을 것이다. 이렇게 볼 때, 행실에 대한 평가의 운용 여부는 차치하고라도 행실을 평가 기준으로 삼았다는 사실은 국학 교육에서 지식전달 못지않게 인격도야에도 상당한 비중을 두었음을 말하며, 이것이야말로 시험만 가지고는 평가할 수 없는 학교 교육의 장점인 것이다. 이러한 경향은 시대가 흐르면서 점점 더 강화되어 의종 8년 5월에는 국학생의 六行[48]을 상고하여 14분 이상이 되면 인원수에 제한을 두지 않고 직부를 허락했다. 이는 교육에 있어서 학식보다 덕행을 우위에 두는 조치인 동시에 재생만이 누릴 수 있는 특전이었다.

이상과 같은 일련의 조치가 국학 교육 진흥에 크게 기여했을 것임은 의심의 여지가 없다. 고려 후기 무신란이나 몽고의 침략같은 격변을 겪으면서도 국학의 전통이 연면히 이어오면서 과거에서 국학생의 합격 비중을 높여 온 것은[49] 앞서 열거한 일련의 정책 덕택이었다.

5) 三舍制

(1) 三舍制의 성립

三舍制란 趙宋 중엽에 운영하던 교육 체계이다. 즉, 송나라 熙寧 4년(고려 문종 25년, 1071) 王安石의 건의에 의하여 태학에는 上舍와 內舍, 辟雍에는 外舍를 두어, 각 지방의 貢士 중 일정한 시험을 보여 합격자는 외사에 입학시키고, 행실과 학업 성적을 考績하여 내

---

48) 六行이란 여섯 가지 선행을 말하는데, 그 내용은 ① 孝·友·睦·嫻·任·恤, ② 仁·義·禮·智·信·樂 등 일정하지 않다.
49) 급제 전 자격이 전부 밝혀진 몇몇 방목 중 忠烈王 16년의 『高麗科擧事蹟』에 의하면 국학생이었다고 생각되는 인물이 전체 급제자 33명 중 33%인 11명에 이르고 있다.

사로 올리고, 내사에서 다시 상사로 뽑아 올려 상사생 중 우수한 자에게 바로 관직을 주는 제도였다.[50] 고려에서 송나라의 三舍制度가 그대로 운용되지는 않았지만, 삼사제도의 명칭과 형식이 존재했던 것만은 틀림없다. 예종이 權適 등 유학생을 송나라에 파견하면서 보낸 表文에서 '학교는 삼사로 구분하고 가르침은 육경을 기본으로 했다'[51]라고 하며, 송나라의 삼사제도를 크게 칭송했다. 이는 삼사제에 대해 예종의 관심이 지대했음을 반영한 것이라 하겠다. 그러면 고려에서는 언제부터 삼사제가 시행되었을까. 사료 검토를 통해 먼저 성립 시기를 유추해 보기로 하자.

R-① ㉠文科가 새로 변하여 세상의 이름난 현인을 구하옵는데 俗學이 외람되이 용납받아 영재를 기르는 곳에 나아가니 … ㉡널리 삼사의 규모를 높이고 사방의 선비들을 불러 모아 경술로 가르치고 전토를 하사하시니 …[52]

② 비록 번잡한 만기를 다스리시는 중에도 먼저 三舍의 큰 규모를 숭상하시와 사방을 고무하시고, 하늘이 돌고 땅이 열림을 본받으시와 많은 선비를 성취시켜 …[53]

사료 R-①은 張仔가 재생을 대표하여 국학에 취학한 것을 사례하는 표문이다. 다행히 장자가 예종 9년 2월에 국학재생을 대표하여 국학 건립을 청하는 기록이 있다. 따라서 이 글은 예종 9년 2월을 전후한 어느 때에 지은 것임이 틀림없다. 그러면 인용된 문장 중 R-①부터 검토해 보자.

㉠은 문과가 새롭게 변하여 학생을 선발하게 되었는데, 변변찮은 자신이 거기에 들었다는 내용이며, ㉡은 그와 같은 교육 개혁을 수

---

50) 『宋史』 권 110 志 선거 3.
51) 『高麗史』 世家 권 14 예종 10년 7월.
52) 『東文選』 권 36, 諸生謝就養表 「張仔」. 文科新變 第求名世之賢 俗學濫容 甫就育之地 … 恢崇三舍之規 招來四方之士 敎之以經術 錫之以土田.
53) 『東文選』 권 36, 幸學命講經諸生謝許難疑表. 「成上田」 雖在萬機之煩務 先崇三舍之宏規 鼓舞四方 體乾旋而坤闢 作成多士 ….

행하기 위하여 三舍의 규모를 넓히고 사방의 선비를 모아 유학의 경전을 가르치고, 전토를 하사하여 재정적 지원을 했다는 내용이다. 그렇다면 문과가 새롭게 변했다는 교육 개혁과 삼사의 성립은 예종 9년 2월 이전 어느 때일 것이다. 그런데 '문과가 새로 변했다'고 하는 과거제의 개혁이란 무엇을 말하는 것일까. 그것은 아마도 학제와 깊은 관련이 있는 예종 5년 9월의 '제술과 명경 등 제업에 새로 응시하려는 자는 국자감에 3년간 소속하여야 한다'(사료 P 참조)는 판문일 것이다. 이때 7재생들이 예부시에 응시할 경우 이들에게 어떤 특전도 주어졌을 것이다.

사료 R-①의 문장 내용으로 보아 張仔는 교육 개혁이 있은 뒤 제1회 입학생임이 틀림없고 그 입학 시기는 예종 4년 7월일 것이다. 인용 사료 R-①의 서술 내용은 과거제가 먼저 변하고 그에 따라 입학 시험이 실시된 듯이 되어있다. 하지만 이는 문장 표현이 그렇게 되었을 뿐이다. 실은 4년 7월에 7재를 설치하고 나니, 이에 따른 과거제의 개편이 없을 수 없어 5년 9월의 개혁이 나오게 된 것이고, 위의 표문은 이 사실을 기록한 것으로 보인다.

사료 R-②는 예종 9년 8월, 왕이 국학에 행차했을 때 講經 석상에서 諸生이 질문을 하도록 허락한 것을 사례한 글로서 여기서도 '국사를 다스리는 바쁜 중에 먼저 삼사의 큰 규모를 높여 사방을 고무했다' 하여 삼사제가 성립되었음을 재확인했다.

(2) 三舍制의 성격

그러면 이 삼사제의 실체는 어떤 것이었으며 그 성격은 어떠했을까. 앞서 언급한 바와 같이 고려의 三舍制는 송나라의 영향을 받은 것은 사실이지만 고려의 특성에 맞도록 운용되었다. 아래에 上舍의 용례가 나오는 사료를 적시하면 다음과 같다.

S-① 기미년에 태학에 들어가니 六館 재생들이 공의 명망에 모두들 信服했다 … 여러 차례 선비들 가운데서 으뜸을 차지했고 병인년에 上舍 제2인으

로 과거에 급제했다 … 북쪽으로 서울에 유학하여 태학에 재학한 지 8
년에…54)

② 조충은 자가 담약인데 … 태학에 들어가 上舍에 오르고 명종 때 급제했
다.55)

③ 그의 손자 한보가 성균관에서 공부할 때 학업이 精明하여 上舍에 거했
다.56)

④ 초계에 숨은 君子가 있으니 鄭上舍라는 사람인데, 우리 선고 가정공과
동년 진사이다.57)

위에 인용한 사료 S群에서 보면 S-①의 '李文鐸은 성균시에 합
격한 뒤 얼마 있다가 32세로 태학에 들어가니, 6관 재생들이 모두
공의 중망에 경복하여 모든 논의에서 감히 이의를 제기하는 자가
없었다'라고 했다. 여기에서 6館 諸生이란 7재 중 폐지된 무학재를
제외한 儒學齋를 말하는 것임은 두말할 필요도 없으니, 그는 재생
으로 태학에 입학한 것이다. 그가 일찍이 尹彦頤의 掌試下에 成均
試에 합격했으니 일단 국학 입학 자격은 획득한 셈이다. 그러나 재
생이 되기 위해서 무슨 자격 시험을 보았는지, 아니면 成均試 합격
으로 재생이 되었는지 자세하지 않다. 그 후 그는 8년 동안의 학업
을 닦은 뒤 상사 제2인으로서 급제했다.

그렇다면 재생과 상사생은 어떤 관계일까. 李文鐸의 경우에서는
두 가지 측면을 다 생각할 수 있다. 하나는 재생으로 입학해서 8년
동안 行藝에서 성적이 우수하여 上舍에 승격, 제2인의 서열로 과거
에 응시, 급제한 것으로 볼 수 있다. 다른 하나는 7齋58)를 곧 상사

---

54) 『韓國金石文追補』, 李文鐸墓誌銘, 169쪽. 至己未歲(仁宗 17, 1139)入太學
六館諸生皆服公之雅望 … 屢魁多士 至丙寅歲(仁宗 24년, 1146) 以上舍第
二人擢□第 … 北學于京 太學八年 ….
55) 『高麗史』列傳 권 16 趙冲傳. 趙冲字湛若 … 入太學上舍 明宗時登第.
56) 『惕若齋集』권 上 送金漢寶生員歸江陵. 其孫漢寶遊成均 學業精明居上舍.
57) 『牧隱集』권 20 文 草溪鄭顯叔傳. 草溪有隱君子 鄭上舍者 我先人稼亭公
同年進士也.
58) 仁宗 때 武學이 폐지되어 실은 六齋이지만 高麗末까지 七齋 혹은 七館

로 보아 재생 중에서 서열 2위로 과거에 응시하여 급제한 것으로도 볼 수 있다. 여기에서 전자의 입장이라면 재생 위에 상급의 상사생이 존재하게 되고, 후자의 입장이라면 재생이 곧 상사생이 된다.

사료 S-② 趙冲의 경우는 문장의 의미로 보면 일단 태학에 입학했다가 上舍에 오르고 있다. 趙冲이 입학한 태학이란 것이 일반 국학생을 의미하는지 7재를 의미하는지는 분명치 않아 여기서도 上舍의 개념을 파악하기는 어렵다.

사료 S-③의 金漢寶는 '성균관에 유학하면서 학업이 精明하여 상사에 거했다'고 했으니 상사는 태학생 중 학업 우수자가 선발되는 곳임은 분명하다.

끝으로 S-④는 李穀의 동년진사 鄭某로서, 그는 진사로 상사에 오른 자이다. 그가 진사가 되어 국학에 입학한 뒤 行藝의 고적으로 상사에 올랐는지 어떤 시험을 거처 올랐는지는 분명하지 않다.

이상 네 사람의 학업 과정을 종합해 보면 ① 일반국학생→재생→상사생의 3단계와 ② 일반국학생→재생(=上舍生)의 2단계로 교육 체계를 가정할 수 있다. 3단계에서의 최고 학부는 상사이고, 2단계에서의 최고학부는 7재이다. 그런데 여기 7재와 上舍의 관계를 분명히 밝혀 주는 기록이 있다.

> T. 임금이 대사성 김부철에게 명하여 앞자리에 나아가 『書經』 無逸篇을 강하고 의미까지 설명하게 했다 … 기거랑 윤언이에게 명하여 뜻을 묻게 하고, 다시 여러 학생들에게 앞으로 나와 듣게 했다. 또 대빙재생 李聖予와 鄭子野, 구인재생 河永深에게 명하여 서로 질문하게 하니, 사성이 물음에 물 흐르듯 대답했다.[59)]

국왕의 국학 行幸은 학관이나 재생들에게는 더 없는 영광이었고,

(管) 등이 국학의 異稱으로 불리어졌다.

59) 『東文選』 권 64 金守雌 幸學記. 上命大司成金富轍 就前席講無逸篇幷口義 … 命起居郎尹彦頤問義 更敎諸生前進而聽之 又命待聘齋生李聖予鄭子野 求仁齋生河永深 瓦相詰之 司成應聲而答 若決江河.

이때 석학들로 하여금 경전을 강하게 하고 재생들로 하여금 청강한 뒤 問難을 허락하는 것은 특례였다. 위의 사료는 인종 7년(1129) 4월의 幸學時 대빙재생 이성여와 정자야, 구인재생 하영심을 강석에 참여시켜 질문하게 했다는 내용이다. 만약 齋 위에 上舍生이 있었다면 齋生인 위의 3人이 질문에 참여할 수 없었을 것임은 너무도 당연하다. 물론 7재는 유교 경전을 전공하는 곳이니 상사생 여부에 관계없이 강경에서 7재생이 참석하는 것은 당연한 것이라는 반론이 있을 수 있다. 하지만 국학에서 중심 교과는 언제나 유교경전이었다. 따라서 7재는 국학의 최고학부였고, 국학에는 일반 국학생과 재생의 2단계가 있었으며 재생이 곧 상사생임이 극명하게 드러났다.[60]

그러면 '三舍制'를 어떻게 설명할 것인가. 삼사라고 했으니 구색에 맞도록 상사 외에 내사(혹은 下舍)·외사의 존재가 나타나야 한다. 그러나 우리 기록에서는 이런 용어들을 볼 수가 없다. 따라서 이를 고려적 상황에서 유추해 보는 도리밖에 없다.

중국 문물을 흠모한 예종은 여러 면에서 송나라의 제도를 모방하려고 노력했다. 교육 제도에도 송나라의 삼사제를 도입했다고 했다. 즉 국학생 중에서 우수한 학생들을 선발, 이들을 7재에 거하여 전공별로 경전을 닦게 하고 이것을 上舍라 불렀다. 그렇다고 고려 학제의 전통이나 체제를 전연 무시하고 새로운 학제를 수립할 수는 없었다. 송나라의 三舍制는 遞減淘汰方式에[61] 의거, 상사에 오르면 그 중 우수한 자는 곧바로 관직에 보임했음에 비하여 고려에

---

60) 申千湜氏는 앞의 책, 78~79쪽에서 7재가 유교 경전을 전문적으로 연구하기 위한 특수학제라 보고, 일찍이 許興植氏가 주장한 7재가 곧 상사라는 주장(『高麗科擧制度史研究』, 87쪽)을 다각도로 부정했으나, 역시 許氏의 견해가 옳았음이 확인된 셈이다.

61) 宋 神宗 31년(1079)에 반포된 학령에 의하면 삼사의 정원이 외사생 2천인·내사생 3백인·상사생 1백인인데 매월 私試를, 연말에 公試를 보여 외사에서 내사로 올리고, 2년마다 舍試를 보여 상사에 올리는데, 상사에서 성적이 우수한 자는 곧장 관직에 보임했다.

서는 비록 상사생 즉 재생 중 아무리 우수한 자가 있다고 하더라도 재생이라는 조건만으로는 직접 관직을 제수하는 규정은 없었다. 과거급제나 음서에 의해서만 土宦할 수 있었다. 이러한 사정 때문에 송나라의 삼사제와 고려의 그것은 아주 달랐다. 굳이 이름을 붙인다면 下舍(일반국학생)와 上舍(齋生)의 二舍制라고 하는 것이 더 가깝다. 그러나 7齋를 설립한 예종이 송나라의 上舍에 比定하게 되자 여기에 지방의 鄕校를 포함시켜 삼사제라는 개념이 자연스럽게 고려에 도입되었다. 즉 송나라의 三舍制에 가탁하여 7齋의 성립을 '삼사의 규모를 높였다'고 칭송했던 것으로 생각된다.

II. 學式의 검토

서장에서도 밝혔듯이 고려 인종 때 詳定했다고 하는 학식은 그동안 고려시대 교육사에 관심 있는 이들에게 적지 않은 당혹감을 준 게 사실이다. 그렇기 때문에 최근에는 학식의 규정을 맹목적으로 확신하던 관점에서 탈피, 學式의 실제 운용과 실시 시기에 대해 의문을 제기한 사람이 있었다.[62] 즉 그 운용 자체에 대해 의문을

---

62) 이 학식의 내용을 가장 먼저 본격적으로 검토한 것은 閔丙河氏의 「高麗學式考」『成大論文集』 11, 1966이다. 氏는 睿宗대의 교육 제도를 참작하여 학식을 설명했는데, 唐·宋制를 지나치게 모방했다고 비판하면서도 실제 운용면에 대해서는 전혀 의심을 하지 않았다. 그러다가 1980년대에 와서 종래설에 대해 의문을 제기한 이가 있으니 辛虎雄氏와 申千湜氏이다. 辛氏는 「高麗中期 國學에 관한 小考」『韓國學論叢』 2, 漢陽大 韓國學研究所, 1982에서 이 문제를 언급하면서 학식규정의 운용에 대한 포괄적인 의문을 제기했다. 그리고, 申氏는 『高麗敎育制度史研究』, 螢雪出版社, 1984의 IV장 「高麗中期 敎育理念과 國子監 運營」(II)에서 이 학식은 통설과 같이 고려시대 전 시기에 걸쳐 운용된 것이 아니고, 仁宗대 이후

제기한 사람은 辛虎雄이고, 學式은 그것이 성립된 인종 11년경부터 실제로 운용되었다고 주장하는 이는 申千湜이다.

그러나 필자의 주장을 결론부터 말한다면 종래설은 물론이고 申氏의 설과도 다르다. 즉 학식 중 상당 부분 특히, 父祖의 관작에 따라 입학을 달리했다는 國子學·太學·四門學은 학식처럼 실제로 운용되지 않았다. 필자가 고려 학식의 전형이라고 할 수 있는 당나라와 송나라의 교육 제도나 墓誌 등 개인 기록을 통해 그 운용실태를 검토한 바로는 儒學部의 구성·입학 자격·학생 정원 등 상당 부분이 학식규정대로 운용되지 않고 있었음을 확인했다.

여기서는 이 학식을 재검토함으로써 그 바탕 위에서 고려시대의 교육사를 재조명해 보려 했다. 다만 넓은 의미의 學式이라면 각 王代에서 개편한 국자감 조직의 편성 등 교육 제도에 관한 것은 모두 포괄될 수 있겠으나 여기서는 인종 때 式目都監에서 상정했다는 '학식'에 국한했음을 밝혀 둔다.

본고에서는 고려시대의 최고 학부였던 국자감의 실체에 접근하기 위하여 우선 학식의 모태라고 할 수 있는『唐書』선거지가 고려 학식과는 어떤 관계에 있으며,63) 또 실제 운용 실태를 알아보기 위

귀족화 성격의 가속화와 더불어 시행되었다는 견해를 피력했다. 즉, 전자는 새로운 사료의 발굴이나 구체적인 논증 없이 기존의 설을 취합, 기존 학설에 대한 문제점을 제기한 것이고, 후자는 학식이 제정된 이후에는 동 학식이 귀족 우대를 위한 제도적 장치로 준용되었다고 보고, 이것을 토대로 고려 仁宗대의 교육 제도를 설명했다. 따라서 申氏는 고려 전 시기는 아니더라도 중기 이후 즉 仁宗대부터는 이 학식이 실제로 운용되었다고 보는 입장이다.

63) 唐의 모든 정치 제도가 역대 중국 제도의 전형이듯이 고려의 관제 형성에도 그 영향은 절대적이었다. 고려는 건국 초기부터 五代의 몇몇 나라들과 국교가 있기는 했으나 불과 50여 년 사이에 다섯 王朝가 명멸하는 혼란기라 그 문물 제도를 받아들일 겨를이 없었고, 宋은 고려보다 40여 년이나 늦게 건국되었기 때문에 자연 唐制를 주로 받아들였다. 특히 惠宗 2년(945)에 완성된『舊唐書』는 고려 초기의 제도 정비에 많은 참고가 된 듯하다.

해 金石文과 文集類 등을 통해 개개인의 이력을 파악, 학식의 각 규정들이 얼마만큼 실제와 가깝게 운용되고 있는가를 살펴보려 한다. 물론 여기에 당시 긴밀한 외교 관계에 있던 송나라 교육 제도의 영향도 충분히 고려될 것이다.

1. 성립 시기와 내용

1) 성립 시기

『高麗史』에서는 인종 때 式目都監에서 학식을 상정했다[64]고 한다. 따라서 구체적인 제정 연대는 명시되어 있지 않으나 어떤 연구자는 각종 정황을 인용하여 인종 11년이라고 추정했다.[65] 그러나 그렇게 추정할 근거도 없을 뿐더러 그 시기가 그렇게 중요한 것도 아니다. 왜냐하면 閔丙河도 이미 지적했듯이[66] 이 학식은 어느 한 시기를 획하여 단번에 성립된 것이 아니다. 고려시대 국자감 교육의 절정기라고 할 인종대에, 종래 당나라 제도를 채택하여 만들었던 교육 체계를 참작하고 당시 지향하던 교육 목표에 따라 재정리한 것에 지나지 않는다고 보아야 하기 때문이다. 이렇게 단정할 수 있는 근거로 첫째, 성종 때부터 이미 儒學部의 편성을 유추해 볼 수 있는 博士·助敎 등의 명칭이 보이며, 다음으로 이 학식이 당시 긴밀한 외교 관계를 맺고 활발한 문물 교류가 이루어지던 송나라의 학제를 채용한 것이 아니라 전적으로 당나라 제도를 모방했다는 점이다. 먼저 『高麗史』의 기록을 통해 그 근거를 찾아보자.

U-① 태학조교 宋承演과 南海道 羅州牧 경학박사 全輔仁은 사람들을 가르침

---

64) 『高麗史』志 권 31 백관 2.
65) 申千湜, 앞의 책, 88~102쪽.
66) 閔丙河, 앞의 논문, 162쪽.

에 부지런했으니 장려하여 발탁함이 마땅하다. 승연은 9등을 뛰어 國子
博士를 제수하고, 이어 緋色公服 한 벌을 하사하라.[67]

② 成宗이 국자감을 설치하고 國子司業·國子博士·國子助敎·太學博士·
大學助敎·四門博士·四門助敎를 두었다.[68]

위에 보이는 바와 같이, 고려 초기부터 중기에 詳定했다는 學式의
내용에 나오는 관직들을 다수 접할 수 있다. 사료 U-①에 보이는 태
학조교·국자박사·경학박사에서 太學이니 國子니 하는 것들의 성
격이 어떠했는지는 불확실하지만 조교·박사 등 호칭은 교직임에 틀
림없다. 태학조교 송승연은 인재 교육에 공로가 많아 太學助敎(從7品
上階)에서 國子博士(正5品 下階)를 超授했음을 볼 때 직관에 따른 관
등이 이미 채용되고 있음을 알 수 있다. (이 교육직관에 대해서는 제1장
에서 唐制와의 관계를 대략 언급했다.〈표 2〉참조) 이는 國子監 창건 기사
가 나오는 성종 11년보다 3년이나 앞서 나타나는 현상이다.

다음 사료 U-②는 성종이 국자감을 설치하고 국자사업과 국자·
태학·사문의 박사·조교를 각각 두었다는 것으로 다음의 〈표 6〉의
ⓔ-①과 완전히 일치된다. 成宗代에 제정되었음이 틀림없는 穆宗
원년 12월의 改定田柴科에 보이는 교직이 제8과에서 제18과에 걸
쳐 나타나고 있다.

아래 표에서 볼 수 있듯이 국자조교와 태학박사, 사문박사와 태
학조교, 사문조교와 律學博士, 書·算學博士와 律學助敎가 同一科
에 편성되는 이중적 구조를 나타내고 있다. 이것도 당나라 국자감
체제의 영향을 받은 것이다.[69] 이 전시과 체제대로라면 성종 때에
이미 국자학·태학·사문학·율학·서학·산학의 이른바 육학의
존재를 상정할 수 있다. 박사·조교 등 직제를 보면 국자학·태

---

67) 『高麗史』 世家 권 3 成宗 8년 4월 壬戌 敎令.
68) 『高麗史』 志 권 30 百官 1 成均館.
69) 唐國子監에는 국자조교와 태학조교 사이에 사문박사가 위치하고, 사문박
    사와 사문조교 사이에 태학조교가 위치했다.

학·사문학 등 學部 편성에 따른 學官의 구분이라고 추단할 수 있고 그렇다면 그 학식의 주요 골격은 이미 성종 때 성립된 것이 아닌가 하는 생각이 들기도 한다.

〈표 5〉 穆宗 田柴科에 나타난 敎職

田柴科	第8科	第9科	第11科	第13科	第15科	第16科	第18科
敎職	國子司業	國子博士	國子助敎 太學博士	四門博士 太學助敎	四門助敎 律學博士	書·算學博士 律學助敎	國子典學

다음으로 學式이 전적으로 당나라 제도를 채용했다는 사실이다. 金이 宋의 수도 汴京을 함락하여 북송을 멸망시킨 것이 고려 仁宗 4년(1126)이다. 이 당시는 송나라 상인의 내왕이 빈번하고 사신과 유학생의 왕래도 잦아 고려가 의욕적으로 宋의 문물을 섭취하던 시기였다.[70] 교육 제도에 있어서도 宋 국자감의 三舍制[71]를 채택할 정도였다. 이때 학식이 인종대에 처음으로 상정되었다면 당나라보다는 송나라 제도의 영향을 더 받았을 것인데 그렇지 않다.

이처럼 고려 學式이 송나라 제도보다 당나라 제도를 모델로 삼았다는 사실은 그 성립 시기의 추정에는 물론 그것의 실제 운용과의 관련성에서 시사하는 바가 많다. 즉 學式은 당나라의 문물을 의욕적으로 받아들이던 성종 대에 그 골격이 잡혔고, 고려 중기에 있어서 학제 운용에는 三舍制의 채택 등 오히려 송나라의 것을 많이 채용했다.

따라서 본 학식은 인종대의 교육 분위기를 결집한 제도적 장치가 아니라 기왕에 있던 학식을 이때에 와서 당시 지향하는 교육목

---

70) 高麗는 遼·金에 견제되어 宋과의 통교에 間斷이 있었지만 宣宗 7년 (1090) 通使를 회복한 이래 仁宗초까지 10여 차례의 사신 내왕이 있었다(『宋史』권 246 列傳 외국 3 高麗傳).

71) 삼사제에 대해서는 許興植, 『高麗科擧制度史硏究』, 一潮閣, 213쪽과 申千湜, 앞의 책, 61~65쪽에서 공히 그 존재를 인정했으나, 삼사의 내용에 대해서는 견해가 다르다. 제2장 I-2-(3)에서 자세히 언급했다.

표에 따라 재정리한 것 이상의 의미를 부여할 필요는 없다고 본다.

2) 學式 내용

다른 志의 내용도 상당 부분 그러하지만, 특히 학식은『唐書』의 그것과 너무나 흡사하다. 물론 당나라와 고려는 문화적 전통, 국토의 크기, 인구의 다과에 있어서 비교가 되지 않을 만큼 현격한 차이가 있다.『唐書』選擧志 내용의 극히 일부만『高麗史』에 수록되었지만 고려 학식과 대칭되는 것들을 뽑아 비교해 보기로 하자.

대비의 편의를 위하여『高麗史』의 학식을 순서에 따라 성격별로 분류하고, 오른편에『唐書』選擧志의 해당 사항을 간추려 함께 기록했다. 學式의 내용을 요약하면 대략 다음과 같다.

〈표 6〉高麗 學式과 唐 選擧志와의 비교

高麗 學式	『新唐書』選擧志
ⓐ 入學者 身分(儒學)	
①國子學生 ： 以文武官三品以上子孫 及勳官二品帶縣公以上 幷京官四品帶三品以上勳封者之子爲之 ②大學生 ： 以文武官五品以上子孫 若正從三品曾孫 及勳官三品以上有封者之子爲之 ③四門學生 ： 以勳官三品以上無封 四品有封 及文武官七品以上之子爲之	①國子學 ： 以文武三品以上子孫 若從二品以上曾孫 及勳官二品縣公 京官四品帶三品勳封者之子爲之 ②大學 ： 以五品以上子孫 職事官五品期親 若三品曾孫及勳官三品以上有封之子爲之 ③四門學 ： 其五百人 以勳官三品以上無封四品有封 及文武官七品以上之子爲之 八百人 以庶人之俊異者爲之
ⓑ 學 生 數	
三學生各三百人(在學以齒序)	①國子學 ： 生三百人 ②太學 ： 生五百人 ③四門學 ： 生千三百人
ⓒ 入學不許者	
凡係雜路及工商樂名等賤事者 大小功親犯嫁者 家道不正者 犯惡逆歸鄕者 賤鄕都曲人等子孫 及身犯私罪者不許入學	

ⓓ 律·書·算(技術學) 及州縣學生	
①其律學書學算學皆肄國子學 ②律書算及州縣學生　並以八品以上子及庶人爲之 七品以上子情願者聽	①國子監生 尙書省補 祭酒統焉 州縣學生 州縣長官補 長史主焉 ②律書算學生　及州縣學生　以八品以下子及庶人之通 其學者爲之(州縣學生은 行政單位의 大小에 따라 學生數가 80人에서 20人에 이르기까지 多樣하다.)
ⓔ 敎授 及 敎育方法	
①國子·太學·四門　皆置博士助敎　必擇經學優長　景行修謹　堪爲師範者　分經敎授諸生 每授一經 必令終講 未終講者 不得改業 年終計講授多少 以爲博士助敎 考課等第 ②律·書·算學　只置博士　律學博士掌敎律令 書學掌敎八書 算學掌敎算術	凡博士助敎　分經授諸生　未終經者無易業
ⓕ 敎科科程 及 修業年限	
①凡經周易·尙書·周禮·禮記·毛詩·春秋左氏傳·公羊傳·穀梁傳 各爲一經 孝經·論語必令兼通 ②諸學生課業　孝經·論語共限一年　尙書·公羊·穀梁傳各限二年半 周易·毛詩·周禮·儀禮各二年 禮記·左傳各三年 皆先讀孝經·論語 次讀諸經 幷算習時務策 有暇兼須習書日一紙　幷讀國語·說文·字林·三倉·爾雅	①凡禮記·春秋在氏傳爲大經 詩·周禮·儀禮爲中經 易·尙書·春秋公羊傳·穀梁傳爲小經 通二經者 大經小經 各一若中經二 通三經者 大經·中經·小經 各一 通五經者 大經皆通 餘經各一 孝經·論語皆兼通之 ②凡治孝經·論語共限一年　尙書·公羊傳·穀梁傳各一歲半 易·詩·周禮·儀禮各二歲 禮記·在氏傳 各三歲 學書日紙一幅 閒習時務策 讀國語·說文·字林·三倉·爾雅

* 내용 중의 밑줄은 高麗學式과 일치하는 부분임.

위의 고려 學式의 내용을 다음과 같이 정리할 수 있다.

① 국자감 내에는 학생들의 祖나 父의 관직과 품계에 따라 입학이 제한되는 國子學·太學·四門學이 있었다. 학생 수는 3學部 각각 300인씩으로 도합 900인이다(이것을 앞으로 편의상 儒學部로 부르기로 한다).

② 賤役에 종사하거나 근친간에 혼인한 자, 천인인 향·소·부곡인의 자손 및 私罪를 범한 당사자는 입학을 불허했다.

③ 국자감에는 기술을 가르치는 律學·書學·算學도 병설되었으

며(이것을 편의상 技術學部로 부르기로 한다), 지방의 州縣에는 향교가 있었다. 律·書·算學 및 州縣學(鄕校) 입학자의 신분은 모두 8품 이하[72]의 아들 및 서인으로 하고, 지원자인 경우는 7품 이상의 아들도 입학을 허용한다.

④ 국자학·태학·사문학에는 모두 박사와 조교를 두는데, 반드시 경학에 밝고 행실이 훌륭하여 師範이 될 만한 자를 뽑아 經을 분담하여 교수한다. 한 경을 끝마쳐야 다른 경을 공부할 수 있는데, 연말에 그 講授한 다소에 따라 박사와 조교가 考課하여 등급을 매긴다. 율학·서학·산학에는 박사만 두며, 율학박사는 律令을, 서학박사는 八書를, 산학박사는 算術을 가르친다.

⑤ 교과는 공통필수 과목인 『孝經』과 『論語』가 있고 전공 과목으로 『周易』·『尙書』·『周禮』·『禮記』·『毛詩』·『春秋左氏傳』·『公羊傳』·『穀梁傳』이 있다.[73] 諸經의 課業 연한은 『孝經』과 『논어』 1년, 『상서』·『공양』·『곡량전』 각각 1년 반,[74] 『주역』·『주

---

72) 學式에는 '8품 이상'으로 된 것을 '8품 이하'로 바로잡았다. 이는 閔丙河氏가 앞의 논문에서 이미 지적했는데, 申千湜氏는 앞의 책 104쪽에서 9품직은 과거 합격자의 정상적인 宦路가 아니며, 『唐書』百官志 國子監條에 四門學 입학 자격으로 문무 7품 이상의 子로 하면서, 또 서인중 특히 우수한 자를 포함시킨 점을 들어 여기서도 8품 이상과 서인을 연계, 해석상의 무리가 없으니 그대로 두어야 한다는 반론을 제기했다. 그러나 『唐書』選擧志와의 관계나 문리상으로 볼 때 '8품 이상'은 '8품 이하'의 오기로 보는 것이 순리이다. 즉 『舊唐書』백관지에는 원래 '8품 이상'으로 되어 있던 것을 『新唐書』권48, 百官志 및 『唐六典』권 21에 의거, '8품 이하'로 정정했다. 高麗 學式은 『舊唐書』백관지를 근거했던 때문인 듯하다. 따라서 학식의 '8품 이상'은 '8품 이하'로 정정하는 것이 타당하다.

73) 교과목 중 대표적 儒經인 九經(三經·三禮·三傳) 중 儀禮가 빠져 있는데, 이는 기재 상의 누락인 듯하다. 왜냐하면 바로 아래의 수업 연한에는 儀禮가 나오고 있으며, 또 『唐書』選擧志에도 儀禮가 들어 있는 것으로 보아 누락임이 틀림 없다.

74) 課業年限은 경전 내용의 난이도에 따른 구분이 아니라 卷帙외 대소에 따라 나눈 것이다. 『唐書』 선거지외 그 과업 연한을 보면, 小經인 尙書·公羊傳·穀梁傳은 각 1년 반, 中經인 周易·毛詩·周禮·儀禮는 각 2년, 大經인 禮記·左氏傳은 3년으로 되어 있다. 또 학식의 원문에 2년

례』·『모시』·『儀禮』가 각 2년, 『예기』·『좌씨전』이 각 3년이다. 강학 순서를 보면 먼저 『효경』과 『논어』를 읽고 다음에 여러 경전을 읽는데 아울러 산술과 時務策도 익힌다. 또한 틈틈이 글씨를 쓰고 『國語』·『說文』·『字林』·『三倉』·『爾雅』를 읽는다.

『唐書』 선거지와 대비해 보면, 고려 학식은 입학 불허자의 제한 규정이 추가된 것 외에는 『당서』의 내용을 그대로 따온 것임을 알 수 있다. 간혹 내용을 축약하느라 표현상의 차이가 생길 수는 있으나 本旨는 같은 것이며, 자구를 그대로 인용한 것이 대부분이다.

우리는 여기에서 고려의 학식이 적어도 외형에 있어서는 당나라의 교육 제도를 그대로 답습했음을 알 수 있다.

2. 學式과 國子監 구성

1) 三學－國子學·太學·四門學－의 검토

(1) 國子學

앞의 학식 내용에서 살펴보았듯이 儒學部에는 국자학·태학·사문학이 있다. 입학자의 신분에 따라 문무관 3품 이상의 아들이나 손자, 5품 이상의 아들이나 손자, 7품 이상의 아들로 차이가 있을 뿐 교과 과정은 동일하다는 것이다. 이들 三學은 단지 아버지나 할

반을 먼저 쓰고 2년을 나중에 기록한 것만 보아도 '2년반'은 '1년반'의 오기임이 틀림 없다. 淸代 顧炎武가 『金石文字記』에서 唐國子學石經을 근거로 9經의 글자 수를 밝힌 것을 보면, 禮記 98,994자, 春秋左傳 198,945자, 毛詩 40,848자, 周禮 49,516자, 儀禮 57,111자, 周易 24,427자, 尙書 27,984자, 公羊傳 44,748자, 穀梁傳 42,089자로 되어 있는바, 대·중·소경의 구분이 卷帙의 대소에 따라 나누어졌음을 알 수 있다. 다만 춘추좌전은 내용이 記事文임을 감안한 듯하다. 그런데 『唐書』에서는 소경에 들어 있던 주역이 고려 학식에는 중경으로 편입된 까닭은 내용의 난해성 때문인지 착오인지 잘 알 수가 없다.

아버지의 官爵에 따른 구분일 뿐 다른 차이는 없다는 것이다. 그런데 앞에서도 언급했듯이 이 學式이 그대로 시행되었을 경우 한 아버지의 자식들 간에 學部를 달리하여 입학해야 하는 모순은 어떻게 설명할 수 있을까? 그리고 고려 사회가 국자학·태학·사문학에 따라 입학을 달리할 정도의 고도로 분화된 신분 체계를 바탕으로 하는 철저한 신분제 사회였던가? 이러한 의문들이야말로 학식의 실재 운용에 대한 의혹을 가지게 하는 문제들이다.

그러면 개개인의 인물 검토를 통해 사실에 접근해 보도록 하자. 우선 三學部生의 신분을 검토하기 전에 전제되어야 할 것은 학생이 입학할 당시의 아버지나 할아버지의 관직을 정확히 알아야 한다. 그러나 이는 불가능하기 때문에 부득이 아버지나 할아버지의 최종 관직을 기준으로 할 수밖에 없음을 밝혀 둔다. 먼저 國子學(生)이 나오는 기록을 보면 다음과 같다.

V-① 金復尹은 玉菓縣인이다. 父 舜次는 試閣門祗候이고, 祖인 瑠은 監察御史이며, 증조 行昌은 殿中內給事이고, 외조 鞠具瞻은 尙乘直長同正인데 … 尙食奉御同正(6品) 行大盈令으로 병인년(인종. 24, 1146) 7월 초9일 죽었다. 아내 鄭氏는 海州人인데 妻父는 守司空尙書右僕射上將軍을 지낸 某이다. 아들 두 명이 있는데, <u>國子□生</u> 大節은 유학을 공부하여 將仕郎이고, 良醞令同正 正弼은 吏事에 종사하는데 모두 장가들지 않았다.[75]

② 君(胡晉卿) … 祖의 諱는 從迪으로 檢校神虎衛上將軍…父 仁穎은 試軍器小監인데 … 試閣門祗候(정7품)에 이르러 경진년(의종 14, 1160)여름에 졸했다. … 三남 二녀를 낳았다. 장남은 <u>國子學生</u> 愼修이고, 차남은 <u>國子學生</u> 愼思인데…모두 약관을 넘어 학업을 닦고 있는 중이니 出仕 전이다.[76]

③ 公의 諱는 景軾(1099-1161) … 考는 檢校太師守司徒門下侍郎平章事 幹이다 … 太府少卿으로서 西京分司監軍使를 제수 받아 이번 신사년(의종 15, 1161) 7월 21일 병으로 졸했다 … 後娶는 守司徒門下侍郎平章事 判吏部

---

75) 『高麗墓誌銘集成』 48, 金復尹 墓誌 ‘國子□生’의 □에는 ‘監’ 또는 ‘學’자의 두 가지가 들어갈 수 있으나, 여기서는 ‘學’자로 추정했다.
76) 『高麗墓誌銘集成』 94, 胡晉卿墓誌.

事 崔子英의 딸로 二남 二녀를 낳았는데 장자는 <u>國子學生</u> 球이다 ….[77]

위의 사료를 간단히 表로 정리해 보자.

〈표 7〉 國子學生과 父祖의 官職

번호	성 명	父 職	祖 職	勳封	學式 適用	備 考
V-1	金大節	尙食奉御同正 (正6品)	試閤門祇候 (正7品)	無	四門學生 資格	
V-2	胡愼修 胡愼思	試閤門祇候 (正7品)	試軍器少監 (從4品)	無	四門學生 資格	曾祖檢校上將軍
V-3	林 球	大府小卿 (從4品)	平章事 (正2品)		國子學生 資格	

학식에 규정된 국자학생이 되기 위해서는 적어도 문무관 3품 이상의 자손 및 勳官 2품으로 縣公 이상이거나 京官 4품 이상으로 3품 이상의 勳封者가 되어야 한다. 그런데 위의 세 사람 중 V-①의 金大節의 경우, 父 金復尹이 정6품의 尙食奉御이고, 祖 舜次는 7품인 試閤門祇候이며, 증조 瑠은 정6품인 監察御史이니 國子學生이 될 근거는 어디에도 없다. 굳이 학식규정을 고집한다면 四門學生의 자격을 가진 자라 하겠다. V-②의 胡愼修·愼思 형제도 마찬가지이다. 父 晋卿은 7품인 試閤門祇候, 祖 仁穎 역시 7품인 試軍器少監茶房事여서 父祖의 관작은 국자학 입학 자격에서 제외된다. 그리고, V-1의 金大節과 V-②의 胡愼修·愼思 형제들은 선대가 녹훈된 기록도 나타나지 않아 역시 해당이 없다. 다만 胡愼修의 증조 從迪이 3품인 檢校神虎衛上將軍이나 증조는 입학 자격과는 무관하여 역시 학식의 규정과 어긋난다. 마지막 V-③의 林球만이 祖 幹이 2품인 門下侍郞平章事를 역임했으니 국자학생이 될 조건을 갖추고 있다고 하겠다.

국자학생이라고 기록에 나타난 金大節·胡愼修·胡愼思·林球

---

77) 『朝鮮金石總覽』 上, 382쪽, 林景軾墓誌.

네 사람 중 林球 1인 만이 학식 규정에 따른 국자학생임을 알 수
있다. 위의 예문은 '국자학생'이란 용어를 일단 '國子學의 학생'일
것이라는 가정 하에 인용한 것이다. 이상에서 확인한 바와 같이 국
자학의 경우 父祖의 관작과 국자학 입학 자격에 관한 학식은 일치
하지 않음이 밝혀진 셈이다.

　이상에서 살펴본 바와 같이 학식 규정과 실제 운용이 일치하지
않는 이유를 우리는 두 가지 측면에서 고려해 볼 수 있을 것이다.
하나는, 많은 규정이 그러하듯이 규정과 실제 운용상에는 차이가
있게 마련으로 국자학생의 입학 자격도 시대 상황에 따라 융통성
이 있었던가 하는 의문이고, 다음으로 국자학은 학식 규정에만 존
재했던 것으로 사료에 '국자학생'이라 표현한 것은 '국자감의 학생'
즉 국학생의 의미로 표현한 것이 아닌가 하는 점이다. 이 문제는
뒤에서 다시 검토하기로 한다.

(2) 太 學

　태학의 경우는 사료가 가장 풍부하다. 이렇게 태학생의 관련 사
료가 풍부한 까닭 또한 시사하는 바가 많다. 번거럽더라도 관련 기
록을 하나하나 검토해 보자.

W-① 夫人(1083-1162)의 성은 沈氏로 나이 17세(숙종 4, 1099)에 (太府少卿
　　　종4품) 廉氏에게 시집가서 四남 二녀를 낳았는데 … 장남 … 차남 行若
　　　은 太學生이 되었으나 모두 부인보다 먼저 죽었다.[78]

　　② 公(崔允儀, 1102~1162)의 祖 思濟는 中書侍郎平章事이고, 考의 諱는 湧
　　　으로 金紫光祿大夫 守司空左僕射(정2품)이다 … 어려서부터 才學으로
　　　이름이 나서 太學에 선발되어 들어갔다가 관직에 나가느라 出學했다.[79]

　　③ 公(柳公權, 1132~1196)의 祖는 寶春인데 檢校少府少監(종4품)이고, 考
　　　寵도 檢校少府少監이다. 공은 貞元 3年(의종 9, 1155) 成均試에 합격하

---

78) 『朝鮮金石總覽』 廉氏配沈氏墓誌, 390쪽.
79) 『朝鮮金石總覽』 崔允儀墓誌, 388쪽. 學□補入太學 因從政出學 ….

고, 이듬해 太學에 들어가 季考 月書마다 매번 우등했다 … 경진년(의
종 14, 1160)에 을과로 등제했다.[80]

④ 公의 諱는 邦儀(1092~1149)인대 故三和縣令이다. … 父 □는 … 閣門祇
候였다. 공은 어려서부터 학문을 좋아하여 과거에 오르고 … 아들 하나
딸 셋을 낳았는데 아들의 이름은 穎으로 지금 太學生이 되었다.[81]

⑤ 公의 諱는 存中(1111~1156)인데 龍宮郡 출신이다. 考 正英은 太子少保
이고, 祖 契와 증조 郎鼎은 모두 太子少師를 지냈으며, 외조 景章은 太
子詹事를 역임했다. 공은 어려서 유학에 뜻을 두어 일찍 南省試에 오르
고, 太學에 들어가 여러 번 우등에 들었다 … 上(의종)이 잠저에 있으면
서 文學士를 선발할 때 뽑혀 들어갔다.[82]

⑥ 公의 諱는 彦頤(1091~1150)로 中書侍郎平章事를 지냈다. 아버지는 守
太傅門下侍中으로 諱는 瓘이며, … 공은 守太保門下侍中을 지낸 金公若
溫의 딸에게 장가들어 7남을 낳았다. 장남은 試京市令 鱗瞻이고 … 육
남은 軍器主簿同正인 惇義로 太學生이 되었다.[83]

⑦ 公의 諱는 文鐸(1109~1181) 자는 仁聲이다. 아버지 純은 及第로서 일
찍 서거했고, 조 周左와 증조 漢佐는 모두 벼슬하여 縣長을 지냈다. 悅
城郡夫人에 추증된 母 李氏는 본디 서울 衣冠家의 딸이다 公은 일찍이
어머니를 여의고 실의에 빠졌다가 나이 17세에 서울에 들어와 비로소
취학했다. … 尹相 彦頤가 成均試를 관장했을 때 공도 거기에 선발되었
고 … 기미년(1139)에 이르러 太學에 들어가니 六館의 재생들이 모두
공의 명망에 敬服하여 모든 논의에서 감히 다른 의견을 내놓지 못했다.
春秋左氏傳에 精明하여 여러 차례 많은 선비들 중에서 으뜸을 차지했
고 병인년(1146)에 上舍 제2인으로 과거에 급제하여 외직으로 나가 寧
州掌書記에 보임되었다. … 銘에 이르기를 '북쪽으로 서울에 유학하여
太學에 있은 지 8년에 …' 했다.[84]

⑧ 公의 諱는 □實(?~1184)로 그의 부는 殿中內給事□□이고, 그의 모는 檢
校太子詹事王脩의 딸이다. … 公은 그의 둘째 아들인데, 學問에 독실하고
행실을 닦는 데 민첩하여 19세에 司馬試에 오르고 21세에 太學에 들어갔

---

80) 『朝鮮金石總覽』 柳公權墓誌, 40쪽.
81) 『韓國金石文適補』 劉邦儀墓誌銘, 117쪽.
82) 『韓國金石文追補』 金存中墓誌, 14쪽.
83) 『韓國金石文追補』 尹彦頤墓誌, 120쪽.
84) 『韓國金石文追補』 李文鐸墓誌銘, 170쪽.

다가 2년 뒤 禮部試 第三場에 直赴하여 … 급제했다.[85]

⑨ 祖는 仲宣으로 皇 … 太子太保…皇□□宮錄事檢校軍器少監□□…原□君 □崔氏는 檢校尙書右僕射 行戶部郞中 時允의 □女이다. … 공의 諱는 光仁(1128~1186)으로 … 학문에 독실하여 두번만에 成均試에 올랐으나 잇달아 양친을 여의고 … 太學에 들어가 月書季考(?)로 …[86]

⑩ 公의 諱는 冲(?~1211)인데 咸昌郡 사람으로 樞密院堂後官 金滋齡의 아들이다. 어려서부터 학문을 좋아하고 文詞를 공부하여 16세에 司馬試에 오르고 얼마 후 太學에 선발되어 들어갔다. 경술년(명종 8, 1178)에 병과로 급제하여 외직을 거치지 않고 … 문무의 직을 역임했다.[87]

⑪ 公의 諱는 儀(1153~1230)인데 증조 某는 神虎衛散員, 조 모는 檢校太子少保, 考 모는 昌安宅衙典, 母 徐氏는 檢校軍器監 淑의 딸이다. 공은 어려서부터 학문에 힘쓰고 글짓기를 배워 을미년(명종 5, 1175)에 太學에 들어가 잇달아 과거에 응시했으나 급제하지 못하고 외직으로 나가 淸道郡을 다스렸다.[88]

⑫ 趙冲(1171~1220)의 자는 湛若으로 侍中 永仁(1133~1202)의 아들이다. 음서로 관직에 보임되었다가 太學에 들어가 上舍에 올라 明宗朝에 등제한 뒤 內侍에 적을 두었다가 … 熙宗朝에 國子監 大司成에 제수되었다.[89]

⑬ 君의 諱는 闡猷로 海州人이다. 집안(版籍)은 대대로 州吏를 역임하여 考 모는 州의 副司戶이고, 외조 某 역시 그 고을 사람으로 權司戶이다. 군은 일찍부터 널리 배우고 文詞를 공부하여 기유년(명종 19, 1189)에 司馬試에 합격하고 드디어 太學에 들어가 갑인년(명종 24, 1194)에 과거에 급제했다.[90]

⑭ 國師의 諱는 惠諶(1178~1234)인데 … 無衣子라 自號했다. 속성은 崔氏, 이름은 寔으로 羅州牧 和順縣 사람이다. 考 諱 琬은 鄕貢進士인데 일찍 아버지가 돌아가자 어머니에게 출가하여 중이 되겠다고 청했으나 어머니는 儒學을 공부하라고 허락하지 않았다. 辛酉年(신종 4, 1201)에 司馬試에 합격하고 이해에 太學에 들어갔다가 어머니의 병환 소식을 듣고

85) 『韓國金石文追補』 吳□實墓誌, 246쪽.
86) 『韓國金石文追補』 晉光仁墓誌, 176쪽.
87) 『韓國金石文追補』 金冲墓誌, 192쪽.
88) 『朝鮮金石總覽』 上, 琴儀墓誌, 192쪽.
89) 『高麗史』 列傳 권 16 趙冲傳.
90) 『朝鮮金石總覽』 上, 吳闡猷墓誌, 584쪽.

귀향했다.[91]

⑤ 公의 諱는 宗愈(1287~1354)로 漢陽 사람이다. 나이 15세에 <u>太學</u>에 들어가 학업을 닦았는데 우뚝하게 명성을 얻었다. 20세가 못되어(弱冠) 진사에 오르고 과거에 병과로 급제하여 延祐(1314-1320) 初에 權知校勘에서 藝文春秋館檢閱을 제수받고 … 증조 諱 元謂는 檢校太子詹事로 … 조 휘 彦은 東面都官判官으로 … 考 휘 英은 密直副使上護軍으로 致仕했다.[92]

위의 인용문을 도표로 만들어 보면 다음 〈표 8〉과 같다.

〈표 8〉 太學生과 父祖의 官職

구분	성 명	父	祖	勳封	學式 適用	備考
W-①	廉行若	太府少監 (종4품)		無	太學生 資格	外祖承宣 (3품)
W-②	崔允儀	左僕射 (정2품)	平章事 (정2품)	父祖 功臣	國子學生 資格	
W-③	柳公權	檢校少府少監 (종4품)	檢校少府少監 (종4품)	無	太學生 資格	
W-④	劉 穎	縣令 (7품)	閣門祗候 (정7품)	無	四門學生 資格	
W-⑤	金存中	太子少保 (종2품)	太子少師	無	國子學生 資格	
W-⑥	尹惇義	平章事 (정2품)	門下侍中 (종1품)	祖 功臣	國子學生 資格	
W-⑦	李文鐸	擧者	縣長			
W-⑧	吳□實	殿中內給事 (종6품)			四門學生 資格	
W-⑨	晉光仁	檢校軍器少監 (종6품)	檢校太子太保 (종1품)		國子學生 資格	
W-⑩	金 冲	樞密院堂後官 (정7품)			四門學生 資格	
W-⑪	琴 儀	昌安宅衙典 (?)	檢校太子少保 (종2품)		國子學生 資格	
W-⑫	趙 冲	平章事 (정2품)	贈左僕射		國子學生 資格	

---

91) 『東國李相國集』권 35 眞覺國師碑銘.
92) 『朝鮮金石總覽』韓宗愈墓誌, 669쪽.

W-⑬	吳闡猷	副司戶 (향리)			
W-⑭	崔 寔 (無衣子)	鄕貢進士			眞覺國師 惠諶
W-⑮	韓宗愈	密直副使 (정3품)	東面都官判官 (6품)	國子學生 資格	

　이상의 인용 사료에서 보이는 바와 같이 太學 또는 太學生으로 기록된 인물들은 모두 15명이다. 이들이 학식의 규정에 따른 태학생이 되기 위해서는 문무관 5品 이상의 아들 혹은 손자이거나, 3품 이상의 증손 및 勳官 3품 이상 有封者의 아들이어야 한다.

　이 중에서 태학생의 신분에 부합되는 자는 父가 從4品인 太府少卿을 역임한 W-①의 廉行若과 祖와 父가 종4품인 檢校少府少監을 역임한 W-③의 柳公權 두 사람뿐이고, W-④의 劉穎은 父와 祖가 7품인 縣令과 閤門祗候를 역임했고, W-⑧의 吳□實은 父가 從6品의 殿中內給事이며, W-⑩의 金冲은 父가 정7품의 樞密院堂後官이며, W-⑦의 李文鐸과 W-⑬의 吳闡猷는 鄕吏子弟, W-⑭의 崔寔(眞覺國師)도 향리의 자손일 가능성이 많다. 결국 이들 6명은 자격이 미달일 뿐만 아니라, 특히 李文鐸과 吳闡猷, 그리고 崔寔은 학식의 규정대로라면 太學 입학은 커녕 四門學 입학 자격도 없게 된다.

　W-②의 崔允儀, W-⑤의 金存中, W-⑥의 尹惇義, W-⑨의 晋光仁, W-⑪의 琴儀, W-⑫의 趙冲, W-⑮의 韓宗愈 등 7명은 父·祖가 모두 종3품 이상을 역임하여 國子學에 입학할 신분들이다. 이 중 尹惇義는 1품직인 門下待中을 지낸 尹瓘의 손자이고, 그가 태학생이었을 때 父 彦頤는 정2품인 中書待郞平章事를 역임했다. 趙冲도 侍中 永仁의 子로서 조충이 태학에 들어갔을 나이를 대략 20여 세로 본다면 明宗 21년(1191) 경이 되는데, 이해에 父 永仁이 종2품인 參知政事에 올랐으니 학식 규정에 의하면 國子學 입학 자격이 있는데도 太學에 들어갔다고 기록했다.

　위에 인용한 자료의 대부분이 墓誌銘이라는 특수한 文體임을 고

려한다면 국학의 雅稱으로 태학이라 기록했을 가능성을 배제할 수
없다. 그러나 이것은 어디까지나 신분 미급자들에게 관계된 문제이
지 3품 이상의 자손으로 국자학 입학 자격자에게는 도리어 貶稱이
되는 것이며, 비문이나 묘지에서 폄칭이란 있을 수 없는 일이다.
당시에 국자학·태학·사문학이 엄존했다면 이는 당시의 신분 질
서가 철저했음을 반영하는 것이다. 만약 철저한 신분 사회라면 그
것도 稱譽가 문장의 생명인 묘지명에서 무엇 때문에—아무리 일반적
인 호칭으로 사용했다고 하더라도—태학이란 칭호를 사용하여 죽은 이
를 깎아내리고 후인들로 하여금 혼란을 일으키게 했겠는가. 그럴
리는 절대로 없을 것이다.

다음 예종 4년 7월의 사료는 학식의 三學部 문제에 대한 우리의
의심을 더욱 증폭시켜 준다.

W-⑯ 國學에 7齋를 두었다.『周易』專攻을 麗澤 … 太學生 崔敏庸 등 70인과
武學生 韓自純 등 8인을 시험보여 선발한 뒤 나누어 거처하게 했다.[93]

국학에서 7재를 설치했다는 기사와 함께 '태학생 최민용 등과 70인,
무학생에 한자순 등을 시험으로 선발했다[94]'는 내용으로, 여기에서
태학이란 무학을 제외한 儒學 6齋를 지칭함은 말할 것도 없다. 예
종이 뭇 신하들의 반대를 물리치고 '학교를 세워 어진이를 배양하
는 일은 정치의 근본이다'라는 확고한 신념을 가지고 설립한[95] 이
7齋가 학생들의 신분으로나 학문적 수준으로 최고학부였을 것임은
의심의 여지가 없다.

따라서 학식 규정과 같은 '太學'의 상위 개념으로서의 국자학이

---

93) 『高麗史』志 권 28 選擧 2 學校 및 『高麗史節要』睿宗 4년 7월.
94) 이 史料의 해석에 있어서 申千湜氏는 앞의 책, 86쪽에서 '太學生 崔敏庸 …
武學生韓自純 …' 등으로 해설했는데, 이렇게 해설할 경우는 國子監의 일반
적 호칭이 太學이었음이 더욱 분명해진다.
95) 『高麗史』志 권 28 選擧 2 學校 및 『高麗史節要』睿宗 2년 정월.

란 실존하지도 않았고, '태학'으로 불리던 7재가 바로 최고학부였음은 仁宗이 7년(1129) 4월에 국학에 行幸했을 때, 金富轍의 『書經』無逸篇 講이 끝나고 待聘齋生 李聖予·鄭子野와 求仁齋生 河永深 등에 명하여 서로 問難하게 했다는 데서도 확인된다.96)

앞의 국자학생을 검토하면서 그들 父나 祖의 관작이 학식 규정과 일치하지 않음을 살폈다. 그 원인이 학식 규정의 실제 운용에 융통성이 있어서인가, 아니면 國子學이란 실제 존재하지 않았기 때문인가 하는 의문을 제기했다. 우리의 관심은 태학생의 경우를 검토하면서 후자 쪽으로 쏠리게 되었다. 왜냐하면 학식이 하나의 형식적 제도로서 존재했다면 모르되, 실제 교육 제도로 운용되었다면 '융통성 있게' 적용될 수가 없다는 것이다. 관작이나 신분은 전통사회를 지탱하는 근간이었기 때문에 그 운용은 무엇보다 엄격했을 것이다. 그것은 개개인의 신분과 직결되는 것으로서 어느 누구도 이 문제에서 이른바 '융통성 있게' 양보하지는 않았을 것이다. 따라서 학식과 학생들의 신분이 일치하지 않는다는 사실은 학식의 운용 자체를 부정할 수밖에 없다.

이상에서 검토한 바로는 父祖의 관작에 따라 입학을 달리하는 국자학·태학은 學式이라는 규정으로서 존재했으되 실제 운용되지는 않았다는 것이다. 國子學生은 國子監學生의 약칭이고, 太學은 小學(鄕校)의 대칭으로 중앙의 최고학부, 곧 국학을 뜻하며, 태학생은 이 태학의 학생이란 의미이지 학식 규정에 의한 5품 이상 子와 孫인 학생들로 구성된 태학이 아님을 알 수 있다. 따라서 사료 W-⑯에서 살펴본 바와 같이 유학 전공의 최고 학부인 6齋를 태학으로 지칭하기도 했고, 인종 때 武學이 폐지된 뒤로는 태학이 국학과 같은 의미로 불리어졌다.

---

96) 『東文選』 권 64 金守雌幸學記.

(3) 四門學

사문학의 경우를 보면 특이한 것은, 모든 사문학 관련 기록은 四門助敎·四門博士·四門進士·四門太學博士 등만 나타날 뿐 四門學·四門學生 등 용어는 전연 기록에 나타나지 않는다는 점이다. 그러면 사문이란 용어가 나타나는 용례를 열거한 후 하나하나 검토해 보기로 하자.

X-① 第十三科 ⋯ 寺·注簿·四門博士·太學助敎 ⋯ 第十五科 ⋯ 秘書校書郞·四門助敎·諸尉校尉[97]

② "四門進士 李齊老는 盲僧인 法宗의 자식이니 과거 응시에 합당하지 않습니다."라고 하니, 王이 이르기를 "⋯ 과거는 어진이를 구하고자 하는 것인데, 제로가 정말로 재주와 학식이 있다고 한다면 어찌 아비 때문에 폐할 수 있겠는가? 과거에 응시하게 하는 것이 가하다." 했다.[98]

③ 公의 이름은 文緯이고 성이 張氏로 洪川人이다. ⋯ 進士試에 급제하여 ⋯ 明福宮錄事에 등용되어 세 번 옮겨 四門助敎가 되었다 ⋯ 權知四門博士 金吾衛錄事參軍事 芮樂全이 짓다.[99]

④ 公(祐甫) ⋯ 어머니 李氏는 四門助敎思絳의 딸이다. 공은 나면서부터 총명하여 ⋯ 20세가 되기 전에 南省試에 합격하고, 인종 13년 甲寅(1134, 갑인년은 인종 12년임)에 進士試에 급제하여 晉州牧司錄兼掌書記에 임명되었다.(『三國史記』 讎校時 金富軾에게 才藝를 인정받아) ⋯ 西材場判官에 제수되고 直翰林院 四門太學博士·寶文閣校勘·詹事府司直을 역임하니 모두 당시의 뛰어난 선발이었다 ⋯[100]

⑤ 公(高瑩中)의 치적이 最를 맞아 임기가 만료되어 國學學正에 제수되고, 四門博士를 역임했다 ⋯[101]

⑥ 公(李勝章)이 書狀官으로 따라가 일행의 專對가 상국(金)에까지 명성

---

97) 『高麗史』 志 권 32 食貨 1, 田柴科 穆宗 元年 12월.
98) 『高麗史節要』 권 6 肅宗 7년 3월.
99) 『金石文追補』 張文緯墓誌銘, 96쪽.
100) 『金石文進補』 崔祐甫墓誌銘, 160쪽.
101) 『高麗墓誌明集成』 高瑩中墓誌銘, 151쪽.

이 났으니 모두 공이 힘쓴 공적이다. 太官丞 겸 同文院錄事로 옮겼다가 조금 후 四門太學博士로 옮기고, 여러 차례 바뀌어 詹事府司直이 되었다. 일반적으로 벼슬을 구하는 선비가 혹 禁林이나 國學 중에 한 관직만 얻더라도 자랑하여 평생토록 영예롭게 생각하는데 …102)

⑦ 尹莘傑은 … 忠烈朝에 등제하여 南京司錄에 임명되었다. 당시 博士들이 단지 한 經씩만 맡아서 부적격자가 많으므로 그 선발을 엄격하게 하여 반드시 5경을 통달한 뒤에야 박사직에 임명했는데 莘傑이 四門大學博士에 추천되었다.103)

사료 X-①은 敎職이 법제상으로 가장 먼저 나타나는 목종 원년 12월에 제정 반포된 文武兩班及軍人田柴科로서 총 18과 중 사문박사는 12과, 사문조교는 15과에 배열되어 있다. 이 교육 관제는 앞에서도 언급했듯이 당나라 제도를 채택한 흔적이 뚜렷하다.104) 성종 때 唐의 학제를 채택하면서 수용한 것임이 틀림없다. 직제를 갖추기 위해 사문박사·사문조교의 관직을 두었으나 이들 관직이 있었다고 해서 이것이 곧바로 四門學의 독립을 의미하는 것은 아니다. 앞에서 국자박사·국자조교, 태학박사·태학조교가 있었지만 이것은 바로 학관의 직제일 뿐 그것이 國子學과 太學의 분리·독립을 의미하지 않았다는 것과 같은 논리이다.

史料 X-③은 權知四門博士 芮樂全이 인종 12년(1134) 張文緯의 묘지명을 찬술하면서 張이 한때 사문조교를 역임했다는 내용이다. X-⑤는 高瑩中이 국학학정을 거쳐 사문박사를 역임했다는 기록으로 여기서도 역시 사문조교·사문박사라는 교직의 존재만 인식될 뿐 이들이 四門學과 어떤 연관이 있는지는 확인할 수 없다.『高麗史』百官志에서는 成宗 때의 박사·조교 중심 국자감 직제가 문종조 직제 개편에서 助教職이 學正·學錄·學諭 등으로 개칭되었다고 했다. 그런데 인종때까지 사문조교란 관직이 그대로 존속했던 문제는 백관

---

102)『金石總覽』李勝章墓誌銘, 418쪽
103)『高麗史』列傳 권 22 尹莘傑傳.
104)『舊唐書』志 권 24 職官 3 및 『新唐書』志 권 38 百官 2 國子監條 참조.

지의 기록에 착오가 있지 않는가 하는 의문점을 갖게 한다.

사료 X-④의 崔祐甫와 ⑥의 李勝章은 모두 四門太學博士를 역임했다는 내용이다. 사문태학박사란 관직은 백관지에도 나타나지 않기 때문에 이의 검토를 통해 사문학과 태학의 성격을 구명할 수 있는 단서가 되지 않을까 생각된다.

마지막으로 사료 X-②는 四門進士 李齊老는 승려 法宗의 자식이므로 원칙적으로 과거 응시 자격이 없는데, 왕의 특명으로 과거에 응시할 수 있었다는 것이다.105) 여기에서 우리의 관심을 끄는 문제는 승려 자식의 과거 응시 허용문제가 아니고 李齊老가 四門進士란 데 있다.

앞에서 國子學·太學의 사료를 검토하면서 父·祖의 관직에 따른 국자학생·태학생은 존재하지 않았고 따라서 국자학·태학의 구분도 없었다는 것을 밝혔다. 뒤의 급제 전 자격을 언급할 때 상론하겠지만 國子進士는 國子監試 출신의 진사, 國學進士·太學進士는 國學生 혹은 太學生 즉 國子監 學生 출신의 진사를 말한다는 데는 이론의 여지가 없다.

그런데 四門進士에 이르러서는 의아심을 금할 수 없다. □□進士에 四門이란 접두어가 붙는 호칭은 四門學과의 관계를 고려하지 않고는 달리 설명할 길이 없고, 이것이 바로 사문학 출신의 진사를 지칭한 것이 아닐까 하는 추측을 갖게 한다. 왜냐하면 四門進士 자격은 많지는 않지만 恭愍王代 이전까지 간혹 나타난다. 이것은 國學進士·太學進士와 같은 성격으로 생각할 수 없기 때문이다.

또 四門太學博士란 호칭도 四門學生의 존재를 시사하는 대목이

---

105) 『高麗史』志 권 29 選擧 3. 銓注 凡限職條의 文宗 16년 判에 '僧人之子 仕路禁錮 至孫方許通'이라하여 승려의 子에 대하여 仕宦을 제한했다. 이러한 판문이 나왔다는 것은 종전까지는 승려의 자식도 出仕에 아무런 제한이 없었다는 것을 의미하며, 왕명에 의해 이 제한이 철폐되고 있는 현실은 사실이 판문은 이 뒤에도 큰 구속력을 갖지 못했음을 말하는 증거라 하겠다.

라 하겠다. 위의 인용 자료 X-④의 崔祐甫, X-⑥의 李勝章, X-⑦의 尹莘傑이 모두 四門太學博士를 역임했다. 당시에 사문태학박사란 관직이 실재했던 것은 아니다. 사문태학박사란 호칭은 이들이 정8품의 사문박사를 거쳐 종7품의 太學博士에 승진한 사실을 말한 것이거나 아니면 당시 선비로서 영예롭게 여기던 國學의 학관직을 역임한 것을 포괄적으로 나타낸 것 중의 하나일 것이다.

먼저 전자의 경우를 살펴보자. 사문태학박사의 관직명이 나타난 곳은 묘지명이다. 묘지명에서는 각 개인이 역임한 관직을 완전한 직명으로 기록하는 것이 일반적인 현상이다. 사문박사와 태학박사를 사문태학박사로 합칭하는 것은 四門學과 太學의 어떤 깊은 연계성을 짐작케 함과 동시에 사문태학박사란 직명이 당시 사회에서 널리 인식되고 포괄적으로 통용되었던 호칭이었음을 알 수 있다. 지금도 대학의 전임 교원 즉, 전임강사·조교수·부교수·교수를 일반적으로 통칭 교수로 호칭하는 것과 같은 경우이다.

그러면 왜 四門과 太學을 합칭했을까. 이것은 아마도 당시 국자감이 四門學과 太學의 성격을 공유했었기 때문이 아니었을까 한다.

사실 중국의 사문학 연원을 찾아보면 사문학과 태학의 구분은 고려 학식에 나타난 것과 같이 입학생의 신분에 따른 것이 아니고, 최고학부인 太學보다 한 단계 낮은 교육 기관이었다. 사문학이 처음 등장하게 되는 것은 北魏(後魏) 太和 연간(477~499)에 四門 안에 학교를 세워 四門學으로 부르게 된 데서 유래되었다. 隋代에는 國子學에 편입되었다가 唐代에 와서 太學에 합쳐졌다.106) 그리고 高麗의 國子監 제도는 당나라의 것을 채용한 것이라는 점은 앞에서 밝혔다.

당나라 國子監의 三學(國子學·太學·四門學)이나 고려 학식의 三學에 대한 이해는 교과 과정이나 학업 수준은 같되 다만 입학생의

---

106) 柳河東集注 권26에 '後魏太和中立學行四門 置助教二十人 隋代始羅于國子 而降置五人 皇朝(唐)始于合太學'이라 했다.

신분상 차이만 있는 것이었다고 우리는 이해했다. 그러나 北魏에서 설립한 최초의 四門學은 입학생의 신분상 고려보다는 중앙의 太學보다 한 단계 낮은 교육 기관이었을 것임이 연상된다. 그 이유는 이 四門學이 隋·唐代로 내려오면서 중앙 관학에 편입되는 현상에서 유추할 수 있다. 이것은 마치 조선시대 四學(四部學堂)과 성균관과의 관련에서도 유사성을 발견할 수 있다. 조선시대에는 사부학당의 우수 학생은 升補生이라 하여 成均館에 진급하여 교육을 받을 수 있었다.

물론, 고려시대의 四門學이 北魏의 그것이나 조선시대의 四學과 완전히 동일한 성격의 것은 아니었을 것이다. 앞에서 언급했듯이 초기 國子監 학생들은 큰 자격 제한 없이 뽑아 올린 지방 유력자들의 자제들이었다. 그러다가 국자감 체제가 정비되고, 특히 예종조에 7齋가 성립된 뒤에는 국자감의 정규생으로 입학하는 데에 자격 제한이 생기게 되었다. 즉 국자감시 합격자, 升補試 합격자 등이 주류를 이루었고, 이들이 바로 정규생이었을 것이다.

그러나 이들 정규생 외에 초기 국자감 학생의 전통을 이어온 비정규생도 얼마간 존재했을 것임은 의심의 여지가 없다. 그렇다고 정규생과 비정규생이 따로 나뉘어 다른 과정의 교육을 받았으리란 것은 현실성이 없다. 이들은 특수한 경우를 제외하고는 대체로 동일한 교육 과정을 밟았을 것이다. 조선시대 성균관에서 정규생인 생원·진사와 비정규생인 升補生 즉 四學 출신이 동일한 교과 과정을 이수했음에서도 유추해 볼 수 있다.

필자는 고려시대 국자감 학생을 정규생(齋生)인 太學生과 비정규생인 四門學生(일반국학생)으로 보고 싶다. 國學에는 太學과 四門學의 성격을 공유했었기 때문에 國子監의 이칭으로 四門太學으로 불리어졌으며, 四門博士나 太學博士 등 학관직을 역임했을 경우 묘지명에 四門太學博士로 기록했을 것이다. 그리고 비정규생 즉 사문학생 출신의 진사가 四門進士로 불리어졌으리라 생각된다.

2) 及第前 자격

연구자들 간에는 급제 전 자격을 나타내는 四門進士·太學進士·國子進士 등이 바로 四門學生·太學生·國子學生 출신의 進士로서 이를 통해 고려 학식에 보이는 3學部의 존재를 인정하려는 견해가 있다.107) 그러나 필자는 각종 자료를 조사해 본 결과 이는 사실과 다르다는 것을 알게 되었다. 따라서 이것을 구명하는 일이야말로 3學部의 존재 여부를 밝히는 관건이라 할 것이다.

문제의 본질에 접근하기 위한 방법으로 『高麗朝科擧事蹟』에 실린 예비시와 급제 전 자격을 검토해 보기로 한다.

〈표 9〉는 고려 숙종 9년부터 여말까지 급제 전 자격이나 예비시108) 종류가 밝혀진 260여 명 중 내용이 중복되지 않은 것들을 뽑은 것이다.

---

107) 申千湜, 앞의 책, 106쪽.

108) 이 예비 시험의 명칭은 南宮選(試)·成均(館)試·南省試·國子(監)試·司馬試·監試·進士試·擧子科(試) 등 실로 다양한데, 일반적으로 國子監試로 알려져 있다. 이러한 다양한 호칭의 어원을 추구해 보면, 南宮은 諸侯의 學 즉 泮宮을 의미하고, 南省은 唐代 禮部의 별칭이며, 國子試와 監試는 國子監試의 약칭, 成均은 周代의 학교명이다. 다만 司馬試만은 조선시대에 이르기까지 小科를 지칭하는 명칭으로 우리나라에서 사용되는데, 周禮에서 '司馬는 夏官 즉 禮部의 長이고, 太學이 司馬에게 뽑아 올리는 것을 進士라 한다'고 한 것을 근거로 우리나라에서 進士를 司馬라고 한 것이다(雅言覺非). 라고 한 데서 연원했다고 한다. 그 시험의 명칭이 왜 그렇게 사용되었는지 그 연유는 잘 모르겠으나 이 시험의 주관처가 國子監이었기 때문이 아닐까 한다. 즉, 국자감의 명칭이 국자감(成宗~忠烈 원년)→國學(忠烈 원년→24년)→成均監(忠烈 24년~34년)→成均館(恭愍 11년~麗末)으로 바뀌었는데 예비 시험의 명칭도 대체로 그에 따라 변했다. 이런 이유와 국자감시 합격자가 국자감에 입학했던 사실 등으로 국자감시를 국자감 입학 시험으로 보는 견해도 있으나 國子監試는 단언하거니와 원칙적으로 예부시 예비 시험이었다. 이에 대한 시비는 여기서는 생략한다.

〈표 9〉及第前 資格과 豫備試의 種類

番號	姓 名	及第前 資格	豫備試	及　第	頻度	備　考
300	安稷崇	進士· 內侍給使	南宮選	肅宗 9년 2월		進士→門蔭
208	張文緯	進士	成均試	肅宗代	95명	
298	李文鐸	進士·齋生	成均試	仁宗 24년(38세)	2	
303	金存中	進士	南省試	仁宗代		
427	吳闡猷	鄕貢進士	司馬試 (明宗19, 22세)	明宗 24년		
584	金守剛	齋生	升補試	高宗代	6	全齋生포함
698	朴贇	求仁齋生		忠烈 16년 5월		
699	禹倬	太學進士		忠烈 7년(29세)		
719	金承印	國學進士	國子試 (忠烈 15)	忠烈 16년 5월	10	
770	安碩	鄕吏·進士	國子試(忠烈 8)	忠烈王代		
944	鄭夢周	國子進士	監試 (恭愍 6, 21세)	恭愍 9년 10월		
949	金質	太學進士		〃		
951	朴啓陽	新進士· 前散員	國子試 (恭愍9, 19세)	〃		
956	李子庸	四門進士		〃 (31세)		
962	徐鈞(均) 衡	新進士		〃 (21세)	13	
971	黃元哲	明經進士		〃		
978	李崇仁	成均進士	成均試 (恭愍 9, 14세)	恭愍 11년 10월(16세)	10	
983	許時	進士·別將	國子試 (恭愍11년 9월)	〃		
997	朴元彬	諄諭進士		〃	6	
1015	閔中理	成均學生		恭愍 17년 4월	2	

① 본 자료는 朴龍雲,『高麗時代蔭敍制와 科擧制研究』(一志社, 1991)의 附錄 資
料에서 及第 前 자격이 밝혀진 262명 중 칭호가 조금이라도 차이가 나는 것
은 모두 발췌한 것이다.

② 頻度란 及第前 資格과 豫備試의 호칭이 동일한 경우의 빈도를 말한다. 단 6
齋의 齋名이 따로 표시된 것은 齋生에 포함시켰다.

　위의 표에서 볼 수 있는 바와 같이 급제 전 자격은 官員·進
士·齋生·學生·生員·幼學 등으로 구별된다. 관원은 일단 제외하
고 나머지 다섯 가지에 대해 검토해 보기로 하자.

가장 많이 나타나는 進士는 製述科 본시험(禮部試) 급제자를 지칭하기도 하고 예비시험(國子監試) 합격자를 가리키기도 한다. 따라서 朝鮮時代의 進士와는 달리 그 개념이 불명확한 것도 사실이다. 그러나 급제 전 자격을 나타내는 □□進士라는, 진사 앞에 접두어를 붙인 것은 그 진사의 성격을 규정하는 동시에 이것이 고려 교육 제도의 윤곽을 더듬을 수 있는 단서가 되기도 한다.

즉 鄕貢進士는 글자 그대로 지방에서 교육을 받고 界首官試의 전형을 거쳐 京師에 거자로 추천되어 온 자(貢擧)를 지칭하며, 國子進士는 國子監試 합격자를 말한다. 국자감시란 명칭은 말할 필요도 없이 이 시험을 주관하던 기관이 국자감이었기 때문이다. 國子進士를 국자학 출신의 진사로 보는 견해도 있으나[109] 이는 사실과 다르다는 것이 확인된 셈이다.

國學進士·成均進士 역시 國學 출신의 進士, 성균관 출신의 進士를 지칭할 것이라는 우리의 선입관과는 달리 모두 국자감시 합격자의 이칭이다. 이는 國學 혹은 성균관이 국자감의 이칭으로 널리 불리었기 때문이다. 실제로 성균관으로 개칭된 때가 있었다. 충렬왕 16년 5월 鄭可臣의 榜에 전 급제자의 자격과 四祖의 신분이 자세히 기록되었는데 齋生 및 太學進士와 더불어 8명의 國學進士가 나타난다. 이 시기는 國子監이 國學으로 불리던 기간(충烈 원년~24년)이다. 충렬왕 24년부터 성균감→성균관→국자감(공민 5년~11년)→성균관으로 바뀌었는데, 공민 5년~11년 사이에는 國子進士가 그 외의 기간에는 성균진사로 나타나고 있다.[110] 다만 예종 때의 李仁

---

109) 申千湜氏는 앞의 책, 106~107쪽에서 國子進士 李幹方을 國子學生 출신의 進士 李幹方으로 풀이하여 학식 규정의 '國子學生三品以上子'의 실례로 인용했다. 그러나 이것은 이간방이 국자감시에 합격한 進士라는 뜻이다. 국자감시 합격자를 국자진사로 부른 예는 恭愍王 9년 10월의 榜 등에서 무수히 확인된다.

110) 恭愍王 5년에서 11년 이전까지에는 동 6년 4월과 9년 10월, 두 차례의 과거 실시 기록이 나타나는바, 6년 과거에는 급제 전 기록이 간혹 진사로 나타나고, 9년 과거는 곧 金得培의 榜으로 鄭夢周 이하 30명의 명단

實, 의종 때의 柳公權·崔允儀 등의 경우 국자감을 성균관으로 고치기 전에도 성균시란 명칭이 나온다. 이는 아마도 동양의 전통적인 교육 기관의 하나가 성균관이었으므로 특별한 구분없이 그렇게 부른 듯하다.[111] 이와 같이 국자감시 합격자를 국자감의 명칭 변경과 결부시켜 부른 이유는 앞에서도 말했듯이 국자감시의 주관처가 이곳이었기 때문이다. 결국 국학진사·성균진사 등이 國學 혹은 성균관의 학생 출신을 지칭하는 것은 아니었다.

그리고 新進士란 禮部試 바로 직전의 국자감시에서 새로 합격한 진사란 뜻이다. 국자감시에 합격하면 급제 때까지 禮部試 응시자격을 갖게 되는데 오래 전에 합격한 舊進士에 대칭되는 말이다. 이는 951번의 新進士 朴啓陽이 공민왕 9년 8월에 國子監試에 합격하고 그해 10월에 급제했던 데서 증명된다. 이외에도 많은 예를 찾을 수 있다.

그러면 國子監學生(國學生) 출신의 進士는 무엇이라 불렀을까. 이들이 바로 太學進士·四門進士·諄論進士로 불린 이들이다. 699번의 禹倬이나 949번의 金質은 태학생으로서 국자감시에 합격한 자들이다. 956번의 李子庸, 997번의 朴元彬은 같은 국학생이기는 하지만 升補試 등을 거치지 않아 정식 齋生이 되지 못했기 때문에 四門 혹은 諄論라는 접두어가 붙은 것으로 보인다. 앞서 사료 X-② 에서 예시된 사문진사 李齋老 역시 같은 경우일 것이다. 諄論進士는 四門進士의 改稱으로 보이는데 그렇게 推斷하는 이유는 다음 두 가지 근거이다.

그 하나는 공민왕 11년에 國子監을 成均館으로 바꾸면서 나타난 직제 개편에서 司業은 司藝로, 國子博士를 成均博士로, 四門博士를

과 四祖 및 급제전 자격이 자세히 기재된 몇 안 되는 완전한 방목이다. 國子進士를 비롯 齋生·太學進士·鄕貢進士·新進士는 보이나 이 기간 전후에서 주류를 이루는 成均進士는 하나도 볼 수 없다(朴龍雲, 『高麗時代 蔭敍制와 科擧制度研究』, 一志社, 1990, 480~486쪽 참조).

111) 許興植, 『高麗科擧制度史研究』, 一潮閣, 1981, 25쪽.

종7품으로 승격시켜 諄諭博士로 개칭했기 때문이다.[112] 다음으로 職制가 개편된 공민왕 11년 이후에는 四門進士의 칭호가 더 이상 나타나지 않고 그 대칭으로 순유진사가 등장했던 것이다. 다만 明經進士는 기록자의 오기인지 혹은 이것이 실존했는지 잘 알 수가 없다.

齋生은 말할 것도 없이 예종이 설립한 國學 7齋 중 武學을 제외한 6齋 출신 학생을 의미한다. 이들은 공민왕 11년 10월까지의 급제전 자격에서 상당한 비중을 차지했다. 이것은 7齋가 고려 후기에 있어서 중앙 관학으로서의 역할을 충실히 했음을 말하는 것이다.

3. 국자감 운용

1) 입학 자격과 학생 정원

(1) 입학 자격

가. 학생 신분

앞에서 고려의 국자감 체제가 학식 규정과 같이 父나 祖의 관작에 따라 아들 손자의 修學處가 다른, 이른바 國子學·太學·四門學 三學部의 구분은 존재하지 않았음이 사료의 검토를 통해서 밝혀졌다. 이렇게 三學部가 확연히 구분되지 않은 대신 品官의 아들이나 손자와 향리 및 백성 자제 출신은 어떤 구분이 있었던 것 같으나 확인할 수 없다. 그러면 실제로 國子監生徒들은 어떤 신분층이었을까. 먼저 成宗朝에 나타나는 학생들의 신분을 살펴보자.

Y-① (성종 6년 8월) 전년에 고향으로 돌려 보낸 학생들에게 가르칠 스승이

---

112) 『高麗史』 志 30 百官 1 成均館.

없으므로 … 경서에 능통하고 文籍을 많이 본 사람을 경학·의학 박사로 삼아 12목에 각각 1명씩 파견하여 열성으로 가르치게 하고, 여러 주·군·현의 長吏나 백성들의 아들로서 가르칠 만한 자가 있으면 아울러 교육시키도록 할 것이다.[113]

② 李周佐는 慶州 사람으로 가문이 寒微했다. 어릴 때부터 총명했으므로 左僕射 李成功이 東京 留守로 있을 때 한눈에 그 인물됨을 알아보고 서울에 데리고 와서 國學에 입학시켰는데 穆宗朝에 급제했다.[114]

Y-①은 전년에 귀향시킨 지방 학생들을 위해 12牧에 교수를 파견하면서 피교육자가 될 만한 다른 長吏와 백성의 자제도 함께 가르치라는 내용이다. 이는 成宗 5년 7월, 일찍이 서울에 와서 학업을 닦던 260명의 학생 중 귀향한 207명에 대한 배려에서 나온 조처이다. 서울에 잔류했던 53명이 國子監의 母胎가 되었다는 것은 제1장에서 이미 언급했다. 이들의 신분은 향리나 백성층이 주류였을 것이다. Y-②의 李周佐 역시 향리의 자제인지 백성 자제인지 분명하지 않다. 다만 가세가 單微하다고 했으니 이들 신분에서 크게 벗어나지 않을 것이다.

다음 과거 응시자들의 신분을 보자. 국자감 수학의 제1차 목적이 과거급제를 통한 宦路에의 진출이었을 것이다. 製述·明經 양대업 응시 예정자들의 신분적 한계를 검토하면 그 대체적인 윤곽이 드러날 것이다. 다음은 문종 2년 10월 判이다.

Y-③ 각 州나 縣의 副戶長 이상의 손자나 副戶正 이상의 아들로서 製述業이나 明經業에 응시하려는 자는 소속 고을에서 시험 보여 京師로 뽑아 올리게 하라.[115]

부호장 이상의 孫, 부호정 이상의 子는 제술·명경 양대업에 응시

---

113) 『高麗史』志 권 38 學校.
114) 『高麗史』列傳 권 7 李周佐傳.
115) 『高麗史』志 권 27 選擧 1 科目 1.

자격이 있음을 알 수 있다. 따라서 이들 향리나 백성층이 鄕貢의 주류였을 것임도 추측할 수 있다.

그렇다면 이들 신분층이 국자감 諸生 중 차지하는 비율은 어떠했을까. 물론 중앙 귀족 자제들도 상당 수 있었겠지만 전통적으로 貴顯家의 자제들은 음식과 거처가 불편한 國子監에 큰 매력을 느끼지 않았다. 국자감 재학이 과거 급제를 위한 최선의 과정도 아니었다. 반면 개경에 마땅한 거처가 없는 과거 지망 鄕貢들에게는 이 국자감이 더없이 좋은 유숙소였을 것이다.

이런 이유로 국자감은 중앙 귀족들에게는 점점 외면당했다. 문종 이후 급격히 늘어난 私學의 발달은 국자감의 존재 의의를 차츰 무의미하게 만들었다. 숙종대에는 邵台輔 등이 국자감 폐지론까지 제기하기에 이르렀다. 따라서 예종 이전 재생들의 신분은 향리층이나 하급 관료의 자제들이 주류였을 것이다.

柳仁著의 인물평에 가문이 貴顯했는데도 재생들과 어울려 독서한 것을 특기할 정도였고,116) 국자감 재생으로서 장년이 되어도 才器를 이루지 못하는 자는 光軍에 편성하는 조처117) 등에서 당시 국자감 재생들의 신분층을 추측케 한다. 현존하는 묘지명 중에는 지방 출신의 국학생이었던 인물이 많이 나타나는데 이것 또한 국학생의 주류가 지방 출신자들이었음을 말하는 증거라 하겠다.

이러한 국자감의 상황은 예종의 교육 개혁으로 역전되었다. 국왕이 강력한 국학 진흥책을 펼친 결과 명문거족의 자제들이 속속 국자감에 입학했다.118) 이런 현상은 무신 집권기까지 계속되었다.119) 그

---

116) 『高麗使節要』 권 8 睿宗 8년 5월.

117) 『高麗史』 志 35 兵制 靖宗 8년判. 李基白氏는 「高麗光軍考」 『高麗兵制史研究』, 一潮閣, 1967, 167~180쪽에서 光軍은 중앙 정부와 지방 호족에 의한 農民力役의 공동지배 속에 이루어진 군사조직인데 뒤에 奇光軍으로 바뀌고, 이 奇光軍은 문무 6~7품의 子 및 壯丁으로 편성된다고 보았다. 따라서 당시 국자감 재생들도 이러한 신분 계층에서 크게 벗어나지 않았을 것이다.

118) 특히 仁宗代에는 이런 현상이 두드러지는데, 尹彦頤의 아들 惇儀, 崔允

러나 학식 규정과 같이 國子學·太學·四門學으로 나누어진 것은 아니었다.

나. 입학 자격

국자감 諸生의 입학 자격은 어떠했을까. 국자감이 최고 학부였으니 만큼 그 입학에는 일정한 자격이 있었을 것이다. 그러나 위에서 살펴본 대로 국왕이 지방 학생들에게 서울에 올라와 학업 닦기를 적극 권장하던 초기에는 아마도 일정 신분 이상의 자제는 자동적으로 입학이 허용되었을 것이다. 그러다가 顯宗 때 國子監試가 실시된 뒤부터[120]는 일반 학생과 더불어 국자감시 합격자들도 입학이 허용되었다. 그렇다고 중앙의 貴顯家 자제들이 모여 든 것은 아니었고 지방에서 올라온 응시자들의 留京 학습소로 그 명맥을 유지했었다.

그러나 예종이 국자감을 개혁하여 7齋를 설치하고 과거제를 개혁한 이후로는 사정이 달라졌다. 중앙의 귀족들이 너도나도 국자감에 자손을 입학시키자 국자감은 명실 상부한 최고 학부로서의 명예를 확보하기에 이르렀다. 입학 전 자격과 태학 입학 사실이 기재된 인물들을 가려 그 자격을 유추해 보도록 하자.

〈표 10〉에 나타난 15명은 모두 고려 중기 이후의 인물들로 7齋가 성립된 뒤에 입학한 이들이다. 표에 나타난 太學 혹은 太學生은 학식의 三學─國子學·太學·四門學─에 나오는 태학이 아니라 최고 학부 즉, 국자감 내지는 국학의 의미임은 말할 것도 없다.

儀·林球, 胡晋卿의 두 아들 등이 國學을 거치고 있다.

119) 사료 Ⅴ·Ⅶ群의 인물이 대부분 이 시기에 太學에 재학했던 사실에서 알 수 있다.

120) 朴龍雲氏는 國子監試가 顯宗初에 성립하여 德宗 卽位年(1031)에 완성되었다고 추정했다(『高麗時代 蔭敍制와 科擧制硏究』, 191쪽).

〈표 10〉太學生들의 入學前 資格과 入學形式

姓 名	推定年度	入學前資格	入學形式	備 考
① 崔 允 儀	仁宗 5(1127)		補入太學	崔冲玄孫
② 廉 行 若	仁宗11(1133)		補入太學	
③ 金 存 中	仁宗14(1136)	南省試	入太學屢中優等	
④ 李 文 鐸	仁宗17(1139)	成均試	入太學	鄉吏 出身
⑤ 尹 惇 義	仁宗24(1146)	軍器主簿同正	爲太學生	
⑥ 吳□實	?	司馬試(19세)	入太學(21세)	23세 登第
⑦ 晉 光 仁	毅宗 4(1150)	成均試	入太學	
⑧ 柳 公 權	毅宗11(1157)	成均試	(明年)入太學	1168年登第
⑨ 金 冲	明宗 5(1175)	司馬試	俄選入太學	1178年登第
⑩ 琴 儀	明宗 5(1175)	少力學工屬文	入太學	未登第
⑪ 吳 闡 猷	明宗19(1189)	司馬試	遂入太學	鄉吏出身
⑫ 趙 冲	明宗23(1193)	以蔭補官	入太學登上會	明宗朝登第
⑬ 車若松子	明宗代		入太學補服膺齋	妓妾子(黜學)
⑭ 崔 寔	神宗 4(1201)	司馬試	是年入太學	鄉吏?
⑮ 韓 宗 愈	忠烈27(1301)		入太學(15세)	未及冠登第

* 추정 연도는 태학생이었을 해의 연도를 추정한 것이다.

우선 입학 전 자격을 보면, 기록이 나와 있는 11명 중, 南省試 출신이 1명, 成均試가 3명, 司馬試가 4명이다. 南省·成均·司馬은 國子監試의 이칭이다. 15명 중 8명이 국자감시 출신으로 국자감시 합격자에게는 태학 입학이 허용되었다. 그러나 補入太學·俄選入太學 등의 표현이 있는 것을 보면 國子監試 합격과 동시에 입학이 허용되지는 않은 듯하다. 이는 국자감시 합격자 중에는 다음 禮部試까지 太學에서 수학하고 싶은 학생이 있다고 하더라도 국자감시가 태학 입학시험이 아니고 과거 예비시험인 이상 그 인력 수급이 딱 맞아떨어질 수가 없기 때문이었다.

다음으로 ⑤의 尹惇儀와 ⑫의 趙冲 두 명은 관원 자격으로 입학했다. 이들이 이른바 籍이 仕版에 오른 학생이다. 이로써 入仕者도 입학 자격이 있음을 알 수 있다. 이외에 ⑩의 琴儀처럼 '어려서부터 힘써 공부하고 글짓기를 열심히 했다'는 막연한 표현이거나, ①의 崔允儀, ②의 廉行若, ⑮의 韓宗愈처럼 아무런 설명이 없는 경우도 있다. 이들도 아마 일정 자격 이상의 사람들일 것이다.

다시 입학 자격을 정리한다면, 일반 국학생은 국자감시 합격자, 전직 관원, 기타 일정 자격을 갖춘 자이다. 7齋生이 되려면 升補試[121]에 합격해야 했다. 入學 年齡도 대체로 20세 이상인 듯하나 韓宗愈는 15세에 입학했던 점은 더 구명되어야 할 문제이다.

(2) 학생 정원

학식에 의하면 고려 국자감 儒學部의 학생 정원은 國子學 · 太學 · 四門學 각 3백명씩 도합 9백명으로 되어 있다. 이 숫자는 당나라의 국자감 정원 2천 1백명에 비해 거의 절반에 가까운 숫자이다.[122] 또 조선시대 成均館의 정원 2백인에[123]에 비하면 무려 4.5배나 되어 상식으로 이해가 안 되는 숫자이다.

이 정원에 대해서는 많은 이들이 일찍부터 의심을 가지고 각각 다른 의견을 제시했다. 閔丙河는 예종대의 國學 7齋가 고려 국자감의 개편이란 관점에서 7재의 정원을 국자감 전체 학생 수로 파악, 60~70여 명으로 보았다.[124] 박성봉은 국학정원 각 300명은 합 300명인 듯하며, 실상은 200명 정도를 넘지 못했을 것으로 추정했다.[125] 신천식은 7재생을 기존의 국학 생도와는 별개로 보고, 일반

---

121) 升補試란 용어 자체가 '升堂補闕之試'의 약어이니 올려서 보충한다는 뜻으로, 일반 국자감생 중에서 선발된 자임을 알 수 있다. 그리고 選擧志의 '升補試卽生員試'라는 구절의 해석을 흔히들 '升補試는 바로 進士試에 대칭되는 生員試'라고 풀이하여 조선시대의 生員試라는 관점에서 보려고 하는데, 이러한 집착을 떨치지 못하는 한 승보시의 개념은 분명해지지 않는다. 이때의 생원은 '學生員額'이란 의미이다.

122) 唐 國子監 정원은 國子學生 3백인, 太學生 5백인, 四門學生 1천 3백인인데, 특히 사문학생 1천 3백인 중 7품 이상의 자는 5백인뿐이고 나머지 8백인은 庶人의 자이다. 그러므로 7품 이상만 따진다면 도합 1천 3백인으로 고려 國子監 정원 9백인에 비해 약 4:3의 비율인데 인구의 대소를 비교할 때 고려의 정원이 너무 많다.

123) 조선시대 成均館 정원은 生員 · 進士 각 1백명씩 도합 2백명이다.

124) 閔丙河,「高麗時代에 있어서 成均館의 成立과 發展」『大東文化硏究』6 · 7合輯, 16~17쪽.

125) 朴性鳳,「國子監과 私學」『한국사』6, 國史編纂委員會, 1975, 211쪽.

국학생도 2백여 명, 7재생 70~80여 명, 여기에다 技術部 학생을 합하여 300명은 유지되었을 것이라고 주장했다.126)

이상의 주장들은 학식에 규정된 900명의 정원이 과다하다는 데에는 견해를 같이한다. 하지만 실제 국학생의 수에 있어서는 국자감 전성기라고 할 수 있는 예종·인종대의 학생 수가 최소 70~80명에서 최대 300여 명까지로 그 오차가 200여 명 이상이나 된다. 그러므로 당시 국자감의 실체에 보다 가까이 접근하기 위해서는 국자감 변천의 역사적 추이를 살피면서 唐·宋 및 朝鮮의 그것들과 비교할 필요가 있다.

국자감의 윤곽은 성종 때에 와서야 드러난다. 앞에서 언급했듯이 성종 초 중앙집권화 정책의 일환으로 지방 호족의 자제들을 개경에 모아 교육을 실시했는데, 그 숫자는 모두 260명이었다. 성종 5년 이들 중 귀향을 원하는 자 207명을 還鄕시키고 남아있으려는 자 53명을 중심으로 새로운 교육체제를 출발시키고 있다. 이들이 아마 국자감 학생의 주류가 되었을 것이다. 따라서 개경 거주 학생 및 기술학부생을 포함하더라도 100명에서 크게 벗어나지 않았을 것이다. 이후 이러한 수준이 계속되거나 혹은 더 침체했을지도 모른다는 추측을 앞에서 인용한 邵台輔 등의 국학 폐지론으로써도 미루어 알 수 있다.

예종의 교육 개혁에 의한 7齋의 성립으로 三舍制가 확립되고 과거 응시상의 각종 특전이 국학생들에게 주어지자 국자감은 아연 활기를 띠게 되었다. 인종 8년 7월 '國學의 養士 비용이 많이 드니 행실이 닦여지고 학업이 성취된 자 약간인 만 재학시키고 나머지는 모두 黜學시키자'는 御史臺의 상주가 있었다. 이에 대한 반론으로 국자감 재생들이 예궐하여 반박하는 상소에서 '國學生徒不過二百'이라 하여 당시 국학생의 숫자가 200명 정도였음을 알 수 있다.127) 예종·인종·의종 3대가 고려 국자감 교육의 전성기였음을

---

126) 申千湜, 앞의 책, 124쪽.

감안할 때, 이 200명 정도가 최고 숫자였을 것이다. 이 숫자도 항상 이런 수준을 유지한 것이 아니라 때에 따라 훨씬 미달할 때도 있었을 것이다. 그렇게 추단할 수 있는 근거는 조선시대의 성균관과 비교하면 금방 드러난다.

고려시대의 상황을 자세히 알 수 있는 자료가 부족한 현재로서는 비록 시간적인 차이는 있으나 조선시대 성균관의 실태를 통해서 당시를 유추하는 것도 한 방법이 될 것이다. 국학 교육의 내용이 經學 중심이고, 宦路 진출에 있어서 과거의 비중이 절대적이었던 조선과 불교 국가이며 蔭敍가 보편화되었던 고려를 비교할 때, 조선조 성균관의 교육 여건이 고려의 그것보다 더 좋았을 것이며, 정부의 관심과 배려도 월등했을 것이란 추측은 어렵지 않다.

그러면 그러한 조선 초기 성균관의 실태는 어떠했던가.

조선조에는 성균관 학생을 모집하기 위하여 生員·進士試를 보여 생원·진사를 선발했고, 문과에 응시하려는 자에게는 300일의 居館修學을 의무 규정으로 요구했다.[128] 하지만 학생 숫자는 200명 정원에서 항상 미달이었다. 미달일 정도가 아니라 四部學堂의 생도로 보충하는데도 불구하고 100명에도 차지 못했다.[129] 이렇게 생도들이 차지 않았던 이유는 居齋生活에 따른 난관이 많았던 때문이다. 다음의 사료는 居齋의 어려움을 잘 나타내 주는 것으로 고려시대의 사정을 엿볼 수 있는 좋은 자료이다.

서울의 세력 있는 집 자제들은 요행히 生員試에 합격해도 成均館에 거처한 지 며칠 되지 않아 거처와 음식이 마음에 차지 않아 父兄의 蔭德으로 모두 관직에 나가려 하고, 지방 출신들도 모였다가 해산했다가 한다. 간간이 학문에 뜻을 둔 시골의 한미한 학생들은 모두 성균관에 거처하는데 간혹 병을 얻는 경우가 있으므로 거주를 꺼려하여 館에 거주하는 자는 일상적으로 30~

---

127) 『高麗史』 志 권 28 選擧 2 學校.
128) 『太宗實錄』 太宗 17년 閏5월 甲子.
129) 『太宗實錄』 太宗 17년 閏 5월 己巳. 成均館 常養生員進士 元額二百而每不滿額 故選四學儒生升補 尙未滿百 國學虛疎.

40명을 넘지 못한다.[130]

이상을 요약하면 다음과 같은 내용이다.

① 權貴家의 자손들은 生員試에 합격해도 성균관의 열악한 거처와 음식을 기피하여 蔭仕를 원한다.

② 지방에 있는 자도 과거 때가 되면 일시적으로 모였다가 과거가 끝나면 흩어져 돌아간다.

③ 학문에 뜻을 둔 시골의 가난한 선비가 館에 오래 거처하다 보면 得病하는 수가 많다.

④ 이러 한 결과 상주자는 30~40명에도 미달한다.

이러한 현상은 고려시대라고 해서 별로 다르지는 않았을 것이다. 오히려 더 심했을는지 모른다. 따라서 일시적으로 전성기에는 200명에 가까울 때도 있었지만 보통 때에는 100명 정도, 아니 그 이하가 고작이었을 것이다. 여말 여러 차례 병란을 거친 뒤에는 국학생도는 幾十名에 불과했다.

2) 교과 과정과 수업 연한

(1) 교과 과정

교과 과정 역시 『唐書』 선거지와의 비교에서 볼 수 있는 바와 같이 唐制를 거의 그대로 채용한 것이다. 학식에 의하면 『論語』와 『孝經』은 공통 필수이고, 전공 과목으로 『周易』·『尙書』·『周禮』·『禮記』·『毛詩』·『春秋左氏傳』·『公羊傳』·『穀梁傳』을 각각 1經씩 선택하도록 했다. 이 학식 규정대로라면 위의 9경 중에서[131] 어느 한 경전과 공통필수인 『論語』·『孝經』만 이수하면 되도록 되어 있는 것 같다.

---

130) 『太宗實錄』 太宗 17년 閏5월 己巳.

131) 學式에는 儀禮가 빠진 8경만 예시되어 있는데, 다음의 수업 연한에서는 의례가 포함되어 있는 것으로 보아 착오에 의한 탈락으로 보아야 한다.

그러나 이들 경전들이 각각 분량이 다르다. 또 春秋 三傳같은 것은 詳略에는 차이가 있지만 같은 내용의 경전인데, 내용의 상관 관계나 大·小經에 관계없이 독립적으로 1경씩 전공한다는 논리는 수긍하기 어렵다. 이의 설명을 보충하기 위해 『唐書』선거지를 검토할 필요가 있다.

『唐書』에서는 9경을 大·中·小經으로 나누었다. 『春秋左氏傳』·『禮記』를 大經, 『詩』·『周禮』·『儀禮』를 中經, 『易』·『尙書』·『公羊傳』·『穀梁傳』을 小經으로 했다. 그 기준은 경전의 분량에 의한 것이었다.[132] 고려에서 唐制의 그것이 그대로 시행되었는지는 불분명하지만 대·중·소의 구별은 동일했다. 다음 인종 15년 9월 기사는 당시 國學의 수업 상황을 알려 준다.

> 門下省이 상주하기를 "국학 6齋 諸生들은 각기 講하는 大·小經을 가지고 강당에 올라가면, 博士와 學諭가 경전을 가지고 올라가되, 하루에 5인을 넘지 말고, 한 사람당 질문 2問를 넘지 못하게 하고, 조용히 논란하여 의심을 깨우치고 의혹을 풀게 하소서." 했다.[133]

문하성에서는 '국학 6齋生들이 각기 자기가 공부하는 대·중·소경을 가지고 강당에 나가면 박사와 학유가 경을 가지고 등단하여 강의한다. 이때 하루에 5인, 1인에 2문씩 問難하는 것에 불과할 뿐이니 조용히 問難하여 의혹을 풀도록 하라'고 상주했다. 문하성의 상주 목적은 마지막 '從容論難 悟疑辨惑'의 여덟 글자에 있지만, 위의 짧은 史料는 당시의 교육 실황을 유추하는 데 많은 시사점을 주고 있다.

---

132) 대·중·소경의 구분이 내용의 난이도에 따라 구분된 것이 아니라 卷帙의 대소에 따라 나눈 것이다. 唐에서는 전공 경전의 숫자에 따라 通 2經者(대·소경 각 1, 중경이면 2경), 通 3經者(대·중·소 각 1), 通 5經者(대경 전부, 중·소경 각 1)의 세 과정이 있는데 이들 각 과정에서도 論語·孝經은 필수 교양으로 겸하여 이수하여야 했다.

133) 『高麗史』志 권 28 選擧 2 科目 2 學校.

① 문맥으로 보아 국학 피교육자의 중심은 6齋生이었다.

② 각기 전공하는 대·소 경전을 가지고 강당에 모여 합동 강의를 했다.

③ 博士와 學諭가 직접 교육을 담당하는 敎授들이었다.

④ 교수가 해설하는 설명식 강의 교육이 아니라 학생들의 평소 공부에서 품었던 의혹을 辨析하는 학생들 자습 중심의 교육 형식이었다.

⑤ 국학 교육이 지향하는 교육 목표는 피교육자들의 수준이 최고 학부였던 만큼 평범한 경전 내용의 설명이 아니라 조용히 논란하여 의심나는 것을 깨치고 의혹을 분별한다고 한 데서 알 수 있듯이 미묘한 해석상의 의혹을 깨닫게 하는 것이었다.

사실 國學은 최고 학부였던 만큼 대부분의 학생들은 9경의 상당 부분을 섭렵한 사람들이고 실력이 그 정도는 되어야 6齋生의 선발에 들 수 있는 것도 사실이었다. 이들은 경학을 공부하는 외에 논문 작성법으로 시무책을 익혀 과거에 대비하고, 매일 한 장씩 習字하여 선비의 기본기인 글씨 공부를 익혔으며, 아울러 역사서인『國語』를 읽고 字書인『說文』·『字林』·『三倉』·『爾雅』를 교재로 字學도 공부했다.

(2) 수업 연한

국자감 재학 연한에 대한 기록은 없으나 국학이 교육 체계 속에 자리잡고 있는 이상 과정에 따른 수업 연한이 없을 수 없었다. 다음은 文宗 17년 8월 判이다.

근래 국자감 諸生들의 폐업이 많은 것은 그 책임이 學官에게 있다. 지금부터는 오로지 부지런히 힘써 연말에 잘하고 못한 것을 견주어서 퇴학 여부를 결정하는데 국자감 재학 연한이 儒生은 9년, 律生은 6년이 되어도 우매하여 成効가 없는 자는 모두 퇴학시키도록 하라.[134]

---

134)『高麗史』志 권28 選擧2 科目2 學校.

일정한 수업 연한은 없으나 재학 상한을 유학부생 9년, 율학생 6년으로 제한했다. 즉 9년이나 6년을 가르쳐도 荒昧無成한 자는 출학시킨다는 것이다. 그러면 이 규정의 운용 실태를 알아보기 위해 학식에 나타난 각 경전의 수업 연한을 열거해 보자.

① 『論語』·『孝經』: 共 1년
② 『尙書』·『公羊傳』·『穀梁傳』 각 : 1년 반135)
③ 『周易』·『毛詩』·『周禮』·『儀禮』: 각 2년
④ 『禮記』·『左傳』: 각 3년

이상 11경을 다 독파한다고 가정하면 19.5년이 소요된다. 그러나 科業이 나누어진 데서 알 수 있듯이 모든 經을 모든 학생들이 다 공부해야 하는 것은 아니었고, 經傳에 따른 몇 가지 전공 선택이 있었다. 그렇다면 이것과 수업 연한 9년과는 어떤 관계에 있는 것일까.

다시 『唐書』 선거지로 돌아가 검토해 보자. 거기에는 通2經者·통3경자·통5경자의 3종이 있었다. 그런데 통3경 이상은 특출한 재능을 가진 자들을 대상으로 한 것이기 때문에 논외로 하고 일반 학생들인 통2경자의 경우를 살펴보자. 大經·小經을 이수하여 4.5년이 소요되는 경우와 중경 둘을 이수하여 4년이 소요되는 경우의 두 가지가 있다. 여기에 『論語』와 『孝經』의 이수 기간인 1년을 합하면 각각 5년 반과 5년이 된다. 在監 9년의 상한은 5~5.5년에 수료할 일반 학생의 과정을 荒昧無成하여 9년이 되어도 학습 효과가 없는 경우 출학시키는 규정이었다.

그러나 이러한 연한이 필수적인 것은 아니었다. 현 學制와 같은 學年 卒業制가 아니었던 까닭에, 재능이 뛰어나거나 미리 배운 사람은 이보다 훨씬 먼저 이수할 수도 있었다. 다만 교육 과정을 설정한 이상, 소요 연수와 상한선을 두지 않을 수 없기 때문에 만들어진 것이었다.

그렇다면 재학 하한선은 없었던 것인가. 통시대적 규정은 아니었

---

135) 原典에는 2년 반으로 되어 있으나 이는 誤植이다.

지만 물론 있었다. '재학 만 3년이면 과거 응시를 허락한다'[136]라고
한 것이 그것이다. 당시 국학 입학의 최종 목표는 과거 급제였다.
수업연한을 다 채웠다고 수료증을 주는 것도 아니었고, 국학 재학
연수가 考課에 반영되는 것도 아니었다. 때문에 3~9년의 수학 기
간이란 것이 있기는 했지만 개인별로 보면 입학에서 급제까지가
바로 재학 연한이었다.

　다음 사람들의 이역에서 이러한 사실을 확인해 보자.

〈표 11〉 國子監入學 資格과 在學年限

姓　名	資格試驗	太學入學	及　第	在學年數
李　文　鐸	成均試	己未(1139)	丙寅(1146) 擢第	8년
吳　□　實	年十九登司馬	二十一入太學	涉二歲及第	2년
柳　公　權	成均試	明年(1156)入學	庚辰(1160)	6년
吳　闡　猷	己酉歲 (1189)	遂入太學	甲寅(1194)	5년

　위에서 보듯이 李文鐸은 재학 8년만에 급제하고, 吳□實은 2년만
에 '行藝分數가 14분인 자는 제3장에 직부한다'는 규정에 따라 응
시 급제함으로써 재학 2년만에 수료했다.

　다시 수학 연한을 요약하면, 재학 의무 연수는 3년이고 최장 연
한은 9년이지만, 수학의 목적이 과거에 있었기 때문에 개인별로는
입학에서 과거 급제까지가 재학 기간이었다.

---

136) 『高麗史』 志 권 27 選擧 1 科目 1 睿宗 5년 9월.

제3장

고려 후기 國學의 변천

Ⅰ. 무신 집권기의 교육
Ⅱ. 몽고 간섭기의 국학 교육
Ⅲ. 고려 말기의 교육 개혁

Ⅰ. 무신 집권기의 교육

고려 후기라고 하면 일반적으로 毅宗 24년(1170) 鄭仲夫 일당의
군사 쿠데타로부터 고려 멸망 때까지 220여년 간을 말한다. 이 기
간은 무신정권의 등장, 민중의 항쟁, 대몽항쟁과 몽고에의 굴종, 홍
건적과 왜구의 來侵, 원·명 교체 여파에 따른 고려 조정 내의 신
구 세력간의 대립과 갈등, 몰락해 가는 왕조의 세기말적 현상 등,
편안한 날이 없는 격동기였다. 이러한 시대적 상황 때문에 國學 기
능이 일시 중단되는 때가 있는가 하면, 명칭 또한 여러 차례 바뀌
었고, 사립 교육 기관이던 12徒가 官學化하는 일대 변혁기였다.

그런데, 이 시기에 나타나는 교육 관계 기록은 극히 零星하고,
이제까지 이들 몇몇 한정된 사료를 중심으로 이 시기의 국학 교육
을 설명해 왔다. 따라서 심지어는 공민왕때 國學이 9齋(四書五經齋)
로 개편되었다는 등 그 실상을 이해하는 데 문제가 있었다.1) 본 장

---

1) 이와 관련된 硏究로는 다음과 같은 著書와 論文들이 있다.
   A. 著書
   ① 申千湜, 『高麗敎育制度史硏究』, 螢雪出版社, 1983, 第5章 및 第6章.
   ② 閔丙河, 『韓國中世敎育制度史硏究』, 成均館大 出版部, 1992, 第1章
      및 第2章.
   B. 論文
   ① 柳洪烈, 「麗末鮮初의 私學」『靑丘學叢』 24, 1936.
   ② 金貞玉, 「高麗時代敎育制度에 대한 一考察」『梨花女大七十周年紀念
      論文集』, 1956.
   ③ 朴性鳳, 「國子監과 私學」『韓國史』 6, 國史編纂委員會, 1975.
   ④ 金基泰, 「國子監에 대한 敎育史的 考察」『仁川敎大 敎育論叢』 11,
      1981.
   ⑤ 辛虎雄, 「高麗中期 國學에 관한 小考 - 그 構成과 敎育課程을 中心
      으로 - 」『韓國學論集』 2, 漢陽大 史學科, 1982.

에서는 교육재건에 공이 큰 교육가들이 국학 진흥 노력을 중심으로 고려 후기 국학의 부심 실태를 살펴보고자 한다.

1. 전반기의 교육

의종 24년(1170)의 무신정변은 고려 당대뿐 아니라 우리나라 역사상에 그 유래를 찾아볼 수 없는 정치적 변혁이었다. 특히 문교정책에 대한 그 영향은 직접적이었다. 이 당시의 교육 상황은 충선왕의 물음에 대한 李齊賢의 다음 한 마디 말로써 요약된다.

> 光宗 이후에 교육사업을 더욱 정비하여 중앙에 國學을, 지방에 鄕校를 세우고, 마을마다 庠과 序를 보급시켜 글읽는 소리가 가는 곳마다 들렸으니 우리의 문물이 중국에 비견된다는 말이 지나친 것이 아니었습니다. 그러나 불행하게도 의종 말년에 무인들이 변란을 일으켜 옳고 그르고 간에 모조리 죽인 관계로 그 위험에서 빠져나간 자들은 깊은 산골로 도망하여 官服을 僧服으로 갈아입고 여생을 마쳤습니다. 神駿·悟生과 같은 이들이 모두 그런 사람들입니다.[2]

위의 사료는 충선왕이 '우리나라의 문물이 중국에 비길 만하다고 했는데, 지금 배우는 이들이 모두들 중을 따라 章句나 익히는 까닭은 무엇 때문인가?'라는 물음의 대답이다. 여기에서 光宗 이래의 崇文 정책으로 중국에 비견되던 우리의 文敎가 무신난으로 극도로 피폐되었음을 알 수 있다.

이 외에도 명종 3년(1173)의 庚寅亂에 '文冠을 쓴 자는 胥吏라도

---

⑥ 金柄九,「高麗時代의 學校敎育體制에 관한 硏究」『釜山産業大 論文集』 8, 1987.

2)『高麗史』列傳 권 23 李齊賢傳. 光廟之後 益修文敎 內崇國學 外列鄕校 里庠黨序 絃誦相聞 所謂文物侔於中華 非過論也 不幸毅王季年 武人變起 玉石俱焚 脫身虎口者 逃遯窮山 脫冠帶而蒙伽梨以終餘年 若神駿悟生之類 是也.

모두 죽여라'고 했다는 기사 등으로 미루어 볼 때, 이러한 기록들이 무신정권을 혐오한 문신들의 비판 일변도에서 나온 혹평임을 감안하더라도 당시 문신들이 얼마나 큰 피해를 입었으며, 文敎의 위축이 어떠했을 것인가를 충분히 감지할 수 있다.

그러나 무신정권 전 기간의 교육을 한마디로 암흑기였다고만 규정할 수 없다. 시기에 따른 특성을 인정해야 하기 때문이다. 권력을 잡은 武人들은 손에 들어온 권력을 유지 강화하기 위한 제반 조치의 일환으로 강구된 일련의 무신 임용 우대정책들은 문신들의 희망을 좌절시키고 文敎를 위축하게 만든 것도 사실이다. 그 예로 다음 명종 3년(1173)의 制를 들 수 있다.

三京·四都護·八牧으로부터 郡縣·館·驛의 職任에 이르기까지 武人을 併用하라.[3]

文武交差法이 외직에까지 확대되어, 종래 문신이 독점하던 大小 수령은 물론, 館驛之任에까지 모두 무신을 병용했다. 게다가 그 운용에도 부단한 간섭과 압력을 가했다.[4] 그리고 실권을 잡은 무신들은 전일에 자신들의 소원했던 대로 고위 문반 관직을 차지하고 한 걸음 더 나아가 문신이라야 할 수 있는 近侍職인 內侍·茶房까지 차지했다.[5]

이런 상황 때문에 문신들의 出仕 범위는 무신난 전의 반으로 축

---

3) 『高麗史』 世家 권 19 明宗 3년 10월 壬戌. 自三京四都護八牧 以至郡縣館
　　驛之壬 併用武人.
4) 『高麗史』 列傳 권 41 叛逆 2 鄭仲夫傳(附宋有仁傳). 太學博士盧寶璵爲蔚
　　州防禦副使 有仁以爲外官文武交差有成法 今見任蔚州判官亦文吏不宜　又
　　除寶璵不署告身 時溟州副使·管城縣令皆文吏 吏部又以文吏爲判官尉省已
　　署過 寶璵援例告有仁 有仁怒 然前已誤署 勢不得 自省中奏 乃誘重房駁奏
　　寶璵乃溟州判官·管城尉 皆不得赴任.
5) 邊太燮, 『高麗政治制度史硏究』, 一潮閣, 1971, 322～324쪽 및 周藤吉之,
　　『高麗朝官僚制の硏究』, 日本法政大 出版局, 1980, 479～491쪽.

소될 수밖에 없었다. 그 결과는 과거 응시자들의 숫자에서도 확연히 드러난다. 즉, 예종대 禮部試 응시자가 6백여 인이던 것이6) 명종 5년 10월의 白龍彎榜에서는 겨우 3백여 인으로 반감되었다. 이러한 현상은 그만큼 과거에 대한 매력이 줄어든 결과라 하겠다.

이와 같이 과거 응시자의 수가 반감되었음에도 불구하고 이 시기 급제자 수는 언제나 평균 30여 명의 숫자를 그대로 유지했을 뿐만 아니라 오히려 전기에 비해 더 증가했다.7)

이렇게 된 배경은 대략 두 가지 측면에서 고려될 수 있다. 하나는 아무리 무신정권이라 하더라도 문신의 협조 없이는 그 정권의 유지가 불가능했던 것이다. 또 한 가지는 무인집권자들로서는 禮部試(製述·明經) 급제자들은 정상적으로 배출시키면서 자기들의 구미에 맞는 能文能吏의 문신들을 선별해 등용한다는 것은 불만에 찬 문신들을 통제하는 한 방법이 되기도 했다. 이러한 정책을 탄력적으로 운영한 것이 최씨 정권이었다.

이 시기 급제자들 중에는 무신집권자에게 阿諛하여 부귀영화를 누리는 이들이 있는가 하면, 白首로 늙는 사람도 상당히 많았던 모양이다.8) 어떻든 과거제가 그대로 시행되고, 이를 통해 대부분은 出仕도 보장되는 한 국자감이든, 12徒든, 향교든, 학교교육이 그대로 유지되고 있었을 것임은 의심할 여지가 없다. 다만 과거 응시자가 줄고, 급제 후의 진로가 불확실했기 때문에 교육 업무가 상당히 침체되고 교육의 질이 저하되었을 것임은 충분히 예상할 수 있는 일이다. 당시 국자감교육 상황을 알려 주는 사실로, 고종 5년(1218)

---

6) 『東文選』 권 23 金富弼 及第放榜敎書.

7) 本書 〈표 3〉 '王代別 科擧合格者의 變化推移' 참조. 도표에 의하면 文宗~穆宗年間의 1회 평균 及第者 수는 27.4명이던 것이 武臣執權期인 明宗~元宗年間에는 30.5명이다.

8) 『東國李相國全集』 권 26 「上趙太尉書」는 李奎報 자신이 벼슬을 얻기 위해 趙太尉에게 올린 편지이며, 上仝 권27 「爲同年薦人崔相國書」는 자신의 同年을 추천하는 글이다. 무신 집권하에서 벼슬 한 자리 얻으려는 문신들의 비굴함이 적나라하게 드러나 있다.

7월의 아래 기사가 있다.

> 中軍과 宰樞가 의논하여 생도 중 仕版에 오르지 못한 자들 중, 詩를 시험
> 보여 80명을 뽑고 불합격자는 모두 종군시키자.[9]

성적이 미달인 生徒들을 군대에 편입시켰는데 이는 거란의 侵寇에
대비한 국민 동원령의 일환이다. 여기서 '仕版에 오른 자'란 門蔭
등으로 관직을 띠고서 국자감에 입학한 자들을 말함이다.[10] 물론
국자감 생도의 주류는 國子監試에 합격하고 입학한 자들이었다. 그
러나 국자감 생도 중에는 이렇게 仕版에 올라 입학이 허락된 자들
도 있었다. 단정할 수는 없지만 이 숫자도 수십 명은 상회했을 것
이다. 그렇다면 이 80명 합격선에 들지 못한 생도들도 상당수였을
것이다. 여기에 이미 仕版에 올라 있던 자 수십 명, 합격자 80명을
더할 경우 전체 학생 수는 200여 명에 육박한다고 보아도 무리는
없을 것이다.

　물론 학생들이 국학에 몰려든 이유 중 병역 기피를 목적으로 적
을 둔 자들도 없지는 않았을 것이다. 하지만 이러한 현상은 무신정
권 전반기에는 교육이 내면적으로 침체되기는 했어도 외형적으로
는 종전과 같은 수준을 유지했었다는 것을 말한다.

2. 抗蒙期의 교육

　고려 건국 후 최대의 시련기는 고종대로서 그 시련은 고종 5년
(1218) 8월 거란의 침입으로 시작되었다. 고려에서는 전 국력을 총

---

9) 『高麗史』志 권 28 選擧 2 學校. 高宗五年七月 中軍宰樞議 生徒未登仕版
　　者 試以詩選取八十人 其不中者 皆令從軍.
10) 尹彦頤의 6男 惇義는 軍器主簿同正으로서 太學生이 되었으며, 趙冲은 門
　　蔭으로 관직에 補任되었다가 태학에 입학하여 上舍로 升補되고 있다. 仕
　　版에 오른 자들이란 이런 사람을 말함이다.

동원하고, 이에 대처하여 학교 생도들까지 徵募키로 했다는 사실은 앞 절에서 이미 언급했다. 거란의 토벌에 고려를 도와 준 몽고는 이를 빌미로 무리한 요구를 계속했다. 고종 12년(1225) 국교를 단절하고 드디어 그 영토적 야심을 드러내기 시작했다.

몽고가 고려에 대한 침략을 시작한 것은 국교가 단절된 지 7년 만인 고종 18년(1231) 8월이었다. 龜州城의 朴犀나 慈州城의 崔椿命 같은 이들의 奮戰도 있었지만 기병이 주력인 몽고군은 신속히 남하하여 연말경에는 개경이 포위되고 그 일부는 남쪽으로 廣州·충주·청주 지방까지 공략하기에 이르렀다.11) 고려는 황급히 화친을 추진하여 몽고는 많은 國贐物을 접수한 후 72명의 達魯花赤를 남겨 둔 뒤 요동으로 철군했다. 그러나 그것은 일시적인 미봉책일 뿐이었다.

이에 앞서 몽고의 침략 의도를 간파한 당시의 집권자 崔瑀는 자기 정권의 保衛 문제와도 관련하여 장기적인 抗蒙戰을 전개하기 위해 고종 19년(1232) 여름에 수도를 江華島로 옮겼다. 이후 고종 44년(1257) 車羅大軍의 마지막 철군이 있기까지 27년 동안의 出陸還都와 철군 요구의 틈바구니 속에서 고려의 국토와 백성들은 몽고군의 말발굽 아래 유린되어야만 했다. 이 기간 동안에는 江都를 제외한 대부분의 한반도 지역은 정부의 통치 기능은 물론 백성들의 정상적인 생활도 일시 정지된 시기였다.

아마 고려일대를 통하여 이때처럼 장기간 지방 통제 능력이 마비된 때도 없었을 것이다. 눈앞의 苟命徒生만이 급급했을 이러한 때에 文敎란 말은 하나의 사치에 불과했다. 庚癸의 亂으로 가뜩이나 위축되었던 교육 분야는 몽고 침략으로 철저히 파괴되고 이것은 결국 종래의 교육체계를 재편하는 계기도 된 것이다.12) 한 마디

---

11) 山口修,「蒙古と高麗(1231)－蒙古の第一次高麗侵攻－」『聖心女子大學論叢』40, 1972.
12) 敎育體系의 再編에 대해서는 본서 제5장 참조.

로 말해서 몽고의 침략은 교육 행정의 일시적 정지를 가져 왔다.

고종 5년(1218) 거란병의 江東城 침입에 대비해 동원 체제를 구축할 때, 생도들에게 詩로 시험을 보여 불합격자를 징모하기 시작한 이래, 변방의 긴장이 계속되어 이것이 몽고 침략으로 이어졌으니, 생도들에 대한 징병 조치는 계속되었을 것이다. 이러한 상황에서 젊은이들이 국자감 입학을 기피했을 것임은 자명한 일이다. 이것이 결국은 국학 교육의 침체를 가속화시켰을 것이다. 나아가 7齋의 입학 시험인 升補試가 일시 중단되는 사태까지 초래하기에 이르렀다.[13)

이런저런 어려운 사정은 있었지만 江華로 천도한 뒤에도 몇 명이 되었든 國學의 명맥은 유지되고 있었다. 천도 직후 江華鄕校건물을 국자감으로 삼아 교육을 실시했다.[14) 高宗 30년(1243) 6월에는 당시 집권자 崔怡가 임시 국자감으로 쓰고 있는 江華鄕校청사를 수리하고 국자감의 獎學財團인 養賢庫에 쌀 300斛을 보내었다.[15) 그리고 이 해에 양현고의 관원 4인을 증원하여 2인을 庫에 소속된 토지의 소재지에 보내어 勸農과 輸稅의 임무를 맡게 하고,

---

13) 『高麗史』志 권 28 選擧 2 升補試條에는 高宗 46년 간의 升補試 실시 기사가 빠져 있다. 즉 國子監 생도들에게 종군 조치가 내려지는 상황에서 승보시 응시자는 없었을 것이니 승보시의 실시는 어려웠을 것 같고, 이러한 사정은 江華로 천도하면서 더욱 악화되었을 것이다. 따라서 고종대에 승보시 기사가 없는 것은 누락인지 미실시인지 잘 알 수가 없지만, 미실시 쪽으로 보는 것이 타당할 것 같다. 그리고 朴龍雲氏는 熙宗·康宗·高宗 3대에 걸쳐 승보시가 실시되지 않았다고 했는데(『高麗時代蔭敍制와 科擧制 研究』一志社, 1990, 233쪽.), 이는 『高麗史』選擧志에 神宗 8년·15년의 승보시 실시 기사를 神宗朝로 보았기 때문이다. 神宗과 熙宗은 각각 재위 7년, 康宗은 1년으로, 神宗 8년 5월은 熙宗 1년(1205) 5월, 15년 8월은 康宗 1년(1212) 8월로 보는 것이 타당하다. 따라서 승보시의 실시 기록이 없는 王代는 고종대뿐이다.

14) 『東文選』권 108 李藏用의「國子監上梁文」에 '卽鄕學以經營 爲惟泮宮而講習'이라 했다.

15) 『高麗史節要』권 16 高宗 3. 高宗 三十年(癸卯) 六月 崔怡修國學 納米三百斛于養賢庫.

2인은 江都에 있으면서 輸稅된 稅穀을 監收 관리하게 함으로써 국자감의 재원 확충에도 상당한 관심을 쏟았다.[16] 이는 물론 몽고군의 침입으로 지방 행정 기능이 마비된 상태라 각 관아는 필요한 경비를 스스로 조달해야 하는 상황에서 생기게 된 불가피한 조치였을 것이다. 8년 뒤인 고종 38년(1251) 8월에는 花山洞에 새 국자감을 창건하고 새로 창건한 大成殿에 孔子像을 봉안했다.[17]

이상에서 살펴본 바와 같이 이렇게 창황한 가운데서도 각종 문교정책을 지속적으로 펴고 있는 점은 당시 위정자들의 국학에 대한 관심을 엿볼 수 있는 근거가 된다.

우리는 비록 海島에서 피난살이를 하는 어려운 상황이었지만 무신집권자들은 국자감 교육에 대해 각별한 관심을 쏟고 있다는 점을 알수 있었다. 이러한 정책은 현실적인 필요성 이외에 상징적 의미의 민심 안정용 내지는 전시 효과적인 면도 크게 작용했을 것이다. 江都 시절 국자감 교육의 내용이나 수준은 알 길이 없지만 그 명맥은 연면히 이어져 내려온 것은 사실이다.

이때, 사학 12徒 중 일부 徒의 활동도 부활했던 것은 주목된다. 고종 27년(1240)경, 誠明齋의 夏課가 실시되었고,[18] 高宗 31년(1244)에는 侍郎 李宗冑가 江華의 燕尾亭에서 9齋生徒를 모아 놓고 夏課를 실시했다.[19] 그렇다고 이것이 사학 12도 체제의 종전과 같은 부활을 의미하는 것은 아니었다. 이것은 사학 12도의 관학으로의 편입을 예고하는 것이다. 따라서 江華 천도 이후의 12도는 새로운 각도에서 검토되어야 할 것이다. 이 점에 대해서는 다음 章을 참조하기 바란다. 어쨌든 약 한 세대간의 이민족 침략이 계속되는 동안 고려의 문교 전통은 큰 시련을 겪어야만 했다.

---

16) 『高麗史』 志 권 31 百官 2. 養賢庫高宗三十年加設四員 二員遣庫屬田地所在使勸農輸稅 令二員在庫監收 歲終國子監考勤慢升黜.
17) 註 11) 참조.
18) 『東國李相國後集』 권 7 寄金學士敞.
19) 『新增東國輿地勝覽』 권 12 江華府 樓亭條.

Ⅱ. 몽고 간섭기의 국학 교육

1. 충렬왕대의 교육 정책

고종 46년(1259) 봄, 몽고와의 사이에 화의가 성립되어 出陸遷都와 太子入朝를 약속함으로써 29년 동안 계속된 대몽 항쟁은 그 막을 내리고 그 후 99년 동안 몽고의 간섭을 받게 되었다. 일단 和平이 성립되었다고 해도 환도를 둘러싼 갈등, 三別抄의 저항 등으로 원종 2년에 중등 교육기관인 東西學堂을 설립한 것[20] 이외에는 흥학에 대한 별다른 조치가 없었다. 원종 15년 간은 미처 교육에 관심을 쏟을 형편이 못되었던 것이다. 충렬왕은 6년(1280) 3월, 수십 년 동안 황폐해진 교육을 재건하기 위해 敎를 내렸다.

> 오늘날의 儒士들은 科文만 익힐 뿐 경전이나 사서에 박통한 자가 없다. 한 가지 이상의 經이나 사서에 능통한 자로 하여금 國子를 교수하게 하라.[21]

경전이나 史書에 능통한 자로 하여금 國子를 교육하게 했다. 이 敎에 따라 正郎 崔雄 등 7인을 經史敎授로 선발했다.[22] 經史敎授란 儒學經典과 역사를 가르치는 學官이다. 이것은 기존의 국자감 관직

---

20) 『高麗史』 권 28 選擧 2 學校. 東西學堂에 대해서는 설치 기사만 보일 뿐 다른 기록이 없어 그 성격이나 내용을 자세히 알 수 없다. 다만 李穡의 服中上疏中(高麗史 列傳 권28 李穡傳)에 '學堂과 鄕校에서 十二徒로 올리고, 十二徒에서 成均館으로 승급시키자'고 한 기사가 당시의 교육 체계를 근거로 한 것이 분명한 이상 東西學堂이 初等敎育機關임을 알 수 있다.

21) 『高麗史節要』 권 22 忠烈王 6년 3월. 今之儒士 唯習科業之文 未有博通經史者 其令通一經一史以上者 敎授國子.

22) 『高麗史節要』 권 22 忠烈王 6월 3월.

체계와는 별도의 전공별 교수제를 채택했음을 말한다. 사실 당시는 학문의 명맥이 실낱같이 이어져 經史에 두루 널리 통하는 자는 말할 것도 없고, 한가지나마 깊이 통달한 자도 없었다.[23] 經史敎授란 이러한 저하된 관학의 수준을 높이기 위함이었을 것이다. 그리고 동년 5월에 문신들을 親試하여 합격자들에게 黃牌를 주고 內侍에 소속시키는 등[24] 침체된 문교를 부흥시키기 위한 각종 노력을 경주했다.

이 시기 교육제도상에서 특기할 일은 300년 가까이 내려온 國子監의 명칭이 여러 차례 바뀌었다는 점이다. 충열王 원년 국자감의 명칭을 國學으로 바꾸더니 이후에 成均監－成均館 등으로 변경했다.[25] 국학으로 바꾼 것은 上國인 元의 국자감을 諱하여 바꾼 것이었다. 그러나 國學은 보통명사이므로 고대로부터 태학의 雅稱이었던 成均館으로 고친 듯하다.

그런데 이때는 몽고의 征東役에 고려의 전 국력이 동원되어야 하는 형편이었으므로 충렬왕의 교육에 대한 의지가 실현되기는 어려웠을 것이다. 저간의 사정이 李齊賢의 다음 글에 잘 나타난다.

> 國家가 반란을 일으킨 耽羅를 정벌하고, 동쪽의 倭를 問罪하고, 정해년의 勤王과 庚寅年의 외적 방어 등 20년 동안 군사를 동원하느라 선비들이 모두 갑옷을 입고 무기를 들었으므로 책을 끼고 독서하는 자들은 열에 한 둘도 안 되었다. 그리고 선배 老儒들 또한 모두 돌아가서 六籍이 겨우 실낱같이 전할 뿐이었다.[26]

---

23) 『高麗史』 列傳 권 22 尹莘傑傳. 博士只占一經 多非其人.

24) 『高麗史』 志 27 選擧 1 科目 1 忠烈王 6년 5월. 이러한 親試 때의 합격자들을 殿試門生이라 하여 각별히 대우했는데, 전기로부터 있어 온 제도이기는 하지만 이런 혼란기에 국왕이 친시로 內侍를 뽑았다는 것 자체가 충렬왕의 흥학 의지의 발로라 할 수 있다.

25) 그 변천 과정을 보면, 忠烈王 원년(1275) 國學, 왕 24년(1298)에 成均監, 다시 34년(1308)에 成均館으로 바꾸고, 恭愍王 5년(1356)에 일시 國子監으로 복구했다가 왕 11년(1362) 成均館으로 바뀌어 조선시대까지 계속되었다(『高麗史』 권 30 志 百官1 成均館).

여기서 伐叛耽羅는 三別抄亂, 問罪東倭는 일본 정벌, 丁亥勤王은 충렬왕 13년(1287) 6월, 乃顏大王의 반란에 왕이 助征한 것, 庚寅禦寇는 忠烈王 6년(1290) 12월 거란족이 영흥·안변 등을 침략한 것을 말한다.

몽고와 화의가 성립된 지 수십년이 지났으나 국내 정치 사정은 불안정했을 뿐 아니라 대외 문제도 복잡하여 젊은이는 무기를 들고 전쟁터에 나가야 하고, 先輩老儒도 거의 다 타계하여 그야말로 六經이 실낱같은 명맥을 유지되고 있는 형편이었다.

文翰職인 史館·翰林院이나 近侍職인 內侍·茶房까지 종군해야 하는 형편이었다.27) 특히 22년에는 參下 관원들의 교육을 위해 經史敎授都監을 설치했다.28) 이것은 이 시기 교육의 황폐화와 그에 따른 인사행정의 문란상을 여실히 반영하는 것이라 하겠다. 즉 당시 官員들은 經典과 歷史를 재교육해야 할 정도로 수준 미달이었다는 것이다.

이상에서 살펴본 바와 같이 충렬왕은 흐트러진 교육체계를 바로잡기 위하여 상당한 관심을 가지고 다각도로 노력을 경주했으나 소기의 목적을 달성할 수가 없었다. 후반기 또한 아들 충선왕과의 알력으로 조정이 양분됨으로써 국학 부흥은 난망이었다. 安珦이 宰相이 된 뒤 교육진흥을 자임하고 나섬으로써 몽고 침략이래 헝클어진 교육이 정상화되기에 이르렀다.

---

26) 『櫟翁稗說』前集 2 國家伐叛. 國家伐叛耽羅 問罪東倭 丁亥之勤王 庚寅之禦寇 用兵二十年 士皆袛金革操弓戈 挾策而讀書者十不能一二 而先輩老儒物故且盡 六籍之傳不絶如縷.
27) 『高麗史』志 권 34 兵 1. (忠烈王)十六年正月 聞東賊來 … 五月點兵 自五品以下文官及 內侍茶房三官五軍禁學兩館 皆令從軍.
28) 『高麗史』志 권 31 百官 2 諸司都監各色條.

2. 安珦의 국학 진흥

1) 安珦의 교육 이념

安珦(1243~1306)의 초명은 裕, 興州 출신이다. 아버지 孚는 향리 출신의 業醫로서 과거에 급제하여 密直副使에가지 오른 인물이다. 安珦은 18세에 급제한 뒤 文翰職을 거쳐 32세 때 尙州判官이 되었을 때 요망한 巫女를 囚獄하여 미신을 퇴치한 사건은 유명하다.[29] 이와 같이 그는 불교의 영향 등으로 만연된 怪力亂神 풍조를 배격하고 유교적 합리주의에 충실했던 인물이었다.[30]

그가 36세 때 成均館司業이 되어 황폐된 文廟를 보고 시를 읊었다.

향피우고 등 단 곳에선 불공 드리고	香燈處處皆祈佛
퉁소 불고 북치는 집에는 푸닥거리 경쟁일세	簫鼓家家競賽神
외로운 두어간 孔夫子의 사당에는	獨有數間夫子墓
잡초만 우거져 사람 자취 적막하네	滿庭秋草寂無人

이 시에는 극성한 불교에 밀려 겨우 명맥을 유지해 온 유교에 대한 깊은 우려가 담겨 있다. 이러한 것들이 그의 흥학 의지를 북돋우는 계기가 되었는지 모른다. 47세 되던 충렬왕 15년(1289) 11월, 高麗儒學提擧가 되어 世子(충선왕)를 호종하여 元에 가게 되었다. 이때 朱子書를 처음 접하고 성리학이라는 새로운 학문을 알았다. 이듬해 귀국하면서 이를 가져와 본국에 퍼뜨리자 성리학이 비로소 전해지게 되었다. 안향은 자기 집 뒤쪽에 精舍를 짓고 孔子・朱子의 초상을 봉안하며 스스로 晦軒이라 號했다. 이는 晦庵 곧 주자를 숭모한 데서 비롯된 것이다.

---

29) 『高麗史』列傳 권 18 安珦傳.
30) 金忠烈, 『高麗儒學史』, 高麗大出版部, 1984, 157~158쪽.

유학에 대한 열정을 가진 안향은 宰相의 지위에 올라서도 교육
정책이나 국학의 운영 등에만 간여한 것이 아니라 직접 교육 현장
에 뛰어들어 특별 강의를 통해 재생들의 교육을 담당하기도 했다.
재생들에게 諭示한 다음 글은 저간의 사정을 잘 말해 준다.

> 내가 일찍이 중국에서 朱晦庵이 성인의 道를 發明하고 불교를 배척한 것
> 을 보고서 그 공이 仲尼에 짝할 만하다고 여겼다. 중니의 도를 배우고자 한
> 다면 晦庵을 배우는 것보다 우선할 것이 없으니 재생들은 新書(朱子書)를
> 돌려 가며 읽어서 게으름을 피우지 말고 학문에 힘쓰라.31)

安珦은 재생들에게 孔子學을 배우려면 먼저 朱子書를 읽도록 당
부했다. 주자에 심취한 안향으로서는 당연한 논리겠지만, 우리는 여
기서 앞으로의 國學敎科가 종래의 전통적 경전 해석에서 朱子集註
중심의 새로운 경향으로 변해 갈 것임을 예측할 수가 있다. 위의 사
료에서 新書라고 한 것은 朱子가 集註한 여러 경전을 말함일 것이
요,32) 이것들은 金文鼎이 江南에 가서 무역해 온 서적 중의 일부일
것이다. 그리고 돌려가며(行) 읽도록 당부한 것으로 보아 무역해 온
수량이 적고 아직 국내 판본도 간행되지 못했음을 알 수 있다.

또 안향의 교육 이념은 지식 전달 못지 않게 실천을 중요시했다.
재생들이 예의에 어긋난 행동을 할 경우 이를 엄하게 責罰했지만,
한편으로는 항상 부모가 자식을 사랑하듯 敎誨했으므로 모든 학생
들이 마음으로 경복했다.33) 충렬왕 32년(1306) 안향이 64세로 쪽하
자 장례날 7管12徒가 素服을 입고 路祭를 지낼 정도로 흠모했다.34)

---

31) 이 史料는 晦軒實紀에 있는 내용으로 『晦軒實紀』는 조선시대에 와서 順
　　興安氏 문중에서 편찬한 것이고, 出典도 陽村集이라 기록되어 있으나 양
　　촌집에서는 찾을 수가 없어 史料의 신빙도에 일단 의심이 간다. 그러나
　　朱子에 대한 安珦의 傾倒性으로 보아 이런 내용의 유시가 있었을 것임
　　은 상정할 수 있다.
32) 이 즈음(1313)에 성립한 元의 明經科考試程式에도 出題 臺本을 朱子集註의
　　四書와 詩經·周易 등으로 한정했다(『元史』 권 31 志 選擧2 科目).
33) 『高麗史』 列傳 권 18 安珦傳.

2) 養賢庫 확충과 국학 復興

안향은 일찍부터 흥학에 뜻을 두었지만 그가 이를 본격적으로 추진한 것은 충렬왕 26년(1300) 贊成事에 오른 직후부터이다. 당시는 장기간의 전란 뒤끝이라 온전한 것이라고는 하나도 없었다. 成均館 시설은 파괴되고 재정은 殫竭되어 교육을 제대로 수행할 형편이 못되었다. 충렬왕 27년(1301) 元의 學官 耶律希逸이 문묘 삼배를 청했을 때, 안향이 자기 집을 국가에 헌납하여 뒤뜰의 精舍를 문묘라고 보여 주었다는 이야기는 설득력이 있는 이야기이다.[35]

안향의 성균관 재건 계획은 충렬왕 30년(1304) 贍學錢 설치 건의에서 비롯된다. 이해 5월 兩府에 청하기를 '宰相으로서 할 일은 인재 교육보다 더 급한 것이 없는데, 지금 養賢庫가 바닥나서 선비를 기를 재원이 없다'고 하면서 '육품 이상 관원에게는 銀 한 근, 칠품 이하에게는 布를 각각 차등 있게 내어 이것을 養賢庫의 기금으로 삼고 그 利息을 成均館 운영 경비(贍學錢)으로 삼자'고 하여 교육재원을 마련했다.[36] 6월에는 전일 元의 學官 耶律希逸로부터 누추하고 협착하다고 지적을 받았던 大成殿을 준공하여 泮宮制度를 일신했다. 한편 섬학전을 마련하고 남은 돈을 博士 金文鼎에게 주어 江南에 보내 孔子 및 70弟子의 像과 祭器·樂器·六經·諸子·史書 등을 구입해 와 先聖을 享祀하고 재생들을 교육할 시설과 비품을 두루 구비한 것이다.[37] 게다가 안향은 자기의 개인 재산까지 성균관에 희사하여 국학을 충실하게 했다. 자신의 祿俸과 노비 백여구

---

34) 上同.

35) 安珦 年譜에 의하면 忠烈王 27년(1301) 자기의 저택을 국가에 헌납하고 西部良溫洞으로 이사했다고 했는데, 자기 소유의 노비와 田土를 성균관에 헌납했던 것으로 미루어 볼 때 설득력 있는 기록이다(註 33) 참조).

36) 『高麗史節要』 권 22 忠烈王 30년 5월.

37) 上同.

를 施納했으며, 자기 고향의 전토 30頃까지 성균관에 기부하여 養
賢의 資로 삼게 했다.[38]

이와 같이 안향은 成均館의 재정을 확보하고, 건물을 중수하여
시설을 개선했으며, 비품과 도서를 확충하고, 국학에서 부릴 노비
까지 희사하여 국학의 면모를 일신시켜 놓았다.

3) 교수 확보와 교육 효과

국학 교육의 정상화에는 우수한 교수의 확보가 가장 시급한 과
제였다. 저번(충렬왕 22년, 1296)에 經史敎授都監을 설치하여 국학 교
육을 쇄신하려 했지만, 앞에서 보았듯이 재정이나 시설의 뒷받침이
없이 소기의 성과를 거둔다는 것은 불가능한 일이었다.

충렬왕 28년(1302) 金元祥의 건의를 받아들여 國學博士를 시험보
여 육경에 모두 능통한 자가 있으면 승진시켜 직을 옮겨 주기로 했
다. 그리하여 趙簡·鄭僑·方于宣·薛超 등으로 하여금 이들을 시
험하게 했더니 겨우 1~2經만을 통할 뿐이었다.[39] 이처럼 육경에
통달한 사람은 학관 중에도 없을 정도로 학문 수준이 저급했다. 따
라서 국학의 학관도 經史에 밝은 사람 중심으로 개편하지 않으면
안되게 되었다.

이러한 배경 아래서 안향은 문학을 잘하는, 密直副使로 致仕한
李㥠과 典法判書 李瑱 및 經史에 밝은 李晟·秋適·崔元冲 등을

---

38) '施俸錢其奴婢百餘口 至今成均館所使者 皆文成之臧獲也'라는 句節이
　『慵齋叢話』 권3과 『謏聞瑣錄』(曺伸)에 다같이 나오는 것을 보면 이는 조
　선전기까지도 널리 알려진 사실이었던 듯하다. 그러나 施納 노비의 수가
　백여 口나 된다는 것은 사료의 신빙도를 떨어뜨리고 있다. 그리고 順興復
　邑志에 '이 토지는 조선 世祖 때 府가 폐지될 때 망실되었다가 肅宗 10년
　(1688) 安珦의 후손 錫徽의 상소로 府가 복구되면서 망실 토지도 다시 太
　學에 귀속되었다'는 것으로 보아 安珦이 전토를 國學에 기부했다는 근거
　도 있는 듯하나 이 또한 原 사료의 신빙성에는 역시 의심이 간다.
39) 『高麗史』 世家 32 忠烈王 5.

經史敎授都監使로 삼아 재생의 교육을 맡길 것을 추천하여 허락을 받았다.[40] 이들 經史 교수들은 대부분 겸직이었기 때문에 한 경전마다 2인씩 교수를 두어 한 사람이 유고하면 다른 사람이 대신하게 했다.

그러나 전과목에 걸쳐 유능한 敎授를 都城內에서만 구하는 것은 수십년 간 廢弛된 교육 현실로 보아 어려운 일이었다. 그러므로 지방에 있는 유능한 학자를 초빙하기도 했다. 중이 되어 南海岸 泗川에 가 있는 故郎中 兪戚의 子가 『史記』와 『漢書』에 능하다는 명성이 있자 驛傳으로 불러 올려 특강을 시켰다.[41] 후일 名官이 된 尹莘傑 · 金承印 · 徐贇 · 金元軾 · 朴理 등이 이 강의를 들은 이들이었다.

이상과 같은 교수 초빙 사실 등에서 볼 때 이전까지의 학교 교육이 얼마나 황폐했으며, 안향의 흥학 의지가 얼마나 열성적이었는가를 짐작할 수 있다. 이렇게 되자 선비의 무리가 경서에 능통하고 옛일을 널리 아는 것을 일삼았고,[42] 배우려는 이들이 다투어 몰려들었다.

> 이에 禁內學館 · 內侍 · 三都監 · 五庫의 배우기를 원하는 선비들 및 七管 · 十二徒 諸生으로 經傳을 끼고 수업을 받는 자들이 수백 명을 헤아리게 되었다.[43]

학생인 七管十二徒는 물론이고 관원들까지 배우려고 달려와 배우는 자들이 수백을 헤아렸다는 사실은 고려 전기 국자감 전성기일 때 재생 수인 200여 명에 비해 보아도 별로 손색이 없는 괄목할

---

40) 『高麗史節要』의 同年 同月條와 『櫟翁稗說』 前集 2에 의하면 李悰 · 李瑱은 經史敎授都監使로, 李晟 · 秋適 · 崔元冲은 敎授로 나와 있다.
41) 『櫟翁稗說』 前集 2 國家伐叛條.
42) 上同.
43) 『高麗史』 列傳 권 18 安珦傳 및 『高麗史節要』 忠烈王 30년 5월. 是於 禁內學館 · 內侍 · 三都監 · 五庫 願學之士 及七管十二徒諸生 橫經受業者 以數百計.

만한 발전인 것이다. 그러나 이러한 상황은 국학체계상 어디까지나
비정상적인 것이었다.

　齋에 起居하는 七管諸生만이 수학해야 할 成均館에 12生徒와 관
원들까지 수강한다는 것은 당시 국학에서 수업 받는 사람들 중에
는 通學生도 상당 수 있었음을 말하는 것이다. 이렇게 국학에 학생
이 운집한 이유는 그 동안 침체했던 교육이 안향의 흥학 노력으로
사회전반적인 학문 분위기가 고조된 때문이기는 했으나 그 출발부
터 일시적이고 과도기적인 성격을 내포했었던 것이다.

　이 시기 국학 교육상 특기할 문제는 새로운 학풍인 성리학이 안
향의 노력으로 도입되어, 전기의 훈고학적 기풍이 사변적·심성학
적 분위기로 바뀌었다는 점이다.

Ⅲ. 고려 말기의 교육 개혁

1. 공민왕대의 과거제 개혁과 흥학

　충정왕 3년(1351) 10월, 燕京에 있으면서 왕위에 오른 공민왕은
귀국한 이듬해 2월, 敎令을 내렸다.

　　학교는 風化의 근원인데 명목만 있으며, 十二徒와 東西學堂이 허물어졌는
　데도 수리하지 못했다. 허물어진 것을 修葺하여 생도를 기르고, 한 경전에라
　도 능통한 자가 있으면 보고하라.[44]

　이것으로 당시의 교육실태를 짐작할 수 있는 동시에 공민왕의

---

44) 『高麗史』 志 권 28 選擧 學校條.

교육에 대한 관심을 엿볼 수 있다. 그런데 이 공민왕대의 교육 개혁 단서를 연 것은 아마도 李穡의 服中上疏인 듯하다.

> … 하물며 仕版에 오른 자는 반드시 급제할 필요가 없고, 급제자는 반드시 국학을 거쳐 갈 필요가 없으니 그 누가 빠른 길을 버리고 갈림길로 달려 가겠습니까? 학생들이 흩어지고 校舍가 퇴락하는 이유는 실로 이 때문입니다. 신은 바라옵건대, 명확한 규정을 제정하여 지방의 鄕校나 서울의 學堂에서 그 인재를 고찰하여 十二徒로 올리고, 12도는 또 총괄적으로 상고하여 成均館에 진급시켰다가 일정한 기한이 지난 후 그 품행과 학식을 시험하여 禮部에 추천, 과거에 합격한 자는 관례에 따라 관직을 주고, 불합격한 자에게도 出身의 길을 열어줄 것입니다. 그리하여 현직 관리로서 과거 보기를 원하는 자는 예외로 하고 그 나머지는 國學生이 아니면 과거시험을 볼 수 없게 할 것입니다.[45]

위의 사료 내용은 현직 관리 이외에는 정상적인 교육 과정을 거쳐야 과거응시 자격을 주고 이를 통해야만 官界에 진출할 수 있게 하자는 것이다. 사실 이제까지 고려 후기의 학교 교육이 제도적으로 정상화되지 못하고 안향의 경우에서 보듯이 主導 인물에 따라 浮沈을 거듭했던 것은 학교 교육이 仕宦이나 과거제도에 연계되지 못했기 때문이었다.

당시 元의 국자감 재학생으로서, 元이 학교 교육을 통해 인재를 조달하는 상황을 익히 보았기 때문에 이런 말을 했던 것이다.[46] 그러나 당시로 보아서는 가히 혁명적이라고 할 이러한 교육 개혁은 이루어지지 않았다. 5년(1356) 관제 복구정책에 의해 성균관은 국초의 명칭인 국자감으로 환원되었을 뿐이다. 게다가 왜구의 잦은 침략으로 여하한 경우에도 병역 면제 특혜를 받았던 學官에게까지도

---

45) 『高麗史』 列傳 권 28 李穡傳. 又況登仕者不必及第 及第者不必由國學 孰肯棄捷徑而趨岐途哉 朋徒解散 齋舍傾頹 良以此 夫臣伏乞明降條制 外而鄕校 內而學堂 考其材而陞諸十二徒 十二徒又摠而考之 陞之成均 限以日月 程其德藝 貢之禮部 中者依例與官 不中者亦給出身之階 除在官而求擧者 其餘非國學生 不得與試.

46) 『元史』 志 권 31 選擧 1. 元에서는 인재 선발 기준이 학교 교육 위주였고, 科擧制는 1313년에 비로소 실시된다.

從軍令이 떨어지기도 했다.47) 10년 10월에는 홍건적의 내침이 있
어 왕은 남으로 蒙塵하고 국학이 소실되는 사태에까지 이르렀
다.48) 이러한 상황이었으므로 이듬해 국자감을 다시 성균관으로
환원하는 조치는 있었으나 별다른 교육 진흥책은 추진될 수 없었
다.49) 12년(1363) 5월 教에 '지금 兵亂으로 교육이 해이해졌으니
成均·12徒·東西學堂을 엄하게 교육하며 인재를 양성하고 豪强에
탈취된 토지와 노비는 관에서 판별하여 학자에 쓰도록 하라'50)고
신칙했다. 그러나 學舍가 소멸된 지 5년이 지나도록 중건하지 못하
는 상황에서 교육이 제대로 될 리가 없었다.

이제 成均館 중흥은 일대 결단이 없이는 成效를 거두기 어려운
형편이었다. 이때 國子祭酒 林樸이 상언하여 난리에 불타버린 성균
관의 개축을 청하자 王은 즉시 崇文館 舊址에다 성균관의 중건을
명했다.51) 이때도 중건 비용이 없어 中外의 문신들이 품계에 따라
차등 있게 布를 내어 경비를 충당하게 했다. 공민왕은 이와 동시에
'生員의 정원을 늘이고 처음으로 四書五經齋를 두었다'52)고 했다.
이것을 근거로 '공민왕 때 9齋를 설치했다'고 하나, 실제는 4書齋는
없고 5經齋만이 설치되었다.53)

---

47)『高麗史』志 권 30 百官 1 成均館條.

48)『高麗史』志 권 28 選擧 2 學校條. 恭愍王 15년. 元使郭永錫謁文廟 見學
舍荒頹 謂館伴李穡曰 吾聞貴國自古友文 何至是耶 穡曰 國學火于辛丑(恭
愍 10, 1361) 王方務息民 至於宮禁 尙未營葺 此乃開城府學也. 여기서 李
穡이 '開城府學'이라고 한 것이 무슨 뜻인지 알 수 없다. 成均館이 너무
피폐하여 외국 사신에게 高麗에도 府學이 있는 것처럼 둘러댄 말인지도
모른다.

49) 上同.

50) 上同.

51)『高麗史』志 권 28 選擧 2 學校條 恭愍王 16년.

52) 上同.

53) 이 四書五經齋에 대해서는 의문점이 많다. 성리학의 보급과 더불어 四書
에 대한 관심은 고조되었으나 大學과 中庸은 각각 하나의 齋로 독립하
기에는 분량이 너무 적다. 실제로 恭愍王 17년(1367) 李穡이 大司成이
되어 성균관 교육을 주관할 때의 글로 生徒甚盛 分置五經 治書(經)者八

그리고 判開城府使 李穡으로 大司成을 겸임시켜, 국학 운영의 책임을 맡기고 경학에 통달한 金九容·鄭夢周·朴尙衷·朴宜中·李崇仁 등 당대 일류 소장 학자들을 뽑아 학관을 겸하게 했다.54) 이것이 고려왕조 마지막의 교육 진흥이었다. 이해 12월에는 5월에 착공한 成均館 중건 공사도 준공을 보았다. 다음해에는 삼단계 과거 시험인 鄕試·會試·殿試의 제도를 도입했다.55) 이것이 元의 科擧 三層法으로 과거 응시자들은 반드시 자기 출신 지역에서 향시를 거치게 함으로써 과거체계를 엄격히 세우고, 지방의 관학 교육을 정상화하는 데 도움이 되게 했다. 이것이 공민왕 원년 3월 모든 학생들을 학교 교육체계 안에 포용하여 國學生이 아니면 과거 응시 자격을 주지 말자던 이색의 服中上疏 취지에 한 걸음 접근한 것이다. 다음 史料를 통해 저간의 성균관 교육 상황을 살펴보기로 하자.

옛날 烏川 鄭達可丈·仁山 崔彦父丈·密陽 朴子虛丈이 교관으로 있을 때, 나 역시 외람되게 그 대열에 참여했다. 이 당시 학도들이 운집하여 교실에 모두 수용하지 못할 정도였다. 교관이 새벽에 일어나 館門으로 들어와 마루에 오르면 학도들은 차례차례 마당의 동서에 늘어서서 두 손을 모아 잡고 허리를 굽혀 禮를 한다. 그리고 나서 각기 공부하는 經傳을 가지고 전후좌우로 담처럼 둘러서 나가 교관을 둘러싼다. 학도들은 수업이 끝나면 논란하는데 절충하여 합의처에 도달해야 수업이 끝난다. 이렇게 책 읽는 소리가 하루종일 끊이지 않으니 우리들 두서너 사람은 희색이 만면하여 '앞으로 斯文이 흥하겠구나' 했다.56)

十餘人(학생들이 너무 많아 5經으로 나누어 가르쳤는데 書經은 공부하는 자들이 80여 인이나 되었다. 『牧隱文藁』 권10 「孟儀說」)이라 한 것을 보면 四書齋의 설치는 新儒學者들의 희망 사항이었으나 실제 설치된 것은 五經齋뿐인 것 같다.

54) 『高麗史節要』 권 28 恭愍王 17년 5월 및 『高麗史』 列傳 권28 李穡傳.
55) 『高麗史』 志 권 28 科目 1. (恭愍王)十八年 始用元朝鄕試會試殿試.
56) 『高麗史』 志 권 28 科目 1 恭愍王 18년. 始用元朝鄕試會試殿試 昔者烏川鄭丈達可·仁山崔丈彦父·密陽朴丈子虛爲敎官成均 予亦猥廁其列七八年 是時 學徒日臻 齋廡殆不能容 敎官晨興入館門 旣升堂 學徒序立庭東西 拱手磐躬 行禮訖 各執所治經左右前後如墻 進而敎官中 學徒受業竟 又相發難 有所折

위의 글은 李崇仁이 공민왕대 7~8년간 鄭夢周·崔彦父·朴宜中 등과 함께 성균관 학관으로 있을 때 성균관의 활기찬 수업 광경을 기록한 글이다. 위의 기록을 토대로 당시의 성균관 교육 실태를 살펴보자.

① 먼저 정몽주·최언부·박의중·이숭인이 함께 성균 학관을 겸했던, 국학 교육이 활발했던 시기는 어느 때인가. 앞에서 공민왕 16년(1367) 성균관 창건을 명하고 생원 수를 100명으로 증원하여, 判開城府使 李穡을 兼大司成으로 삼고, 金九容·정몽주·朴尙衷·박의중·이숭인 등에게 학관을 겸임시켰다고 했다. 이번에는 김구용·박상충이 빠지고 최언부가 들어 있지만 동일 사실에 대한 기록임이 확실하다. 이 시기가 성균관 교육이 본격적으로 이루어진 공민왕 16년임을 알 수 있다. 이로부터 7~8년 후라면 우왕 1~2년이 된다.

그런데 이때 이숭인은 정치적 문제로 정몽주와 함께 귀향했다.57) 여기서 정치적 문제란 우왕 1년 5월, 北元 사신이 오게 될 때 성균 학관의 親明 소장파인 정몽주·김구용·박상충·이숭인 등이 주동이 되어 北元 사신의 입국을 막았다. 그리고 당시 주동자들은 죽음을 당하거나 귀양간 사건을 말한다. 그러므로 이 시기는 공민왕 16년부터 우왕 1년 5월까지 만 8년간이었다.

② 이때 학도들이 날마다 운집하여 齋舍에 모두 수용할 수 없을 정도라고 했다. 그런데 당시 성균관의 수용 능력은 祭酒 林樸의 건의로 崇文館 옛 터에 건축한 생원 정원 100명을 常養할 수 있는 규모였다. 따라서 최대 居齋 인원은 100명이었을 것이다. 그런데 당시 학생수는 100명 이상이었음이 확인된다. 즉 李穡이 '생도가 매우 많아 五經으로 나누어 가르쳤는데, 『書經』을 공부하는 자들이 80여 인이었다'58)라고 밝히고 있다. 五經 중 『書經』을 배우는 자가

衷也 而後罷 讀書聲窮日不輟 予數人喜形於色 相謂曰 斯文其興矣 ….
57) 『陶隱文集』 권 4 「贈李生序」. 中罹變故 與達可去國歸鄕.
58) 註 46) 참조.

80여 인이었다면 이것의 5배면 400명에 이를 것이다.『書經』수강자가 특히 많고 다른 경은 적다고 해도 최소한 200명은 상회할 것이니 이것만도 당시 성균관 정원의 2배이다.

이 200명의 수용을 설명하려면 당시 성균관 생도들은 升補試를 통해 선발된 居齋 생원 100여 명 이외에 추가로 100여명이 더 있다고 보아야 할 것이다. 이들 齋生 이외의 학생들은 아마 앞서 충렬왕 30년 5월에 본 禁內學館 등의 願學之士와 12徒諸生들이었을 것이다. 어쨌든 당시 성균관 교육은 학생 수가 200명이 넘는 성황을 이루고 있었다.

③ 다음 수업 광경을 보자. 아침 일찍, 학관이 출근하여 明倫堂에 오르면 학생들은 차례차례 동서로 뜰 아래 늘어서서 두 손을 마주잡고 허리를 굽혀 공경히 예를 행한다. 예가 끝난 뒤 각자가 학습하는 經傳을 가지고 교관에게 나아가 배우는데, 학도들은 수업이 끝나면 의문점을 토론하여 의견을 절충한 뒤 파한다. 그리하여 글 읽는 소리가 하루종일 끊이지 않는다고 했다.

이로써 보면 당시의 교수 방법은 單數 상대의 서당식 교육이 아니라 대중을 상대로 한 강의식이었던 것 같다. 성균관이 새로 복구되어 과도기적이기는 하지만, 최고 학부였던 만큼 초학자들에게 하는 주입식 방법과는 달리 문제점 중심으로 강의하고 남는 의문점은 問難을 거쳐 의견을 절충하는 방식을 취했다. 성균관 교육이 이렇게 성황을 이루게 된 배경은 무엇인가. 대략 다음 두 가지로 요약해 볼 수 있을 것이다.

첫째, 교육을 통해 과거제의 폐단을 없애겠다는 공민왕의 개혁 의지의 발현이었다. 林樸의 건의를 받아들여 성균관을 중건한 공민왕은 계속적인 제도 개혁으로 성균관 교육의 정상화를 시도했다. 17년에는 經義로 親試를 시행했으며,[59] 18년에는 科擧三層法을 恒式으로 삼았고,[60] 20년에는 만 25세가 되어야 과거 응시자격을 주

---

59)『高麗史』志 권 27 選擧 1.

도록 했다.61) 이러한 일련의 조치들은 과거 급제에만 매달리던 종전의 학업 분위기를 바꾸게 했다.

둘째, 이색과 당시의 젊은 학관들은 대부분 新儒學 즉, 성리학에 관심이 깊은 사람들로서 평소 경학 중심의 교육을 통해 시부 중심의 浮華之文의 폐단을 革去해야 한다고 주장하던 이들이었다. 이들은 공민왕의 개혁 의지에 의해 조성된 경학적 분위기에 용기를 얻어 일단 학관에 임명되자 열성으로 생도들을 지도했다. 스스로들 '斯文이 흥하게 될 것이다'라는 희망에 부풀어 있었다.

그런데 이러한 면학 분위기도 잠깐, 모든 개혁의 주체였던 공민왕이 시해되고 어린 우왕이 즉위하자 사태는 반전했다. 3년간의 귀양살이에서 풀려나 成均館司成의 職을 제수받고 돌아온 李崇仁의 눈에 비친 성균관의 모습은 전일의 그것이 아니었다. 수백 명의 생도들이 明倫堂을 가득 메우고, 글 읽는 소리가 하루종일 끊이지 않던 전날의 학풍은 온데간데없고, 누구는 賦를 배우러, 누구는 詩를 배우러, 뿔뿔이 흩어져 10여 명의 생도가 한가로이 성균관을 배회하는 그런 풍경이었다.62)

일시 번성하던 성균관의 학풍이 이렇게 凋落한 것은 우왕의 즉위와 함께 대두한 친원파 보수 세력의 등장과 2년 5월의, 과거에서 對策 대신 詩賦를 회복하고, 공민왕 18년 이래 시행된 鄕試·會試·殿試의 科擧三層法을 罷한 뒤 經學的 분위기가 詞章 쪽으로 바뀌었기 때문이다.63) 때문에 諫官 등이 '근래 詩賦로 取士하여 오로지 詞章만 숭상하고 經學은 점차 피폐하니, 지금부터 玄陵(공민왕) 기유년(1369)에 시행한 과거법을 따르자'고 상언하기도 했다.64)

---

60) 上同, 註 48) 참조.

61) 上同. 그러나 실제 운용에는 이대로 지켜지지 않았다.

62) 『陶隱文集』 권 4 「贈李生序」. 縫掖十餘輩行禮訖 施施然出館門 久而無受業者 … 辭(詞)章興 學徒以某工賦某工詩而之也.

63) 『高麗史』 志 권 27 選擧 1 辛禑 二年五月. 政堂文學洪仲宣 革林樸所建對策取士之法 復以詩賦取士 罷鄕試會試殿試.

64) 『高麗史』 志 권 27 選擧 1. (五年正月)玄陵崇信經學養士取人 近年以來

그러나 결국 성균관의 부흥은 계속되지 못했다.

전일에 국학 교육 진흥의 주역의 한 사람이던 이색은 성균관의 피폐를 '뜰에는 이끼만 푸르고 글 읽는 소리는 끊어졌네'라고 읊어 쓸쓸한 감회를 토로할 정도였다.[65] 과거 경학에 몰두하던 생도들은 이젠 시부를 배우러 뿔뿔이 흩어지고, 학관 또한 드물어서 성균관에는 잡초만 무성하게 되었다. 이러한 현실을 걱정하던 이색은 개혁안을 내놓으려 시도하다가 詩 한 수로 자기의 심정을 토로했던 것이다.[66]

물론 학교의 피폐가 과거제의 변경 때문만은 아니었다. 인물도 없었고 재정도 궁핍했다. 우왕이 성균관 학생의 숫자가 왜 그리 적으냐고 묻자 廉興邦은 '전에는 養賢庫가 충실해서 재생들이 다투어 입학했으나 지금은 궁핍하여 재생들을 양성할 수 없기 때문이다'라고 답했다.[67]

2. 공양왕대의 교육

정변이 일어나면 언제나 새로운 정책의 시도가 따르는 법이다. 공양왕을 내세운 廢假立眞論者들도 자신들이 추구하는 교육 이념을 실현하기 위해 일찍부터 몇 가지 개혁을 시도했다. 그 先鞭을 잡은 이가 大司憲 趙浚이다. 조준은 공양왕 원년 12월, 국정 전반에 걸친 개혁안을 상소하면서 '勤敏博學者로 교수관을 삼아 5도에 각 1인씩 分遣, 四書五經 중심의 과정을 嚴立하여 향교 교육을 감독하

詩賦取士 專尙詞章 經學漸廢 今後一遵玄陵己酉年(1369)科擧之法.

65) 『牧隱詩藁』 권 17 「有懷成均館」. 滿庭蒼蘚絶書聲.

66) 『牧隱詩藁』 권 26 「自詠」. 興學校在於敎養 今也生徒散 而學官罕 至殆爲 茂草 臣欲措辭 未得其要 因循至今 不能緘默 吟成一首.

67) 『高麗史』 列傳 권 48 辛禑 39년 2월 己丑. 成均學生獻歌謠 禑曰 學生何 其少耶 廉興邦對曰 往自養賢庫充羨 能養諸生 故人爭入學 今匱乏不能養 故少 禑曰 其給豊儲倉米養之.

게 하고, 또 四品 이하의 관원들에게 殿庭에서 對策을 시험보여 합격자에게는 製敎를 맡기고, 불합격자는 좌천하여 儒風을 진작시키라'고 주장했다.[68] 이러한 경학 중심의 교육 정책은 신진사대부들의 일관된 주장이었고, 이들의 교육 이념이기도 했다. 조준 상소의 여러 개혁안들은 고려가 망할 때까지 예정된 순서에 따라 하나하나 추진되어 갔다. 2년 2월에는 개경의 5部 및 西北面의 府와 州에 3년 정월에는 각 道의 牧과 府에 儒學敎授官을 두었다.[69]

공양왕대의 또 다른 교육 개혁의 하나는 10學의 설치이다. 10學이란 공양왕 원년에 설치한 10개의 전문 기술분야이다. 禮學은 성균관에서, 樂學은 典儀寺에서, 兵學은 軍候所에서, 律學은 典法司(刑曹)에서, 字學은 典校寺에서, 醫學은 典醫寺에서, 風水와 陰陽學은 書雲觀에서, 吏學은 司譯院에서 각각 해당 敎授官을 두고 각종 전문 교육을 실시케 한 것이다.[70] 그런데 10學이라고 하나 실제로는 9學뿐이어서 하나가 누락되었다. 그것은 아마 算學으로 추측된다. 이 算學은 版圖司(戶曹)에서 교육을 담당했을 것이다. 그렇게 推斷하는 근거는 算學은 租稅를 거두고 국가 재정을 다루는 데 필수적인 전문기술로서 국자감 설립과 동시에 京師 6學의 하나로서 국학에서 가르치던 중요한 과목인데, 이것이 빠질 리가 없기 때문이다. 百官志의 기록에도 10學 모두에 교수관을 두었는지, 실질적인 교육이 얼마만큼 이루어졌는지는 의문이나 유학 교육기관의 예속으로부터 10학이란 기술 분야가 분리 독립되었다는 사실은 교육

---

68) 『高麗史』志 권 28 選擧 2 學校條. 이러한 일련의 조치들이 얼마만큼 실효를 거두었는지는 의문이다. 조준의 상소는 개혁이라는 이름을 빌어 반대파를 통제하려는 것이 주목적이었기 때문에 유학교수관 파견도 그러한 정책의 일환이었을 뿐이다. 고려의 운명을 예측하고 경상도 善人으로 낙향한 吉再를 고향에서 멀리 떨어진 安邊의 교수로 임명하자 부임하지 않은 것 등이 이를 말해 준다.

69) 『高麗史』志 권 28 選擧 2 學校條. 여기서 五部學堂이란 종전의 東西學堂을 확대하여 五部에 하나씩 둔 初等敎育機關이다.

70) 『高麗史』志 권 31 百官 2.

과정상의 커다란 진전으로 볼 수 있다. 따라서 공양왕대의 교육은 지방 교육과 기술 교육에 있어서 제도적인 면에서는 상당한 진전을 했다고 평가할 수 있다.

그러나 이 시기의 모든 제도의 개혁은 조선왕조 開創의 연장선상에서 파악되어야 하기 때문에 진정한 의미의 개혁이라기보다는 신구 세력간의 권력다툼에서 파생된 결과라는 면이 짙다. 또 이 개혁은 조선왕조에 그대로 계승되지도 못했기 때문에 선언적 의미밖에 없다.

제4장

고려시대 鄕校의 성립과 발전

Ⅰ. 고려 전기의 鄕校
Ⅱ. 고려 후기의 鄕校
Ⅲ. 고려 鄕校의 실태

Ⅰ. 고려 전기의 鄕校

1. 鄕校의 始設

고려는 건국 직후부터 지방 교육에 관심을 두어 이미 '태조 13년에 王이 西京에 行幸하여 학교를 설치하고 6部의 생도를 모아 교수케 했다'[1)는 기록이 보이는 것을 비롯하여, 나말여초에는 청주를 비롯한 몇몇 지방의 요지에 학교가 존재했다.[2) 지방의 문화 수준이 상당히 높았다는 것은 과거 합격자의 수를 통해서도 실증된다.[3)

중앙집권화를 지향하는 고려 조정은 성종대에 오면 중앙 관제를 中國式으로 개편함과 동시에 지방통제를 강화할 목적으로 비로소 12牧을 설치하여 지방관을 파견하고,[4) 지방세력의 수중에 있던 지방 학교를 일단 폐쇄하면서 지방 교육 체제를 다시 중앙의 통제하에 재정비했다.[5) 즉 정치이념으로 채택한 유학을 지방으로 확산시키기 위하여 성종 6년 8월에는 전년에 귀향시킨 학생들의 교육을 담당케 한다는 전제하에 經學·醫學博士를 12牧에 파견하는 한편,[6) 8년 4월에는 이들 중 교육에 성과가 많은 이들을 褒獎했다.[7)

---

1) 『高麗史』 권 24 志 28 選擧 2 學校.
2) 金光洙, 「羅末麗初의 地方學校問題」 『韓國史研究』 7, 1972, 130쪽.
3) 許興植, 『高麗科擧制度史硏究』, 1981, 15~16쪽.
4) 『高麗史節要』 권 2 成宗 2년 2월.
5) 金光洙, 앞의 논문, 126쪽.
6) 『高麗史』 志 28 選擧 2 學校. 成宗六年八月 以前年許還學生 無師敎授 選通經閱籍者 爲經學醫學博士 於十二牧各遣一人.
7) 上同. 八年四月敎曰 大學助敎宋承演 南海道羅州牧經學博士全輔仁 誨人不倦 宜加獎擢 … 其十二牧經學博士 無一個門生赴試者 雖在考滿 復令留任 責其成効 量授官階 以爲恒式. 그런데 이때 포장을 받은 羅州牧 經學博士 全輔仁은 明經科 급제자란 점이다. 당시 매회 5~6명에 불과했던 엘리트

이것으로 미루어 볼 때 교수가 생도를 기르자면 장소가 있어야 할 것이요, 규모가 어떠했던 간에 이 교육시설은 향교로 설명될 수 있을 것이다.[8] 그리고 교육의 功效를 銓選 褒貶에 반영하겠다는 적극적인 지방 교육 진흥책이 이때 이미 나타나고 있다. 보다 구체적인 조치는 성종 11년 정월의 敎에 나타난다.

학문을 하지 않으면 善을 알 수 없고, 이를 훌륭한 이에게 맡기지 않으면 성공을 거둘 수가 없다. 이 때문에 중앙에 학교를 열고, 지방에 鄕校를 설치하여 생도들의 학업을 권장하고 학문을 겨루는 장소로 삼았다.[9]

여기에서 文藝를 겨루는 장소란 말할 것도 없이 향교이고, 중앙

지식인인 급제자가 지방의 향교 敎授로 보임되고 있는 사실은 당시 成宗의 敎育立國 열망을 웅변으로 나타내는 기록이라 하겠다.

8) 鄕校라고 하면 일반적으로 孔子와 그 제자들을 奉祀하면서 지방 자제들의 교육을 담당하는, 지방의 官立學校로 인식되고 있다. 그러나 鄕의 校란 개념은 단순히 '地方學校'라는 데서 출발한 것으로 이 명칭이 가장 먼저 보인 기록은 『左傳』 襄公 31년 11월의 '鄭人 游于鄕校 以論執政'(原註에 鄕校는 鄕의 學校라 했다)으로 이때는 물론 孔子가 태어 나기 훨씬 전이었다. 우리나라 기록으로는 仁宗 20년 2월의 '界首官鄕校 都會'(『高麗史』 志 권28 選擧1 科目1)가 처음이니, 그 이전의 것도 鄕校로 규정할 수 있겠느냐는 문제가 있으나 成宗 2년 孔子廟圖와 72賢 讚記가 전래되고(『高麗史』 권3 世家 3) 유학을 정치이념으로 삼고 이를 확대 보급하려던 성종의 정책으로 보아 지방 학교에 공자 및 그 제자들을 봉사케 했을 가능성이 높다. 한편 이러한 문제를 고려하지 않더라도 지방 학교라는 의미에서 향교라 칭한다고 해서 큰 무리는 없을 것이다. 그러므로 本稿에서는 성종 이후의 지방 학교를 향교로 통칭했다. 고려시대에는 鄕校의 명칭이 일정치 않았다. ① 鄕校 ② 小學(禮州) ③ 州學(尙州) ④ 鄕學(堤州) ⑤ 庠塾(公州) 등으로 불리어져 中國의 州學과 縣學이 구분된 것과는 다르다. 이는 고려의 지방조직이 중국처럼 단순화하지 못한데다 '地方學校'라는 개념을 가진 중국의 漢字 용어를 그대로 차용한 결과이다. 守令을 侯·刺史·太守 등으로 부른 것과 같은 예라고 할 수 있다.

9) 『高麗史節要』 권 2 成宗 11年 正月. 敎曰 … 非積學 無以知善 非任賢 無 以成功 是以內開庠序 敎崇儒術 外置學校 勸課生徒 啓較藝之場.

에서 파견된 경학박사들은 이곳을 근거로 고을 자제들을 모아놓고 집단적인 유학 또는 文藝敎育을 실시했을 것이다. 여기서 생도란 唐代의 學館에 둔 士人을 지칭했다는 점을 상기할 필요가 있다.[10] 그리고 목종도 6년 정월 敎에서도 성종 8년 4월의 敎令을 거듭 강조했다.

三京과 十道의 박사와 사장으로 하여금 생도를 권장하도록 해서 권면한 공로가 있는 자는 이름을 기록해서 아뢰고, 관내에 재주와 학식이 있는 자가 있으면 해마다 천거하는 일을 항규로 삼아 이명을 실추하지 않도록 하라.[11]

향교 교수는 성종 6년 이후 계속 존재했으며, 이것은 향교 교육이 계속되고 있음을 말하는 것이다. 다음 顯宗代에 오면 지방 교육에 대해 통제한다.

국자감에서 다시 시험 보여 입격한 자는 과거 응시를 허용하고 나머지는 모두 거주지로 돌려 보내 학습케 하라. 만일 계수관이 부적격자를 올릴 경우에는 국자감에서 고사하여 모두 죄를 주라.[12]

적어도 현종조에는 界首官試가 있었음을 알 수 있다. 또 국자감

---

10) 高麗의 學制는 唐制를 채용한 것이 많은데 鄕貢과 生徒는 구분되고 있다. 즉 鄧嗣禹의 『中國考試制度史』, 臺灣學生書局, 1960, 77쪽에 '唐朝應試之來源 簡言之可分爲二 卽一由學館出身者 二不由學館出身者 然史書分爲三 今仍之 其一卽 由京師及各地學館出身者 曰生徒 其二 普通士人 試於州縣 及格後 送試禮部者 曰鄕貢 其三 不由學校出身者 及州縣考試 而直接由天子自詔者 曰制擧'라 하여 학관 출신자가 아닌 일반 지방 출신 거자를 鄕貢이라 했다. 高麗中期에는 郡邑出身擧子를 통털어 鄕貢이라 부르고 있는데(『高麗圖經』 권19 民庶 進士), 지방의 私學인 書齋는 高麗 말기에 이르러서야 近畿地方을 중심으로 발달했다(李秉烋, 「麗末鮮初의 科業敎育」 『歷史學報』 67, 1975, 67쪽).
11) 『高麗史』 志 권 28 選擧 2 學校. 穆宗 六年 正月敎. 令三京十道博士師長 獎勸生徒 有勤效者 錄名申聞 管內有才學者 逐年薦擧 勿墜恒規.
12) 『高麗史』 志 권 27 選擧 1 科目 1 顯宗 十五年 十二月判. … 國子監更試 入格者許赴擧 餘並任還本處學習 如界首官實非其人 國子監考並科罪.

이 이에 대한 감독권을 가지고 있어 계수관이 부적격자를 選上할 경우, 考覈하여 科罪하도록 했다. 여기에서 관심을 끄는 것은 왜 이러한 향공에 대한 통제를 가했을까 하는 문제이다. 물론 향공의 질적 저하가 가장 큰 요인이었을 것이다. 그러나 동년 12월 判에 製述·明經業 응시 향공들에 의해 人丁의 多寡에 따라 인원 수를 제한했던 것[13]과 아울러 지방 교육의 확대에 따른 향공의 숫적 증가에 대한 통제 조치로도 볼 수 있겠다.

高麗 일대의 문화 융성기였던 문종대에는 외직의 직제를 정하면서 東京과 南京·大都護府·大都督府에 文師 1인, 防禦鎭과 知州郡에 혹 文學 1인을 두어 講學을 맡기기도 했다.[14] 문사와 문학이 직급의 차이는 있겠으나 강학을 맡은 직임은 틀림없으니, 郡단위까지 향교설치가 확대되고 있는 것이 아니겠느냐는 추측을 가능케 한다. 일단 현종 9년 지방제도 개편시의 4都·8牧·56知州郡事와 28鎭將·20縣令을 기준으로 한다면[15] 56知州郡事 고을에 모두 교수를 파견하지는 않았다고 하더라도 상당수의 군단위 고을에 향교가 보급되었을 것이다. 이러한 증가 추세는 적어도 武臣亂 직전까지는 유지되었을 것이다.

2. 鄕校의 발전

고려 전기의 諸王들 중에서도 특히 교육에 관심이 많았던 예종

---

13) 『高麗史』 志 권 27 選擧 1 科目 1.
14) 『高麗史』 志 권 31 外職에 '防禦鎭 文宗定 使一人五品以上 副使一人六品以上 判官一人七品 法曹一人八品以上 或加置文學一人以任講學 醫學一人以任療病 … 知州郡員吏品秩防禦鎭 …'라 했다. 그리고 文學職의 실제 존재가 高宗 40년 春州文學 曹孝立이 몽고병의 침입으로 성을 지키다가 함락될 위험에 놓이자 불 속에 뛰어들어 자살했다는 기록에서 나타나고 있다(『高麗史』 列傳 권34 曹孝立傳).
15) 『高麗史節要』 권 3 顯宗 9년 2월.

은 그 즉위년에 制했다.

> 삼경과 팔목의 통판 이상 및 지사와 현령으로서 문과 출신인 자는 겸하여 학사를 관장하게 하라.16)

삼경·팔목의 통판 이상이나 현령 이상의 수령으로 문과 출신자에게 학사를 兼管하게 했다. 여기에서 '學事'란 용어가 정확히 무엇을 지칭하는 것이며, 이상과 같은 법제적 조치가 그대로 전국에 실시되었을 것이냐가 문제로 남는다. 하지만 조선시대의 경우를 보아 수령의 학사란 바로 향교 교육을 말하는 것임을 미루어 볼 때 여기에서의 학사도 같은 것이었음을 의심할 필요가 없다. 이러한 정책의 시행 여부는 의종 22년 3월 詔에서 알 수 있다.

> 백성을 교화하고 풍속을 이루는 것은 반드시 학교로부터 비롯되는 것이다. 祖宗이래 외방 고을에 문사 一員을 파견하고, 또 유신으로서 수령이 된 자가 있으면 겸하여 학사를 관장, 권학을 하게 했는데, 근일 들으니 이 직을 맡은 자들이 이익을 추구하는 데만 몰두하고 권학하는 방도에는 유의하지 않아 학문에 뜻을 둔 선비들이 알려질 길이 없어졌다.17)

祖宗 이래 외관에 文師를 파견하고 儒臣 수령에게 학사를 겸임시켜 勉學케 했으나 근래 이 직을 맡은 자가 권학의 임무를 게을리 했다고 지적한 데서 예종 즉위년의 制가 계속 시행되어 오고 있음을 알 수 있다. 왜냐하면 '祖宗 이래'란 말은 의종의 전왕인 인종을 포함하여 그 '이전의 여러 王을' 가리키는 것이 분명하다고 생각되기 때문이다.

---

16) 『高麗史』 志 권 28 選擧 2 學校. 三京八牧通判以上 及知事縣令 由文科出身者 兼管勾學事.

17) 『高麗史』 志 권 28 選擧 2 學校. 化民成俗 必由學校 自祖宗以來 於外官 差遣文師一員 又有儒臣爲守 則兼管勾學事以勸學 近聞 任是職者 但以謀利爲先 勸學之方 略不留意 志學之士 無有聞達.

이렇게 본다면, 예종대에 와서는 각 고을에 향교란 지방 교육 기관이 보편화되었음을 뜻하며, 교육이 수령의 주요 업무 중의 하나로 되었다는 사실은 고려시대 지방 교육 발전에 있어서 획기적인 정책으로 다음 몇가지 중요한 의미를 갖는다.

첫째, 행정권이 없던 교수가 전담하던 지방 교육이 행정 통제 속으로 들어감으로써 보다 조직적으로 운용되었을 것이다.

둘째, 일부 州府 중심의 지방 교육이 적어도 문과 출신 수령이 있는 고을까지 확대됨으로써 전국 규모로 확산되었다는 점이다. 문과 출신 수령들은 武班이나 蔭敍 출신보다는 교육에 깊은 관심을 가졌고, 교육자로서의 자질도 보다 많이 具有했었기 때문에 향교 교육은 상당한 성과를 얻을 수 있었을 것이다.

특히 예종은 관학 진흥에 진력한 임금임을 감안할 때, 즉위 초에 가졌던 지방 교육 진흥에 대한 관심은 재위 17년 동안 꾸준히 추진되어, 결국 이 시기를 기점으로 내외의 文風이 자못 떨치게 되었으리라 추측된다.

예종의 뒤를 이은 인종 역시 교육에 깊은 관심을 가지고 式目都監에 명하여 學式을 상세히 정비했다. 5년 3월 李資謙의 亂을 겪고 난 뒤에는 政敎를 일신하기 위하여 維新 15개조의 敎書를 내렸다.[18)]

주현에서는 학교를 세워 가르치고 지도하는 일을 넓히라.[19)]

---

18) 이 維新 15개조는 민생에 관한 것이 9개조, 인재 등용에 관한 것이 2개조, 검약과 冗官 沙汰가 2개조, 과거·학교에 관한 것이 2개조로 되어 있어 主眼이 민심안정에 주어지고 있다. 따라서 이 詔書를 내리게 된 배경은 李資謙亂의 뒷수습을 위한 정치일신의 목적이었지 향교 설치라는 새로운 정책 발표라고 볼 수는 없다. 그리고 향교 설치 항목이 가장 마지막에 들어 있는 것도 교육 제도의 일대전기라고 할 수 있는 全國鄕校新創問題로 보기에는 미흡하다. 종전까지 이 興學敎書 한 구절로 인하여 高麗時代의 지방 교육은 仁宗代부터 시작되었고, 그 명칭은 鄕學이라고 인식되어 왔다.

19)『高麗史節要』권 9 仁宗 5년 3월. 州縣立學 以廣敎導.

교서의 14번째 들어 있는 이 한 구절을 근거로 하여 고려시대의 향교가 인종대부터 설립된 것으로 보고 있다. 그러나 여기서 '州縣'이라는 것은 '여러 고을'의 泛稱이지 州牧 등 큰 고을만을 의미하는 것은 아니다. 이상에서 본 바와 같이 성종 이후 향교는 꾸준히 증가해왔다. 따라서 성종 이래 역대의 정책과정으로 보아 지금까지 향교가 없었기 때문에 新創한다는 의미라기보다는 이미 많은 지방 교육 기관이 설립되어 있기는 했지만, 아직까지 미처 鄕校를 세우지 못한 고을에도 향교를 세우게 한 지방 교육의 완성 단계로 보는 것이 타당한 견해일 것이다. 이러한 추측이 가능한 이유는 江華와 그 屬縣인 喬桐에까지 인종 5년에 향교가 설치되고 있는데 이것은 5년 3월의 詔書와 깊은 관련이 있다고 추측되기 때문이다. 이와 같은 견해는 인종 7년(1129), 인종이 國子監에 行幸한 것을 치하하여 金守雌가 올린 글에도 유추할 수 있다.

> 아! 鄭나라 사람이 향교를 헐어버리려 하자 詩人이 이를 풍자했다. 지금 우리나라에서 經術을 숭상하여 인재를 갈치고 양성하는 恩澤을 권장하니 글 읽는 소리가 서울로부터 지방에 이르기까지 미치어 예전에는 일찍이 없던 일이다 … 얼마나 성대한가?[20]

여기서 金守雌는 文運이 전국에 융성함을 밝히고 있다. 물론 이 말이 임금 앞에서 하는 紛飾의 상투어임을 감안하더라도 순전히 아첨의 말만은 아닐 것이다. 이렇게 전국적으로 문운이 융성하게 된 것이 향교를 세우라고 명한 만 2년만에 얻어진 성과라고는 생각되지는 않으며 그 이전부터 쌓아온 교육 진흥 정책의 결과인 것이다. 이 당시 宋使의 一員으로 왔던 徐兢(1091~1153)은 다음과 같이 묘사하고 있다.

---

20) 『東文選』 권 64 記 金守雌 幸學記. 於戱鄭人欲毀鄕校 詩人刺之 今我國家 崇尙經術 勵敎養之澤 絃歌之聲 首自京師 覃及外方 古未嘗有 … 何其盛矣哉.

위로는 조정 관리들의 威儀가 우아하고 文采가 넉넉하며, 아래로는 민간
마을에도 經館과 書社가 두셋씩 늘어서 있다. 그리하여 백성들의 子弟로 아
직 결혼하지 않은 자들은 무리 지어 살면서 스승으로부터 경서를 배우고, 좀
장성해서는 벗을 택해 각기 그 부류에 따라 절간에서 講習하고, 아래로 졸병
과 어린이들까지도 鄕先生을 따라 글을 배운다. 아, 훌륭하구나![21]

서긍은 經館 書社가 잇달아 늘어섰고, 백성의 자제들이 무리를
지어 스승을 좇아 경전을 익히며, 卒伍와 稺童까지도 鄕先生을 따
라 배우는 고려의 文運의 융성을 찬미했다.[22] 그러므로 인종대에
는 妙淸의 亂 등 국기를 뒤흔드는 혼란이 있었음에도 불구하고 교
육면에서는 괄목할 만한 성과가 나타나기 시작했다. 다음은 仁宗
20년 判이다.

"동당감시에 응시하는 재생들은 반드시 冬夏天都會에 나와 姓名을 등록하
게 하고, 외방에 있는 생도들은 각기 계수관 고을의 鄕校都會에서 확인서를
주어 시험장에 나오도록 하라."[23]

계수관 향교는 교육 업무만 담당한 것이 아니라 지방 출신 학자
들의 摸擬試驗도 총괄함으로써 교육과 선거에 있어서 중요한 역할
을 담당하게 된다. 이같은 임무가 부여되고 있는 界首官試는 그 역
할에 상응하는 책임 또한 중요하여 만약 계수관이 부적격자를 뽑아
보낼 경우 국자감이 이를 조사하여 제재를 가하도록 한 것이다. 여
기서 주목되는 것은 '界首官鄕校都會'란 용어이다.[24] 鄕校라는 명칭

---

21) 『高麗圖經』 권 40 儒學. 上而朝列官足閑威儀而足辭采 又下而閭閻陋巷 間
　　經館書社 三兩相望 其民之子弟未昏者 則群居而從師授經 旣稍長則擇友
　　各以其類講習于寺觀 下逮卒伍童稺 亦從鄕先生學 於戱盛哉.
22) 徐兢의 自序에서 '겨우 月餘를 머물면서 문밖을 나간 것이 5~6차례뿐이
　　었다'고 한 것에서 알 수 있듯이 그의 見聞은 극히 제한적이었을 것이
　　다. 위의 글 내용으로 보아 開京외 정황을 기록한 것인 듯하나 당시 고
　　려의 崇文的 분위기를 이해하는 데 도움이 된다.
23) 『高麗史』 志 권 27 選擧 1 科目 1. 東堂監試赴擧諸生 須赴冬夏天都會 許
　　錄姓名 在外生徒 各於界首官鄕校都會 給狀赴試.

이 여기서 비로소 나타나고 있다. 이 계수관 향교에서 모든 지방 응시자들의 예비시험을 총괄하고 있다는 점은 변함이 없다. 다만 '계수관향교'라고 지칭한 것은 계수관 고을 이외의 즉, 계수관에 領屬된 예하 고을에도 향교가 존재했기 때문에 이러한 표현이 나왔을 것이다. 만일 계수관 고을에만 향교가 존재했다면 구태여 '界首官'이란 수식어가 필요없이 단순히 '鄕校都會'라고만 하는 것이 훨씬 자연스러운 文理이다. 또한 이때는 앞에서 보아온 바와 같이 시기적으로도 계수관 이하 고을의 향교 존재를 의심할 필요는 없다.

이렇게 볼 때, 중앙에서는 앞에서 언급했듯이 예종이 관학 진흥에 다방면으로 노력했으나 禮部試 응시의 일차 관문인 監試에의 응시 자격도 사학의 모의 내지 예비 시험 관문인 都會에 위임할 정도

---

24) 여기서 都會란 고려 전기 私學이 융성할 때 과거 시험에 대비, 山寺 등 경치 좋은 곳에 가서 실시하는 모의 시험이다. 冬夏天都會라 했으니 겨울 여름 두 차례에 걸쳐 실시된 듯하나 동천도회에 관한 기록은 없고 하천도회만이 뒷날 夏課로 명칭이 바뀌었다. 이 夏課를 渡部學氏와 許興植氏는 私學의 독특한 제도라고 보고 있으나(『朝鮮敎育制度史硏究』 136쪽 및 『高麗科擧制度史硏究』 139~140쪽) 이 하과의 시초는 사학에서 시작이 되었다고 하더라도 중기 이후에는 사학이나 관학에서 공히 여름철에 詩才를 점검하던 행사였다. 하과가 사학의 제도라고 단정하게 된 선입관은 趙浚上疏의 '鄕愿之托儒名避軍役者 至五六月間 集童子 讀唐宋人絶句 至五十日乃罷 謂之夏課'(『高麗史』 列傳 권31 趙浚傳)라고 한 데서 '謂之夏課'를 '이것을 하과라 했다.'라고 해석한 결과이다. 그러나 原意는 '그것을 가지고 소위 하과라고 한다.' '그것은 변형된 하과이다.'라는 비판적인 뜻으로 쓰인 것이다. 이 하과에 대해서는 李相國集에 잘 나타나 있는바 '愚聞先賢於儒門制十二徒 徒各置齋 有多有少 每夏一集肄業 名曰夏天都會 近因國家多梗 此風幾絶 今聞我齋得成夏課'라 하여 夏課가 곧 都會임을 밝히고, 또 '夏課聟赴擧詩賦'(이상 『李相國集後集』 권7 古律詩 次韻金學士敢見和夏課詩)라 했다. 그리고 하과가 官學에도 있었음은 金海府鄕校水軒記(『稼亭集』 권2 記)와 鄭云敬行狀(『三峰集』 권4 行狀)에도 나타난다. 鄭云敬行狀의 '課를' '夏課'와 구분해서 볼 필요는 없다. 다만 여름철에 실시하는 것이기 때문에 하과란 명칭이 붙었을 뿐이다. 이 하과의 전통은 조선시대를 거쳐 최근까지도 계승되어 漢文書堂에서는 酷暑期가 되면 일시 배우던 과정을 접어두고 하과라 하여 詩賦를 익혀왔다.

였다. 반면 반해 지방에서는 여전히 향교가 교육 및 과거 준비에서 중요한 임무를 맡고 있음을 알 수 있다. 이상의 시대적 배경을 토대로 향교 설립의 실례를, 그 존재를 통해 검토해 보기로 하자.

고려 전기에 설치되었을 것으로 보이는 향교는 다음과 같다.

① 晉州 : 穆宗代 설치[25]

② 富平 : 仁宗 2年(1124) 설치[26]

③ 江華 : 仁宗 5年(1127) 설치[27]

④ 丹陽 : 仁宗 5年(1127) 설치[28]

⑤ 喬桐 : 仁宗代 설치[29]

⑥ 泰安 : 仁宗代 설치[30]

⑦ □□ : 林椿이 鄕校諸生의 연회 초대를 받아 詩를 지어 사례하기를 '늙은 선비가 斯文의 피폐함을 탄식했더니, 名都의 禮義가 일신한 것을 보고 기뻐하네'[31]

⑧ 黃驪 : 黃驪鄕校의 재생들이 나(李奎報)를 위하여 배를 마련하여 달밤에 강에 배를 띄우며 놀다가 五更에 이르러 파했다. 이때 너무 취했으므로 長篇의 시를 지어 후의에 보답하지 못하고 …[32]

⑨ 公州 : 驪興閔祥伯이 이 고을의 刺使로 부임하여 1년이 못되어 사무가 정돈되고 행정이 잘 되었다. 뭇 정사를 보는 여가에 공은 소속 관료에게 文書를 나누어 주어 工匠을 모집하고 役事를 실시하여 州治에 있는 館舍·學校(庠塾)·寺院·亭子 등이 누추하거나 허물어 없어진 것들을 모두 수리하고 복구했다.[33]

---

25) 『晉陽誌』 및 『新增東國輿地勝覽』.
26) 『富平鄕校案』.
27) 『江都誌』.
28) 『丹陽鄕校誌』.
29) 『喬桐邑誌』.
30) 『泰安鄕校案』.
31) 『西河集』 권 2 古律詩.
32) 『東國李相國集全集』 권 6 古律詩.
33) 『東文選』 권 65 記 公州東亭記.

⑩ 白翎鎭 : 경진년(高宗 8, 1220) 봄 白翎鎭將으로 나가 청렴하고 公平하게 고을을 다스렸다. 그 고을에는 옛부터 鄕校가 없었는데, 李君이 처음으로 창건하고 人吏의 자제들을 가르치니 두어 해가 못되어 모두 인재를 이루었으며 과거에 응시하는 자들까지 있게 되니 온 고을이 그를 우러러 보았다.[34]

⑪ 保安 : 경인년(高宗 18, 1230) 十二월 保安縣에 進士 李翰林의 집으로 거처를 옮겼는데 鄕校諸生들이 술을 가지고 와서 위로했으므로 사례하여 시를 지었다.[35]

⑫ 上洛(安東) : 정미년(高宗 34, 1247) 봄 왕명을 받아 東西路를 鎭撫하며 上洛을 순찰했는데 牧使로부터 鄕校의 모든 儒生에 이르기까지 詩歌를 올리며 환영했다.[36]

　이상에 예시된 12개 향교 중 인종 때 설립된 앞의 6개 향교는 우선 典據가 鄕校案·邑誌·鄕校誌들로서, 이것들은 대부분 조선시대 말기에 편찬되었다. 그것도 『新增東國輿地勝覽』 등에서 수록한 것으로 자료로서의 신빙도와 객관성을 의심할 수도 있다. 그러나 記 등 다른 문헌을 통해 증명되는 것도 있으며, 연·월·일까지 명기된 것을 보면 原資料는 실전되었지만 명확한 전거에 의해 인용했을 것이란 점은 일단 믿어도 좋을 것이다.[37]

　다음 ⑦에서 ⑫까지 6개 鄕校는 그 존재가 비록 무신 집권기에 나타나고 있지만 白翎鎭鄕校를 제외하면 기록이 나타나기 이전부터 존재했었기 때문에 무신 집권기의 제반 상황을 고려하여, 전기에 포함시켰다(後述).

---

34) 『東國李相國集後集』 권 12 李世華墓誌.
35) 『東國李相國集全集』 권 17 古律詩.
36) 『補閑集』 권 下.
37) 鄕校誌 鄕校案 등에 나타난 향교 설치 연대는 건물의 창건 연대를 중심으로 한 것이기 때문에 실제 교육은 이보다 앞서 실시되는 경우가 많았다. 즉 鄕校案에 조선 太宗代에 설치되었다는 仁川鄕校는 崔恒의 「仁川鄕校重修記」(『東文選』 권82)에 의해 고려말에 그 존재가 나타나며, 鄕校誌에 恭愍王 17년(1368)에 창설되었다는 榮州鄕校에서 鄭云敬(鄭道傳父)이 忠肅 1년경(1314?)에 이미 수학했다.

①에서 晉州鄕校의 穆宗代 설치설은 河演의 晉州鄕校記에서 '吾嘗聞 殷烈公姜民瞻 學於校中 功業桓赫'[38]이라 한 것과 姜民瞻이 穆宗代에 등과한 사실[39]을 근거로 晉陽誌에서 인용한 것이다. 晉州는 12목의 하나였으므로 성종대에 이미 향교가 존재했을 것이다.

②의 江華鄕校는 고종대 李藏用의 國子監上梁文[40]에 의해 향교 건물을 국자감으로 임시 빌려 쓰고 있어 존재가 확인된다.

⑤의 丹陽鄕校는 태종 16년(1416)에 李作(?~?)이 지은 風化樓記[41]를,

⑥의 泰安鄕校는 魚世謙(1430~1500)의 記文[42]에서 인용한 듯하나 현재 실전되었다.

⑦은 西河 林椿이 무신난 직후[43](1174년 전후), 예시한 5개 향교 중의 하나가 아님이 분명한 어느 큰 고을의 향교 재생이 초대한 연회에 참석하여, 초청해 준 데 대한 답례로 시를 지어준 것이다. 임춘은 이 시에서 '늙은 선비가 문운이 쇠퇴했음을 한탄했는데, 名都에서 예의가 새로운 것을 보니 기쁘네'라고 했다.

⑧은 李奎報年譜에 의하면, 그의 29세 때인 1196년(명종 26)에 崔忠獻의 집권으로 화를 입고 黃驪로 귀양간 그의 姊兄을 찾아갔다가 그곳 향교 재생들이 초대하여 뱃놀이를 베풀어 준 데 대한 厚誼에 답하기 위하여 시를 지어 주었다는 내용이다.

⑨는 閔祥伯이 公州牧使로 가서 州治의 창고·학교(庠塾)·寺

---

38) 『新增東國輿地勝覽』 권30 晉州.
39) 『高麗史』 권 94 列傳 7.
40) 『東文選』 권 108.
41) 『新增東國輿地勝覽』 권 14 丹陽 鄕校條.
42) 『新增東國輿地勝覽』 권 19 泰安 學校條.
43) 李奎報의 詩「悼朴生兒兼書夢中事」『東國李相國集全集』 권 8 古律詩에 의하면 '林先輩椿卽世 幾踰二紀 戊午六月二十五日 夢予友朴還古來告云' 했으니, 이규보 당시의 무오년은 1198년(神宗 1)이므로 여기서 24년을 소급하면 1174년(明宗 4)이 된다. 그러므로 여기에 인용한 사료에 나타난 향교는 무신난 직후에 있던 어느 향교이다.

院·亭觀 등을 수리했다는 기록이다. 典據인 公州東亭記의 作者는 李仁老(1152~1220)이니 적어도 고종 8년(1220) 이전에 公州鄕校가 존재했음을 말한다.

⑩은 李世華가 1220년(고종 8) 봄에 白翎鎭將으로 나가서 고을을 잘 다스리고 鄕校를 창설, 몇 년이 안 되어 과거에 응시한 자까지 있게 되어 온 고을이 경모했다는 것이다.

⑪은 李奎報年譜에 의하면 그의 63세 때인 1230년(고종 17) 11月 八關會宴會의 儀式이 옛규례에 어긋났다는 탄핵을 받고, 猬島로 귀양가던 도중 保安縣에 도착했을 때 그곳 향교 재생들이 술을 가지고 와 위로해 준 데 대한 답례로 지어준 詩의 제목이다.

⑫는 1247年(고종 47) 봄 崔滋가 東西路를 鎭撫하러 나갔다가 上洛(安東)에 이르니 그곳 守令으로부터 향교 재생에 이르기까지 모두 거리에 나와 환영했다는 것이다.

이상 鄕校 관계 기록을 통해 우리는 다음 몇 가지 문제를 고려해 볼 수 있다.

첫째 고을의 대소에 관계없이 향교가 거의 전국적으로 분포했다는 사실이다. 이것은 고려 전기에 있어서 향교의 보편화를 의미하는 것이다. 특히 江華와 黃驪는 縣令官 고을이고, 喬桐·丹陽·泰安·保安은 상주하는 수령도 없는 屬縣이라는 점에 주목할 필요가 있다.44)

---

44) 江華는 顯宗 9년에 縣令을 두었고, (『新增東國輿地勝覽』 권 12 江華都護府) 喬桐은 穴口郡(江華)의 屬領이었다가 明宗代에 와서 監務를 두었고, (上同 권 13 喬桐縣) 丹陽은 顯宗 9년에 原州 屬縣이었다가 뒤에 忠州로 이속되고, 忠烈王 16년(1290) 哈丹의 침입에 고을 주민의 공이 많았다 하여 비로소 감무를 두었으며(上同 권 14 丹陽郡), 泰安은 顯宗 9年에 運州의 속현이었다가 忠烈王 때 본군 출신 李大順이 元의 恩寵을 받아 知郡事 고을로 승격했다(上同 권 19 泰安). 黃驪는 顯宗 때에 原州의 속현이었다가 뒤에 감무를 두었으며(上同 권 7 驪州牧), 保安은 新羅 때는 喜安이라 하여 古阜郡의 속현이었다가 高麗 때 保安으로 고쳐 그대로 古阜郡의 속현으로 仍置하고, 후에 扶寧監務가 겸했다. 禑王 때에 扶

극히 제한된 자료이기는 하지만 인종대에 와서 현이나 속현에 향교가 설립되고 있다는 사실은 이보다 큰 목이나 知事郡·防禦鎭 등에 보다 먼저 향교가 창설되었을 것이라는 반증이 되는 것이다. 물론 고려시대 향교는 중앙 정부의 강력한 정책에 의한 집중적인 창설이 아니라 지방 교육에 관심 있는 文臣 수령들의 주선으로 설치되는 경우가 많았기 때문에45) 고을의 크기와 반드시 비례한다고 보기는 어렵다. 하지만 큰 고을에는 敎授·文師·文學을 파견하고 그 외의 고을 수령은 문과 출신을 差遣하여 學事를 주관하게 한 사실을 보면 보다 큰 고을에 먼저 향교가 설치되었을 가능성은 높다고 하겠다.

그런데 중앙에서 파견된 관리가 없고 지방민인 鄕吏가 행정 전반을 관장했었던 屬縣에 향교가 설치되었다는 사실에 대한 해석 문제가 남는다. 그러나 아무리 속현이라 하더라도 중앙 정부에서 파견된 主縣 수령의 통제와 행정 지시를 받는, 단일 縣의 성격을 具有한 독립된 단위로서 중앙정부의 정책은 主縣을 통하여 평등하게 집행되었다.46) 그러므로 主縣수령의 지시에 의해 지방 향리가 주체가 되어 자기 고을의 발전을 위한 교육기관을 창설함에 있어 기왕에 있는 主縣의 제도를 그대로 모방했을 것이다. 중앙에서 파견한 관리는 아닐지라도 향리는 그 고을의 행정을 담당했었으니, 이러한 향리가 지방민을 동원하여 교육장을 설치하는 것은, 조선 초기에 수령이 지방 유지의 협조하에 民力을 동원하여 향교를 세운 경우와 성격상 차이가 없다. 그런 의미에서 향교라고 규정하기에 아무런 어려움이 없을 것이다.

다음으로 武臣 집권기에 나타나는 향교의 존재에 대해 살펴보기

寧과 保安에 각각 감무를 두었다(上同 권 34 扶安).

45) 뒤의 高麗 후기 향교를 다룰 때 상론하겠지만, 향교 설치의 주역은 문과출신 수령이 대부분이다. 이점은 조선 초기에 있어서도 마찬가지였다(李成茂, 「朝鮮初期의 鄕校」『漢波李相玉博士回甲記念論叢』, 1969, 238쪽).

46) 邊太燮, 「高麗前期의 外官制」『韓國史硏究』2, 1968, 14쪽.

로 하자. 이 시기의 6개 향교 중 창설 연대가 분명한 白翎鎭鄕校를 제외한 5개 鄕校는 전부터 존재해 오던 향교들이다. 그 설치 시기가 언제인가가 문제로 남는다. 다음과 같은 무신 집권기의 상황으로 보아 전기일 가능성이 높다. 여기에 대해 몇 가지 특수성을 생각해보자

첫째, 무인 집권기라는 특수한 상황하에서 文臣의 주요 활동 분야였던 교육이 크게 압박을 받았을 것이다.

둘째, 민란과 蒙古의 침입으로 거의 전 국토가 황폐해져, 행정 업무도 停頓되는 상태에서 지방 교육의 확대는 엄두도 낼 수 없을 뿐 아니라, 상당 수의 鄕校가 파괴되는 실정이었다.

셋째, 文武交差法의 시행은 향교 설립의 주역이 되는 及第 문신 수령의 숫자를 반감시켜 향교의 신축이나 보수 등 工役이 매우 부진했을 것이다.

넷째, 銓選의 문란으로 仕進이 침체된 사회적 분위기는 장차 과거를 보아 관료로 진출하려는 생도들에게는 적지 않은 좌절과 실망을 안겨 주었을 것이고, 이것도 교육 침체의 한 요인이 되었을 것이다.

물론 창설 연대가 분명한 白翎鎭鄕校의 예로 보아 이 시기에도 향교가 설치되고 있음은 사실이다. 이 백령진향교는 李世華라는 특정인과 관계가 있는 경우이다. 백령진은 군사상의 요충이었겠지만 인구도 적고, 지역도 협소한 일개 도서에 불과한 잔약한 고을[47]에 불과하다. 그럼에도 불구하고 李世華가 이런 곳에까지 향교를 설치한 것은 다른 대부분의 고을에 향교가 설치되어 있었을 것이기 때문이다. 이러한 사실도 高麗 전기 향교의 보편화를 반증하는 실례라 하겠다. 그리고 지방에서는 官學이 私學보다 먼저 전국 규모로

---

47) 『新增東國輿地勝覽』 권 43 康翎縣條에 의하면 白翎鎭은 顯宗 때 鎭將을 두었으나 恭愍王 때 물길이 험하므로 文化縣에 寓居케 했다가 恭讓王 때는 문화현에 예속시키고, 조선 世宗 10年에 永康과 합하여 康翎縣이 된 작은 고을이다.

설치되었을 가능성 또한 크다.48) 따라서 이 시기에 향교가 존재했다는 사실은 무신 집권기 이전, 즉 고려 전기에 창설된 향교일 것이라는 결론에 도달하게 된다.

Ⅱ. 고려 후기의 鄕校

1. 무신 집권기의 鄕校

1170년 鄭仲夫 등의 무인란으로 시작된 100년간의 무신 집권은 고려 건국이래 이제까지 경험하지 못한 충격적인 것이었다. 그 결과 전기와는 다른, 고려 후기라는 새로운 정치·사회 체제가 형성되기 시작했다. 여기서는 우선 교육과 가장 밀접한 관계에 있는 몇 가지 문제를 중심으로 당시의 시대적 상황을 살펴보기로 하자.

먼저 人事面에서 보면, 종래 文吏 출신자들의 仕路였던 州縣外補 즉 三京·四都護·八牧으로부터 전국 주현의 수령과 館驛의 말단에 이르기까지 모든 소임에 武人을 병용하기 시작했다.49) 이러한

---

48) 이러한 현상은 교육 제도 발달의 일반적 추세이다. 고려시대 지방 교육도 官學이 먼저 전국 규모로 확대되었으며, 조선시대에도 향교가 지방에서의 과업 교육 기능을 상실하자 서원이 발생했다. 중국도 여기에서 예외일 수는 없었다. 劉伯驥,『廣東書院制度』, 國立編譯館中華叢書編審委員會刊, 1958, 1쪽, 서론에도 ‘中國過去學制 唐宋以前 只有所謂國學鄕學之分 而鄕學之中 又有所謂學校 徒有名而無其實 學校敎官 只亦謂而不敎 因此宋代有三舍之法 明初有六堂之制 無非想從敎士上着想 以補其空泛之弊 但這兩種辦法 當時却有流弊 未幾亦歸停止 書院判度 在此期中使應運而興 爲補學校所不逮的’이라 하여 중세 이전에는 官學만 있었는데 역사가 흐름에 따라 폐단이 노정되어 관학이 유명무실해지자 私學인 서원이 발달했다고 밝히고 있다.

49)『高麗史』世家 권 19 明宗三十年 十月條에 ‘自三京四都護八牧以至郡縣館

조치는 고려 전기에 수차에 걸쳐 문신을 수령에 보임하여 學事를 兼管케 한 법제적 조치와 정면으로 배치되는 것이다. 무신 실력자에 의해 文人들의 외관 부임이 저지되기도 하는 武臣專橫下의 인사체제 아래에서[50] 守令으로 나가는 문과 출신자들마저도 지방 교육에 관심을 쏟을 형편은 되지 못했을 것이다. 또 先賢奉祀니 교육이니 하는 문제는 무인들에게는 안중에도 없는 일이었다. 이 점은 약간 후대의 자료이긴 하지만 안향이 국학재건을 위해 品官들에게 돈을 내도록 권했을 때 武臣 高世가 무인이라 하여 내기를 꺼린 점[51]을 보아도 孔子를 받들거나 교육을 진흥시키는 일에 대한 무인들의 관심도를 추측할 수 있다.

다음 과거 제도와 그 운용 상황을 살펴보면, 무신란의 영향은 문신 출신의 入仕 관문인 과거에 일찍부터 나타나기 시작했다. 禮部試 응시자가 예종대에는 600여인이나 되던 것[52]이 무신난 직후인 명종 5년 10월에는 겨우 300여 인으로 반감된 것[53]은 文運의 피폐가 얼마나 극심했는가를 단적으로 말해 주는 사례이다.

崔忠獻이 집권하면서부터 이러한 상황은 조금 달라졌다. 그러나 다소의 문인들을 등용 포섭했다고 하지만, 이것은 자신의 정권 유지가 최대 목적이었기 때문에 극히 제한되고 변칙적인 것이었다.[54] 따라서 이 시기의 과거란 재능에 의한 국가 시험이란 과거제

　　驛之任 倂用武人'이라 했다.
50)『高麗史』列傳 권 41 叛逆 2 鄭仲夫傳(宋有仁傳). 太學博士盧寶瑊爲蔚州　　防禦副使 有仁以爲外官文武交差有成法 今見任蔚州判官亦文吏不宜又除寶　　瑊 不署告身 時溟州副使管城縣令 皆文吏 吏部又以文吏爲判官尉 省已署　　過 寶瑊援例告有仁 有仁怒 然前已誤署 勢不得自省中奏 乃誘重房駁奏 寶　　瑊乃溟州判官管城尉 皆不得赴任.
51)『高麗史』列傳 권 18 安珦傳. 密直高世自以武人 不肯出錢 珦謂諸相曰 夫　　子之道 垂憲萬世 臣忠於君 子孝於父 弟恭於兄 是誰敎耶 若曰我武人 何　　苦出錢 以養爾生徒 則是無子也而可乎 世聞之慚甚 卽出錢.
52)『東文選』권 23 金富弼 及第放榜敎書.
53)『高麗史』권 19 世家 19 明宗 1년.
54) 李佑成,「武臣政權下의 文人知識層의 動向」『嶺南大 30周年紀念國際學術

의 본질에서 많이 벗어나 있었다. 당시의 사정을 李奎報는 이렇게
말했다.

士林으로 말하면, 옛날에는 관직에 나가는 길이 매우 어려웠기 때문에 선
비들이 힘써 공부하여 과거를 보아 출사하는 이들이 많았다. 그런데 지금은
出仕路가 매우 쉬워 선비들이 꼭 과거를 볼 필요가 없기 때문에 학문에 마음
을 쏟는 자들이 적다.[55]

入仕之路에 橫出之人이 많아 과거가 침체하고, 학문이 쇠퇴했음
을 말한 것이다. 여기에서 옛날이란 무신난 이전을 말한 것이다.
이와 같은 入仕路의 변질은 교육의 침체에 결정적인 요인이 되었
을 것이다. 이 당시 文運의 쇠퇴를 충선왕과 益齋 李齊賢의 다음과
같은 대화에서도 엿볼 수 있다. 즉 충선왕이 옛날에는 中華와 같았
던 문물이 쇠퇴한 원인을 묻자, 李齊賢은 다음과 같이 말했다.

光宗 이후로 더욱 문교를 닦아 안으로 국학을 높이고 지방에는 향교가 벌
여 서니 도처의 학교에서 글 읽는 소리가 서로 들리고, 스승과 제자들이 기르
고 교화하느라 뒤섞여 글을 짓고 윤색하므로 이른바 문물이 중국과 짝할 만
하다고 한 것이 지나친 말이 아니었다. 그런데 불행하게도 의종 말년에 무인
의 변이 갑자기 일어나 선악이 뒤섞이고 옥석이 다 함께 타버렸다.[56]

이것은 가혹했던 무인정권의 전횡에 대한 문신의 비판임을 감안

會議論文集』, 1977, 275.

55) 『東國李相國集後集』 권 11 策問 및 年譜. 以士林言之 古者入仕之路甚難
故士必力學 而從於擧者多矣 今則入仕之路甚易 故士不必要科 而趣於學者
寡矣(이 글은 李奎報가 67세시에 禮部試의 策問으로 출제하려던 것이었
으나 당시로서는 용납될 수 없는 내용이었기 때문인지 시행되지 않았다.
그가 비록 崔氏政權으로부터 후한 은혜를 입고 있었지만 당시의 인사
폐단에 자못 불만이 많아 擧子들의 붓을 통해서나마 匡救하려 했던 것
으로 보인다).

56) 『櫟翁稗說』 前集 I. 光廟之後 益修文敎 內崇國學 外列鄕校 里序黨序 絃
歌相聞 師儒弟子 涵養陶薰 連茹而彙征 草創而潤色 所謂文物侔於中華 盖
非過論也 不幸毅王季年 武人變起所忽 薰蕕同臭 玉石俱焚.

하더라도 전기까지 융성하던 文敎가 무신난을 거쳐오면서 철저히 피폐해졌음을 알 수 있다. 전후 60여 년에 걸친 내란과 외침으로 고려의 전 국토는 전쟁터로 변하여, 심산 유곡까지 그 피해를 입지 않는 곳이 없을 정도였다.

이 시기에 지방 교육은 말할 것도 없고, 중앙의 公·私 교육 또한 피폐 일로에 있어 私學인 12徒 중 崔冲의 文憲公徒만이 겨우 부흥했다.57) 국립대학인 國子監마저도 江華에 천도한 후에는 江華鄕校 건물을 國子監으로 빌어 쓰다가 천도한 지 18년이 지난 고종 40년(1253) 전후에야 겨우 새로 창건하는 실정이었다.58) 이러한 사실에 대해 李奎報는 다음과 같이 탄식했다.

新京(江華)에 터전을 잡은 지 지금 몇 년만에 우리 徒의 옛 규범이 거의 위태하게 되었다. … 지방에는 학교가 있고 집에는 서당이 있는데 하물며 국가에 이것(國學)이 없을 수 있겠는가?59)

앞서 본 바와 같이 黃驪·公州·保安·上洛 등지에 鄕校의 존재가 보이고 白翎鎭같은 곳에서는 鄕校의 新創이 나타나기도 하여 그 명맥은 유지되고 있었다. 하지만 당시의 상황은 鄕校의 침체를 불가피하게 만들었다. 이러한 정황을 金承印은 다음과 같이 말했다.

---

57) 李奎報年譜에 의하면 그가 文憲公徒의 誠明齋에서 공부했으니 '我齋稍復 餘未爾 有如大海涓滴水'라는 것은 문헌공도의 부흥일 것이며, '今君已是 巨官人 復振斯風豈無意 哽悲何獨子一齋 十二徒中堪墮淚'와 '因之重紐十 二徒 不須偏爲吾齋喜'는 12私學徒가 다같이 융성해질 것을 간절히 바라는 시구이며, '每思吾門根抵空 行若無憑立無恃'는 私學의 침체를 한탄한 시구이다(이상 『東國李相國集後集』 권 7 古律詩).

58) 國子監建築記事는 國子監上梁文(『東文選』 권108)에 나와 있고, 이 글의 저자인 李藏用이 國子祭酒가 된 것이 高宗 37년(1250)이고, 동 40년에는 國子監 大司成에 오르고 있으니 대사성으로서 지었을 것임을 추측할 수 있다(閔賢九, 「李藏用小考」 『韓國學論叢』 3, 1980, 77쪽).

59) 『東國李相國集後集』 권 7 古律詩 金學士敞. 自卜新京今幾年 吾徒舊範危墜 地 … 鄕猶有校家有塾 況可國中無是事.

옛날에는 중앙과 지방에 鄕校(學校)가 있었는데, 모두 전쟁으로 분탕되고 그 뒤에 다시 중건하는 사람도 없은 지 거의 2백여 년이나 되니 후인들이 어느 곳이 옛 학교 터인지 알지를 못한다.[60]

또한 安軸은 다음과 같이 탄식했다.

내가 이 고을에 도착하여 耆老에게 들으니 '고을 북쪽에 골짜기가 있는데 이곳이 文宣王洞이라고 전해 온다고 했다. 이는 반드시 옛날 학교 자리인데 폐허가 된 지 이미 오래여서이리라' 하고 속으로 탄식했다.[61]

모두 과거 존재하던 鄕校가 오랜 동안 廢已되었음을 밝히고 있다. 興學詔書를 받들고 전국을 歷訪한 李穀은 다음과 같이 한탄했다.

내가 외람되게 天朝(元) 搢紳의 반열에 참여했다가 마침 이 조서를 받들고 와 동방에 선포하려 여러 고을을 순방해 보니 大成殿과 學舍가 퇴락하고 生徒들은 학업을 게을리하는 것이 왕왕 모두 이와 같았다.[62]

이 당시의 향교는 지방민에 대한 유학이념의 보급이라는 적극적인 면은 차치하고라도 그 존속마저 위태로운 형편이었다.

2. 말기 鄕校의 復興

위에서 무신 집권기 鄕校의 존재에 대하여 살펴보았다. 이 시기는 무신들의 독재 체제라는 정치적 특수성에 내란과 외우가 60여

---

60) 『江陵鄕校誌』 花浮山鄕校律詩 序. 昔有內外鄕校 俱爲兵火所蕩 後無重構者 幾二百載 後人昧不知某地其址也.

61) 『謹齋集』 권 1 記 襄陽新學記. 予到是邑(1330) 聞之耆舊 邑之北有洞 相傳云文宣王洞 斯必古之學基 而廢已久矣 予心竊嘆焉.

62) 『稼亭集』 권 2 記 金海府鄕校水軒記. 余猥厠天朝搢紳之列 得奉是詔(興學詔書) 來布東方 歷觀諸都 廟學頹壞 生徒惰業 往往皆是.

년간 계속된, 文教 특히 지방 교육면에 있어서는 암흑기라고 할 수 있는 시대였다. 이제까지의 蒙古에 대한 저항을 포기하고, 그 영향력 안에 들게 된 몽고 간섭기 이후의 지방 교육 상황은 어떠했는가를 살펴보자.

몽고에 굴복한 후 고려는 몽고의 부마국으로 전락하여 그 자주성은 많이 상실했다. 일단 외침이 종식되어 국내 정치적으로는 비교적 안정을 되찾게 되었으나 연이어 밀어닥친 內憂外患이 국내 정치에 관심을 쏟을 겨를이 없도록 만들었다. 이때의 상황을 益齋 李齊賢은 이렇게 말했다.

> 국가에서 耽羅의 반란을 정벌하고, 동쪽의 倭國에 죄를 묻고, 정해년에 勤王의 군사를 파견하고, 경인년에 도적을 막느라 군사를 동원한 기간이 거의 20년이 되었으므로 선비들이 모두 갑옷을 입고 무장을 하느라 책을 끼고 독서하는 자들은 열에 한둘도 안 되었다. 그리고 선배 老儒들도 거의 다 죽어 六籍의 계승이 실낱처럼 전할뿐이다.[63]

선비들은 전쟁에 동원되고, 老儒는 죽어 六經이 絶滅될 지경이었다. 중앙에까지 經史에 專門家가 없어 지방에서 경사에 밝은 사람을 특별히 초청해 와야 하는 형편이었고,[64] 國立大學인 國學과 文廟制度 또한 좁고 퇴락하여 외국 사신으로부터 충고를 들을 정도였다.[65]

어느 정도 정국이 안정된 뒤에는 가장 급선무가 교육의 진흥이

---

63) 『櫟翁稗說』 前集 2. 國家伐叛耽羅 問罪東倭 丁亥之勤王 庚寅之禦寇 用兵幾二十年 士皆衵金革操弓戈 挾策而讀書者 十不能一二 而先輩老儒物故且盡 六籍之傳不絶如線.

64) 『櫟翁稗說』 前集 2에 '聞故郎中兪咸子爲僧者 居泗州 能讀史漢 驛召至京 而遣尹莘傑·金承印·徐贊·金元軾·朴理等受其說 於是縫掖薦紳之徒 多以通經博古爲事'라 했다.

65) 元의 사신으로 온 耶律希逸은 文廟를 배알한 뒤 泮宮의 제도가 너무 초라하다고 王에게 새롭게 할 것을 건의했다(『高麗史』 권 32 世家 忠烈王 5年).

었다. 충렬왕 30년(1304) 6월에는 國學과 대성전의 확장 공사가 준공되어 泮宮의 면모가 일신되었다.66) 또 안향은 國學의 재원인 贍學錢을 설치하고, 孔子와 70弟子像 및 祭器·樂器·六經·諸子·諸史를 中國으로부터 들여와 國學으로서의 내실과 외양을 갖추었다.67) 그 결과 李齊賢·朴忠佐·安軸·崔瀣·李兆年·李穀 등 문인·학자가 彬彬하게 배출되었다.

이렇게 국학은 재건되었지만, 이 때를 전후하여 지방 교육에 대한 법제적인 조치는 거의 볼 수 없어 그 구체적 상황은 알 수 없다. 그러나 안향의 국학 진흥으로 배출된 많은 인재는 지방으로 확산되었고, 鄕校를 복구 또는 중수하는 등 지방 교육 진흥에 많은 공헌을 했을 것이고, 충선왕·충숙왕대에 많이 나타나고 있는 향교의 존재 또한 이러한 배경에서 생각해 볼 수 있다.68)

이러한 분위기 속에서 고려 말기에는 향교의 부흥이 활발히 이루어지고 있다. 이 시기 가운데 가장 앞서는 충선왕 5년(1313)부터 고려가 멸망하기까지 80년 동안 모두 17개소의 鄕校가 보이고 있다. 각 문헌에 나타난 향교 관련 기록은 다음과 같다.

⑬ 江陵鄕校 : 옛날에는 각지에 鄕校가 있었는데 모두 전쟁으로 소멸되고 다시 중건하는 자가 없어 거의 2백년이 되니 후인들은 어느 곳이 그 옛터인지 알지를 못한다. 근래 새로 배우는 자제들이 僧舍에 기거하면서 學舍로 삼으니 올바른 장소가 아니다. 내가 성 북쪽에 나가 좋은 지역을 발견했는데 文章을 연마할 형세를 고루 갖춘 곳이다. 10월부터 직접 일꾼들을 독려하여 한 달만에 완성하고 여러 고을의 冠童들을 불러모으고 또 龜庵長老를 맞이하다 童蒙들을 가르치는데 먼저 형편에 따라 각기 학업을 닦게 하니 재주 있는 많은 아이들이 떼지어 長幼의 차서를 지키는 모습이 볼만했다. 우선 그 연유를 서술하고 律詩 十一韻의 長句를 지어 鄕校 諸生에게 보인다. … 皇慶이 中興한 지 二年 가을(충선왕 6, 1313) … 나이 많은 한 승려가 부지런히 가르치네69)

---

66) 『高麗史』志 권 28 選擧 2 學校.
67) 『高麗史』列傳 권 27 安珦傳.
68) 江陵鄕校를 세운 金承印도 安珦이 國學을 復興할 때 수업한 자이다.

⑭ 榮川(榮州)鄕校 : 先生의 성은 鄭氏이고 휘는 云敬이다. … 일찍이 어머니를 여의고 姨母家에서 양육되었는데, 나이 겨우 10여 세에 학업에 분발하여 榮州鄕校에 들어가서 福州牧鄕校에 진학하니 처음에는 재생들이 가볍게 여겼으나 課 때마다 1등을 하니 온 고을이 모두 큰그릇으로 중하게 여겼다. … 至正 26년(공민왕 15, 1336) 정월 23일 기사일에 이르러 집에서 병으로 卒하니 壽가 63세이다.[70]

③-B 江華鄕校 : 恭愍王 15年 丙午(1366)에 江華府尹에 제수되었다. 이 郡은 궁벽한 고을로 일찍이 講學을 한 일이 없었는데, 公이 부임한 뒤 크게 學舍를 건축하고 師儒를 맞이하다 고을 자제들을 모아 詩書와 禮義를 가르치니 융성함이 文翁이 蜀地方을 敎化한 기풍과 같았다.[71]

⑮ 丹城鄕校 : 충선왕대 創建[72]

⑯ 京山(星州)鄕校 : 公(尹澤)은 도량이 컸다. 정사년(충숙왕 5, 1318) 監試에서 4등으로 합격하고, 경신년(충숙왕 7, 1320) 益齋가 知貢擧가 되었을 때 6등으로 급제했다. 京山府 掌書記로 나가 농사를 독려하고 學舍를 수리하며 고을 사람들로 하여금 墳墓에 나가 제사 드리게 하니 풍속이 효도를 소중히 여기게 되었다.[73]

⑰ 堤州鄕校 : 堤州(堤川)는 楊廣道에 속했는데 지역이 아주 궁벽하여 풍속도 가장 질박하고 관직도 監務로서 관계도 가장 낮다. 鄕校가 폐지된 지 이미 오래인데 … 기사년(조선 태조 2, 1393) 겨울 나의 동향인 金君綏가 … 이 고을 감무로 뽑혀 보임되었다. … 민중들에게 의논하기를 '백성을 다스림에는 교화를 근본으로 삼는다. 이 고을이 비록 작지만 학교(學舍)가 없는데 학교를 세워 인재를 양성하지 않는다면 국가에서 흥학의 임무를 위임한 본의가 아니다.' 하고 이어 옛터를 둘러보고서 … 신미년(1395) 정월에 役事를 시작하여 가을이 되어 완성하고서 본 고을 자제 약간 人을 모아 가

---

69) 『江陵鄕校記』 金承印花浮山 鄕校創立律詩序. 皇慶中興二載秋 年高一衲誨無倦.

70) 『三峰集』 권 4, 行狀 鄭先生(云敬) 行狀. 鄭道傳 鄭先生(云敬) 行狀(『三峰集』 권 4 行狀)에 의하면 鄭云敬은 至正 26년(1366)에 62歲로 죽었다고 했으니 10세면 1313년(忠宣王 5)이 된다. 특히 榮州鄕校는 鄕校案에 恭愍王 17년(1368)에 창건한 것으로 되어 있는데, 이보다 55년 전에 이미 향교의 존재가 나타나고 있다.

71) 『東文選』 권 117 行狀. 特進輔國崇祿大夫 靑城伯沈公「德符」行狀.

72) 『丹城邑誌』.

73) 『東文選』 권 69 尹氏墳墓記.

르쳤다. 백성들로부터 재물을 거두지도 않고 백성의 힘을 수고롭히지도 않고 60여년간 폐지되었던 학교를 일으켰으니 참으로 아름다운 일이다.[74]

⑱ 襄陽鄉校 : … 대개 이 고을은 예로부터 藩境에 인접하여 변란이 자주 일어나 흥학의 道가 닦여지지 않았다 … 학교를 세우고 인재를 양성해야 할 것이로되 이 고을을 다스리는 자들이 문서 처리에만 바빠 여기에까지 생각이 미치지 못했다 … 내가 이 고을에 이르러(충숙왕 17, 1330) 나이 많은 이들에게 들으니 고을 북쪽에 골짜기가 하나 있는데 文宣王洞이라고 전해 온다고 하니 이는 필시 옛날의 학교 터로서 폐지된 지 오래된 것이리라. 내가 마음 속으로 탄식하고서 그곳에 나아가 고을 사람들에게 명하여 學舍를 짓게 했다 … 이에 나의 동년인 通州守인 正郎 陳君이 그 役事를 감독하여 공사를 착수했는데 正郎 朴君이 수령으로 부임해 왔다. 朴君 역시 文儒인 相文의 아들로서 그 힘을 다해 내 뜻을 이루니 이것이 어찌 고을 사람들의 다행이 아닌가.[75]

⑲ 金海鄉校 : 慶源 李君 國香이 都官의 正郎으로 지방에 나아가 梁州를 다스렸는데 … 인근 고을까지 겸하여 다스리게 했다. 이 때문에 李君이 임시로 本府(金海)를 맡아 정사를 살핀 뒤 文廟로 先聖을 배알하고 물러나와 재생들에게 말하기를 '임금을 섬기고 어버이를 받들며 자신의 덕을 쌓고 백성을 다스리는 방도는 모두 학업에서 얻어지는 것이다. 학업은 농사일과 같아서 게을리 하고 시기를 놓치면 후회해도 소용없으니 재생은 힘쓸지어다. 다만 學舍가 좁고 누추하니 확장해야 하겠다' 했다. 전부터 시내를 건너 학사의 동쪽에 작은 정자가 하나 있었는데 夏課 때마다 빈객이 오면 재생들은 그 아래에 앉아 刻燭賦詩를 하는데 간혹 酷暑期이거나 비를 만나기라도 하면 사람들이 모두 고통스럽게 여겼다. 李君이 그 까닭을 묻고 즉시 州吏에게 명하여 농한기에 역사를 했는데 재목을 충분히 마련하고 터를 닦아 확장해서 신축하니 옛날에는 무릎을 겨우 용납하던 것이 지금은 넓어서 빈객의 자리와 스승·제자의 차서가 넉넉하게 여유가 있다.[76]

⑳ 尙州鄉校 : 至正 3년 계미년(충혜왕 복위 1, 1343) 내가 尙州에 임명을 받

---

74) 『陽村集』 권 12 堤州鄉校記.
75) 『謹齋集』 권 1 襄陽新學記.
76) 『稼亭集』 권 2 金海鄉校水軒記. 年譜에 의하면 李穀이 忠肅王復位 원년 (1332)에 征東省 鄉試에 합격하고 이듬해에 元 制科에 급제, 元統 2년 (1334)에 2년 전(1332)에 내린 興學詔書를 받들고 귀국하여 지방 교육 실태를 돌아보기 위해 전국을 순찰했다고 했으니, 金海鄉校를 방문한 것 도 1335년 전후일 것이다.

아 이해 4월에 고을에 도착하여 정사를 살폈는데 … 옛날의 廨宇·州學·
神祠·佛寺 등이 모두 퇴락하여 허물어졌었다 …77)

㉑ 禮州(寧海)鄕校 : 禮州 小學은 掌書記 李天年이 지은 것이다. 李君이 府
使를 보임하면서 재생들에게 말하기를 '우리나라 향교의 제도는 祠堂과
學舍가 한 건물에 있어 무례하기 짝이 없다고 하겠는데. 또 여러 동자들
을 이끌고 대성전의 뜰에서 떠들어대니 무례함이 더욱 심하다 하겠다. 이
에 재생과 더불어 父老와 의논하고 府의 동북쪽에 터를 잡아 농한기에 공
사를 시작하여 얼마 안 되어 완성했다. 마땅히 中殿에는 魯司寇의 상을
걸고 좌우의 廡는 아이들을 가르치는 장소로 삼았다. … 이에 재생 중 조
금 나은 자를 뽑아 가르치게 하고 군이 하루 한번씩 가서 그 勤慢을 고찰.
勸懲하니 비록 추우나 더우나 비가 오나 눈이 오나 감히 게으름을 피우지
못했다. 이로 말미암아 백성 중에 젖떨어질 나이가 된 아들이 있는 사람
들은 취학하지 않은 이가 없었다. 일년을 있다가 君이 정해(충목왕 3.
1347) 元旦의 賀牋을 받들고 서울에 이르러서 …78)

㉒ 南原鄕校 : 使者마다 賦稅의 징수가 급박하므로 우리 支縣에서 미처 마련
하지 못하여 이자를 주고 빌린 것이 더욱 불어나서 이 때문에 파산하는
자까지 생겼다. 侯가 그 까닭을 알고 … 마침 미납세를 징수하면서 약간
의 布를 마련하고 按廉使에게 보고하니 안렴사가 칭찬하면서 布를 내어
도왔다. 노비 訟事에서 이긴 자로부터 노비 1구당 포 1필씩을 거두기로
했는데, 우리 侯가 판결을 잘 하여 들어온 포가 매우 많아 총 650필의 포
를 마련했다. 이것을 향교 三班에서 각 1인씩 뽑아 맡기고 형편이 급박한
支縣의 4人으로 하여금 本府에 아뢰면 빌려주되 이식은 받지 않도록 하고
府吏에게 신칙하여 다른 용도로는 사용하지 못하게 영구히 법으로 정했
다. … 至正 을해년(공민왕 8. 1359) 가을 8월에 기록한다.79)

㉓ 靈光鄕校 : 공민왕대 창설80)

㉔ 咸陽鄕校 : 우왕 1년(1375) 창설81)

㉕ 延安鄕校 : 옛날에는 王宮國都로부터 閭巷에 이르기까지 학교가 없는 곳
이 없었는데 학교는 倫氣를 두텁게 풍속을 아름답게 하여 至治를 일으키

---

77) 『謹齋集』 권 2 補遺 尙州客館重營記.
78) 『穆亭集』 권 5 寧海府 新作小學記.
79) 『牧隱集』 권 1 文藁 南原府新置濟用財記.
80) 『靈光鄕校案』.
81) 『咸陽鄕校案』.

는 곳이니 백성을 다스리는 자는 징계하지 않을 수 있겠는가. 고려의 쇠
퇴기에 교화가 침체하여 延安府鄕校가 세월이 지날수록 무너지다가 倭人
들의 소요로 인해 講學을 그만 둔 지가 또한 오래되었다. 신미년(공양왕
3, 1391) 여름 나의 同年 鄭君 達蒙이 이 부의 敎授官이 되어 와 보니 거
처할 곳이 없어 僧舍를 빌어 동몽을 모아 가르치다가 그만 두었다.[82]

㉖ 仁川鄕校 : … 우리 府의 學校는 오래도록 폐지되어 중수되지 못했다. 병술
년(조선 태종 6, 1406)에 故 相國 申公 槪가 수령이 되어 聖殿을 重建했으
나 세월이 흐르자 차츰 허물어졌는데, 지금 또 병술년(세조 12, 1466)을 만
나 다시 짓게 되었으니, 이 역시 흥하고 폐하는 운수가 있어 반드시 사람
을 기다려서 시행하게 되는가 싶다.[83]

㉗ 兎山鄕校 : '兎山 원이 지은 詩에 次韻하다'에서 '군수가 향교를 重修하니
釋奠의 예를 행하고 諸公이 詩를 짓는다'했다.[84]

㉘ 龍潭鄕校 : 고려 공양왕조에 縣令 崔自卑가 중건한 것이다.[85]

㉙ 連山鄕校 : 산천의 웅장 수려함을 보니 인재가 날 곳임을 알겠는데 홀로
학교가 없을 수 있겠는가. 그 옛터를 찾으니 군 북쪽에 구름 위에 우뚝 솟
은 산이 있고 그 골짜기가 널찍하니 여기가 바로 옛터로서 신축할 계획을
했다.[86]

이상 鄕校가 나타나는 자료를 표로 만들면 다음과 같다.

---

82) 『陽村集』 권 12 延安府鄕校記.
83) 『東文選』 권 82 仁川鄕校重修記. 崔恒의 仁川鄕校重修記에 仁川鄕校를
   申槪가 조선 太宗 6년 병술(1406)에 중수한 것으로 되어 있으니 적어도
   고려말에 존재했었음을 알 수 있다.
84) 『耘谷詩史』 권 5 詩. 元天錫이 이 시를 지은 연대는 분명히 알 수 없으
   므로 단정할 수는 없으나 兎山이 開京 부근의 지역이므로 그가 낙향하
   기 전의 작품일 가능성이 많고, 또 낙향 후의 작품이라 하더라도 원천석
   이 생존할 때 중수했다는 사실은 兎山鄕校가 고려말에 존재했었음을 말
   하는 것이다.
85) 『新增東國輿地勝覽』 권 39 龍潭縣.
86) 『新增東國輿地勝覽』 권 18 連山縣. 조선이 건국하기 전에 지은 尹紹宗의
   詩에서 '恭惟我祖宗 右文超漢唐 大學興里庠 絃歌何洋洋 … 嗟嗟玄陵季 …
   九廟祀中絶 斯道委榛荒 八道文宣廟 採樵而牧羊 … 淸渠近無學 更創龍頭
   岡'이라 하여 고려 역대 번창하던 향교가 恭愍王 말년부터 쇠퇴하여 폐허
   로 변했으니 이를 중건해야 한다고 탄식했다.

〈표 12〉 高麗末期 鄕校의 存在 현황

鄕 校 名	存 在 時 期	區分	出典 및 備考
⑬ 江陵	1313(忠宣 5)	復舊	睿宗代에 存在可能
⑭ 榮州	313(忠宣 5) 이전	存在	三峰集
⑮ 丹城	忠宣王代	創設	丹城邑誌
⑯ 京山	1320(忠肅 7) 이전	補修	東文選
⑰ 堤州	1329(忠肅 16) 이전	復舊	陽村集
⑱ 襄陽	1330(忠肅 17) 이전	復舊	謹齋集
⑲ 金海	1334(忠肅復 3) 이전	擴張	稼亭集
⑳ 尙州	1343(忠惠復 1) 이전	存在	謹齋集
㉑ 禮州	1346(忠穆 2) 이전	擴張	稼亭集
㉒ 南原	1359(恭愍 8) 이전	存在	牧隱集
③-B 江華	1366(恭愍 15)	復舊	東文選
㉓ 靈光	恭愍王代	創設	鄕校案
㉔ 咸陽	1375(禑王 1)	創設	鄕校案
㉕ 延安	1391(恭讓 3) 이전	存在	陽村集
㉖ 仁川	高麗末 이전	存在	東文選
㉗ 兎山	高麗末 이전	存在	耘谷詩史
㉘ 龍潭	恭讓王代 이전	重建	新增東國輿地勝覽
㉙ 連山	高麗末 이전	存在	新增東國輿地勝覽

위의 표를 보면 몽고 간섭기로부터 1392년 고려가 멸망하기까지 총 17개소의 鄕校가 보인다. 처음 향교의 존재가 나타나는 충선왕 5년(1313)부터 충목왕 2년(1346)까지 33년 동안에 9개 향교, 공민왕 8년(1359)부터 고려말(1392)까지 33년 동안에 8개 향교를 확인할 수 있다. 특히 충선왕·충숙왕대에 집중적으로 나타나고 있다.

이상의 사료와 향교의 설치 시기를 중심으로 고려 말기의 향교 실태를 검토해 보기로 하자.

첫째, 鄕校案(靈光·咸陽)이나 일부 邑誌(丹城)를 제외하고는 모든 기록이 이전부터 향교가 존재했음을 밝히고 있거나 과거에 향교가 존재했었음을 명시했다. 고을의 대소에 관계없이 거의 전국적인 규모임을 보아 고려 말기에는 향교가 전국적으로 보급되어 있었을 것이라 생각된다.

둘째, 이 시기 중 특히 충선왕·충숙왕대에 집중적으로 향교가 복구·보수되는 사실은, 비교적 안정된 국내 정치상황과 충렬왕 16

년(1290)의 國學 진흥 등이 그 주요 배경이었다. 한편 고려 말기에 향교 복구가 부진해진 이유는 공민왕 8년 이후 두 차례 홍건적의 침입과 그 후 치성해진 왜구의 침략이 가장 큰 요인이었을 것이다.

셋째, 향교 복구의 주체가 된 사람들은 江陵의 金承印, 堤川의 金君綏, 襄陽의 安軸·陳(某)·朴(某), 江華의 沈德符, 金海의 李國香, 延安의 鄭仲訓·李晟, 仁川의 申槪 등 지방관이고, 京山의 尹澤, 寧海의 李天年은 掌書記이며, 延安의 鄭達蒙은 교수들이다. 이들은 그 지방 父老들의 적극적인 협조를 얻어 농한기를 이용, 지방민을 동원하여 복구 또는 수리했다. 이들의 출신은 모두 밝힐 수는 없지만 급제자(金承仁·尹澤·安軸·鄭達蒙·陳某)이거나[87] 文儒의 자손(襄陽守 朴某·沈德符)으로 나머지도 문신이었을 가능성이 높다.

넷째, 고려 말기에는 잦은 변란으로 향교가 허물어져 고려 전 시대를 통하여 수없이 건축된 佛寺가 鄕校學舍로 쓰여지고 있다는 사실이다. 이러한 예는 江陵鄕校에서 보이고 있으며, 朝鮮 초기 利川鄕校에서도[88] 볼 수 있는 현상이다. 이는 향교가 폐허가 된 마당에 달리 강학 장소로서 적당한 곳도 없었겠지만, 朱子學 전래 이후 새로이 등장한 신진사대부들에 의해 종래까지 佛敎講學院으로서의 佛寺가 유학 강학소로 전환되어 가는 과정이라 할 것이다.[89]

다섯째, 앞에서 본 바와 같이 고려 전기에는 중앙에서 유학 교수를 差遣하고, 文師·文學 등의 관원을 파견했다. 그러나 고려 말기에 오면 국내 외정세로 인하여 중앙에서 교수를 파견하지 못하고 守令·掌書記 등이 중심이 되어 향교의 복구나 중수는 물론 교육을 직접 맡기도 하고, 혹은 수령이 교수를 초빙하기도 했다. 이러한 현상은 자연 향교 교육의 침체와 질적인 저하를 가져왔을 것이

---

87) 金承印과 安軸은 高麗時代 禮部試登科錄(許興植, 앞의 책, 附錄)에, 尹澤은 尹氏墳廟記(『東文選』 권 69)에 의해 급제자임이 판명되고, 鄭達蒙은 權近의 동년이며, 通州守 陳某는 안축의 동년이다.
88) 『陽村集』 권 13 記 利川鄕校新置記.
89) 李成茂, 「朝鮮初期의 鄕校」 『漢波李相玉回甲記念論叢』, 1963, 238쪽.

다. 특히 고려 후기에 내려오면서 빈번해진 관인의 귀향과,[90] 修身齊家나 修己治人이라는 인간의 내면적 성찰에 학문적 의의를 부여하는 주자학의 보급은 시골에 파묻혀 후진을 양성하는 데에 자부와 긍지를 가짐으로써 書齋의 발달을 촉진시켰다. 이것이 지방 교육의 중심이 官學(鄕校)에서 私學(書齋)으로 옮겨가는 요인이 되었다.[91]

이상에서 검토한 바와 같이 비교적 활발했던 향교 복구도 전반적인 향교 부흥이라는 면에서 볼 때에는 지지부진했을 것으로 짐작된다. 1334년(충숙왕 복위3) 元으로부터 흥학 조서를 받들고 귀국하여 전국을 순찰하며 당시 향교의 실태를 돌아 본 李穀은 이렇게 적고 있다.

> 이제 천하에 조서를 내려 학교를 일신하라 했다. 내가 외람되이 天朝의 搢紳의 반열에 참여했다가 마침 이 조서를 받들고 동방에 선포하려 여러 고을을 순방해 보니, 大成殿과 學舍가 퇴락하고 생도들은 학업을 게을리하는 것이 왕왕 이와 같았다.[92]

과거에 존재했던 향교가 대부분 예외 없이 허물어지고 퇴락했으며 생도들은 학업에 태만함을 한탄했다.

그러나 당시 고려의 현실은 조서 한 장을 가지고 전국을 순찰한다고 해서 지방 교육이 蘇復될 문제가 아니었고, 지방관의 관심 여하에 따라 시설의 복구나 보수가 고작이었다. 특수한 경우를 제외한 대부분의 수령들은 安軸이,

---

90) 文炯萬, 「麗代歸鄕考」『歷史學報』 23, 1964, 35쪽.
91) 李秉烋, 「麗末鮮初의 科業敎育」『歷史學報』 67, 1964, 63쪽.
92) 『稼亭集』권 5 寧海府新作小學記. 今詔天下 作新學校 余猥厠天朝搢紳之列 得奉是詔 來布東方 歷觀諸郡 廟學頹壞 生徒惰業 往往皆是(『元史』 권38 順帝本紀 元統 2년(1334)에 '三月己未朔 詔內外興學校'라 했고, 稼亭年譜에 의하면, 元統 2년에 興學詔書를 받들고 귀국한 것으로 되어 있다).

聖學이 중흥하고 자제들이 날로 융성해지니, 학교를 세워 인재를 양성하는 것이 마땅하다. 그러나 고을을 맡은 이들이 오직 공무 처리만 급무로 여겨「學校 세우는 일에는」생각이 미치지 못했다.[93]

라고 한 것이나, 李穀이,

본국의 文風이 떨치지 못한 지 오래되었는데, 이는 대개 功利를 급선무로 삼고 教學의 임무를 하찮은 일로 여겨서이다. 서울로부터 州縣에 이르기까지 무릇 학교라고 하는 것은 廢墜하지 않은 곳이 드물다.[94]

라고 지적한 바와 같이, 고려 전기에는 學事가 수령의 주요 관장 업무로 되었으나, 무신집권 이후 文運의 침체로 학사는 수령의 관심 밖의 일로 되어 교육에 별 관심이 없었다.

공민왕 원년(1352) 원으로부터 귀국한 이색은 服中上疏를 올려, 인구가 적은 고을이라도 역시 학교가 있던 것이 宦路의 문란으로 학교 교육이 침체되고 있다고 지적하고, 鄕校와 學堂에서 12徒로 올리고, 12徒에서는 成均館에 올려 성균관에서 일정 기간 수학한 자를 과거에 응시하게 함으로써 유명무실해진 교육을 정상화시키자고 제안했다.[95] 이러한 제안은 고려 전기에는 향교에서 배출된 인재가 界首官試를 통해 진출했음에 비해 후기에는 잦은 정치적 변혁에 의해 仕路에서 과거의 비중이 반감됨과 아울러 계수관시가 제

---

93)『謹齋集』권 6 襄陽新學記. 聖學中興 子弟日盛 宜置學校 養成人材 而莅
　　是邑者 惟以簿書爲急 而慮不及焉.
94)『稼亭集』권 5 寧海府新作小學記. 本國文風之不振也久矣 蓋以功利爲急務
　　敎任爲餘事 自王宮國都 以及州縣 凡曰校基鮮不廢墜.
95)『高麗史』권 115 列傳 28 李穡傳. 論國家內立成均十二徒東西學堂 外薄州
　　郡亦各有學 規模宏遠 節目緻密 視祖宗之意 所以崇重儒者 深且切矣 …
　　登仕不必及第 及第者不必國學 孰肯捷經而趨岐途哉 朋徒解散 齋舍傾頹
　　良以此矣 臣伏乞明降條例 外而鄕校 內而學堂 考其材而陞諸十二徒 十二
　　徒又撼而考之 陞之成均 限以日月 程其德藝 貢之禮部 中者依例與官 不中
　　者亦給出身之階 除在官而求學者 其餘非國學生 不得與試 則昔之招不來者
　　今則麾不去矣.

기능을 다하지 못하여 이것이 鄕校敎育의 부진을 초래했다는 생각
에서 올린 건의로 보인다.96) 이 당시 공민왕은 元의 쇠퇴를 틈타
그 간섭으로부터의 이탈을 시도하면서 附元勢力으로 대표되는 奇氏
일족을 제거하여 자주성을 확고히 함과 아울러 政敎를 일신하기 위
한 정책의 일환으로 6년 정월 중앙과 지방의 학교를 수리하게 했
다.97) 그러나 곧이어 밀어닥친 홍건적의 내침과 계속된 왜구의 노
략질은 소기의 성과를 거들 수가 없게 만들었다.

공민왕 18년(1369)에 와서 이색이 올린 상소와 비슷한 방향으로
과거제가 개편되었다. 즉 元의 과거제인 鄕試·會試·殿試의 제도
를 채용한 것이 그것이다.98) 이러한 개혁의 필요성으로는 ① 詞章
중심의 學風에서 經學 중심으로의 전환99)과 ② 산만한 예비고시를
교육과정의 승급시험으로 정리함으로써 敎育의 정상화를 기한 것
이었다.100) 이렇게 개혁된 과거제에서는 本鄕으로 되돌아가 鄕試
를 거쳐야 했다.101) 과거제도의 개혁은 향교 교육의 활성화라는 면
에서 긍정적인 조치였을 것이나 공민왕의 急逝와 친원보수세력의
집권은 이것의 시행을 불가능하게 만들었다.

---

96) 이러한 경향을 말해 주는 한 예로서 恭愍王 14년 3월을 기준으로 宰樞
級 35명 중 과거 출신자는 3명 뿐이었고, 그 외는 蔭敍·宦官·軍功 출
신자로 나타나고 있다. 閔賢九, 「辛旽의 執權과 그 政治的 性格 上」『歷
史學報』38, 1968, 68~69쪽.『한국사』8, 國史編纂委員會 1974, 34쪽에서
재인용.
97)『高麗史』志 권 28 選擧 2.
98) 鄧嗣禹,『中國考試制度史』1938, 74쪽에 '仁宗延祐二年(1313) 始斟酌舊制
行之每三歲 一開科 擧人以德行爲首 試藝以經術 爲元考試有鄕試·會試·
御試之別'했고,『高麗史』志 권 27 選擧 1에 '(恭愍王) 十八年 始用 元朝
鄕試之制 定爲恒式'이라 했다.
99) 恭愍王은 監試(國子監試)가 門閥 중심으로 운영되었기 때문에 선발된
자들의 대부분이 經學에 밝은 자가 아니어서 국가에 도움이 되지 못한
다 하여 이를 폐지했다(『高麗史』志 권 28 選擧 2 國子監試).
100) 許興植, 앞의 책, 47쪽.
101)『高麗史』志 권 9 選擧 1 科目 1. 恭愍二十八年三月敎 各道鄕試諸生 各
於本貫赴擧 已有成規 今諸生或有赴他道試諸者 每赴會試.

공양왕 2년(1390) 趙浚이 향교 교육 진흥책으로 그 고을의 閑儒들을 敎導로 삼아 자제들에게 四書五經을 가르치게 하고, 敎授官을 5道에 分遣, 이들을 독려케 하자고 건의했다.102) 그리하여 京中 五部와 西北面府州에는 儒學敎授官을 두었다. 이듬해 3년 정월에는 各道 牧府에도 유학교수관을 두었다.103)

그러나 이러한 조치는 고려왕조의 교육 진흥책으로 보기보다는 조선시대 향교교육의 강화라는 측면에서 고려되어야 한다. 이것은 지방 교육 진흥이라는 일면도 있었지만 그보다는 고려 왕조에 충성하면서 신왕조개창을 반대하는 인사들에게 통제를 가하려는 목적 또한 무시할 수 없는 것이다.104) 지방 자제들을 향교에 귀속케 하려는 것 또한 같은 맥락이었다. 이같은 상황은 權近이 '전기에서는 지방의 閑儒들이 書齋를 설치하고 후진을 敎誨하여 무리가 없었는데, 지금 師儒들을 먼 지방 敎授官으로 삼아 가족과 떨어져 있게 하니 생도와 교수가 모두 구차히 피하려 한다'고 밝힌 것에서도105) 알 수 있다.

---

102) 『高麗史』 列傳 권 31 趙浚傳. 近因兵興 學校廢弛 鞠爲草茂 鄕愿之托儒名避軍役者 至五六月間集童子 讀唐宋人絶句 至五十日乃罷 謂之夏課 爲守令者 視之泛然 曾不介意 如此欲得經明行修之士 以補國家之盛 理其可得乎 願自今 以勤敏博學者爲敎授官 分遣五道 各一人周行郡縣 其馬匹供億 竝委鄕校主之 又以州郡閑居業儒者 爲本官敎導 而令子弟常讀四書五經 不許詞章 而敎授官 巡視一道 嚴立課程 身自論難 考其通否 登明書籍 誘被獎勸 以成實材 其人材衆多 有成效者 擢以不次 若不能敎誨 而無成效者 亦將論罪.

103) 『高麗史』 志 권 28 選擧 3 學校. 恭讓王二年二月 置京五部及西北面府州 儒學敎授官 三年 正月 各道牧府 亦置之.

104) 恭讓王 3년 延安府敎授 鄭達蒙이 부임했으나 學舍가 없어 절을 빌어 강학하다가 얼마 안 되어 가버린 사실이나(『陽村集』 권12), 吉再를 安邊·慶州 등 敎授에 임명한 것(冶隱年譜), 公州敎授 金篤(『陽村集』 권 12 農隱記)의 사퇴는 당시의 사정을 잘 설명해 준다.

105) 『陽村集』 권 31 勸學事目.

Ⅲ. 고려 鄕校의 실태

1. 향교의 시설과 운영

향교의 기능은 중앙의 國學[106]과 같이 先聖인 孔子를 비롯하여 중국과 우리나라 先賢을 제사지내는 奉祀機能과 자제를 교육하는 敎學機能의 두 측면이 있다. 그러므로 향교에는 孔子와 先賢을 모신 祠堂과 자제들을 가르치는 학당인 明倫堂은 향교 구성의 기본 요건이었다. 유교를 정치 지도 이념으로 채택한 조선시대의 향교는 고을의 대소에 따라 다소와 차이는 있었으나, 시설·규모·학생 정원·생도의 법제적 지위 등이 완전한 定型을 이루고 있었다.

그 시설을 보면, 孔子를 主壁으로 하고 四聖과 十哲을 모신 大成殿이 북쪽에 子坐午向으로 자리잡고, 좌우로 선현을 모신 東西廡가 있고, 담을 사이로 교육장인 明倫堂 그 좌우로 유생의 기거 장소인 東西齋, 남쪽에 대문에 딸린 행랑·주방·도서실·祭器保管所 등의 부속 건물이 있었다. 향교에 따라서는 학문 연구의 몰두에서 오는 답답하고 지루함에서 벗어나 맑은 기운을 쐬면서 浩然之氣를 기를 樓亭이 있었다.[107]

그러나 고려시대의 향교는 이렇게 완벽한 체제를 갖추지는 못했던 것 같다. 그러므로 조선조 향교의 선입관에서 보면 고려시대는

---

106) 高麗의 國立大學은 成宗 때 國子監으로 새로 발족한 이래, 忠烈王 원년에는 國學, 동 24년의 成均館, 恭愍王 5년에 國子監, 동 11년에 成均館으로 고쳐 조선시대에 이르고 있다.

107) 樓亭이 있는 향교로는 金海府鄕校의 水軒(『東文選』권 70 記), 丹陽鄕校의 風化樓(『新增東國輿地勝覽』권 14 丹陽郡), 沃川의 鄕校樓(『東文選』권81 記) 등이 보인다.

鄕校否定論에 빠지기 쉽다. 그러나 孔子 등 先賢에 대한 奉祀와 지방 자제 교육의 양면 기능이 엄존한 이상 향교로 규정하기에 별다른 異議가 없을 것 같다.108)

그러면 이 奉祀와 교육의 두 기능이 언제 어떻게 결합되었을까. 우리나라에서는 명확한 자료가 보이지 않지만 중국에서는 기존의 학교에 孔子廟를 추가 건립한 것으로 되어 있다.109)

고려는 국초부터 불교국가였으니 만큼 孔子廟가 교육 기관과 별도로 설립되었을 가능성은 희박하다. 성종이 유학을 정치의 지도 이념으로 삼고, 모든 문물 제도를 당나라 제도에 따라 정비할 때 이 文廟制度 역시 수용된 듯하다. 즉 성종 2년(983) 5월에 孔子廟圖와 72賢讚記가 송나라로부터 전래되고,110) 선종 8년 9월에는 宋 국자감의 예에 따라 72賢 圖像을 國學壁上에 걸게 됨으로써 孔子와 10哲의 塑像과 함께 宋 국자감의 문묘 체제를 그대로 갖추게 되었다.111) 그러면 高麗時代의 향교 제도를 살펴보자. 그러나 전기의 것은 알 수 없고, 후기에서 그 片鱗을 찾을 수 있다.

우리나라 향교의 제도는 大成殿과 學舍가 한 집안에 있어 무례하다. 그래서 여러 동자들을 이끌고 대성전 뜰에서 시끄럽게 떠들게 하니 그 무례함이 더욱 심하다. 이에 재생들과 함께 父老와 의논하여 州治의 동북쪽에 터를 잡

---

108) 成宗 2년에 文宣王廟圖와 72賢讚記가 전래되고, 西京에 文宣王油香田이 있었으며(『高麗史』 권 78 志 권 32 食貨1 公廨田條), 寧海鄕校의 '廟學同宮', 安珦의 竹溪志에 '獨有數間夫子廟' 등은 孔子에 대한 奉祀가 실시되었음을 뜻한다.

109) 中國의 경우, 學館에서 孔子를 모시기 시작한 것은 後漢明帝永平 2년(58)이다. 그러나 漢代만 해도 儒學이 政治理念으로 採用되기는 했지만, 儒學의 鼻祖인 孔子의 위치가 확고하지는 못했다. 隋 이전까지만 해도 周의 文物制度를 정비했다고 하는 周公에게 配享되는 정도였다. 唐太宗 貞觀 2년(628)에 孔子를 先聖으로, 顏淵을 先師라 하여 太學에 모시게 하고, 동 4년에 詔書를 내려 州縣學校에 모두 孔子廟를 세우게 했다(龐鍾璐,『文廟祀典』上, 中國禮樂學會, 1977, 224~225쪽).

110) 『高麗史』 世家 권 3 成宗.

111) 『高麗史』 志 권 16 禮 4 文宣王廟.

고 농한기에 사람들을 부려 며칠 만에 낙성했다. 大成殿의 중앙에는 孔子의 像을 걸고 좌우의 廊廡는 동몽들을 가르치는 장소로 삼으니 건물과 담장이 장대하고 미려하다.112)

종래까지 高麗의 향교 제도는 祠堂과 講堂이 한 집안에 있어 너무 무례하므로 大成殿을 독립시켜 孔子의 像을 모시고, 좌우 廊廡를 지어 어린이를 가르치는 강학소로 삼는다는 것이다. 여기에 관심을 끄는 것은 ‘本國鄕校之制 廟學同宮’이란 말로 이것은 ‘한 건물 안’ 혹은 ‘한 울타리 안’으로 두 가지 해석이 나올 수 있으나 새로 세운 廊廡에서 동몽들을 가르쳤다는 것으로 보아 분명히 한 건물이었다. 따라서 고려 시대의 鄕校는 明倫堂이 따로 없이 大成殿 안에서 교육이 행해졌음을 알 수 있으나 72賢을 奉祀했었는지도 의문이다. 이것은 중국의 제도도 아니며, 조선시대의 향교와 비교하면 더욱 藝慢한 제도이다. 여기에서 고려의 전통적인 향교제도는 奉祀機能이 敎育機能과 동격으로 취급된 것이 아니라 교육에 봉사가 부수된 것이 아니었나 생각된다. 『江陵鄕校誌』에,

> 府·郡·縣에도 모두 학교를 세워 유생을 모아 교육하고, 교내에 文廟를 세워 先聖과 先師를 奉祀함으로써 재생들로 하여금 우러러보면서 감화를 일으키게 한 것이다. 이것은 文廟는 鄕校를 위하여 건립한 것이지 文廟를 위하여 鄕校를 세운 것은 아니다. 그러므로 당연히 일반적으로 鄕校라고 하고 鄕校와 文廟를 구분하여 일컫지는 않게 되었다.113)

라고 밝히고 있다. 지방 자제의 교육장인 향교를 건립하자니 자연

---

112) 『稼亭集』 권 5 寧海府新作小學記. 本國鄕校之制 廟學同宮 幾乎藝矣 而又引諸童子 使之群眂於大成之庭 其爲藝益甚矣 乃與諸生謀於父老 卜地於府之東北 役以農隙 不日而成 堂中而殿 以垂魯司寇之像 左右爲廡 以爲擊蒙之所 迺廊迺垣 旣輪旣奐.

113) 『江陵鄕校誌』 鄕校原因. 府郡縣亦皆設校 募聚儒生 而敎育之 設文廟於校內 而虔祀先聖先師 使諸生得以觀瞻 而興感焉 是則文廟爲鄕校而建 非爲文廟而設鄕校也 故當通謂之鄕校 而無復校廟之分稱矣.

히 교육의 상징적인 존재인 孔子를 모시게 되었을 것이다. 그러나 孔子에 대한 숭모 사상은 그리 깊지 못했을 것이다. 한 건물 안에서 孔子를 모시면서 교육을 하게 되니 元에 유학하면서 그곳 제도를 보고, 특히 性理學에도 상당한 관심을 가졌던 李穀으로서는 무례하기 짝이 없게 느껴졌을 것이다.

다시 짓는 寧海府鄕校의 건물은 大成殿을 독립시켜 '垂魯司寇之像'이라 하여 孔子의 肖像을 모시고는 있었다. 하지만 아직 별도의 明倫堂도 없고 東西廊廡는 先賢의 사당이 아니라 강학 장소로 되어 있으며, 부속 건물 1동이 있을 뿐이었다. 이것은 고을의 경제력과도 관계가 있겠지만 조선시대 향교의 전형이 大成殿·東西廡·明倫堂·東西齋·부속 건물의 형태인 것과 크게 대조된다.114)

다음 말기에 설립되는 향교를 보자.

재목을 모으고 기와를 만들어 집 한 칸을 세우고 전후 좌우에 모두 附椽을 달아 붙이고서, 先聖의 신주를 봉안, 釋菜할 대성전으로 하고, 동서에 행랑을 각각 4칸씩 세워 재생들의 학업하는 곳으로 했으며, 그 남쪽에 대문 한 칸을 세웠다. 그 곁에 또 부엌 4칸을 세우고 거기에 온돌을 놓아 교관이 휴식하는 곳으로 했는데, 제도는 간략하나 자리가 구비되었고 공력은 간단했으나 일이 잘 되었다.115)

여기서는 肖像이 아닌 神主를 모시고 있어 조선시대의 제도와 같으나 講堂인 明倫堂의 존재는 나타나지 않고, 동서 행랑이 明倫堂의 역할을 대신했다.

이상에서 고려 전기의 향교 제도와 후기 및 여말선초의 향교를

---

114) 조선시대의 鄕校는 고을의 크기에 따라 차이는 있었으나 대부분 大成殿·東西廡·明倫堂·東西齋의 체제를 갖추고 있었다(『全國鄕校現況調査』, 成均館大 敎育學科, 1971, 11쪽).
115) 『陽村集』 권 12 堤州鄕校記. 鳩材煇瑄瓦 堅屋一間 左右前後 皆翼以詹 奉安先聖之神 以爲釋菜之殿 東西置廊各四楹 以爲諸生講業之所 其南置門 一間 旁置庖廚亦四楹 仍餘室 以爲敎官燕息之處 制約而位備 功簡而事成.

대비할 수 있다. ① 고려시대의 전통적인 향교는 祠堂과 학교가 한 건물 안에 있고 奉祀의 대상도 수나 형식에 있어 다르던 것이 ② 고려 후기에는 大成殿과 강학소가 분리되는데 이것은 조선시대에 肖像이나 塑像이 位牌로 통일되고, 大成殿과 東西廊廡는 별도의 담장에 의해 聖域視되며, 明倫堂 東西齋 및 부속 건물 등의 시설이 갖추어져 향교의 定型이 이루어지는 과정을 보여 주는 것이다.[116]

다음 향교 운영의 경제적 기반은 어떠했는가를 살펴보자.

고려시대에도 각급 교육 기관에 운영상 필요한 재정적 바탕이 있었을 것이나 구체적인 사료는 찾을 수 없고, 그 편린이 산견되고 있다. 즉, 명종 8년 4월에

> 西京·公廨田을 차등 있게 고쳐 정했는데 … 諸學院의 公廨田은 15結이었다.[117]

라고 한 것을 보면, 서경은 특수한 경우이기는 하지만 學田이 지급되고 있다. 말기인 공민왕 12년 5월 敎에,

> 근래 전쟁으로 인하여 교육이 해이해졌다. 지금부터 成均館·十二徒·東西學堂·州郡鄕校에 敎誨를 엄격하게 해서 인재를 양성하고, 그 토지와 노비가 혹 호강에게 겸병된 것이 있으면 관에서 판결하여 학교 용도를 넉넉하게 하라.[118]

---

116) 고려시대 鄕校制度는 寧海府小學記·延安府鄕校記를 근거로, 조선시대 향교제도는 渡部學, 『朝鮮敎育史』 82쪽 및 『江陵鄕校誌』를 참조했다.

117) 『高麗史』 志 권 32 食貨 1 公廨田條. 更定西京公廨田有差 … 諸學院公廨田十五結. 여기에서 諸學院을 어떻게 해석해야 하느냐는 문제가 남게 되는데, 文義로는 여러 學院의 뜻으로도 볼 수 있으나, 이것은 朝鮮時代 중앙에 있던 四部學堂과 같은, 文學 내지는 儒學 및 技術學 專門敎育機關이었던 것으로 추측된다. 그 이유는 『高麗史』 志 권31 백관2 外職條에 '西京 … 諸學院 文師一人 記事二人 算士一人 記官二入 書者二人'이라 하여 諸學院의 책임자가 文師이고 보면 儒學 내지 技術學 漢文敎育이 주로 실시되었을 것이며, 諸學院 속에 醫學院 등이 포함되지 않았다는 증거로 같은 外職條에 '藥店 醫師一人 記事二人 醫生五人'이라 하여 별도의 직제가 보이기 때문이다.

라는 기사로 보아 향교에도 분명히 노비와 전토가 지급되었음을 밝히고 있으나 그 규모는 역시 알 수가 없다. 중앙의 집권 통제력이 강력하던 조선시대에도 세종 말기에 지급된 學田과 향교 노비가 불과 20년도 못된 세조말 『經國大典』이 성립될 즈음에는 아예 학전과 노비 조항이 소멸되어 성종대에는 재지급되고 있는 현실[119]을 감안할 때 豪强에 의한 토지의 점탈이 극심했던 고려시대의 상황은 짐작할 만하다. 특히 관리와 소속이 부실했던 학전은 일차적인 침탈 대상이었을 것이다. 이 때문에 고려 말기에 향교는 복구되었지만 향교의 재정은, 學糧은 고사하고 수령이 마련해 주는 벼 몇 석의 이식으로 독서시에 쓸 등불용 기름 값에 충당해야 하는 형편이었다.[120]

2. 향교 교수와 생도

향교가 있었으면 교육자와 피교육자 간에 교수 관계 즉 교육이 실시되었을 것이다. 이미 고려 태조 13년 왕이 西京에 行幸하여 秀才 廷鶚을 書學博士로 삼아 六部生徒를 가르치게 했다.[121] 이때에 지방 학교에 교수를 두지 않았나 싶고, 정악도 이러한 정책의 일환으로 파견된 인물로 보인다.

그러다가 전국 규모로 중앙에서 지방에 교수를 파견한 것은 성종 때이다. 즉 성종 6년 8월 전년에 귀향시킨 생도들의 교육을 담

---

118) 『高麗史』 志 권 23 選擧 2 學校. 近因干戈 敎養頗弛 自今成均十二徒東西學堂 諸州郡鄕校 嚴加敎誨 作成人才 其土田人口 或被豪强所兼者 官爲析辨 以贍學用.

119) 李範稷,「朝鮮前期 儒學敎育과 鄕校의 機能」『歷史敎育』20, 68쪽.

120) 『陽村集』 권 12 延安府鄕校記.

121) 『高麗史』 권 74 志 28 選擧 2 學校. 西京은 分司制度를 두어 分司國子監을 설치하기까지 했으니, 다른 州縣의 鄕校와는 비교될 수 없으나 地方敎育機關이란 점에서 引用했다.

당케 한다는 명목으로 12牧에 經學博士·醫學博士 각 1인을 파견
한 것이 최초이다.[122] 이 중에서 醫學博士는 醫學生을 교육하는 외
에 지방의 약재 수집과 醫療業務를 맡았을 가능성이 크고,[123] 經學
博士가 지방 생도의 儒學敎育을 담당했을 것이다. 이렇게 2년 동안
장려했는데도 羅州牧 經學博士 全輔仁 외에는 이렇다 할 실적이
없어[124] 8년 4월에는 12牧 경학박사 중에 한 사람의 門生赴試者도
내지 못하는 자는 그대로 유임시키는 제도를 恒式으로 삼았다.[125]
8월에는 12牧 諸州府學生과 醫生들을 勸勉하고, 酒食을 내리기까지
했다.[126] 목종 6년 정월 敎에,

> 三京과 十道의 박사나 師長으로서 생도를 권장하여 성과가 있는 자가 있으
> 면 이름을 기록하여 아뢰고, 관내에 재주와 학식이 있는 자가 있으면 매년 천
> 거하는 것을 항규로 삼아 이 규정을 무너뜨리지 마라.[127]

라 하여, 敎授의 功效 여부를 銓選의 考課에 반영하게 한 성종 8년
의 법제적 조치가 恒規로 지속되고 있다. 문종조에는 防禦鎭과 知州
郡에 혹 文學 1인을 더 설치하기도 해서 강학을 맡기고 있어[128] 이
제는 鄕校敎授가 牧에서 防禦鎭에까지 확대되고 있음을 알 수 있다.
그러면 계속 증가되고 있는 고을 향교의 교육은 누구에게 맡겨졌을
것인가. 여기에 대한 대답으로는 다음과 같은 사료가 보인다.

> 삼경·팔목의 통판 이상 및 지주사와 현령으로 문과 출신자는 겸하여 학
> 사를 관리하라.[129]

---

122) 『高麗史』 世家 권 3 成宗 6年. 註 6) 參照.
123) 『高麗史』 志 권 31 百官 2 外職. 註 11) 參照.
124) 『高麗史』 志 권 28 選擧 2 學校. 註 7) 參照.
125) 『高麗史節要』 권 2 成宗 8년 4월.
126) 『高麗史節要』 권 2 成宗 8년 8월.
127) 『高麗史節要』 권 2 穆宗 6年. 三京十道博士師長 獎勸生徒 有勤效者 錄
　　　名申聞 管內有才學者 逐年薦擧 勿墜恒規.
128) 『高麗史』 志 권 31 百官 2 外職.

예종대에 오면 縣에까지 향교가 보급되었거나 보급시킬 계획이었겠지만 당시 실정으로 모든 고을에 교수를 파견한다는 것은 무리였으므로 지방관에게 학사를 兼管시켜 교수 부족 문제를 해결하려 하게 된다. 고려 전기에는 급제자가 지방의 司錄·掌書記·守令으로 나가는 것이 일반적 宦路였으니 이들이 지방 교육 진흥에 크게 기여했으리라 추측된다.

그러면 후기 향교 교수 문제는 어떠했는가를 살펴보자. 武人亂 이후로 國事가 多端하여 지방 교육에 거의 관심을 둘 여유가 없었으므로 파괴된 향교 시설 마저 복구하지 못하는 처지에 향교에 교수를 파견할 수가 없었다. 그 후 충선왕·충숙왕 이후에는 문신 수령들에 의해 향교가 복구·중수되었고 교육까지도 수령이 직접 책임을 져야만 했다. 完山의 경우,

전일에 侍郎 朴椿齡이 完山을 다스릴 때 연구로 여러 아이들을 뽑았는데 崔陟卿·崔均·崔松年이 선발되었다. 박춘령이 갈려 올 때 함께 데리고 와서 就學시켜 훗날 3인이 모두 名士가 되니 당시에 완산 삼최 라고들 이름했다.[130]

라 한 바와 같이 '朴椿齡이 完山을 다스리면서 연구로 아동들을 선발했다'고 했다. 이것은 뒤에 나온 여러 사료로 보더라도 私塾을 열어 교육했다기보다는 공무의 여가에 수령으로서 향교 재생을 교육했을 가능성이 높다. 禮州小學을 확장한 掌書記 李天年은,

이에 재생 중에서 조금 장성한 자를 가려 가르치게 하고, 君(李天年)이 하루에 한번씩 이르러 그 부지런하고 태만한 것을 고찰, 권면과 징계를 하니, 비록 춥거나 덥거나 비가 오더라도 감히 게으름을 피우지 못했다.[131]

---

129) 『高麗史』志 권 28 選擧 2 學校. 睿宗卽位年 制曰 三京八牧通判以上 及 知州事縣令 由文科出身者 兼管勾學事.
130) 『高麗史』列傳 권 12 崔陟卿傳. 初 侍郎朴椿齡 守完山 以聯句選群童 崔陟卿·崔均·崔松年 及遞還與之偕 勸令就學 後三人皆名士 時號完山三崔.
131) 『稼亭集』권 5 寧海府新作小學記. 於是擇諸生之稍長者 爲之教誨 君曰一

라 하여 재생 중에 조금 장성한 자를 뽑아 지도케 하면서, 자신이 하루에 한 차례씩 향교에 가서 그 勤慢을 독려했다고 했다. 江陵存撫使 金承印은 鄕校를 복구한 뒤에,

여러 고을의 冠者와 童蒙들을 모으고 龜庵長老를 모셔다가 동몽들을 가르치게 하고서 먼저 각기의 학업을 닦게 하니, 아름답고 훌륭한 선비들이 떼지어 일어나고 長幼의 차례가 볼 만했다.[132]

라 하여 승려인 龜庵長老를 맞아다가 교육을 맡기고 있다. 沈德符는,

병오년에 江華府尹에 제수되어 … 공이 부임하자마자 學舍를 크게 열고 師儒를 맞아들이고 고을 자제를 모아 詩書와 예의를 가르치니 성대하게도 漢나라 때 文翁이 巴蜀을 교화한 風道가 있었다.[133]

라고 한 것에서 향교를 복구한 뒤 儒師를 초빙해 詩書와 예의를 가르치게 한 것을 알 수 있다. 金海府鄕校水軒記에도,

내가 마침 그곳에 이르자 李君이 재생을 거느리고 와서 그 사실을 갖춰 말하고 나에게 記를 써 달라고 했다.[134]

라고 한 것으로 보아 여기서도 敎授가 없는 고을에서 수령이 직접 향교 재생들의 敎誨를 맡고 있음을 보여 준다. 이상은 대강 두 가지 경우로 나누어 볼 수가 있다. 첫째, 수령이나 지방 관원이 직접

至 考其勤慢而勸懲 雖寒暑雨 不敢或怠.

132) 『江陵鄕校誌』 花浮山鄕校創立 律詩. 因聚諸郡冠童 亦邀龜庵長老 敎誨童蒙 先使各修其業 濟濟侁侁 長幼之序 可觀也(金承印의 「花浮山鄕校創立 律詩」『江陵鄕校誌』에는 '因聚諸郡冠童 亦邀龜庵長老 敎誨童蒙 … 年高一衲 敎誨無倦'이라 했다.

133) 『東文選』 권 17 沈德符行狀. 丙午拜江華府尹 … 公旣至 大開誯舍 迎致師儒 集鄕子弟 敎以詩書禮義 蔚有文翁化蜀之風.

134) 『稼亭集』 권 2 記 金海府鄕校水軒記. 余行適至 李君〈金海府使 李國香〉率諸生 具其事求余記.

교육을 담당하는 경우이다. 공사다망한 지방관으로서는 매우 벅찬 일이어서 寧海府鄕校에서는 '약간 장성한 자'를 뽑아 가르치게 했다. 이러한 풍습은 시골 書堂에서 최근까지 볼 수 있던 현상이다.

다음, 師長을 초빙하는 경우이다. 충선왕대의 江陵鄕校와 같이 승려를 맞아오는가 하면 공민왕대의 江華鄕校에서와 같이 儒師를 초빙하기도 했다. 여기에서도 고려 말기의 사상적 推移를 엿보게 한다. 고려시대에는 불교가 우위를 점한 가운데 儒佛이 상호 보완하면서 조화를 이루고 있었다. 특히 무신란 이후에는 많은 문신들이 山谷으로 도피하여 승려가 되었기 때문에 李齊賢이,

> 그러므로 신이 '학자들이 중을 따라 장구를 익힌 근원은 여기에서 시작되었다'고 한 것입니다.135)

라고 할 정도로 文運이 쇠퇴한 당시 선비들이 배울 곳이 없어 깊은 산중으로 도망가 승려가 된 이들을 찾아 배우지 않으면 안 되었다.136) 이와 같이 승려들은 有數한 지식인 집단이었으므로 佛寺가 강학소로서 제공된 것만이 아니었다. 神駿·悟生이 후진을 양성한 것은 널리 알려진 사실이다. 또 西伯寺僧統 時義에게서 朴仁厚 등이 詩를 배운 것이나,137) 李穡·韓脩 등이 僧을 따라 詩를 익힌 것138) 등은 당시 상황을 알리는 사례라 하겠다. 뿐만 아니라 經史에도 스승을 승려에서 찾지 않으면 안 될 형편이었다.139) 많은 예는 찾을 수 없지만 고려 후기에 있어서 파괴된 향교 대신 僧舍가

---

135) 『櫟翁稗說』前集 1. 故臣謂 學者從釋子習章句 其源盖始于此.
136) 武臣亂 이전에도 많은 儒者들이 佛僧과 契를 맺거나 佛寺의 法會에 참석했으며, 고려 후기에 와서는 僧舍가 鄕校講學所로 이용되고 上寺 讀書는 일종의 유행처럼 되었다.
137) 『補閑集』卷 下.
138) 『牧隱文藁』권 5 韓文敬公墓誌銘. 予年十六七 喜從詩僧 游於妙蓮寺 儒釋雜坐啜茶聯句 文敬公(韓脩)年才十二三每有的對 衆皆驚歎.
139) 『櫟翁稗說』前集 2. 故郞中兪咸子爲僧者 … 能讀史漢 驛召至京 ….

강학소로 사용되고 승려가 敎誨를 맡는 일은 극히 자연스러운 현상이었다. 그러나 말기로 내려오면서 불교의 폐단이 심화되고 성리학의 그 배타적 속성은 불교를 이단시하기에 이르렀다. 공민왕대의 江華鄕校에 儒師를 초빙하는 것 등도 이러한 배경에서 고려되어야 할 것이다.

다음 향교에 입학하는 생도의 신분은 어떠했을까. 인종 때의 學式에는,

> 율·서·산학 및 州縣 학생은 모두 8품 이상인 자의 子와 庶人으로 한다. 7품 이상인 자의 子도 지원자는 입학을 허가한다.140)

라고 보인다. 이것으로 보면 향교의 입학 자격은 文武官 8품 이상의 子와 庶人 및 7품 이상의 子 중 지원자로 되어 있다. 그러나 이것을 그대로 인정한다면 9품의 子는 서인보다도 사회적 신분이 낮다는 결론에 도달하기 때문에 그대로 시인할 수 없는 결과가 된다. 아마 8품 이상은 8품 이하로 고쳐보아야 할 것이다.141) 따라서 향교생도는 일단 8품 이하의 子와 庶人이라고 할 수 있다. 그러나 이 學式이 법제상의 규정일 뿐 실제로 운용되지 않았다고 보이기 때문에(제2장 참조) 학식의 향교교생 신분은 의미가 없다.

현실적으로 鄕吏의 자제와 그에 준하는 백성층의 자제가 교생들의 주류였을 가능성이 많다. 먼저 전제되어야 할 문제는 향교에서 어떤 교과가 교수되었을 것이냐 하는 점이다142) 儒學敎授를 12牧에 파견하고 文師나 文學을 배치했으니 유학 내지 문학 교육이 실시되어

---

140) 『高麗史』志 권28 選擧2 學校 學式. 律書算及州縣學生 幷八品以上子及庶人爲之 七品以上子情願者聽.

141) 이러한 견해는 閔丙河氏가 이미 발표했다(閔丙河, 「高麗學式考」 『成大論文集 人文科學』 11輯, 1966, 174쪽). 이미 『新唐書』 백관지에서는 그렇게 수정했다.

142) 仁宗朝의 學式에는 儒學都와 技術學部는 입학 자격에 신분상의 차이가 있었기 때문이다.

製述·明經業에 응시할 자들이 주류를 이루었을 것이다.143)

그런데 鄕校 입학에 대한 신분상의 제약은 고려 초기에는 그리 심하지 않았던 것 같다. 즉 성종 6년, 지방에 유학교수를 파견하면서 長吏나 백성 자제의 향교 입학을 권유하고,144) 그들은 界首官試만 거치면 禮部試에 直赴할 수도 있었다.145) 그러나 성종대부터 鄕貢의 숫자가 급격히 불어나 과거 응시자를 제한하기 시작하고,146) 문종대에 오면 製述·明經 응시자는 副戶長의 孫 이상과 副戶正의 子까지로 한정하여,147) 일반 백성은 제외되고 있다.

그렇다면, 인종 때의 학식에 '醫·律·書·算學 및 州縣學生은 8품 이하 및 서인의 子로 한다'라는 규정은 어떻게 해석할 것인가. 이것을 뒤집어 생각하면 주현학에 율·서·산학 전공자도 입학할 수 있어 생도의 주류는 명경·제술업 응시자일지라도 잡과 응시자도 모든 전공 분야의 기초적인 한문 소양을 쌓기 위해 입학했을 것이다. 이렇게 보면 學式의 문제점도 해소된다. 결론적으로 향교 생도는 제술·명경업·잡과에 응시할 향리의 자손 및 백성들의 자제였으며, 그 가운데서도 지방 유력자인 향리의 자제가 주류였을 것이다. 白翎鎭鄕校에서 '集吏人子弟 敎以學'이라는 것이 이러한 견해를 뒷받침해 주고 있다.

3. 교과 과정

향교 敎科가 분명히 나타나는 것은 없으나 고려시대 중앙 관학의 儒學部인 國子學·太學·四門學은 學式上의 구분일 뿐 고려 국

---

143) 기초 한문 교육을 제외하고는 技術專門敎育은 敎授 문제 등으로 지방에서 따로 실시하지는 못했을 것이다.
144) 『高麗史』 世家 권 3 成宗 6年.
145) 許興植, 앞의 책, 23쪽.
146) 『高麗史』 志 권 27 選擧 1.
147) 上同.

자감에서는 三學部의 구분이 있을 수 없었으니 당연히 교과상의 차이는 없었고, 향교 또한 製述·明經業 지망생이 주류를 이루었으므로 儒學部와 같은 교과였을 것임을 추측할 수 있다.

인종대에 詳定한 유학부의 교과 과정은 기본 字書와 공통 필수 과목인 『論語』·『孝經』을 읽고, 9경을 익히는 것으로 되어 있다. 그러나 전공 교수도 없는 향교에서 이 방대한 과목을 모두 이수했을 리는 없고 한문의 기본 교육이 실시되었을 것이다.

과거가 처음 실시된 광종 9년부터 성종 때까지는 詩·賦·頌·策으로 목종대부터는 『禮經』이 예종 14년부터 충숙왕대까지는 6經이 등장했으며, 明經業에서는 5경이 출제되고 있다.[148]

과거에 있어서 지방 응시자들에게 가장 큰 난관은 詩賦 등 문학 수련이었으니, 왜냐하면 經書는 註疏를 참고하면서 독학이 가능하지만, 科文의 製述은 전문가의 지도를 받아야만 했기 때문이다. 그리하여 고려시대에는 대표적 과문을 모아 놓은 科文硏修用 교재가 있었던 것 같다. 이것은 일반적으로 생각하는 한·당·송의 絕句만도 아닌 요령위주의 科文體였을 것이다. 이에 대해 李奎報는,

세상의 글을 배우는 자들이 처음에 科文을 익히느라 미처 풍월을 읊을 겨를이 없다가 급제한 뒤에야 詩를 배우게 되는데, 蘇東坡의 시 읽기를 더욱 좋아하기 때문에 매년 榜이 나오면 사람들이 말하기를 '금년에도 또 東坡 30명이 나왔군' 한다.[149]

라 했는데, 여기에서 '급제한 뒤에 詩를 배운다'란 말은 평소에 한·당·송대 여러 文豪들의 시문을 博覽하지 못하고, 科文體를 모방하여 잔재주만 부리는 것을 비평한 말일 것이다. 이러한 예는 다음에서도 볼 수 있다. 즉,

---

148) 許興植, 앞의 책, 94쪽.
149) 『東國李相國全集』 권 26 答全履之論文 書. 世之學者初習場屋科擧之文 不暇風月 及得科第 然後方學詩 則尤嗜讀東坡詩 故每歲榜出之後 人人以 爲今年又三十東坡出矣.

> 李允甫가 … 언젠가 후학들이 글짓는 것을 보고 웃으면서 당부하기를 '科
> 場에서의 글짓는 버릇을 다 씻어 버려야 문장을 가르칠 수 있겠다'했다.150)

라 하여 후기까지도 교육에 있어서 科文 수련의 비중은 매우 컸다.
그런데 이 科文製述은 獨習이 어려워, 중앙의 관학이나 私學에서는
先達들을 초빙해다가 그들의 경험을 토대로 집중 교육을 받을 수
있었지만,151) 향교 생도들에게는 이같은 여건이 갖추어지지 못했
으므로 지방에 파견된 급제 출신 품관의 지도를 받거나 급제자나
文名이 드러난 이가 지방에 내려오기라도 하면 달려가 찾아보고
있다.152) 이러한 여건 때문에 지은 詩賦는 律格에 어긋나는 경우가
많았다.153)

이같은 詩賦·6經 중심의 학풍도 충선왕 이후 주자학이 전래되
면서 그 기본서인 4書가 중요시되어 충목왕·공민왕대에는 한때
四書疑가 출제되기도 했다.154) 이러한 추세는 우왕·창왕대 보수
파 집권기에는 일시 정지되기도 했으나, 공양왕 이후 주자학파 중
심의 신흥사대부가 집권하면서 기본 과목으로서의 자리를 굳혀 그
대로 조선시대에 계승되었다. 그러므로 후기의 향교 교과도 이것을
기준으로 정리하면, 몽고 간섭 초기에는 전기와 같이 기본 字書를
바탕으로 한 詩賦·6經 중심의 교과가 충숙왕대를 전후하여 4書
중심으로 바뀌었을 것이다.155)

---

150) 『補閑集』권 中. 李允甫 … 嘗笑後學使字屬曰 洗盡場屋習氣 然後文章可
　　 敎也.
151) 『高麗史』列傳 권 8 崔冲傳.
152) 이러한 예는 林椿을 鄕校諸生들이 초대한 것이나(林椿은 監試合格者)
　　 李奎報를 찾아본 黃驪·保安鄕校 諸生의 예를 통해 알 수 있다.
153) 『高麗史』志 권 9 選擧 1 文宗 2年.
154) 許興植, 앞의 책, 94쪽.
155) 『元史』志 권 31 選擧 1에 '世宗二十四年(1287)立國子學 而定其制 凡讀
　　 書 必先孝經·小學·論語·孟子·大學·中庸次及試·書·禮記·周禮·
　　 春秋·易'이라 한 것과 같이 四書疑가 科目으로 採擇된 것은 무엇보다
　　 도 元의 學制에서 四書를 重視했고, 또 당시 性理學의 이해도 어느 정

고려 말기에 있어서 교과상 특기할 것은 성리학을 중심으로『小學』이 유행하기 시작한 것이다. 이것이 강조된 이유는 修己治人의 기본을 닦을 수 있는 종합 과목이요, 수기치인은 주자학의 根低였기 때문이다.

4. 지방 교육과 향교

다음은 향교교육이 校生들의 현실적 목표였을 과거제에서 어떤 비중을 차지했으며, 지방 교육에 있어서 향교의 위치는 어떠했는가를 검토해 보기로 하자. 그러려면 많은 자료를 다각도로 분석해 보아야 어떤 일반론이 도출될 것인데, 지방 출신임이 확실한 사람, 鄕貢·鄕吏나 그 자손 중 급제한 사람의 열전 墓誌銘·行狀 등을 조사해 보아도 급제 전 기록은 기껏해야 '少志學'·善屬文·'生而穎悟'같은 추상적인 표현뿐이고, 수업을 나타내는 기록은 다음 몇 예에 불과하다.

嚴守安 : 嚴守安은 寧越 鄕吏인데 … 國制에 鄕吏로서 아들을 셋 두었으면 한 아들은 從仕를 허락했으므로 守安은 관례에 따라 重房의 書吏에 補任되었다가 元宗朝에 급제했다.[156]

吳闡猷 : 선비가 시골에서 일어나 도보로 서울에 들어와 과거에 급제하여 내외의 관직을 역임하고 官階가 5품에 이르렀으면 ….[157]

河允潾 : 元 至治 辛酉(1321, 忠肅王 8) 4월 정사생이다 … 경오(1330)에 비로소 취학하고, 계유(1333, 충숙왕 복위 2)에 고을 長子가 사위로 삼았다.[158]

鄭云敬 : ⓐ 나이 겨우 10여 세에 스스로 학업에 분발하여 榮州鄕校에 입학했

도 깊어졌기 때문이다.

156)『高麗史』列傳 권 19 嚴守安傳.
157)『東國李相國集』後集 권 12 吳闡猷墓誌.
158)『春寧先生集』권 4 行狀.

234 高麗時代 教育制度史 研究

다가 福州鄕校에 올라가니 처음에는 재생들이 가볍게 보다가 考課 때마다 일등을 하자 州牧에서 모두 인재로 여겨 중시했다.[159]

ⓑ 鄭云敬은 奉化人으로 忠肅王朝에 급제하여 尙州牧司錄에 임명되었다.[160]

李 嵒 : ⓐ 公의 이름은 君亥, 자는 翌之인데, 이름을 嵒, 字를 古雲으로 바꾸었다. 晉州 固城人으로 … 小學(鄕校)에 들어갔을 때 이미 글씨를 잘 쓴다는 칭찬을 들었고, 나이 17세인 계축년(1313, 충선왕 5)에 과거에 급제했다.[161]

ⓑ 李嵒의 字는 古雲으로 처음 이름은 君侅이다 … 嵒은 어린아이 적부터 여느 아이들과 달랐고 忠宣王 때 나이 17세로 급제했다.[162]

李 詹 : ⓐ 나(李詹)는 일찍이 鄕學에서 공부하여 李侯(李仁實)를 잘 아는데, 그의 어짊은 사람들을 사랑하기에 넉넉하고 지혜는 백성을 다스리기에 족하다.[163]

ⓑ 李詹은 洪州人으로 恭愍王 때 王이 9齋에 나아가 經義를 시험 보여 詹 등 7인에게 급제를 주었다.[164]

위의 사료에서 嚴守安은 重房書吏로 중앙에 入仕한 뒤에 급제했으니, 개경에서 교육을 받았을 가능성도 있었다. 吳闡猷나 河允潾은 지방일 확률이 높고 특히 河允潾은 향교인지는 불명하나 분명 지방에서 교육을 받았다. 鄭云敬·李嵒·李仁實은 분명히 鄕校에서 교육을 받고 있다. 특히 鄭云敬은 榮州鄕校에서 界首官鄕校인 福州鄕校로 진학했다. 또 福州鄕校에서 과거의 詩賦의 수련 과정이라 할 수 있는 '課'를 실시했던 것으로 보아, 界首官鄕校와 예하 향교 간에는 교과 과정상의 수준에 차이가 있음을 알겠다.

그러면 지방 출신 급제자들의 일반적인 교육장은 어디였을까.

---

159) 『三峰集』 권 4 行狀.
160) 『高麗史』 列傳 권 34 良吏 鄭云敬傳.
161) 『牧隱藁』 권 17 文藁 鐵城府院君 李文貞公墓誌銘.
162) 『高麗史』 列傳 권 24 李嵒傳.
163) 『東文選』 권 77 樂民亭記.
164) 『高麗史』 列傳 권 30 李詹傳.

위에 든 사료 ⓐ群과 ⓑ群을 비교해 보면 동일인이지만 ⓐ군의 행장·비명 등에는 급제 전 학력이 자세히 나타나는데 비해, 열전인 ⓑ군에는 전연 보이지 않는다. 李嵒의 경우도 그의 기록 ⓐ에는 향교에서의 수업을 밝히고 있으나, 열전에는 白文節에게 師事한 기록만이 있다.

한편 다음과 같은 기록은 고려 후기 지방 교육에 있어서 향교의 위치를 이해하는 데 도움이 될 것이다.

하연이 지은 기문의 대략에 '내가 언젠가 들으니 殷烈公 姜民瞻이 이 향교에서 배워 공업이 빛났고, 그 뒤에 인재가 더욱 성했다'고 한다. 近古에 文敬公 姜寶와 나의 선조인 元正公 楫, 御史大夫 允源 및 菁天君 河乙沚, 參贊 鄭乙輔와 국초 이래로는 文忠公 河崙, 文定公 鄭以吾, 襄正公 河敬復이 모두 향교에서 공부한 뛰어난 분들로서 문과 무로 모두 당시에 이름을 날렸다.[165]

이상 晋州鄕校에서 교육받았다는 9명 중 확인할 수 없는 姜寶와 鮮初의 무과 급제자인 河敬復을 제외한 7명이 모두 고려시대, 특히 주로 말기에 급제했다.[166] 비록 이것은 晋州의 일례뿐이고 진주가 경상도의 雄都임을 감안한다고 해도 이를 미루어 당시 향교가 지방 교육의 중심지였음을 알 수 있다. 그리고 이들이 모두 지방 출신임이 분명한데도 이들의 열전 등에는 하나같이 鄕貢이라는 사실이나 鄕校에서의 受業 기록이 보이지 않는 것은, 향공으로 밝혀지

---

165) 『新增東國輿地勝覽』 권 30 晉州牧學校條. 河演記略曰 吾嘗聞 殷烈公姜民瞻 學於校中 功業煊赫 厥後人材尤盛 近古文敬公姜君寶·吾先祖元正公諱楫·御史大夫諱允源及菁川君河乙沚·參贊鄭乙輔 與夫國初以來 文忠公河崙·文定公鄭以吾·襄正公河敬復 皆就鄕校 而拔萃若文若武 俱鳴於當時 ….

166) 여기에 인용된 9名 중 姜民瞻은 穆宗대에 급제하고(列傳), 高麗禮部試登科錄에 의해 河楫은 忠肅王 11년(1324), 河允源은 忠肅王 後 3년(1334), 河乙沚는 忠惠王 後 5년(1344), 河崙은 恭愍王 14년(1365), 鄭以吾는 恭愍王 23년(1374)에 급제가 확인되고, 鄭乙輔는 忠肅王 7년(1370) 擧子試에 급제했다(『高麗史節要』 권24 忠肅 7년 1월). 그리고 河敬復은 조선 太宗朝에 武科 급제했다.

지 않은 사람들 중에 상당수의 지방 출신자들이 있음을 뜻한다. 이는 앞에서 사료 ⓐ군과 ⓑ군을 비교한 결과와도 부합된다.

이렇게 볼 때 향교 수업자가 사료에 나타나지 않는 이유는 晉州鄕校記에서와 같은 수업자들의 내역을 적은 기록이 드물고, 또 지방 출신들에게 있어서 鄕校 교육은 일반적인 현상이어서 열전·묘지명 등에 생략된 때문에 표면에 드러나지 않은 것일 뿐 향교 교육의 부진으로만 돌릴 수는 없다.

일반적으로 書齋를 설립한 名士들은 자신들끼리 推崇하고, 타인이 稱道하여 자연히 사제 관계가 묘지명·인물고·명신록 등에 모두 기록되어 書齋가 科業 교육의 중심인 것처럼 인식되고 있다. 하지만 이것은 전체 급제자에 대한 출신지 비율이 나오기 전에는 단언할 수 없다. 특히, 고려 말기 서재의 중심지가 近畿 지방임을 감안할 때,167) 전국규모의 書齋 설치는 고려될 수 없고 전국적으로 분포해 있던 향교가 이들 지방 출신들의 수업처이었을 가능성이 많다.

校生들의 궁극 목표가 과거급제였다. 이것을 위해 수준 높은 스승을 찾아 옮겨가기 때문에 科業 성적은 부진했더라도 많은 사람에게 교육이 실시되었다면 교육의 성과는 있었다고 보아야 한다. 그렇다면 향교가 당시 지방 교육의 중심지라고 해도 큰 잘못은 없을 것이다. 이런 의미에서 무신난 이후 정치적 변혁에 따른 신분 질서의 동요로 향리층의 신분 상승이 확대되는 역사적 배경하에서 복구되는 고려 말기 향교의 다음과 같은 기록들은 지방 교육 대중화의 긍정적인 면이라 하겠다.

○ 여러 고을의 冠者와 童子들을 모으고 또 龜庵長老를 맞아다가 童蒙들을 가르쳤다.168)

○ 이로부터 백성들의 子息으로서 젖떨어질 나이에 이른 자들은 나와 <배우지> 않는 이들이 없었다.169)

---

167) 李秉烋, 「麗末鮮初의 科業敎育」『歷史學報』67, 1975, 63쪽.
168) 「江陵鄕校記」.

○ 고을내의 子弟 약간인을 모아 가르쳤다.[170]

○ 총 布 650疋을 마련했는데 鄕校 3班에서 각각 1人씩을 선발하여 맡아보게
  했다.[171]

○ 金廉 등 60여 인을 모아 부지런히 교육시켰다.[172]

이상의 기록을 정리하면,

첫째, 庶人 이상은 입학의 제한을 받지 않았고, 갓 젖떨어진 稚
童에서 冠者에 이르기까지 연령의 제한도 없었다.

둘째, 생도 수도 '약간 명'에서 60여명 또는 '3개班'으로 나눌 정
도로 정원이 없었다. 결국 고려말에는 향교가 상당히 개방되었음을
알 수 있다. 江陵과 같은 곳에서는 본 고을 학생뿐만 아니라 주변
州縣의 자제까지 취학시키는 교육의 대중화·보편화라는 면에서
상당한 진전을 보기에 이르렀다.

셋째, 이상 6개 고을의 예로 보아 鄕校生徒들의 신분은 크게 제
한을 두지 않았던 듯이 보인다. 즉 賤民이 아닌 百姓·長吏의 자손
은 원하면 누구나 와서 배울 수 있는 개방적 분위기였던 듯하다.

---

169) 「寧海府新作小學記」.
170) 「堤州鄕校記」.
171) 「南原府新置濟用財記」.
172) 「永興府鄕校記」.

제5장

私學十二徒의 성립과 變遷

Ⅰ. 서 언
Ⅱ. 고려 전기 私學의 발달
Ⅲ. 고려 후기 私學의 변천
Ⅳ. 私學十二徒의 역사적 의의

I. 서 언

고려시대의 사학 12도는 국자감과 쌍벽을 이루는 대표적 교육기관으로 인식되어 왔다. 즉 문종대에 이르러 국자감이 국립대학으로서의 기능을 상실하자 교육에 뜻이 있는 儒臣 文官들은 致仕 후 다투어 私學을 설립했다. 이들은 文宗 9년(1055)에 설립한 崔冲의 徒를 필두로 肅宗대의 黃瑩에 이르기까지 40~50년 동안에 10여 徒가 설립되니 이들을 일러 私學 12徒라 했다. 이들 사학에서는 9經 3史를 교과의 중심 과목으로 하고, 겸하여 詩·賦 등 詞章도 공부시켰다. 그런 중에서도 매년 盛夏가 되면 僧舍나 林間을 찾아 及第한 선달들을 敎導로 삼아 시 짓기를 연습했으므로 科擧 급제율도 높았다.

특히 崔冲은 학생들이 坌集하자 이들을 여러 齋에 나누어 수용했다. 이것들이 이른바 樂聖·大中·誠明·敬業·造道·率性·進德·大和·待聘의 9齋이다. 이 9齋는 단순한 分班이 아니라 敎科課程에 따른 進學階梯였다는 것이다.[1] 그리고 이 私學 12徒는 여말까지 9齋로 혼칭되면서 공양왕 3년 국가에 의해 폐지될 때까지 私立敎育機關으로서의 명맥을 유지해 왔다는 것이다.

---

1) 이와 관련된 論文으로는 다음과 같을 것들이 있다.
　① 柳洪烈,「麗末 鮮初의 私學」『靑丘學叢』24, 1936.
　② 朴晴湖,「高麗時代의 儒學發達과 私學 十二徒의 功績」『史叢』2, 1957.
　③ 朴性鳳,「國子監과 私學」『한국사』6, 國史編纂委員會, 1975.
　④ 尹南漢,「儒學의 性格」『한국사』6, 國史編纂委員會, 1975.
　⑤ 金忠烈,「崔冲의 私學十二徒」『高麗儒學史』, 高麗大出版部, 1984.
　⑥ 孫仁銖,「韓國私學의 傳統과 崔冲의 位置」『崔冲研究論叢』慶熙大傳統文化研究所, 1984.

私學 12徒에 관한 연구는 柳洪烈이 일찍이 그 端緒를 열었다.[2] 그러나 본격적으로 이것을 주제로 삼아 연구한 이는 朴性鳳이다.[3] 그외 몇 사람의 私學 12徒에 관련된 논문이 있으나 새로운 내용이 없이 다른 문제를 다루면서 부수적으로 언급했을 뿐이다.[4] 柳洪烈은 그 논문 제목에서 나타난 바와 같이 고려 말기의 12徒, 특히 공양왕 원년 李穡의 服中上疏 중의 私學 12徒를 중심으로 이것은 중등교육기관이라는 시각에서 이 문제에 접근했다.

한편 박성봉은 연구의 초점을 문종대 崔冲의 9齋와 12徒에 맞추어 당시 국립대학인 국자감이 중앙 官學으로서의 기능을 제대로 못하는 상황에서 이들 私學 12徒가 私立大學으로서 최고 학부의 역할을 다했다는 견해를 피력했다. 그는 私學 12徒에 대한 자료뿐 아니라 교육·과거제 관련 자료까지 폭넓게 섭렵하여, 私學 12徒를 정리했다. 따라서 私學 12徒에 대해서는 이 논문 이후 새로운 연구가 추가되지 못했던 실정이다. 그리고 그는 12도가 발생에서부터 공양왕 3년, 폐지될 때까지 시종이 여일하지 않다는 점은 인정하면서도 전기의 12도가 후기로 오면서 어떻게 변천했는가 하는 문제는 구체적으로 언급하지 않았다.

그런데 고려 전기의 사학 12도에 있어서는 그 기원 문제라든가 9齋의 성격 문제 등에 미진한 점이 있었으나 이제까지 자료의 부족 등으로 밝혀지지 않고 있다. 따라서 후기의 私學 12徒를 전기의

---

2) 柳洪烈,「麗末鮮初의 私學」『靑丘學叢』24, 1936.
3) ①朴晴湖,「崔冲小考」『史叢』1, 1955.
   ②______,「高麗時代 儒學發達과 私學十二徒의 功績」『史叢』2, 1957.
   ③朴性鳳,「國子監과 私學」『한국사』6, 國史編纂委員會, 1957.
4) 金忠烈,「崔冲의 私學十二徒」『高麗儒學史』, 高麗大出版部, 1984. 孫仁銖「韓國私學의 傳統과 崔冲의 位置」『崔冲研究論叢』, 慶熙大 傳統文化研究所, 1984. 그 외에 다른 問題를 취급하면서 부수적으로 언급한 것으로 金貞玉,「高麗教育制度에 대한 一考察」『梨花女大七十周年紀念論文集』, 1956 및 朴龍雲,「高麗時代의 海州崔氏와 坡平尹氏 家門 分析-高麗貴族家門 研究(1)-」『白山學報』23, 1977等이 있다.

그것과 동일한 성격으로 파악하려는 것은 문제가 있다고 본다. 그러므로 본 논문에서는 사학 12도의 개황과 아울러 전기의 두 가지 문제 중의 하나인 기원 문제를 성종 때의 文官 私塾과의 관련 속에서 찾아보기로 한다. 또 9齋의 성격 문제는 각 齋와의 관련을 통해 밝히려 한다. 다음으로 고려 후기 사학 12도의 변천을 國學(成均館)과 관련하여 고찰함으로써 후기 사학 12도의 官學化를 究明할 것이다. 끝으로 9齋의 창설자인 崔沖에 대한 후대의 평가 및 그 역사적 의의를 찾으려 한다.

Ⅱ. 고려 전기 私學의 발달

1. 私學의 기원과 12徒의 발전

고려시대의 사학 12도라고 하면, 다 알고 있듯이 官學인 국자감과 쌍벽을 이루던-어느 시기에는 국자감을 능가하는-대표적인 교육기관이었다.『高麗史』崔沖傳에서는 私學 12徒를 다음과 같이 설명했다.

(高麗는) 현종 이래 전쟁이 겨우 그쳤으나 미처 文敎에 힘쓸 겨를이 없었는데, 문종 연간에 宰相職에서 致仕한 최충이 후진을 모아 敎誨에 진력하자 학도가 坌集하여 거리를 메울 정도로 모여 들었다. 그리하여 이들을 9齋로 나누어 가르치니 樂聖·大中·誠明·敬業·造道·率性·進德·大和·待聘이 그 것인데, 이를 侍中 崔公徒라 했다. 과거에 응시할 衣冠子弟들은 반드시 徒中에 소속하여 배웠는데, 무더운 여름철에는 歸法寺의 僧房을 빌어 夏課를 열어 詩 짓기를 겨루었다. 崔沖이 죽자 그 諡號를 따라 文憲公徒로 불리어지고 이 도는 더욱 번창하여 모든 應試者들은 다투어 9齋에 이름을 걸었다. 이 文憲公徒의 영향을 받아 여러 儒臣들이 徒를 연 것이 열 하나가 있으니, 弘文公徒는 侍

中 鄭倍傑로서 熊川徒라고도 했고, 匡憲公徒는 參政 盧旦, 南山徒는 祭酒 金尙
賓, 西園徒는 僕射 金無滯, 文忠公徒는 侍郎 殷鼎, 良愼公徒는 平章事 金義珍,
혹은 郎中 朴明保, 貞敬公徒는 平章事 黃瑩, 忠平公徒는 柳監, 貞憲公徒는 侍
中 文正, 徐侍郎徒는 徐碩, 龜山徒는 설립자가 누군지 모른다. 12徒 중에서 崔
冲의 徒가 가장 융성했고 東方에 학교가 일어난 것은 대개 崔冲으로부터 비롯
되니 당시 사람들은 崔冲을 海東孔子로 일컫게 되었다.[5]

위 자료에 의하면 현종조 이래 兵亂이 겨우 그쳤으나 미처 文敎
에 힘쓸 겨를이 없었다. 문종 연간에 崔冲이 致仕한 뒤 학생들을 모
아 가르치자 학도가 운집하여 여러 齋에 나누어 가르칠 정도로까지
번창하니 이를 崔公徒라 일컬었고, 뒤 이어 다른 儒臣들도 다투어
私塾을 開創하여 그 수가 열 둘이나 되었다. 이를 私學 12徒라 했다
는 것이다.

이상 12徒와 설립자에 대해『高麗史』『高麗史節要』등에 散見되
는 기록을 정리해 보면 다음과 같다.

① 崔冲(文憲公徒)은 海州 大寧郡 사람으로 字가 浩然인데, 고려 성종 3년
(984) 州吏 崔溫의 아들로 태어났다. 외모가 瑰瑋하고 성품이 堅貞했으며
어려서 학문을 좋아하고 글을 잘 지어 22세 때인 목종 8년(1005) 崔沆의
掌試下에 甲科 壯元으로 급제했다. 현종조에 拾遺·補闕·翰林學士·禮部
侍郎·諫議大夫 등 文翰職과 淸顯職을 두루 거치고, 덕종초 右散騎常侍로
있으면서 전일 중앙과 지방의 官衙壁上에 걸어 두었던 六正六邪와 刺史六
條[6]가 수십 년의 세월이 흘러 훼손되고 없어진 것이 많으니 다시 揭示함
으로써 관리들의 직분을 깨우쳐 관가의 기강을 확립해야 한다고 건의하여
시행케 했다. 곧이어 刑部尙書로 승진하고 靖宗朝에는 尙書左僕射 參知政
事로서 判西北路兵馬事를 겸하여 寧遠·平虜 등 서북 지방 14개소의 鎭堡
설치를 감독하고 돌아왔다. 얼마 안 되어 門下侍中 겸 判都兵馬事로 軍國
大事를 摠管했다.

---

5)『高麗史』崔冲傳과 選擧志 學校 私學條 및『高麗史節要』文宗 22년條.
6) 六正六邪는 漢代 劉向이 說苑에서 바른 신하 6종, 해로운 신하 6종을 들
   고 이를 해설한 것이고, 刺史六條는 지방 수령이 가져야 할 牧民에 필수
   적인 여섯 가지 수칙을 말한다.

문종 7년 나이 70세가 되어 물러나기를 청하자 '累代의 儒宗이요 三韓의
耆德이라 비록 물러나기를 청하나 차마 사퇴하게 할 수 없다'고 制하고 古
法에 따라 几杖을 하사하여 그대로 직무를 보게 하는 한편 推忠贊道協謀同
德致理功臣號를 주어 그간 국가에 진력한 공을 치하했다. 문종 9년에 굳이
사직을 청하자 內史令을 더하여 致仕케 하니 이때 나이 72세였다. 致仕 후
문종 22년(1068) 85세로 卒할 때까지 본격적으로 후진 양성에 진력하자—
물론 致仕 이전부터 學徒들을 가르치고 있었을 것이 틀림없지만—학도가
거리를 메울 정도로 모여들어 이를 9齋에 나누어 가르치니 이것이 12徒의
先驅가 되었고, 그가 沒한 뒤 이 도를 그의 諡號를 따라 文憲公徒라 부르게
되었다.

② **鄭倍傑**(弘文公徒)은 草溪人으로 현종 8년 禮部侍郎 郭元의 掌試에서 乙科
壯元으로 급제하고, 문종 원년(1047) 知貢擧가 되어 金鼎臣 등 11인을 선
발했다. 生沒 연대는 정확하게 알 수 없지만 遺腹子인 아들 鄭文이 文宗
代에 15~16세로 국자감시에 합격하고 뒤이어 登第하여 선종이 國原公으
로 있을 때(문종 32~37년경) 그 府의 錄事가 되었다고 했으니, 鄭文의 급
제때 나이를 20여세 쯤으로 가정하여 전후 관계를 고려해 보면, 鄭倍傑은
문종 12~17년 경에 卒한 듯하다. 아들 鄭文이 선종의 知遇를 받아 右拾遺
에 제수되었을 때 그의 外祖가 處仁部曲 출신이라 諫官에 부적합하다는
臺官의 駁奏를 받아 타직으로 바꾼 것을 보면, 비슷한 門閥 사이에서 혼
인이 이루어지던 당시의 婚俗으로 볼 때 鄭倍傑의 家係도 드러난 문벌은
아니었던 듯하다. 다만 그가 文翰으로 고위직에 올랐고, 아들 鄭文이 顯達
하게 되자 鄭倍傑은 在官時 儒術로 문종조에 勤勞한 노고와 생전에 후진
을 양육한 공적을 인정받아 그가 沒한 십 수년 뒤인 문종 34년(1080) 弘
文廣學推誠贊化功臣號와 開府儀同三司守大師門下侍中上柱國光儒侯에 追
封되었다.

이상의 검토를 통해서 미루어 알 수 있는 것은 鄭倍傑은 靖·文
宗 연간에 활동한, 명망과 학식이 높은 문신인 바, 崔冲보다는 약
간 후배로서 그 立徒 시기도 崔冲 다음인 듯하다. 특히 시호·공신
호 등을 내릴 때나 관작을 追封할 때는 그 사람의 평생 사업과 행
실을 기준으로 하여 조정에서 충분한 논의를 거쳐 결정하는 것이
관례이다. 따라서 鄭倍傑의 공신호가 학문을 넓히고 정성을 다해
교화를 도왔다는 의미인 弘文廣學推誠贊化이고, 封爵도 光儒侯인

것은 그의 공적이 학문 진흥과 후진 양성에 있었음을 단적으로 드러낸 것이라 하겠다. 그의 사후 십 수년이 지나서 공신호와 봉작이 내린 것과 수십 년이 지난 뒤인 崔氏武臣政權期까지 弘文公徒의 존재가 이어지고 있는 것7)을 보면 이 弘文公徒도 상당한 徒勢를 유지한 듯하다.

③ 盧旦(匡憲公徒)은 谷山人으로 문종대에 登科하여 翰林學士를 역임했으며 문종 34년(1080)과 선종 2년(1085) 두 차례에 걸쳐 知貢擧를 맡기도 하고, 선종 3년에는 尙書左僕射 參知政事로 승진한 후 致仕하고, 동왕 8년(1091) 졸한 것으로 보아 선종 연간에 立徒하여 후진을 양성한 것으로 보인다.

④ 金尙賓(南山徒)의 생몰 연대는 물론 그 경력도 거의 알 수 없다. 다만 祭酒를 역임했고, 문종 3년(1049)에 右副承宣으로서 國子監試 試官이 되어 韓復 등 39인을 선발한 기록이 있는 것으로 보아 현종 후반에서 정종 연간에 급제한 듯하다. 다만 기록에 나타난 그의 관직이 三品官인 祭酒(從三品)·右副承宣(正三品)뿐이고, 徒名에 諡號를 쓰지 않고, 徒의 소재지로 보이는 南山(松京 南山下)을 徒名으로 했던 것을 보면 그는 諡號를 받을 정도의 高位職에는 오르지 못한 듯하다. 그렇다면 그의 立徒 시기는 그가 右副承宣에 오른 文宗 3년에서 그리 멀지 않은 시기일 터이니 12徒 중 상당히 앞선 문종조 중기로 추정된다.

⑤ 金無滯(西園徒)는 정종 원년(1035) 崔冲의 掌試下에 급제하여 二品官인 僕射를 역임했다는 사실 이외에는 알려진 것이 없다.

⑥ 殷鼎(文忠公徒)은 문종 25년(1071)에 秘書少監 右副承宣이 되었다는 사실만 알려졌을 뿐 자세한 것은 알 수 없다.

⑦ 金義珍(良愼公徒)은 慶州人으로 父는 周鼎이다. 정종대에 급제하여 여러 벼슬을 거쳐 文宗 원년에는 殿中侍御史에 오르고, 동왕 14년(1060) 知尙書吏部事, 이듬해에 左散騎常侍·同知中樞院使를 거쳐 동왕 22년(1068) 判尙書兵部事가 되고 平章事로 致仕했다. 同王 24년(1070)에 卒하니 諡號를 良愼이라 내렸다. 그의 생년은 분명히 알 수 없으나 平章事로 致仕한

---

7) 熙宗 元年(1205) 弘文公徒로서 급제한 林得侯란 자가 자기 徒의 宣聖堂(孔子廟)를 私賣했는데, 徒生들이 崔忠獻에 고소하여 得侯를 가두고 白銀 十斤을 추징했다(『高麗史』 권21 熙宗世家).

때가 卒하기 3~4년 전으로 볼 때 문종 22년에 85세로 卒한 崔冲과는 대략 15~16세 차이가 날 것이며, 따라서 그가 立徒한 시기도 文宗 중기였을 것으로 보인다. 앞에서 인용한 十二徒 관련 기록에 良愼公徒의 설립자를 '一云 郎中 朴明保'라고 한 것은 기록의 착오이다. 郎中을 지낸 이에게 시호가 없었을 것임은 당연할 뿐 아니라 『高麗史』 列傳 金仁鏡傳에 인경이 良愼公 金義珍의 四世孫이라 밝히고 있어 良愼公이 金義珍의 시호임이 분명하기 때문이다.

⑧ 黃瑩(貞敬公徒)의 生年이나 급제 시기는 자세히 알 수 없다. 다만 崔冲의 손자인 崔思諏(思諏는 崔冲의 차남인 惟吉의 차남임)와 비슷한 승진을 했는데, 사추가 문종 17년(1063)에 28세로 급제했으니 黃瑩도 文宗代 중기 어느 시기에 급제한 것으로 보인다. 헌종 원년(1095) 禮部 尙書 同知樞密院使가 되고 이듬해인 숙종 원년 刑部尙書로 옮겼다가 동왕 2년에는 參知政事로 승진, 이해 知貢擧를 맡아 林元通 등 15인을 선발했으며, 동왕 4년(1099)에는 中書侍郎同中書門下平章事가 되어 재상직에 오른다. 黃瑩은 12徒 중 가장 후배의 한 사람으로 숙종 연간에 立徒한 것으로 추측된다.

⑨ 柳監(忠平公徒)은 忠平이란 시호를 받았으니 二品 이상 직을 역임했을 것이므로 그 기록이 남아 있을 법도 하나 전혀 상고할 길이 없다.

⑩ 文正(貞憲公徒)은 長淵人으로 문종 초에 급제하여 여러 번 옮겨 兵部侍郎 左諫議大夫를 거쳐 문종 29년(1075) 刑部尙書 知中樞院事에 오르고 동왕 31년에는 參知政事 겸 西京留守使가 되었다. 동왕 34년 咸興 지방의 東女眞이 亂을 일으키자 文正은 判行營兵馬事 同知中樞院使로서 여진 토벌의 총 책임을 맡아 이기고 돌아오니 그 공으로 推忠贊化蕩寇靜塞功臣號를 받고 特進上柱國 長淵縣開國伯에 封爵되었다. 이듬해 4월 農時를 당해 興王寺의 토목공사를 중지하고 監創巡察使를 혁파하여 민폐를 없애라고 上奏하여 허락을 받았다. 그 뒤 門下侍中으로 치사했다가 선종 10년(1093)에 졸했는데, 이듬해 宣宗이 돌아가니 그 廟庭에 配享되었다.

　문정은 단순히 循資에 따라 높은 관직에 오르고 功臣號를 받은 것이 아니라 출정해서는 혁혁한 무공을 세웠고, 조정에 돌아와서는 백성의 桎梏을 덜어주며, 儒術을 숭상하여 선비를 등용하도록 건의하는 등 재상으로서의 도리를 다했으니 명실상부한 出將入相의 전형적인 인물이라 하겠다. 이것이 12徒 중 崔冲을 제외하고 유일하게 『高麗史』에 立傳된 이유일 것이다. 그가 立徒한 시기는 선종조로 추측된다.

⑪ 徐碩(徐侍郎徒)은 12徒 관련 기사 이외에는 생몰 연대나 그 활동 시기를 전혀 상고할 길이 없다. 그에 대해 알 수 있는 사실은 侍郎을 지냈고, 貫

鄕은 利川이며, 문종·숙종 연간 어느 시기에 立徒했을 것이란 점이다

⑫ **龜山徒**는 설립자가 누구인지 밝혀지지 않았다. 다만 12徒 기록에서 '良愼 公徒를 一云 郎中 朴明保라 한다.'고 했으나 앞에서 밝혔듯이 良愼公은 金 義珍의 시호로서 良愼公徒가 박명보와 무관하니, 혹 박명보가 龜山徒의 설립자였으나 기록자의 착오로 良愼公徒에 갖다 붙인 것은 아닌지? 그러 나 박명보 또한 기록이 없기는 마찬가지다. 立徒 시기는 역시 문종~숙종 연간으로 추측할 수밖에 없다.

이상을 표로 정리해 보면 다음과 같다.

〈표 13〉 私學十二徒 表

徒　名 設立者	設立者 生沒年代	最高官職	登科時期	知貢擧經歷	設置年代	備考
文憲公徒 （崔冲）	成宗8년（984）～ 文宗22년（1068）	侍中	穆宗 8년	顯宗17년 靖宗 7년	文宗 9년	
弘文公徒 （鄭倍傑）	? 文宗15년 전후	中樞使	顯宗 8년	文宗 1년	文宗朝 중기	
匡憲公徒 （盧旦）	? 宣宗 8년（1091）	參知政事	文宗代	文宗34년 宣宗 2년	宣宗朝	
南 山 徒 （金尙賓）	? ?	祭酒		文宗 3년 監試試官	文宗朝 중기	
西 園 徒 （金無滯）	? ?	僕射	靖宗 1년		文宗朝 후기	
文忠公徒 （殷鼎）	? ?	侍郞			文宗末 이후	
良愼公徒 （金義珍）	? 文宗25년（1071）	平章事	靖宗代	文宗19년 （罷科）	文宗朝 중기	
貞敬公徒 （黃瑩）	? ?	平章事	文宗代	肅宗 2년	肅宗朝	
忠平公徒 （柳監）	? ?	?			?	
貞憲公徒 （文正）	? 宣宗 10년	平章事	文宗代	文宗32년	?	
西侍郞徒 （徐碩）	? ?	侍郞			?	
龜 山 徒 （ ? ）	? ?	?			?	

위의 표에서 12徒 설립자들의 관련 記事를 취합해 보았다. 龜山徒의 경우는 설립자가 누구인지도 모르고, 文憲公徒를 제외하면 분명한 立徒 시기마저 정확히 명시한 徒가 없다. 이는 설립자 대부분이 시호를 받을 정도의 고위직을 역임했으면서도 立傳된 이는 崔沖·文正 두 사람에 불과하고 私學 관련 기사도 崔沖傳 한 곳에서만 보인다8)는 자료의 한계성 때문이다.

이러한 자료의 疎略이라는 한계성에도 불구하고 그 생몰 연대와 활동 시기 등을 종합하여 立徒 시기를 추정해 보면, 文憲公徒가 崔沖이 치사한 문종 9년(1055)을 전후하여 立徒한 것을 시작으로 그 후 40~50년 동안에 대부분의 徒가 집중적으로 설립되고 가장 후배인 黃瑩의 貞敬公徒가 숙종 연간에 설립되었을 것으로 생각된다. 따라서 私學十二徒의 설립은 문종·순종·선종·헌종·숙종의 5대 기간 즉 11세기 후반에서 12세기 초에 걸친, 高麗가 국내외적으로 평화가 계속되고 문운이 난숙한 시기라고 할 수 있다.

그러면 고려 私學의 기원을 문종~숙종 연간으로 볼 것이냐는 문제이다. 필자로서는 여기에 선뜻 동의할 수 없다. 私學 12徒의 설립자들이 벼슬에서 물러난 뒤 어느날 갑자기 사학을 연 것은 아니었기 때문이다. 崔沖도 문종 9년, 치사 직후에야 비로소 弟子를 가르치기 시작한 것은 아니었을 것이다. 상당수의 문관들은 재직 중에 얼마든지 家塾을 열 수 있었고 실제로 그러했다. 이들 사학의 존재는 이미 통일신라 말기에도 나타나고,9) 성종조에는 문관들 사이에 상당히 보편화된 듯하다. 즉,

성종 8년 4월 教하기를 … "지금부터 文官으로 弟子가 10人 以下가 있는 자는 任期가 만료되어 체직할 경우 有司가 모두 記錄하여 아뢰라.(그 실적에

---

8) 『高麗史』 選擧志 學校條 私學 項目에도 같은 내용의 私學十二徒 관련 기사가 나오는바 어느 것이 原典인지는 불명이나 동일한 出典인 것은 분명하다.
9) 金光洙,「羅末麗初의 地方學校問題」『韓國史研究』7, 1972.

따라) 褒貶할 것이다." 했다.[10]

　라는 것으로 인재양성 실적을 인사고과에 반영하겠다는 것이다.

　그런데 여기서 '10人 以下'라는 인원수에 대하여 논란이 일어날 수 있는데,[11] 어쨌든 성종대에 이미 文官들은 상당수의 제자를 기르고 있음을 알 수 있다. 그리고 필자는 제1장에서 고려 건국 초기, 아직 학교 제도가 제대로 성립되지 못했을 당시, 교육 기능의 일부는 文翰機關이 담당했고, 나머지는 일부 文臣官僚들의 私塾을 통해 이루어지고 있었다는 점을 밝힌 바 있다. 또 이들 사학은 개경의 귀족자제들을 중심으로 발전하여 지방 학생 중심인 국자감과는 대립적인 위치에 놓여 있었을 것이란 점도 추단했다. 그리고 이들 사학은 성종의 적극적인 관학진흥책으로 목종대까지는 과거에서 큰 세력을 떨치지 못하다가 현종 중기 이후 발전하기 시작하여 덕종·정종·문종대에는 사학 출신자들이 급제자들의 주류를 이루게 되고 중앙 관학인 국자감을 능가하기에 이르렀다는 사실도 아울러 지적했다. 12도의 설립자가 대부분 개경 출신이라는 것[12]도 당시

---

10) 『高麗史』 志 28, 選擧 2 學校條 및 『高麗史節要』 同年 同月條.

11) 原文대로 '10人以下'라고 하면 1人일 경우도 해당되어 뜻이 매우 모호하다. 그래서 李成茂氏는 '10人以上'으로 해석했는데(李成茂, 「韓國의 科擧制度와 그 特性」 『科擧』, 一潮閣, 1981, 114쪽), 이렇게 하면 뜻이 명료해진다. 그런데, 『高麗史』와 『高麗史節要』에 공히 '10人以下'로 나와 있고, 또 '下'와 '上'의 字型이 옮겨 쓰면서 착오를 일으킬 글자가 아니라는 데 문제가 있다. 즉, 下와 上은 의미상으로는 대칭이 되나 오기할 근거는 희박하다. 따라서 굳이 고칠 필요가 없이 弟子가 '10인 이상'인 자는 이미 褒貶에 반영해 왔고 지금부터는 '10인 이하'인 자도 敎育成果에 따라 銓選時 褒貶에 반영한다는 뜻 정도로 이해하면 어떨까 한다.

12) 金忠烈氏는 良愼公徒의 金義珍이 慶州人, 弘文公徒의 鄭倍傑이 草溪人일 뿐 기타는 거의 開京을 중심으로 한 近畿人들이라고 했다(『高麗儒學史』, 95쪽, 高麗大出版部, 1984). 그러나 鄭倍傑이나 金義珍도 本貫은 지방이지만 開京에 累代 동안 世居했을 가능성도 배제할 수 없고, 또 이들의 徒도 開京에 존재했을 것이 틀림없으니 十二徒 설립자의 출신 지역을 따지는 것은 의미가 없다.

사학이 開京 귀족 중심의 교육기관이었을 것이라는 추론과 맥을
같이하는 점이다.

生徒의 숫자는 徒에 따라 다과가 있었지만 대부분의 문관들은
개인적으로 후진에게 교육을 베풀고 있었다는 사실을 통해 이들
문관들의 사학이 12도의 모태가 되었을 것임은 의심의 여지가 없
다. 그리고 이들 12도의 徒란 칭호를 얻기 전에는 보통 서당과 같
은 형식으로 존재했을 것이다.

다음으로 ‘徒’에 대하여 검토해 보자.

徒란 원래 ‘무리’·‘結社’·‘團體’ 등의 뜻으로 신라시대 청소년의
심신 수련단체였던 화랑도와도 깊은 관련이 있는 것이었다. 申采浩
도 일찍이 “崔公徒·盧公徒 등은 화랑의 原郎徒·永郎徒 등을 倣
한 것이며, 학교의 靑衿錄은 花郎의 風流黃卷을 倣한 것”[13]이라고
주장했다. 이러한 徒의 흔적은 고려 후기까지도 찾아볼 수 있다.[14]
그렇다고 모든 私學을 徒라 부르지는 않았을 것이다. ‘有多有少’라
고는 했지만 규모의 제한은 없으나 그저 막연히 숫자가 비교적 많
은 사학 그룹을 신라 이래의 전통에 따라 徒라고 불렀다. 이렇게
徒라고 부를 만한 그룹들이 10 여 개쯤 되었을 것이다. 그런데 12
란 숫자는 동양에서는 十二支·十二宮·十二律·十二門·十二分野
등 두 자리 수 중에서 많은 의미로 가장 널리 쓰인 대표적 숫자이
다. 이 12라는 숫자를 기준으로 대표적인 私學 열 두개를 12徒라
일컬었고, 이것이 어느 시기, 어떤 사람에 의해 기록으로 고정되었
을 것이다.

고려시대에는 일찍부터 문관들이 家塾을 열어 제자를 길렀고, 국
가에서는 이를 장려하여 그 實積에 따라 銓選에 반영하기까지 했
다. 이렇게 되자 사학은 더욱 번창하고 설립자 개인 역량에 따라

---

13) 申采浩, 『朝鮮史研究草』, 1946, 117~118쪽.

14) 『拙藁千百』 권 1, 「閔頔行狀」 ‘東方故俗 男子幼年 必從僧習句 讀有首面
　　妍好者 僧與俗皆率之 號曰仙郎 聚徒或至於百千 其風流起自新羅.’라 했으
　　니, 이는 신라 花郎의 유풍이다.

徒를 이룰 정도로 학생이 운집하는 곳도 있었으니 그 대표적인 것이 崔冲의 文憲公徒였다. 이렇게 徒라고 칭할 수 있는 것이 崔公徒를 비롯하여 12개나 되었다. 이들 12私學 중에는 더욱 융성해진 徒도 있었지만 기록을 남길 겨를도 없이 곧바로 몰락한 것도 있었을 것이다. 12徒 중 가장 후배인 黃瑩이 죽은 뒤 貞敬이란 시호를 받고 나서 徒名이 붙여진 것을 의미한다. 12도란 이름은 또 더 뒤에 누군가에 의해 命名되었을 것이다. 그리고 12도가 命名될 당시는 이들 徒 중 어떤 것은 명맥이 끊어진 뒤 이름만 남아 있었을 가능성도 배제할 수 없다.[15]

이 12도가 기록될 당시에는 그 당시까지 번성하던 崔公徒 외에는 다른 徒의 기록은 근거할 곳마저 없게 되었다. 그 결과 文憲公徒의 기록만이 후세에 전하여 사학 12도의 대명사로 전해지게 되었을 것이다. 만약 12도의 칭호가 이들이 한창 융성할 때 성립했다면 이들에 관한 기록이 이렇게 零星하지는 않을 것이다. 이들 12명의 설립자 중에서 專傳이 있는 이는 崔冲과 文正뿐인데 그 중에서도 사학에 관한 기사는 崔冲傳뿐이고 文正傳에는 일언반구도 12도에 대한 언급이 없다. 忠平公徒, 徐侍郞徒, 龜山徒 등은 설립자의 이력마저 알 수 없는 형편이다. 이것은 바로 상당수의 12도는 그때 이미 절멸되었음을 뜻하는 것이다.

이로 볼 때 사학 12도란 고려 초기부터 문관들에 의해 이어 오던 중앙귀족 세력의 적극적인 비호 하에 침체해진 국자감을 능가하게 되고 이들 중 10 여 개의 사학은 徒衆을 이룰 정도로 다수의

---

15) 이러한 例는 南孝溫의 『六臣傳』에서도 그 類似點을 찾을 수 있을 것 같다. 死六臣이란 호칭은 南孝溫이 『六臣傳』을 지은 뒤부터 고정된 것이다. 즉, 端宗復位를 꾀하다가 죽음을 당한 사람들이 六臣만이 아니고, 이들이 가장 높은 벼슬아치로서 죽은 것이 아니었건만 秋江은 이들 중 특히 여섯 臣下만을 대상으로 『六臣傳』을 지었기 때문에 후대에 단종을 위해 節死한 臣下들은 死六臣만이 있는 것처럼 인식되기에 이르렀다. 生六臣에 秋江이 들어가고 개중에는 出入이 있는 것도 같은 맥락이다.

생도들을 포용하여 번창하게 되었다. 그러나 예종이 7齋를 설립하여 일곱 개의 전문강좌를 개설하고 국학을 진흥시키게 되자 일부는 그대로 전통을 유지하게 되지만 대부분은 그 명맥마저 끊어지게 되었던 것이다. 12도의 칭호가 성립한 것도 상당수의 12도가 몰락한 뒤의 어느 때일 것이다.

이상을 요약하면 私學 12徒는 문종 9년(1055) 崔冲徒의 성립을 계기로 그 후 40~50년 사이에 처음 성립한 것이 아니라 건국 초부터 성행한 문관들의 家塾이 그 기원인데, 문종대에 와서 崔冲이 이를 한 단계 더 발전시켜, 학생과 선생·교육시설·교과 과정 등을 확충하여 학교로 일컬어질 수 있을 정도의 교육 체제를 갖춤으로써 더욱 발전하게 되었다. 그리고 12도란 칭호도, 숙종 연간 이후 어느 때에 누군가가 앞서 존재했던 대표적 열 두개의 사학을 12도로 명명했으리라 추측된다.

2. 私學 발달의 시대적 배경

유학을 정치 지도 이념으로 채택하려 했던 성종은 국사를 처리하고 교화를 담당할 인재를 양성하기 위해 국학을 개창하고 지방 자제들을 불러 올려 교육하기 시작하자 관학의 융성을 보게 되었다. 그 교육 성과는 성종·목종대에 현저하게 나타나는데, 이때의 과거급제자 1회 평균 숫자가 전대의 3~6배나 된다는 사실이 이를 증명했다. 물론 이러한 과거급제자의 급증이 성종의 중국화 정책에 의한 관직체계 정비와 지방 통제의 강화로 인한 관인수요의 확대도 한 원인이 되었겠지만 현종·덕종 연간에는 급제자 수가 다시 1회 평균 8.5명으로 急落했던 것을 보면 이는 관인 수요에 의함이라기보다는 국자감 교육의 쇠퇴로 설명하는 것이 더 설득력이 있다. 문종대에는 다시 그 수가 22명으로 증가하는데 이는 사학 발달의

결과로 보아 틀림없을 것이다.16)

그러면 私學이 발달하게 된 시대적 배경은 어떠했는가를 살펴보자. 성종의 적극 육성책으로 발전을 거듭하던 지방 학생 중심의 국자감이 일시 과거급제자를 다수 배출하기도 했다. 그러나 생태적으로 중앙귀족들로부터 견제와 배척을 받을 수 밖에 없었다. 게다가 현종초 거란의 침구로 인한 국왕의 蒙塵이라는 미증유의 국난은 정부가 文敎에 힘쓸 겨를이 없게 만들었고, 관학은 침체의 길을 걷지 않을 수 없게 되었다.

원래 관학이란 국왕의 적극적인 배려와 정치지도자들의 전폭적인 지원 하에 발전할 수 있는 것이다. 그런데 이를 진흥시킬 의지를 가진 국왕도 없었고, 중앙귀족 출신의 당국자들은 당초부터 국자감과 이해가 상반되던 관계였으니, 국자감 침체는 그대로 방치될 수 밖에 없었다. 급기야는 국자감 폐지론으로까지 발전하게 되었다. 즉, 숙종 7년 재상 邵台輔 등이 上奏하여 "국학에서 선비를 기르는 데 소모되는 비용이 적지 않아 실로 민폐가 되고, 또 중국의 법을 우리나라에서 시행하는 데는 어려움이 있으니 국학을 폐지하라"고 할 정도였다. 여기에서 당시 지배층들의 국자감 인식을 알 수 있다. 이때의 국자감은 한갓 중국의 제도를 흉내내어 설치하고 국고만 축내는 무용지물로 비쳐지고 있는 것이다.

국자감 폐지론을 일부 국수론자의 주장으로 돌려버릴 수도 있겠으나 당시 邵台輔는 百官을 대표하는 재상이고, 특히 '邵台輔 등'이라고 한 것에서 알 수 있듯이 위의 상주는 공적인 견해요, 당시 지배계층의 일반적 여론이었을 것이다. 그렇다고 교육이 실시되지 않았을 리는 없다. '중국의 법을 그대로 시행하여' 국자감을 설치, 교

---

16) 光宗 9년부터 成宗 전반기까지는 과거 급제자의 1회 평균 숫자가 4~5명에 불과하던 것이 成宗 후반기에는 13명, 穆宗대에는 25.6명이 된다. 그러던 것이 顯宗대에는 13.4명으로 줄고, 德宗대에는 8.5명까지 떨어졌다가 文宗대에는 22.1명으로 급격히 증가하고, 肅宗대에 34.2명, 그 후부터 麗末까지는 30여 명으로 고정되고 있다.

육을 시행할 필요는 없지만, 우리의 전통적인 인재 양성 방법은 嚴存했고 그것이 사학이었다.

특히 현종 이후 昇平이 계속되자 사람들 사이에 배움에 대한 새로운 관심이 쏠리기 시작하고 이를 발판으로 관인이 되는 것이 立身揚名의 주요 과정이었기 때문에 그 첩경인 과거로 젊은이들이 모여들게 되었다. 서구 중세대학에서 교회나 왕실의 높은 지위를 얻기에 유리한 敎會法科나 법과, 돈을 많이 벌 수 있는 의과 등이 각광을 받았고, 현세에도 취직이 잘되고 고수입을 보장받는 학과가 인기를 끌듯이, 知貢擧를 지내고 학덕이 높은 儒臣들이 私塾을 열자 과거를 보려는 자들이 그리로 모여드는 것은 자연적인 현상이었다.

宰相職에서 致仕한 崔冲이 후진을 모아 敎誨에 진력하자 學徒가 坌集하여 … 과거에 응시할 衣冠 子弟들은 반드시 徒中에 소속하여 배웠다.

고 한 기록이 단지 文憲公徒에만 국한되지 않았을 것이다. 사학을 세운 이들은 자신의 신념과 명예를 위해 열성으로 가르치고, 과거를 목표한 젊은이들은 자신들의 장래 영달을 위해 몰려들게 되자 국학이 침체하고 사학이 융성하는 것은 당연한 귀결이었다. 그리고 文憲公徒 같은, 급제자를 많이 배출한 사학은 설립자가 죽은 뒤에도 선후배들 간에 서로 이끌어 주어 그 전통을 계승할 수 있었다. 이것이 私學 12徒가 발달하게 된 시대적 배경이다.

이상과 같은 연유로 사학 12도의 융성은 인구에 膾炙되나 관련 자료의 零星으로 교육 시설은 어떠했고, 실제 교육 내용이나 방법은 어떠했으며, 또 生徒들의 宿食 문제는 어떻게 해결했는지 그 실상에 대해서는 알려진 것이 없다. 단편적인 기록들을 중심으로 추측해 보면, 교과 내용은 우선 설립자가 대부분 知貢擧를 역임한 경력이 있고, 과거에 급제한 선배로서 아직 관직에 오르지 못한 이들을 敎導로 삼아 가르치게 했으며, 배우는 자들의 현실적인 목표가 과거급제였을 것이니 사학의 교과 내용은 科業 중심이었을 것임은 틀림이 없다고 하겠다.

文憲公徒의 설명 중에 "모든 응거자들이 9齋에 籍을 두었다"라고 한 설명이 이를 단적으로 나타낸 말이다. 사료에는 평소에 9經(『詩』·『尙書』·『易』·『禮記』·『周禮』·『儀禮』·『春秋左傳』·『公羊傳』·『穀梁傳』)과 三史(『史記』·『漢書』·『後漢書』)를 중심으로 공부했다고 했으나 여기에 큰 비중을 두기는 어렵다. 山寺의 僧房을 찾아 詩·賦·策 등 글짓기 연습의 주된 목표는 과거급제였음을 주목할 필요가 있다.

사학은 당초 설립자의 自家에서 주인의 직접 지도로 교육이 시작되었다. 그러나 文憲公徒와 같이 '生徒가 坌集'하는 徒인 경우에는 별도의 學舍가 있어야 했다. 효과적인 교육을 위해 9齋와 같은 分班도 필요했다. 그 외 시설로는 弘文公徒 출신의 林得侯가 자기 徒의 宣聖堂을 私賣했다가 처벌받고 있는 사실에서 알 수 있듯이 享祀의 대상으로 孔子廟도 존재하여 불완전하나마 문묘의 형식을 갖추고 있었음을 알 수 있다.

어떤 도의 경우는 그 졸업생을 중심으로 자기 徒에 사재를 出捐하는 경우도 있었겠지만 처음에는 대부분의 비용을 설립자가 自擔했을 것이므로 설립자는 상당한 재력가여야 했다. 그러나 개인의 능력에는 한계가 있었다. 국자감 諸生의 숙식 비용을 국가가 부담한 반면, 사학의 경우는 그렇지 못했다. 고려 전기의 경우, 夏課 때를 제외한 평상시에 대다수의 개경 출신 생도들은 自家에서 通學하고, 소수의 지방 출신들은 독자적으로 숙식 문제를 해결하지 않으면 안 되었을 것이다.

古·中世 시대에 있어서 교육상 가장 큰 장애는 교재의 品貴였다. 하지만 당시 고려의 사정은 高麗刊本이 宋에 역수출되었다는 사실이나, 『高麗圖經』에 '書舍가 거리에 잇달았다'는 기록으로 보아 교재의 보급은 상당히 보편화되었을 것으로 보인다. 교수는 처음 설립자의 직접 지도로 행해졌지만 점차 생도의 숫자가 많아지자 교육 보조자들이 필요했다. 즉 어느 정도 수준에 오른 선배가 초입

자를 가르치는 일은 최근까지 서당 교육에서도 흔히 볼 수 있는 교수 방법이었으니 고려 사학에서도 예외가 아니었을 것이다. "과거 급제한 선배로서 아직 관직에 오르지 못한 이들을 敎導로 삼아 가르치게 했다"는 사실이 이를 증명한다. 그러나 선배의 지도는 급제자만으로 국한되지 않았을 것이다. 그리고 文憲公徒에서 9齋로 나눈 이유 중의 하나도 많은 生徒를 효율적으로 가르치기 위한 한 방편이었을 것이다.

3. 9齋의 성격 문제

崔冲은 사학을 세운 뒤 學徒가 坌集하자 齋를 아홉으로 나누어 가르쳤는데, 그 명칭을 "樂聖·大中·誠明·敬業·造道·率性·進德·大和·待聘이라 했다"는 이른바 9齋에 대해 일찍이 耳溪 洪良浩가 "그 齋名을 樂聖·大中 … 待聘이라 하여 진학의 차서는 樂聖에서 시작하여 待聘에서 마치게 되는데, 마치 周官 成均의 제도와 같다" 했다. 이어 "誠明·率性 같은 것은 『中庸』에서 나오는 것들인데, 『中庸』을 『禮記』로부터 表章한 것이 이미 程子에 앞서고 있어 道學을 전한 공이 천년 후에 우연히도 일치하니 아, 훌륭하다"고 하면서, 9齋는 진학의 階梯에 따라 구성되었고, 우리나라 道學(성리학)의 연원이 여기에서 시작된 듯이 설파했다.[17]

---

17) 洪良浩, 『耳溪集』 권 30. 「紫霞洞9齋遺墟碑銘」 紫霞洞은 松岳山 아래에 있는 골짜기로(『新增東國輿地勝覽』 권4. 開城府 上) 麗末에 9齋가 있던 장소였고 또 여기에서 夏課도 실시했다. 그러나 고려 전기 구재 생도들이 夏課를 하던 장소는 이곳이 아니라 開城 外城의 東北쪽 大門인 炭峴門 밖에 있던 歸法寺·龍興寺들인데 (『新增東國輿地勝覽』 권5. 開城府 下), 耳溪는 전기의 9齋를 후기의 夏課 장소에다 끌어대어 9齋遺墟碑銘을 지은 것이다. 紫霞洞과 炭峴門 밖의 위치가 이렇게 동떨어진 것을 보면 고려 전기의 구재 위치는 9齋遺墟碑가 서 있는 곳이 아니었음은 분명하다 하겠다. 이에 대해서는 뒤에 다시 상론하기로 한다.

이 영향으로 후대의 학자들은 모두 이를 추종하여 朴性鳳은 "9齋의 齋名을 통하여 보면 그 진학의 순서가 뚜렷함을 알 수 있다"[18]고 하여 齋가 진학의 순서에 따른 것임을 거듭 인정했다. 그리고 誠明·率性 등 性理學의 대표적 경전인 『中庸』의 어구가 齋名으로 나오는 것에 깊은 관심을 가졌다. 이어 尹南漢 역시 "9齋學堂은 樂聖 … 待聘 등 學齋를 두어 이를 進學階梯로 삼았다"[19]고 하여 그 전설을 그대로 인정하고, 한걸음 더 나아가 9齋의 명칭 하나 하나를 그것들이 수록되어 있는 유학 경전과의 관련 속에서 의미를 부여했다. 그리고 金忠烈도 9齋의 진학 과정을 인정하는 토대 위에 9齋를 學記의 9년과 연결, 수업 연한과 진학 과정을 동시에 포용하는 것으로 보았다.[20]

그런데 문제는 선학들이 진학 과정에 의한 구분이었다고 주장하는 근거가 9재의 운용 문제나 9재 출신 인물들의 개별적인 검토를 통해 얻어진 결론이 아니라 耳溪 洪良浩의 「紫霞洞九齋遺墟碑銘」의 내용을 근거로 號稱의 해석 및 그것이 실린 出典과의 관련에서 유추한 推斷이라는 점이다. 그러므로 여기서는 9齋의 名稱이 나온 出典을 찾아 그 語義를 밝히고 관련 原文을 통해 알아보려는 것이다.

위의 표에서 9齋 명칭의 출전을 보면 『禮記』에서 나온 것이 넷(『中庸』 2건)으로 가장 많고, 나머지는 『春秋左傳』·『揚子法言』·『東坡集』에서 나온 것들이다. 어의는 주로 인간의 내재적 심성을 순화시키거나 인격 도야를 지향하는 내용이란 공통점을 갖고 있다.

---

18) 朴性鳳, 「高麗時代 儒學 發達과 私學十二徒의 功績」 『史叢』 2, 1957, 44쪽.

19) 尹南漢, 「儒學의 性格」 『한국사』 6, 國史編纂委員會, 1975, 248쪽.

20) 金忠烈, 『高麗儒學史』, 高麗大出版部, 1984, 91쪽. 學記는 『禮記』의 篇名이다. 그러나 氏의 다른 論文인 「崔冲 私學과 高麗儒學」 『崔冲硏究論總』에서는 9齋名은 年級이나 進學階梯와는 무관하다는 견해를 보이고 있다.

〈표 14〉 齋名의 뜻과 出典

齋 名	語義〔관련 原文〕	出 典
樂 聖	성인의 도를 좋아함〔天樂天 聖樂聖 謂樂逢聖也〕	揚雄『法言』
大 中	조금도 치우침이 없이 바름〔柔得尊位大中 而上下應之曰大有〕	『周易』 大有卦
誠 明	정성을 다함으로써 현명해짐〔自誠明謂之性〕	『中庸』21章
敬 業	정성을 다해 학업을 닦음〔專心致志 以事基業也〕	『禮記』學記
造 道	인격을 수양함〔提高品德修養〕	『東坡集』
率 性	본성을 따름〔天命之謂性 率性之謂道〕	『中庸』1 章
進 德	도덕을 증진시킴〔忠信 所以進德也〕	『周易』 乾卦
大 和	크게 화합함〔晋國之民 是以大和〕	『左傳襄公』13년
待 聘	초빙을 기다림〔等待召聘〕	『禮記』 儒行

먼저 교육 기관에서 齋가 어떤 개념으로 쓰였는지를 살펴보자.

齋에는 여러 가지 뜻이 있으나 교육 기관에서는 房·學舍의 뜻으로 학생들의 숫자가 많을 때 分班의 성격으로 흔히 사용했다. 고려 국자감에서는 睿宗(1109) 때 麗(이)澤·待聘·經德·求仁·服膺·養正·講藝의 이른바 7齋를 두었다. 中國 南宋 때(1127~1279) 태학에도 服膺·習是·存心·養正·率履·視身·守約·允蹈·持志·識意·節性·經德 등의 齋名이 나타난다.21)

주지하다시피 高麗 국자감의 7齋는 전공 과목별 분류였지만, 齋名이 해당 전공 經傳에서 따온 것은 아니었다. 南宋 太學의 그것은 단순한 班別 호칭이었다. 그런데 흥미로운 것은 시대적으로 보아 南宋이 고려의 齋名을 채용했을 리는 없는데도 經德·服膺·養正은 齋名이 고려 국자감의 그것과 중복된다는 점이다. 또 양쪽의 모든 齋名이 나타내는 의미의 공통점은 敎誨의 뜻을 담고 있다는 것이다. 따라서 9齋를 포함하여 모든 齋名에서 경전과의 관련이나 진학 階梯를 찾으려는 것은 무리이다.

다음으로 이들 선학들이 지적한 대로 9齋가 진학 과정에 의한 구분이었는가를 살펴보자.

진학 과정이 있었다면 초학 단계는 어느 것이며, 진학 방법은 구

---

21) 陳東原,『中國敎育史』, 268쪽의 도표, 前揭『崔冲研究論叢』, 42쪽에서 재인용.

체적으로 어떠했고, 대략적인 수업 연한은 얼마였을까. 우선 9齋의 齋名에 진학 계제가 있었다면 모든 9齋 입학생들은 원칙적으로 몇 개의 齋를 단계적으로 거쳤을 것이고, 일부 학자의 주장대로 9齋를 학기의 9년에 연결시킨다면 이를 모두 수료하는 데는 9년이 소요된다는 결론에 도달한다.

그런데 고려 후기의 경우이기는 하지만 9齋 출신 인물들 중, 누구도 다년간 齋에 籍을 둔 기록이 찾아지지 않고 단지 10여 세 때 두어해 동안 적을 두고 있을 뿐이다(이 점은 후술할 것임). 그리고 진학 계제라면 文憲公徒의 9齋는 선후배 관계가 성립되고 齋와 재의 독립성은 존재하지 않았을 것인데, 명종~고종대에 나타나는 기록들을 통해 볼 때 재 상호간의 종적 유기적 연대 관계는 찾아볼 수 없고 독립적 성격만이 뚜렷하다는 점이다.

또 진학과정에 의한 구분이었다면 매년 입학 인원은 제한되어 "科擧에 뜻을 둔 이들이 모두 9齋에 籍을 걸었다. 거리가 메이도록 坌集하는 학도를 9齋에 나누어 수용했다"고 하는 설명과도 맞지 않는다.

이상과 같은 문제점을 염두에 두고, 9齋生으로 밝혀진 인물들을 검토하면서 9齋의 성격을 구명하기로 하자.

① 李棟民 : 京山人으로 일찍이 北學于京하여 才學이 朴椿齡과 나란했다. 급제 후 벼슬이 監察御史에 이르렀다. 李勝章墓誌에 의하면 率性齋에 籍을 두었던 듯하다.[22]

② 李勝章 : 아버지 棟民을 일찍 여의고 母의 주선으로 開京으로 올라와 率

---

22) 「李勝章墓誌」『朝鮮金石總覽』, 418쪽에 "내가 무슨 면목으로 지하에서 先夫를 다시 볼 수 있으랴 하고 드디어 용기를 내어 公(李勝章)을 率性齋에 입학시키니 대개 전 남편의 舊業이었기 때문이다(吾何面復見先夫 於地下 遂勇斷其志 乃以公□學率性齋 盖從先夫舊業也)."라고 한 것에서 알 수 있다. 그런데 여기서 '先夫舊業'을 '學業'이란 의미로 볼 수도 있다. 그러나 筆者의 견해로는 문맥으로 보아 率性齋와 '대개(盖)'는 연결하여 해석해야 한다고 생각한다.

性齋에 적을 두었고, 급제 후 四門太學博士 등 학관을 거쳐 監察御史로
죽었다.[23]

③ 咸淳 : 李奎報가 명종 12년(1182) 14세의 나이로 誠明齋 夏課에서 1등을 했
  는데, 咸淳은 先達로서 試員으로 있었다. 따라서 성명재 출신일 것이다.[24]

④ 李湛之·玉和 : 모두 咸淳과 함께 詩名을 날리던 이들인데, 이들 3인이 歸
  法寺石溪에서 冠童 등을 데리고 夏課를 실시했던 것을 보면, 咸淳과 함께
  성명재 출신으로 보인다.[25]

⑤ 李奎報 : 14세 때(명종 12. 1181) 처음으로 文憲公徒 誠明齋에 籍을 두고
  夏課 때마다 1等을 하자 先達 咸淳 등이 탄복했다. 15세까지 2년 동안 성
  명재에 있었다.[26]

⑥ 金 敞 : 李奎報의 성명재 후배로 상서직에 있으면서 그동안 蒙古亂으로
  중단되었던 성명재의 하과를 江都에서 복구하여 李奎報로부터 칭찬을 듣
  고 있다.[27]

⑦ 李 需 : 文憲公徒 造道齋 출신, 侍郎으로 있으면서 성명재의 하과 개최를
  부러워하는 詩를 지어 李奎報에게 보내면서 착잡한 심정을 토로하자 이규
  보는 시로 화답하여 勉勵했다[28] 그리고 얼마 후 하과를 주관한다.

⑧ 河千旦 : 文憲公徒 성명재 출신, 金敞이 성명재의 하과를 복구하자, 河千
  旦은 대선배인 이규보의 시에 화답했는데 李氏는 다시 여기에 次韻하면서
  같은 재 출신임을 밝히고 있다.[29]

위와 같이 기록을 통해 12세기 말에서 13세기 초에 걸쳐, 文憲公
徒 9齋 중 3齋의 존재를 확인할 수가 있다. 한편, 이상 9명의 소속

---

23) 위와 같음.
24) 『東國李相國集』 年譜.
25) 『補閑集』 권 中 十二徒冠童.
26) 『東國李相國集』 年譜.
27) 『東國李相國後集』 권 7 寄金學士敞.
28) 위의 책, 「次韻李侍郎見和」에 '誠明造道本一徒'라 했다.
29) 앞의 책, 「次韻河郎中千旦見和」에 '耘業耕文夏課場 是皆君我曾經地'라 하
    여 시간적인 차이는 있으나 같은 夏課를 거친 것을 밝히고, '我齋稍復餘
    未爾'라 하여 자기들 齋인 誠明齋만 회복하고 다른 재는 회복되지 못했
    음을 말하는 것으로 보아 같은 재라는 것을 알 수 있다.

을 보면 李勝章 부자는 文憲公徒 率性齋 출신, 李需는 文憲公徒 造道齋 출신일 뿐 나머지 6명은 文憲公徒 誠明齋 출신이다. 거의 동시대 인물들 중에 성명재 출신이 2/3나 된다는 것은, 이 出典이 성명재 출신인 이규보의 문집임을 감안하더라도 12徒間에 '有多有少'가 있다고 했듯이 9齋간에도 '有多有少'의 큰 차이가 있음을 알겠다. 그리고 齋와 齋間에 학생 수의 큰 격차가 난다는 사실도 각 齋의 독립성을 말하는 것이며, 이는 齋를 진학과정의 階梯로 보는 견해와는 배치되는 현상이다.

다음, 9齋가 진학 계제에 따라 편성된 것이라면 연령이나 수학 정도에 따라 籍을 달리해야 할 것이다. 물론 사람에 따라 일부 齋만을 수료하고 진학할 수도 있어 한 齋에만 있었다고 문제될 것이 없다. 그러나 한 齋에서 다른 재로 진학한 기록은 어느 누구에게서도 찾아볼 수 없다. 李勝章은 造道齋에서 率性齋로 진학한 것이 아니라 父가 과거 率性齋에 籍을 두었었기 때문에 그도 率性齋에 들어간 것으로 되어 있다.

이로 보면, 입학 요건은 진학 과정보다 연고권이 더 작용했다고 볼 수 있겠다. 또, 李奎報도 14세 때에 誠明齋에 들어가 15세까지 2년 동안 在籍하는데 다른 齋로 옮겨간 흔적은 어디에도 보이지 않으며 후일 金敞 등에게 지어 준 詩[30]에도 성명재만을 대상으로 '우리 齋'라고 했다.

9齋간에 상하·선후의 진학 과정상 관계가 있다면 齋와 齋 사이에는 선후배의 차이는 있지만 동창적 유대의식이 있어야 할 터인데, 매우 폐쇄적이라는 사실이다. 李奎報·金敞·李需·河千旦 네 사람은 모두 文憲公徒 출신인데 이 중 李需는 造道齋, 나머지는 誠明齋이다. 金敞이 그 동안 중단되었던 夏課를 실시하자 같은 齋 출신인 李奎報와 河千旦은 기쁨을 감추지 못하여 시를 지어 하례하지만, 造道齋 출신인 李需는 성명재는 다시 성하는데 자기 출신 조

---

30) 위의 책, 「寄金學士敞」·「次韻金學士敞見和夏課詩」·「次韻河郎中千旦見和」.

도재는 復舊 못한 데 대한 착잡한 심정을 토로했다.[31] 그리고 李奎報는 이러한 입장에 처한 李需를 위로하는 "뼈아프게 슬픈 마음 그대 齋 뿐이런가. 12徒 그 모두가 눈물을 뿌렸으리"[32]라고 하여 초기에 같은 文憲公徒 내의 9齋였지만 이젠 다른 12徒와 동격으로 인식될 정도로 독립성을 유지했다.

이상에서 검토한 대로 9齋는 진학 과정상의 관계가 아니었다. 같은 齋의 선후배끼리 학벌을 형성하여 이어오기 때문에 인물이 많이 나는 齋는 번창한 반면 그렇지 못한 齋는 침체하다가 소멸되고 마는 것도 있었을 것이다. 그리고 9齋가 생기게 된 배경을 보면, 崔冲傳에도 나타난 바와 같이 학생이 坌集하므로 이를 나누어 가르치게 되고 그것이 아홉이나 되었다.

齋가 여럿이 되자 각자의 號稱이 없을 수 없고, 호칭을 붙일 때 '성인의 도를 좋아한다느니(樂聖)' '도덕을 증진시킨다느니(進德)' 하는 등등 경전에 있는 교훈적인 語句를 찾아 붙인 것이 9齋의 명칭이 생기게 된 내력이다. 이들 9齋의 명칭이 성리학의 이념서 격인 『大學』이나 『中庸』에서 따온 것은 사실이지만 그렇다고 9齋名과 성리학을 바로 연결시켜 이해하려는 것은 무리인 듯하다. 왜냐 하면 程子가 『大學』과 『中庸』을 『禮記』로부터 表章하기 이전에도 『禮記』는 5경 중의 하나로 중시했기 때문이다. 따라서 이 9齋의 성격은 선학들이 주장한 대로 진학 과정상의 階梯가 있었던 것은 아니었고 단순한 分班이었던 것이 동창 의식으로 발전한 것이다.

---

31) 위의 책, 「次韻李侍郎見和」란 詩에 李奎報가 李侍郎(李需)의 詩를 인용한 것이 있는데, 李需는 여기서 '誠明復盛造道微 爲己咨嗟爲公喜'라 했다.
32) 위의 책, 「次韻李侍郎見和二首」. 哽悲何獨子一齋 十二徒中堪墮漏.

Ⅲ. 고려 후기 私學의 변천

1. 몽고 침략 이전의 私學十二徒

고려 전기 한때 국자감을 능가하던 私學 12徒도 예종의 국학 개혁으로 중앙 교육의 주도권이 국자감으로 옮아가자 12도에 동요가 일어났다. 또 교육의 주요 목표가 仕宦이었으니, 급제나 出仕에 유리하겠다고 생각되는 스승에게로 옮겨가기 시작함으로써 12徒가 재편되는 것도 필연적인 귀결이었다. 이리하여 조정에서는 이를 통제하기까지 하는데,[33] 이렇게 조정이 통제에 나서는 이유는 私學을 보호해야 한다는 당위성에서가 아니라 背師移籍은 반도덕적이며 비교육적이기 때문이었을 것이다.

그런데 기왕에 籍을 두었던 자까지 他徒로 옮겨가는 사학에 입학을 기피할 것은 당연하고, 이런 私學은 도태되기 마련이다. 優勝劣敗의 생존 원칙에 따라 몇몇 私學을 제외한 대부분은 그 전통이 끊어졌으리라 추측된다.

李奎報는, "나는 들으니 '先賢들의 儒門에는 12도가 있고, 徒에는 각기 齋를 설치했는데, 매년 여름이 되면 한 곳에 모여 學業을 닦으니 이를 夏天都會라 했다'고 한다" 했는데,[34] 이것은 고종 27년(1240)경, 한때 중단되었던 夏課를 江都에서 尙書 金敞이 회복한 데

---

33) 『高麗史』志 28 選擧 2 學校 私學 仁宗 11년 6월 判에 前師를 배반하고 다른 徒로 옮기는 자는 國子監試에 應試하지 못하게 했다.

34) 『東國李相國集後集』권 7, 「寄金學士敞序」. 이 詩에 '我今已歷三事聯'이라 하여 자신이 三事 즉 三公을 이미 거쳤음을 밝히고 있는데, 李奎報가 70세 때인 高宗 24년(1237) 金紫光祿大夫 守保門下侍郎平章事로 致仕했다가 74세(1241)로 사망한다. 아마 致仕한 후의 어느 때일 것이다.

대한 즐거움을 나타낸 李奎報의 詩序이다. "나는 들으니 先賢들의 儒門에는 十二徒를 만들어 … 夏天都會라 했다"라고 했으니 文章 구성으로 보아 '나는 들으니'는 '하천도회'까지 걸리게 되는데, 이미 李奎報의 생존시대(1168~1241)에는 12徒와 하천도회 등은 하나의 옛날 이야기로 전해 오고, 다만 전기의 하천도회가 夏課로 바뀌어서 몇몇 徒에 의해 그 전통만이 계승되고 있다는 것을 알 수 있다. 또 "요즈음 국가가 多難하기 때문에 이 풍습이 거의 없어졌다"고 한 이규보의 시에서도 확인할 수 있다. 즉 무신 집권기에는 대부분의 12도는 이미 그 전통이 끊어졌다는 것을 말한다.

사실 이 시기 12도 중 기록이 전해 오는 것은 文憲公徒의 몇몇 齋[35]와 弘文公徒 뿐인데, 희종 원년(1205) 弘文公徒로서 及第한 林得侯란 자가 자기 徒의 宣聖堂, 즉 孔子廟를 私賣했다가 徒生들이 崔忠獻에 고소하여 得侯를 囚獄시키고 白銀 十斤을 追徵했다[36]는 기록은 저간의 12도의 현황을 잘 반영한 사건이라 하겠다.

그런데 이 기록에서 주목해야 할 점은 이 弘文公徒가 12도 중 문헌공도를 제외하고는 유일하게 기록을 남긴 유일한 잔존 私學이라는 점이다. 이것을 통해 홍문공도의 존재를 알 수 있음과 동시에 12도가 해체되어 온 과정의 한 단면을 엿볼 수 있다. 이 당시 홍문공도의 시설물은 어느 정도 존속되고 이에 대한 연고권의 명맥은 유지되고 있었겠지만 사학 교육기관으로서의 기능은 이미 거의 상실했음에 틀림없다. 만약 당시 弘文公徒가 한창 융성할 때라면 林得侯의 心性이 아무리 바르지 못하더라도 宣聖堂을 私賣할 엄두를 내지 못했을 것이다. 당시 12徒의 施設은 學舍 외에 享祀의 대상으로 孔子廟도 존재하여 文廟의 형식을 갖추고 있음을 알 수 있다.

12도는 국자감의 개혁으로 활동이 위축되고, 他徒와의 경쟁에서

---

35) 『東國李相國集後集』 권 7에 나오는 尙書 金敞, 郎中 河千旦, 侍郎 李需와 李奎報 사이에 화답한 시를 통해 볼 때 誠明齋와 造道齋의 존재가 확인된다.
36) 『高麗史』 권 21 熙宗 世家.

탈락하고, 유능한 후계자의 단절로 전통이 끊어지는 등등의 이유로 홍문공도의 경우와 같이 점점 쇠퇴하다가 끝내는 絶滅되었을 것이다. 그러나 문헌공도 같은 경우는 그렇지 않았다. 이것은 海東孔子로 존숭받는 崔冲이 세운 사학의 대표라는 전통이 있을 뿐만 아니라, 과거에 뜻을 둔 우수한 인재들은 모두 이리로 모여들고 한때 文憲公徒에 籍을 두었던 인물들이 조정의 요직을 차지하게 되었다.[37] 이들이 자기 출신 齋를 후원하게 되는 것은 인지상정이므로 조정 여론도 이를 보호 육성하는 방향으로 움직였을 것은 당연하다. 그러므로 몽고 침입 이전까지 誠明齋·造道齋 등 문헌공도의 몇몇 齋는 전통과 명성을 그대로 유지했었다.

2. 私學十二徒와 夏課의 부활

한동안 국교를 단절했던 몽고가 고종 18년(1231) 대군을 몰아 침입하자 당시 집권자 崔瑀는 이듬해 都邑을 江都로 옮기고 장기 항전 태세에 들어갔다. 이후 30년 가까이 계속된 抗蒙 기간은 모든 통치 체제가 흐트러진 상황이니 교육 체계 또한 정상적일 리 없었다. 국자감은 江華鄕校에 임시 寓居했었으며, 私學 12徒의 활동도 일시 중단했다. 그러다가 고종 26년(1239) 경 江都에서 夏課가 복구되고 있다.

나는 들으니 '先賢들의 儒門에는 十二徒가 있고, 徒에는 각기 齋를 설치했는데 매년 여름이 되면 한곳에 모여 학업을 닦으니 이를 夏天都會라 했다' 한다. 그런데 근래 국가에 어려움이 많아 이러한 風習이 거의 끊어지게 되었다.

---

37) 高宗 27년(1240) 경 江都에서만 보더라도 首相을 지낸 李奎報, 尙書 金敞, 郎中 河千旦은 文憲公徒 誠明齋 출신이고, 侍郎 李需(李宗冑)는 造道齋 출신이다. 그리고 앞의 「寄金學士敞」 詩에 '公卿縉臣多出是'라고 한 것에서도 文憲公徒(9齋)가 인물의 보고임을 알 수 있다.

지금 들으니 우리 齋가 하과를 실시했다고 하는데 얼마나 기쁜가. 다른 齋는
미처 실시하지 못했다고 하더라도 이로써 유풍이 다시 점차 융성해질 것이고,
다른 齋도 잇달아 흥할 것이다. 이는 모두 尙書 學士가 지휘한 공력이다. 어찌
경하할 일이 아닌가.[38]

위의 史料는 文憲公徒 誠明齋의 夏課가 江華遷都 후 7~8년 만
에 복구된 것을 경하하여 선배 李奎報가 후배인 金敞의 공로를 치
하한 시의 序文이다. 그리고 다른 齋에서는 아직 하과를 실시하지
못했음을 알 수 있다.

그런데 이때의 하과는 성명재를 열어 生徒들에게 교육을 실시하
던 중에 시행된 것이 아니라, 성명재 출신인 金敞이 성명재란 이름
을 걸고 일시 생도를 모아 하과를 실시한 것으로 보인다. 이것은
金敞의 詩에 次韻한 李奎報가 "이것이 어찌 일시적인 모임이겠는
가(此豈一時翔集耳)"라고 하여, 이번 한 번으로 끝내지 말고 계속 발
전시키라는 염원이 깃들어 있는 것[39] 에서도 엿볼 수 있다. 이어
李奎報는 "이로 인해 十二徒 다시 구성하라. 우리 齋만 위하는 건
바라는 바 아니로다(因之重紐十二徒 不須偏爲吾齋喜)"라 하여 마지막
으로 金敞에게 당부했다. 이 '다시 구성하라(重紐)'는 기록은 「그 동
안 단절되었던」 12徒의 전통이 그 일부이긴 하지만 夏課를 계기로
하여 부활을 강력히 시사했던 것이다.

그런데 여기서 齋는 文憲公徒 9齋 中의 성명재를 말함이고, 12徒
란 私學 12徒를 지칭하여 12도와 齋의 구분이 분명치 않다. 이러한
예는 李奎報가 侍郎 李需의 詩에 次韻한 것에서도 드러난다. 즉
"뼈아프게 슬픈마음 그대 齋뿐이겠나. 12도 모두가 눈물을 뿌렸으
리"라고 했는데,[40] 여기서 그대 齋란 李需가 出身한 造道齋이고,
이 조도재는 文憲公徒 중 9齋의 하나이며, 12도는 文憲公徒를 포괄

---

38) 『東國 李相國集後集』 권 7 「寄金學士敞」.

39) 註 25) 참조.

40) 앞의 책, 「次韻李侍郎見和二首」에 '哽悲何獨子一齋 十二徒中堪墮淚'라 했다.

한 사학 12도를 말한 것임은 물론이다. 李奎報 시대에는 이미 같은 문헌공도인 9齋 내의 他齋나 다른 12徒들을 同格으로 보는 견해가 일반화되었던 것이다. 고려말에 자주 나타나는 '12徒가 곧 9齋다.' 라는 인식이 이때부터 이미 통용되고 있음을 알 수 있다(이에 대해서는 뒤에 상술할 것임).

江華遷都 후 다른 모든 일들은 대충 舊京의 형식을 갖추었건만 사학 12도의 교육 문제만은 제대로 안 되었다(舊京百事一無虧 唯生徒事未得意). 교육에 관계된 일들은 예부나 학관인 박사의 책임이건만 무심하게 벼슬자리만 차지하고 앉아 있으니(禮官博士恬不憂 可笑庸庸虛竊位)41) 유신 학사들은 자기 출신의 徒만이라도 부흥시켜야 했다. 이러한 배경하에서 尙書 金敞은 성명재의 夏課를 복구했고, 조도재 출신의 侍郎 李需는 이를 부러워했던 것이다.

그리고 4~5년 뒤인 고종 31년(1244) 조정에서는 侍郎 李宗冑에게 명을 내려 江華甲串津에 있는 燕尾亭에서 9齋의 生徒42)를 모아 夏課를 실시하게 해서 55인을 뽑고 있다.43) 이번 하과의 주관자 李宗冑는 李需의 初名인데, 전일 金敞의 성명재 부활을 부러워하면서 자기 출신 造道齋는 복구하지 못하는 착잡한 심정을 아울러 토로했던 李需로서는 앞서 金敞이 복구한 성명재 중심의 夏課를 계승하기보다는 泛稱인 9齋로 표현하고 싶었을 것이고, 또 그렇게 했을 것임은 충분이 수긍이 간다. 이후부터는 李奎報·金敞·河千旦 등의 출신 齋로서 명성과 전통을 자랑하던 성명재란 호칭은 보이지 않는다.

임시 수도인 江都에서는 9齋가 각기 다른 전통을 고집할 여건은

---

41) 위의 책.

42) 앞에서도 살폈듯이 9齋가 모두 복구되어 교육을 실시한 것은 아니고, 誠明齋 등 몇 齋만이 夏課를 복구했는데 이를 9齋로 泛稱했을 뿐이다. 성명재는 몇 년 전에 하과를 실시한 이래 徒中의 결속이 이루어지고 있었을 것으로 보여진다.

43) 『新增東國輿地勝覽』권 12 江華府 樓亭條. 高麗 高宗 三十一年 命侍郎李宗冑 會九齋生徒於此 爲夏課抄五十五人.

되지 못했을 것임은 李奎報의 詩에 "문무와 존비를 막론하고 집집마다 권유하여 자제를 가르치니 百家에서 얻은 사람 두세 명 뿐이다"라고 한 데서44) 잘 나타나 있다. 그리하여 私學을 총칭하는 9齋 혹은 12도로만 기록에 나타나고 있다.

그런데 앞서 상서 金敏이 夏課를 연 것은 尙書라는 직함으로서가 아니라 개인 자격으로 자기 출신 성명재를 복구한다는 입장에서 실시했음은 앞의 詩를 통해 밝혔다. 그러나 이번에 李宗胄(李需)가 국가의 명을 받아 9齋生徒를 모아 夏課를 실시한 것은 9齋가 이제는 사학에서 관학 체계 속으로 들어오고 있다는 것을 의미한다. 사실 피난지인 수도 江華의 형편은 사학인 9齋를 유지할 인물도, 재원도 부족했을 것이다. 그러나 국가로서는 그 동안 인재 배출의 보고였고 오랜 전통과 좋은 儒風을 가진 9齋를 그대로 버려두기도 아까웠을 것이다. 이러한 여러가지 상황이 9齋(12徒)가 자연스럽게 관학 체계 속에 자리잡게 되는 시대적 배경이 되었을 것으로 보인다.

3. 私學十二徒의 官學化

우리가 고려 후기의 사학 관련 사료를 검토할 때 혼란을 일으키는 것은 12徒와 9齋의 혼용 문제이고, 또 이것이 사학이냐 혹은 관학화되었느냐는 문제이다.

먼저 12徒와 9齋의 관계를 살펴보면 12도는 말할 것도 없이 文宗代 이후 설립되었다는 열 두 개의 사학을 말하고, 9齋는 12도 중의 하나인 文憲公徒를 총칭하는 것이니 엄연히 구별되어야 한다. 그런데 후기에 오면 차츰 12도와 9齋를 혼칭해서 사용했다. 즉 李奎報는 "先賢의 儒門에는 12도가 있고 徒에는 각기 齋를 두었다"고 하여 그 구분을 분명히 하면서도 다시 "뼈아프게 슬픈 마음 그

---

44) 『東國李相國集後集』 권 7 「次韻李侍郞見和」.

대 齋 뿐이겠나. 12도 모두가 눈물을 뿌렸으리"라고 하여 9齋와 12도를 동격으로 다루고 있다. 그렇다면 어찌하여 처음에는 별개의 뜻을 가졌던 호칭이 뒤에 와서 동일한 개념으로 바뀌었을까. 그것은 아마도 앞 항에서 이규보의 시를 통해 살펴본 바와 같이 일찍부터 12도와 9재가 혼용된 때문인 듯하다. 혼용된 까닭은 사학 12도 중 대부분은 이미 전통이 끊어지고 文憲公徒의 9齋―이것도 몇몇 齋에 불과했을 것이다―만이 사학의 대표로서 명성을 유지해 왔으므로 12도가 곧 9재라는 인식이 성립하게 된 때문일 것이다.

그런데 말기에 오면 牧隱 李穡같은 이는 '12도를 구재라 한다'하여 9재＝12도로 분명한 동격으로 취급했다. 당대의 碩學인 牧隱이 이렇게 설파한 이상.[45] 12도와 9재는 동일 대상에 대한 이칭이라는 사실은 더 이상 논란이 필요치 않다. 이는 아마도 전기의 사학이 무신란과 몽고 침략을 거치면서 일시 중단되고, 개경 천도 후 관학으로 변질되면서 생긴 결과로 보여진다.

다음 고려 후기의 12도 즉 9재가 관학이냐 사학이냐 하는 문제를 검토해 보기로 하자.

고려 전기에는 12도와 9재는 분명한 사학이었는데, 그와 달리 후기의 그것은 관학의 성격을 짙게 풍긴다는 점이다. 즉 고려 전기에는 사학이었던 12도가 후기에는 국학인 성균관과 같이 국가의 통제를 받고 있으며 거기에는 관원도 배치되어 공무를 집행했기 때문이다.

이들 12도와 9齋의 관계 및 성격을 구명하기 위하여 번거롭지만 이들 용례가 나오는 사료를 열거하고 검토해 보자.

> A-① 나는 들으니 '先賢의 儒門에는 12도가 있어 도에는 각기 齋를 두었는데, 인원이 많은 것도 있고 적은 것도 있어 여름철마다 한 곳에 모여 학업을 익혔으니 이를 夏天都會라 했다'고 한다.[46]

---

45) 『牧隱詩藁』 권 24. 十二徒稱曰九齋 國中童冠集山崖.
46) 『東國李相國集後集』 권 7 「寄金學士敞」. 愚 聞先賢於儒門制十二徒 徒各

② 12도의 성인과 아이들이 여름철마다 산림에 모여 학업을 익히 다가 가을이 되면 罷하는데, 龍興寺·歸法寺 두 절에서 많이들 寓居했다.[47]

③ 僉議中贊으로 치사한 安珦이 卒하여 … 장례에 七館十二徒 生徒들이 모두들 素服을 입고 路祭를 지냈다.[48]

④ 國學은 이름만 있고 실제는 없으며, 十二徒와 東西學堂이 퇴락했는 데도 수리하지 않으니 수리하게 함이 마땅하다.[49]

⑤ 進士 李穡이 상소하여 請하기를 "국가에서 서울에는 成均館·12徒·東西學堂을 세우고, 지방에는 널리 주군에도 각각 학교가 있어 규모가 원대하고 절목이 치밀합니다. 지방의 향교와 서울의 學堂에서 인재를 고찰하여 12도로 올리고, 12도에서는 또 총괄해서 고찰하여 성균관에 올려, 기한을 정하고서 그 인품과 학문을 헤아려 禮部에 천거하도록 하소서" 했다.[50]

⑥ 제사를 마치고 幄次에 물러나 하례를 받고 돌아오는데 성균관과 12도의 諸生들이 각각 歌謠를 올렸다.[51]

⑦ 12徒의 양식이 없자 徒官을 여러 道에 보내 布를 팔아 쌀을 사오는 것을 매년 시행하는 규정으로 하려고 했는데, 宰樞들이 당시 漕運이 불통했기 때문에 그 布를 가지고 尙乘馬의 조를 사니, 徒官 曹漢卿 등은 공문을 위조하여 사사로이 楊廣道에서 쌀을 샀다가 사건이 발각되어 甲寅日에 漢卿 등을 刑部에 가두고 布는 징수하고 쌀은 몰수했다.[52]

置齋 有多有少 每夏一集肄業 名曰夏天 都會.

47) 『補閑集』권 中, 十二徒. 十二徒冠童 每夏會山林肄業 及秋而罷 多寓龍興歸法 兩寺.

48) 『高麗史節要』권 23 忠烈王 32년 9월. 僉議中贊致仕安珦卒 … 及葬 七館十二徒 皆素服祭於路 諡文成.

49) 『高麗史』志 권 28 選擧 2 學校條. 恭愍王 元年 二月 敎曰 國學名存實無 十二徒東西學堂 頹圮不修 宜令葺治.

50) 위의 책, 列傳 28 李穡傳. 恭愍王 元年 四月 進士李穡上疏請 … 國家內立成均十二徒東西學堂 外薄州郡亦各有學 規模宏遠 節目緻密 … 外而鄕校 內而學堂 考其材而陞諸十二徒 十二徒又摠而考之 陞之成均 限以日月 程其德藝 貢之禮部.

51) 위의 책, 志 15 禮 3 諸陵條. 恭愍王 三年祭畢 退御幄次 受賀禮而還 成均及十二徒諸生 各獻歌謠.

52) 위의 책, 世家 39 恭愍 2. 恭愍王 7年 五月 以十二徒無糧 儲 將遣徒官 于諸道 鬻布市米 歲以爲式 宰樞以時方海漕不通 取其 布 販尙乘馬粟 徒

⑧ 12徒 朔試를 실시했다.[53]

⑨ 文宣王(孔子)의 초하루·보름에 올리는 奠까지 폐지했는데, 成均館·12徒의 청원으로 다시 시행했다.[54]

⑩ 成均館의 학관이 성균관 생원과 12도 생도를 거느리고 가요를 올렸다.[55]

⑪ 십여 세에 12徒에서 배울 때 江漲詩를 지었다.[56]

⑫ 十二徒를 혁파했다.[57]

B-① 그 學校에는 國子監·太學·四門學이 있고, 또 9齋學堂이 있었다.[58]

② 山寺에 행차하여 9齋의 하과를 시찰했는데 재생이 가요를 올리니 술과 과일을 하사했다.[59]

③ 尙書 崔元中은 學士 雍의 아들이다. 처음 과거에 급제하여 9齋의 敎導가 되어 회초리로 때리는 제도를 엄격히 시행하여 조금도 용서함이 없자 生徒들이 원망하여 秦始皇이라 지목했다.[60]

④ 朴孝修는 9齋朔試를 맡아 金玄具 등을 선발했다.[61]

⑤ 9齋를 수리했다.[62]

⑥ 9齋에 행행하여 李詹 等에게 급제를 주었다.[63]

⑦ 都元興을 천거했는데 그의 初名은 顯으로 함께 9齋에서 수학했다.[64]

官曹漢卿等 矯公牒私市米于楊廣道 事覺 甲寅囚 漢卿等于刑部 徵布籍米.
53) 위의 책, 志 28 選擧 2 科目 2 國子監試. 恭愍王 七年 六月 十二徒朔試.
54) 위의 책, 列傳 24 洪彦博傳. 恭愍王時文宣王朔望奠亦廢 成均十二徒請復行.
55) 위의 책, 世家 43 恭愍王 6. 恭愍王 二十年 十月 成均學官率生員十二徒 生徒 獻歌謠.
56) 위의 책, 列傳 25 李存吾傳. 李存吾 年十餘肄十二徒 賦江漲詩.
57) 위의 책, 志 28 選擧 2 學校條. 恭讓王 三年 六月 罷十二徒.
58) 『高麗史』志 27 選擧 1. 其學校有國子太學四門 又有九齋學堂.
59) 위의 책, 世家 30 忠烈王 3. 忠烈王 十一年 六月 行歸山寺 視九齋夏課 諸生進歌謠 賜果酒.
60) 『櫟翁稗說』前集 2. 崔尙書元中 學士雍之子也 始等第爲九齋敎導 嚴櫛楚之 法 毫髮不相貸 生徒怨之 目曰秦始皇.
61) 『高麗史』志 28 選擧 2. 忠肅王 四年 朴孝修 掌九齋朔試 取金玄具等.
62) 『高麗史』世家 41 恭愍王 4. 恭愍王 十五年 六月辛酉 修九齋.
63) 위의 책, 恭愍王 十七年 四月 壬子. 行九齋賜李詹等及第.

⑧ 9齋에서 감회가 있어서.[65]

⑨ 어제 9齋에 이르러 소나무 아래에 앉으니, 소나무 그늘은 엷고 시간은
   正午에 가까워 더위가 대단하므로 諸生들에게 紫霞洞으로 들어가 서늘
   한 곳에서 시를 읊는 것이 …[66]

⑩ 9齋都會에서 刻燭賦詩하여 등급을 매겨 諸生을 격려하는 것도 學問을
   권장하는 한 방법이다.[67]

⑪ 9齋는 文憲公과 처음으로 관계되어 松都에 千古토록 儒風을 떨쳤다.[68]

⑫ 내 나이 16~7세 때 9齋에 공부할 적에 처음 晉陽 河氏 兄弟를 알게
   되었는데, 長公은 이미 과거에 급제하여 관직이 典校에 있었으니, 곧 이
   른바 城上齋이다. 동생은 諸生으로서 第三坐였고, 나는 그 윗자리였으
   니 이른바 行二坐라는 것이다.[69]

⑬ 安心寺에 이르러 9齋 재생들의 刻燭賦詩를 참관했다.[70]

위의 사료 A群은 12徒 관계 기록이고, B群은 9齋 관계 기록인데,
A군을 먼저 검토해 보자.

A-①·③는 私學 12徒의 夏課 관련 내용으로 여기서는 12徒가
관학인지 사학인지의 의미를 찾을 수 없다.

A-③은 국학을 중흥시킨 안향이 卒하자 12徒生이 성균관 재생들
과 함께 소복을 입고 路祭에 참여했다는 내용으로 12도가 安珦과
직접 관련은 없으나 敎學에 공이 큰 재상의 장례이니 私學生이 참
례한다고 해도 문제될 것이 없다.

A-④는 國學·東西學堂을 12도와 함께 거론하면서 王이 이들 學

---

64) 『牧隱詩藁』 권 5. 薦都元興 初名顯 同遊九齋.
65) 위의 책, 권 18 詩題. 有懷九齋.
66) 위의 책, 권 18. 昨至九齋坐松下 松陰薄 日將午 熱尤甚 … 於是告諸生曰
    入紫霞洞 就凉冷處 賦詠何如 … 至安心寺.
67) 위의 책, 권 19. 九齋都會 刻燭賦詩 第其高下 激勵諸生 亦一勸學方便也.
68) 위의 책, 권 3. 始關九齋文憲公 松山千古振儒風.
69) 위의 책, 권 35. 予年十六七有 九齋 始識晉陽河氏兄弟 長公已科第爲官典
    校 卽所謂城上齋也 弟公爲諸生第三坐 予乃居其上 所謂行二坐也.
70) 『柳巷先生文集』 詩題. 至安心寺 見九齋諸生刻燭賦詩.

舍의 수리를 명했는데, 財政이 궁핍하던 당시의 실정으로 보아 12
도가 사학이라면 이런 명령이 내릴 리 없을 것이다.

A-⑤에 있어서는 더욱 그러하다. 이는 유명한 李穡의 服中上疏
로서 序頭에서 중앙의 成均館·12徒·東西學堂은 국가가 설립했다
(立)고 전제하고 이 교육 체계를 바로잡으라는 것으로 이는 12도가
관학 체계 내에 포함되어 있기 때문에 그것을 전제로 한 교육 개혁
건의였음이 분명하다. 만약 12도가 사학이었다면 국가가 설립했다
는 표현은 있을 수 없으며 이러한 건의가 나올 수도 없다. 또 12도
를 學堂이나 향교와 최고학부인 성균관의 중간 단계에 위치한 중
등 교육기관으로 취급했던 것도 12도는 이미 사학이냐 관학이냐의
단계가 아니라 국가 교육체계 내에서 중등 교육과정의 위치를 확
보했다는 것을 말한다.

A-③·⑥·⑨·⑩은 12徒生들이 成均館生들과 행동을 같이했는
데, 官學 諸生들과 행동을 같이한다는 것도 12도가 관학체계 속에
포함되었다는 방증이 되는 것이다. 그런데 무엇보다 12도가 관학의
일부임을 확인시켜 주는 사료는 A-⑦이다. 12徒의 식량이 없어서
徒官을 諸道에 보내 사오게 했는데, 徒官인 曺漢卿이 公牒을 위조
하여 쌀을 사들이다가 처벌받았다는 내용이다. 여기서 徒官은 徒의
官員을 말하고, 公牒은 공문서를 말함일 것이다. 당시 관학인 성균
관도 식량이 부족하여 학생이 줄어드는 상황에서,71) 12도가 사학
이었다면 국가가 무엇 때문에 徒官을 諸道에 보내 국비로 쌀을 사
오게 했겠는가. 따라서 관원이 공문서를 휴대하고 국가의 布로써
쌀을 사다 학생들에게 먹인 이 12도는 사학이 아니라 관학임은 두
말 할 것도 없다.72)

---

71) (禑王九年二月) 成均學生들이 還京하는 왕을 맞이하면서 歌謠를 奉獻할
　　때 禑王이 '學生何其少也'라고 묻자 廉興邦이 "옛날에는 養賢庫가 충실
　　해서 다투어 입학했는데 지금은 재정이 어려워 인재를 기를 수 없다"고
　　대답했다(『高麗史』 列傳 48 辛禑 3).
72) 이 관원 파견 문제에 있어서는 順庵 安鼎福도 이미 지적한 바 있다. 즉

그리고 마지막 A-⑫의 국가가 12도를 혁파했다는 기사 역시 이 것이 관학임을 증명하는 자료라 하겠다. 12도가 순수한 사학이었다 면 국가에서 특별히 폐지하는 조치를 내릴 필요가 없었을 것이기 때문이다. 그런데 이와 반대의 해석도 전혀 배제할 수 없다. 즉 12 徒가 私學으로 독립하여 당시 교육의 주도권을 잡고 있었기 때문에 국가로서는 이를 통제할 필요성이 있어 폐지했을 가능성이 있기 때 문이다. 그러나 앞에서 12徒(9齋)에 관련된 기록들을 검토하면서 확 인한 것이나 생도들의 연령 등으로 볼 때 12도는 성균관보다는 한 단계 낮은 교육 기관이었음이 확인될 뿐 12도가 고려 후기의 주도 적 교육 기관이었기 때문에 이를 통제할 필요성에서 폐지시킨 것은 아니었을 것임을 쉽게 인지할 수 있다.

다음 사료 B群의 9齋를 보자. 이중 B-① · ② · ③ · ④ · ⑩ · ⑫는 교육 체계로서 9재를 말하고, B-⑤ · ⑧ · ⑨의 9齋는 處所로서의 9 재를 의미하며, B-⑥ · ⑦은 두 가지 뜻을 모두 내포했다.73)

이중 사료 B-③을 보자.

崔元中은 '처음 급제하여 9齋敎導가 되었다'고 했는데, 이것은 고 려 전기의 사학에서 徒中 급제자 가운데 아직 벼슬하지 않은 사람 을 敎導로 삼아 刻燭賦詩 했다는 교도가 아니라, 국가에서 임명한 學官인 교도로서 9재의 교육을 담당한 자로 보인다.74) 그리고 B- ⑫의 河某는 과거급제 후 典校가 되었다. 이것을 城上齋라고도 했

"고려시대에는 太學 외에 私學十二徒가 있었는데, 이 徒에는 관원을 두 어 이들을 관리했음을 알겠다."했다. 그러나 順庵은 관원을 설치한 것은 시인하면서 十二徒를 私學으로 인정하는 모순은 그대로 두고 있다(『東 史綱目』제 4 下 恭愍王 7년 5월).

73) 이중 B-⑥은 王이 9齋에 行幸하여 科擧를 실시, 李詹 등 7인에게 급제 를 주었다는 내용인데, 이때 科場이 9齋學舍였을 뿐 9齋生만을 대상으로 한 것은 아니었다. 이때 李詹은 進士로서 應擧했는데, 進士가 9齋에 籍 을 두는 일은 없다(『高麗史』列傳 45 叛逆 6 辛旽).

74) 崔元中이 학생들을 敎誨할 때 엄하게 楚撻하여 조금도 용서가 없자 생 도들이 그를 秦始皇이라 칭했다는 것에서 그가 전기의 敎導와는 다른 성격으로 보이고, 또 생도들의 나이가 어렸을 것임을 추측하게 한다.

다. 典校 즉 성상재가 구체적으로 9齋에서 어떤 역할을 했는가는 잘 모르겠으나 '爲官典校'라는 文章으로 보아 典校는 9재의 관직임이 틀림없고 성상재는 그 별칭으로 보인다. 9齋에 典校라는 관직을 두었다면 이는 바로 관학이기 때문일 것이다. 그리고 충숙왕 4년 (1317)에는 9齋朔試로써 國子監試를 代替했고,[75] 충숙왕 7년(1320)에는 이 9재삭시를 擧子試로 명칭을 바꾸었으며,[76] 공민왕 7년(1358)에도 9재삭시를 실시했는데,[77] 이 9재삭시가 어떤 형식으로 운영되어 왔는지는 확실하게 알 수 없다. 기록도 단편적으로 나타나고 있어 9齋生들에 대한 일반적인 현상으로는 볼 수 없고, 특정 시기에 일시적으로 시행된 것이 아니었나 생각된다. 이 9재삭시를 대신한다든지 명칭을 擧子試로 바꾸었다는 것은, 단순히 사학에 감시 기능을 부여했다고 보기보다는 9齋가 관학체계 속에 편입되었음을 보여 주는 증거라 하겠다.[78]

또 깊이 고려해야 할 사항은 12徒의 교육 과정상의 위상 문제이다. 전기에는 국립대학인 국자감생과 과정상으로 대등한 위치에 있었으나 후기에는 중등 교육 과정에 위치했었음은 분명하다고 하겠다. 앞서 언급한 李穡의 服中上疏中 "學堂과 鄕校에서 12도로 올리고, 12도에서 성균관으로 승급시키자"고 한 것이 근거 없는 주장이 아니라 실제로 그렇게 관행되고 있었음은 충숙왕대에 鄭云敬이 福州(安東) 향교에서 상경하여 12도에 입학했던 데서도 증명된다.[79] 그리고, 12도가 중등 교육 기관이라는 사실은 12도(9齋)에 적을 둔

---

75) 『高麗史』志 28 選擧 2 學校.
76) 위의 책, 忠肅王 7년 稱擧子試.
77) 위의 책, 私學條.
78) 박용운씨는 이 9齋朔試의 國子監試 대체를 國學生과 同格인 十二徒生徒들이 이 國子監試를 보아야 하는 불만을 해소하기 위한 조치로 시행된 것이라 했다.(朴龍雲, 『高麗時代 蔭敍制와 科擧制硏究』, 一志社, 1990, 194쪽) 그러나 高麗前期에는 어떠했는지 모르지만 후기의 9齋(十二徒)를 國子監 七齋의 하위 교육 기관으로 보는 필자로서는 이에 동의할 수 없다.
79) 『三峰集』권 4. 高麗國奉翊大夫 … 鄭先生行狀.

이들의 在籍時 나이가 대략 십대 중후반기라는 데서도 확인된다. 즉 李奎報가 誠明齋에 籍을 둔 때에는 14~15세 경이며,[80] 李穡은 16~17세에,[81] 李存吾는 10여 세에,[82] 각각 12도에 在籍했다. 그리고 이들은 한결같이 국자감시에 入格하기 전에 12도에 籍을 두고 있는데, 국학생은 20여 세 경, 국자감시에 합격한 뒤 국학에 입학하는 사실로 보아도 12도는 국학보다 한 단계 아래의 교육기관임이 증명되는 것이다.[83]

이상과 같은 연유로 해서 『高麗史』 選擧志 序文에 "學校는 國子學·太學·四門學이 있고, 또 9齋와 學堂이 있다"고 하여 9齋를 관학체계 안에 포함시켰던 것이고, 위에서 검토한 대로 이것은 타당한 결론임을 알 수 있다. 그러면 전기의 사학이 후기로 오면서 관학화한 이유는 무엇일까. 앞 절에서 江都 시절 사학의 전통이 일시 중단되었다가 尙書 金敞에 의해 夏課가 복구되고, 이어 侍郎 李需에게 명하여 이를 계승, 다시 하과를 열어 55名을 선발케 했다는 사실을 언급했다. 金敞은 사학의 입장에서 하과를 연 것이지만 李需는 조정의 명을 받아 이를 실시했다. 당시 국가가 혼란하여 각 사학마다 자기 사학의 전통을 계승할 인물도 경황도 없기 때문에 국가가 이를 대행하게 되었다. 개경으로 환도해서도 국난은 계속되었기 때문에 사학이 흥기할 여유를 갖지 못하고 江都에서의 관행이 계속되어 12도는 관학 체계 속에 자리잡게 된 것이다.

이렇게 관학체제 속에 편입된 12도는 고려말까지 중등 교육기관으로서의 지위를 확보하여 국립교육기관으로서 나름대로의 교학 기능을 담당해 오다가, 공양왕 3년 李成桂 일파의 신왕조 개창 정책의 일환으로 추진된 교육 개혁에 의해 혁파되었다.

---

80) 李奎報 年譜.
81) 李穡 年譜.
82) 李存吾 年譜.
83) 註 46) 참조.

4. 9齋의 위치 문제

끝으로 고려시대 사학을 다루면서 규명하고 넘어가야 할 문제 중 하나는 9齋의 소재지가 정확히 어디냐는 것이다.

耳溪 洪良浩가 지은 「紫霞洞九齋遺墟碑記銘」과 崔冲의 後孫인 粹翁 崔永壽가 지은 「紫霞洞九齋遺墟碑記」에 따르면 9齋의 위치는 開京 松岳山下 紫霞洞으로서 의심의 여지가 없어 보인다. 사실 고려 후기 9齋는 분명 자하동에 있었다. 앞서 인용된 자료 B-⑨ ‘9齋에 갔다가 날씨가 더워 諸生들과 함께 자하동 서늘한 곳에 들어가 刻燭賦詩했다는 記錄을 볼 때 9齋의 소재지는 자하동-분명하게 말한다면 ‘9재에 갔다가 자하동으로 들어갔다’고 했으니, 9齋의 위치는 자하동 初入 즉 洞口였을 것이다-이었음은 충분히 증명이 된다. 그 외 많은 기록들도 9齋가 자하동에 있다는 것을 말했다. 이러한 기록들을 근거로 조선후기 洪良浩 등이 「紫霞洞九齋遺墟碑記」와 銘을 짓고 碑를 세운 것이다. 이 때문에 고려 전기 9재의 소재지는 기록이 없는데도 대개 후기 9재 터가 崔冲이 처음 9재를 연 그곳일 것이란 인식에 전연 의문을 갖지 않았던 것이다.

그러나 이는 崔冲列傳 등에 나오는 사학 12도 기사로 볼 때 수긍할 수 없는 점이 있다. 즉,

> 문종 연간에 宰相職에서 致仕한 崔冲이 후진을 모아 敎誨에 진력하자 學徒가 坌集하여 거리를 메울 정도로 모여 들었다. 그리하여 이들을 9齋로 나누어 가르치니 … 무더운 여름철에는 歸法寺의 僧房을 빌어 夏課를 열고 詩 짓기를 겨루었다

라고 했는데, “學徒가 거리를 메울 정도로 모여들었다”는 표현에서 알 수 있듯이 9齋가 한적하고 山水 좋은 자하동 골짜기에 있었다면 “학도가 거리를 메울 정도로 모여들었다”는 표현을 쓰지 않았을 것

이다. 한편으로 생각하면 이를 "崔冲이 처음 都城 안에 있는 자기 집에서 家塾을 열었으나 거리를 메울 정도로 學徒가 모여들자 자하동에 따로 학사를 세우고 구재로 나눈 것을 의미한 것"이라고 이해할 수도 있다. 물론 틀린 말은 아니다. 그러나 문제는 夏課를 연 장소가 開京 동북쪽 炭峴門 밖에 있던 歸法寺・龍興寺의 냇가라는 점이다. 가령 崔冲의 구재가 자하동 골짜기에 있었다면 거기에도 安心寺 등 사찰이 많았으니 그곳에서 하과를 열 것이지 무엇 때문에 동떨어진 炭峴門 밖 歸法寺로 다시 갔겠느냐는 점이다.

이해를 돕기 위해 開京을 중심한 자하동과 歸法寺의 위치를 알아보면 자하동은 開京 북쪽 松岳山下 골짜기이고, 歸法寺・龍興寺 터는 동북쪽 炭峴門 밖에 있다. 그러므로 자하동에서 歸法寺를 가자면 개성시내로 들어왔다가 동북쪽의 炭峴門을 거쳐 성밖으로 나가야 했다.

그러나 한편으로는 고려 전기에 이미 9재의 일부가 자하동 골짜기에 있었으리라는 가능성을 시사하는 자료가 있어 주목된다.

> 皇統 3년(1143, 인종 21) 계해년 4월 일에 承宣 金이 임금의 뜻을 받들어 두 令公으로 하여금 命을 받아 日月寺의 <u>樂聖齋學堂</u>에 이르러 諸生과 더불어 강습하게 했다.[84]

이는 인종 21년 承宣 金某가 왕명을 받아 두 영공을 시켜 日月寺에 있는 樂聖齋學堂에 가서 諸生과 강습케 했다는 내용이다. 이 사료의 해석에는 해석상 어려운 점이 많이 있지만,[85] 일월사가 松

---

84) 『破閑集』上卷 末. 皇統三年 癸亥四月日 承宣金奉聖旨 令兩令公受命 到日月寺樂聖齋學堂 與諸生講習.

85) 이 記事는 朴仁老가 오래 전 이야기를 傳聞에 의해 기록한 것으로, 두 令公이란 인물들이 하급 관리일때의 사실일 것인데, 국왕의 공식적인 배려가 당시 9齋의 各齋에 두루 미친 것인지, 아니면 樂聖齋學堂이란 것이 단순히 교육 장소로서의 기능을 한 것인지 알 수 없으나 후자일 가능성이 높다.

岳山에 있었으니, 낙성재를 9재의 한 齋로 본다면 고려 전기에도 9재의 일부가 紫霞洞에 존재할 수는 있다. 즉 崔沖이 문종 9년(1055) 처음 사학을 열었을 때는 자택이거나 도성내 어디에 건설한 學舍였을 것이다. 그러나 생도가 거리를 메울 정도로 모여들자 이들을 9재로 나누어 가르치게 되고, 시설의 한계를 느껴 遊休시설을 찾아 여기저기에 분산시킨 것이 일월사의 낙성재 학당이었을 것이다. 9재의 독립성도 이로부터 비롯되었을 것이다. 그러나 여름철이 되면 炭峴門 밖 歸法寺 川邊에 가서 夏課를 열었다. 이러한 전통은 崔沖 沒後는 물론 무신란 이후에도 계속되었다. 그러한 사실은 崔氏 무신 집권기에 활동한 李奎報가 52세 때인 1219년(고종 6)에 지은 「歸法寺 川上有感」이란 詩에 잘 나타나 있다.

　　여기는 내 젊었을 때 자주와 공부하던 곳. 헤어 보니 벌써 37년이 되었네[86]

　이 시는 이규보가 명종 12년(1182) 14세의 나이로 文憲公徒 誠明齋 소속 생도로서 하과에 참여하여 1등을 했다는 바로 그 장소에 37년이 지난 뒤에 다시 와서 과거를 회상하며 지은 것이다. 그리고 이러한 하과의 전통이 몽고 난으로 인해 강화도로 천도하면서 일시 정지되었다가 고종 27년(1240)경 尙書 金敞에 의해 시행되고 9齋도 복구되었다는 사실은 앞에서 언급한 바이다.

　江都에서 복구된 9齋는 金敞·李需(李宗冑) 등 9齋 출신 官人들의 주도로 이루어지기는 했지만 그 후 9齋는 조정의 재정적인 후원과 그 관리자로서 관원인 '徒官'까지 두었던 점으로 보아 전기와 같은 순수한 사학으로 볼 수 없다. 이러한 9齋의 관학화는 점점 고착화하여 개경환도 후에는 국가에서 紫霞洞口에 9齋學舍까지 건설하는 등 완전한 관학체계 속에 편입되었다. 이것이 9齋가 자하동에

---

86) 『東國李相國集』 권 14 律詩. 少小翩又此慣遊 算來三十七年周.

자리잡게 된 역사적 배경이고, 조선 후기 耳溪 洪良浩의 「九齋遺墟
碑」가 세워진 연유이다.

Ⅳ. 私學十二徒의 역사적 의의

성리학적 관점을 떠나 중세교육사적 견지에서 고려 사학이 갖는
역사적 의의를 찾는다면 다음 몇 가지를 들 수 있다.

첫째, 우리 고대 신체 단련 중심의 尙武的 교육 전통 위에 학문
연구 중심의 교육체계를 수립했다는 점이다.

대부분의 고대 민족들에게는 청소년들의 단체 활동을 통해 심신
을 수련하고 인격을 연마하는 각각의 독특한 교육 방식을 가지고
있었으니, 우리의 경우 고구려의 扃堂이나 신라의 화랑도가 바로
그것이라 하겠다. 이들은 화랑도의 세속오계에서 볼 수 있듯이 인
간의 기본 윤리면에서는 忠・孝・慈悲 등과 같은 儒・佛思想의 영
향을 받기도 했다. 학문 연마보다는 집단 생활을 통해 청소년 상호
간의 친교와 결속, 국토와 조국에 대한 사랑을 함양하는 尙武的 기
풍이 나말여초로 내려오면서 유학의 보급과 더불어 馴致되었다.

성종대의 국자감 설치 및 崔冲의 9齋를 비롯한 12徒의 설립으로,
비록 과거 준비라고 하는 한계가 있기는 하지만, 학구적 교육 분위
기로 전환되었다. 私學 12徒가 우리 민족고유의 교육 전통을 계승
했다는 점은 명칭에 徒를 붙인 사실이 이를 잘 증명했다고 하겠다.

둘째, 목종・현종대의 정변과 외침으로 침체해진 고려 전기의 文
運을 다시 일으켰다는 점이다. 崔冲傳에 현종조 이래 겨우 평화가
계속되었으나 미처 文敎에 힘쓸 겨를이 없었다. 문종 연간에 최충
이 후진을 모아 가르치자 과거에 응시한 의관 자제들이 다투어 모

여들고 이를 본따 12徒가 형성되었다고 했듯이, 고려 전기 침체해
진 文運을 부흥시키는 데 촉매 역학을 한 것은 崔冲이었다. 성종은
그 廟號가 말하듯 국초의 혼란기에 중국 唐制를 적극 수용하여 고
려의 문물제도를 정비한 임금이다. 왕은 중앙과 지방에 학교를 세
워 지방 세력의 상무적 기질을 순치하여 중앙집권을 강화하려는
정책을 썼기 때문에, 성종 후반기에서 목종대에 이르기까지 과거급
제자의 수가 급증하는 등 괄목할 성과가 나타났다. 그러나 목종 말
년의 정변과 현종초의 외침, 그리고 중앙귀족의 홀대 등으로 자연
국자감 교육의 침체를 가져왔고 文敎의 명맥은 文官의 私塾에 의
해 유지되었다. 이러한 시대적 상황에서 文憲公徒 등 12도의 출현
은 書堂 수준의 私塾敎育을 徒라고 하는 多衆을 대상으로 하는 제
도 교육으로 발전시킴으로써 고려 전기 文運興隆의 원동력이 되게
했다. 이는 결국 관학인 국자감의 침체를 가져와 국자감 무용론이
제기되기에 이르렀다.

셋째, 동아시아 유일의 중세 대학 전통을 세웠다는 점이다. 주지
하다시피 11~12세기에 발생한 서양 중세 대학들은 神權(敎皇權)과
世俗權(王權)의 틈바구니에서 학문과 사상의 자유를 쟁취하여 서구
문명 발전의 원동력이 되었다. 그러나 중국을 비롯한 동아시아에서
는 일찍부터 전제 왕권이 성립되어 교육은 관학체계를 중심으로 이
루어졌다. 때문에 동아시아에서도 서원 등 사학이 성립되기는 했지
만 이들은 대부분 1~2대를 지나면 본래의 설립 목적인 교학 기능
은 쇠퇴하고, 부수적인 先儒에 대한 享祀 기능을 중심으로 명맥을
이어왔다. 반면에 고려의 사학은 동양적 특수성 하에서도 순수한
교육기관으로 성립하여-후기에 내려오면서 관학화되었지만-그 고려가
망할 때까지 340여년을 이어왔다는 점이다.

結 論

이상 각 章에서 論證한 것을 요약하면 다음과 같다.

① 고려 전기의 國子監

고려 국초에 중앙 관학은 설립되지 않았다. 그 이유를 보면, 첫째, 통일신라 이래의 행정 중심지였던 9州 5小京에 學院이라는 이름의 교육 기관이 존재했고, 태조 13년(930)에는 서경에도 학교를 설립했다. 고려는 이들 지방 교육 기관에서 양성한 인재와 통일신라 이래의 활발한 對 중국 개방 정책에 의해 배출된 많은 遣唐 유학생으로써 필요한 인재를 공급받을 수 있었던 것이다.

둘째, 고려는 중앙 관학을 설립하는 대신, 부족한 필수 인력을 泰封으로부터 承襲한 元鳳省·翰林院·光文院 등 文翰機關의 교육 기능을 통해 배출했다. 그리고 문관들 중에는 공무의 여가에 개인적으로 제자를 양성하는, 즉 사학을 연 사람들이 많았으므로 배우고자 하는 젊은이들은 원하기만 하면 수학처는 얼마든지 있었기 때문이다.

광종 이후 중앙집권화 정책이 가속화되고, 성종대가 되면 제도 문물이 어느 정도 정비되어 현실적인 고급 인력의 수요 확대와 전국적인 통제의 필요성에서 중앙 관학의 설립이 요구되었다. 성종은 왕 2년 2월, 처음으로 12牧에 지방관을 파견하여 지방 통제를 강화했다. 그리고 취학 조서를 내려, 5년 3월 경에는 260명의 지방학생들을 上京詣業시키니 이것이 중앙 관학, 즉 국자감의 출발이다. 또 고려 최초의 중앙 관학은 국초의 국학이 성종 때에 와서 국자감으로 발전한 것이 아니라, 성종은 唐의 국자감 제도를 모방하여 처음으로 국자감을 설치한 것이다. 이는 성종대에 나타나는 교육 직관 등을 통해서도 확인된다. 초기 국자감 학생의 신분은 長吏나 백성의 子弟 이상이면 가능했고, 또 수학 연령이나 학력 수준도 어느 정도 이상이어야 한다는 자격 제한이 있었던 것이 아니고 童蒙을 면한, 기초 한학을 익힌 청소년이면 가능했을 것이다.

성종의 적극적인 국자감 장려책으로 국자감이 설립된 지 3년부터는 교육 효과가 두드러지게 나타난다. 이는 성종 8년(989) 3월의 製述·明經 급제자 수가 전일의 1회 평균인 3.3명의 약 6배나 되는 19명으로 늘어나고, 이후 계속 증가하여 穆宗대에는 평균 25.6명으로 급증하는 데서도 알 수 있다. 그러나 현종대에 오면 그 수가 반으로 줄고, 다시 덕종대에는 평균 8.5명으로 감소되는데, 이는 현종대 두 차례의 거란 침입 등 국내외 정세의 불안 요인과 지방학생 중심의 국자감에 대한 중앙 귀족들의 견제 때문이었다. 이 즈음에 개설한 國子監試나 州縣에서 歲貢하는 鄕貢 인원의 제한 등 일련의 규제 조치들이 그것이다. 그 결과 국자감은 점점 쇠퇴하여 중앙 관학으로서의 기능을 사학에게 빼앗기게 된다.

② 고려 중기의 國子監 개혁과 그 운용

먼저 7齋의 성격을 보면,

예종의 교육 개혁 이후에는 국자감은 일반국학생과 7재생으로 구분되었고, 이 7재생이 바로 三舍制의 上舍生으로서 일정한 기준에 들게 되면 禮部試에 直赴할 수 있는 특전도 부여 받았다. 따라서 이 7재는 명실상부한 최고 학부로서의 권위를 가지고 종전 국학을 기피하던 귀족 문벌가의 자제들이 모여들었다. 그리하여 국자감은 1392년 고려가 멸망할 때까지 시기에 따라 부침은 있었지만 중앙관학으로서의 권위를 유지했다.

다음 學式을 검토한 결과는 다음과 같다.

첫째, 인종 때 詳定했다고 하는 고려 학식은 거의 대부분이 『唐書』選擧志의 내용을 그대로 채용한 것임을 알 수 있다. 그리고 그 제정 시기 또한 인종 때에 처음으로 성립한 것이 아니라 종래 唐制를 채용하여 만들었던 교육 체계를 인종대에 지향하던 교육 목표에 따라 재정리한 것이다.

둘째, 고려 학식의 대명사처럼 인식되는 父祖의 爵秩에 따라 입학을 달리했다는 國子學·太學·四門學의 구분은 고려 전 시기를 통해 존재하지도 운용되지 않았다. 國子博士·國子助敎, 太學博士·太學助敎, 四門博士·四門助敎는 교직의 등급 구분일 뿐 학제상의 구분에 따른 것은 아니다. 따라서 학식에 명시된 것처럼 신분에 따라 학부가 구분되지는 않았고, 국학(생) 혹은 태학(생) 등으로 널리 불리어졌다.

셋째, 국학생의 신분은 국초부터 숙종대까지 鄕吏의 자제가 주류를 이루고 입학도 수월했을 것이다. 그러나 睿宗이 7재를 설립한 후에는 일정한 시험을 거쳐야 했고—이것이 뒤의 升補試이다—인종·의종대에는 귀족의 자제들도 다투어 입학함으로써 국자감의 위상도 높아졌다.

넷째, 학생 수를 보면, 관학의 극성기이던 인종대에는 학생 수가 한때 2백여명 정도일 때도 있었으나 그 전기나 후기에는 대체로 1백명 미만이었다.

다섯째, 교과 과정에는 『論語』와 『孝經』을 필수 교양으로 하고 유교 경전인 9경을 학습하는 것으로 되어 있으나, 大·中·小經 중 2~3종을 선택하여 전공하고 때때로 역사서와 논문 작성법인 時務

策, 字書인 『說文』·『字林』 등을 익혔다.

여섯째, 수업 연한은 儒學 9년, 律學 6년이었으나 수학의 최고 목표는 과거급제였기 때문에 입학 후 과거급제까지가 재학 기간이었다.

③ 고려 후기 國學의 변천

우선 특기할 것은 이 기간 국학의 명칭이 자주 바뀌었다는 것이다. 즉 충렬왕 원년(1275) 國學으로 고쳤다가 동왕 24년(1298) 成均監으로, 다시 34년에 成均館으로 바꾸었다가 恭愍王 5년(1356) 일시 국자감의 명칭을 되찾았다가 11년(1362) 成均館으로 환원되었다.

고려 후기를 다시 무신 집권기·몽고 간섭기로 대별할 수 있는데, 무신 집권기를 다시 전반기와 대몽 항쟁기로 양분할 수 있다. 그 전반기를 보면 庚癸의 난 직후에는 무신들의 무자비한 살륙으로 교육이 일시 위축되기는 했어도 전기의 전통은 대체로 그대로 유지되고 있었다. 그러나 고종 18년(1231) 몽고의 침입으로 조정이 강화로 천도하고 육지는 몽고군의 말발굽 아래 유린되자 한때 교육의 맥이 끊어지기도 한 고려 전 기간에 걸쳐 가장 암흑기였다.

개경으로 환도한 뒤에도 삼별초의 난, 일본 정벌 등으로 교육이 제대로 수행될 수 없었다. 그러다가 충렬왕 말기 安珦이 贊成事가 되어 養賢庫를 확충하여 국학의 재정을 튼튼히 하는 등 국학 부흥에 온 힘을 쏟자 수강자가 수백명에 이르는 등 국학이 면모를 일신하게 되었다. 이때 도입된 성리학의 전래도 특기할 일이다. 그러나 이런 분위기도 안향의 사후에는 계속되지 못하고 침체를 거듭했는데 공민왕 16년 성균관을 재건하면서 이색을 대사성에 임명하고 신유학 경향의 젊은 소장학자들을 관학에 임명하는 한편, 각종 과거제의 개혁을 단행하자 성균관 교육이 아연 활기를 띄게 되었다. 그러나 우왕 초 終場의 科文이 대책에서 詩賦로 바뀌고, 학교 재정 또한 궁핍해져 교육이 침체하게 되었다.

　안향에서나 공민왕의 경우에서 보듯이 교육의 발전은 어느 한 개인의 노력으로 소기의 성과를 거둘 수 있는 것이 아니었다. 열성적인 교육가의 노력과 제도적 뒷받침, 특히 대다수 학생들의 목표인 과거제와의 연결이 흥학의 관건이었다. 따라서 고려 후기 교육은 침체를 거듭할 수 밖에 없었다. 그리고 공양왕대의 교육은 조선시대 교육 정책의 연장으로 보는 것이 보다 합리적일 것이다.

　④ 고려시대 鄕校의 성립과 발전

　고려시대의 향교는 무신정권의 등장을 중심으로 전후기로 나눌 수 있다. 전기는 성종으로부터 의종 말까지로, 성종 6년(987) 12목에 유학교수를 파견하면서 설치되기 시작한 향교는 穆宗대에 와서는 知事郡 이상에 교수가 파견되는 등 괄목한 발전을 하여, 대거 진출하는 향공들을 통제하지 않으면 안 되게까지 이르렀다. 그 후 예종대에는 지방관 중 문과 출신자에게 학사를 주관케 함으로써 향교 교육이 보다 조직적으로 운영되어 군현에까지 보급되었고, 인종대에는 屬縣에까지 설치가 확대되는 등, 지방 관학이 거의 전국 규모로 확산되었다.

　후기는 다시 무신 집권기와 몽고 간섭기 이후부터 고려말까지로 나눌 수 있다. 고려왕조는 무신 정권이 등장하면서 심한 동요를 일으켰고, 지방 교육(향교) 또한 큰 타격을 받았다. 많은 문신들이 화를 당하거나 산곡으로 피신하는 형편이었으니 중앙에서 지방 교육에 관심을 둘 여유가 없었다. 그리하여 이 시기는 지방교육의 발전이 아니라 그 시설마저 황폐해 가는 향교 교육의 침체기였다.

　그후 몽고 간섭기로 접어들면서 내우외환이 어느 정도 종식되고 사회도 다시 안정을 되찾자 교육에 관심 있는 문신 수령들에 의해, 오랫동안 폐지되었던 향교가 복구되기 시작했다. 그러나 중앙에서 교수를 파견할 형편도 되지 못하여 수령이 공무의 여가에 직접 가르치거나 僧侶나 儒師를 초빙해 오는 실정이었다. 이런 상황이었으므로 교육의 질적인 면에서의 성과는 알 수 없으나 수령들의 독려에 의해 연령·정원의 제한도 없이 고을 자제들을 모집하여 실시한 당시의 교육은 지방 교육의 확대·보급 등 대중화라는 면에서는 상당한 성과를 거두었다.

향교 제도 또한 우리가 조선시대에 보아온 그러한 향교는 아니었다. 고려시대 향교는 교육 기관에 享祀 기능이 附隨되었을 것이기 때문에 초기에는 독립된 대성전도 없이 한 건물 안에서 공자를 모시면서 강학을 하다가 몽고 간섭기 이후 대성전이 독립되면서 奉祀先賢의 수도 점차 확대되었다.

書齋의 발달이 아직 미미했던 고려시대는 지방 교육에 있어서 향교가 차지하는 비중이 상당히 컸다. 특히 고려 후기에 晉州향교 출신자들의 두드러진 중앙 관계 진출은 이러한 사실을 시사하는 좋은 예라 하겠다. 그리고 고려 말기 활발해진 향리층의 신분 상승도 향교교육과의 어떤 연관성을 고찰해 볼 수 있겠지만 확신을 얻지 못했다.

향교의 교과 과정에 대해서도 학식과 과거 제도를 중심으로 검토해 본 결과 단언할 수 없지만 제술·명경을 주축으로 하는 과업 준비 교육이 실시되었을 것이다.

⑤ 私學十二徒의 성립과 변천

사학 12도를 검토한 결과는 다음과 같이 요약할 수 있다.

첫째, 사학 12도의 기원은 지금까지 문종 중후반부터 30~40년 동안에 성립된 것으로 알려졌으나 국초부터 文官私塾이 늘어나기 시작하여 중앙 귀족들의 비호하에 더욱 번창하게 된다. 문종대에 오면 崔冲의 文憲公徒와 같은 多衆을 교육하는 徒로 발전, 국자감을 능가하게 된다. 그러나 이 崔公徒 등을 제외한 대부분의 徒는 단명으로 끝나고 소멸되는데, 12도라는 칭호는 그 뒤 어느 땐가 성립한 듯하다. 그러다가 예종의 7재 설치 등의 교육 개혁으로 국자감에 완전히 주도권을 상실한다.

둘째, 9齋의 齋名이 진학 과정의 階梯였다는 종래의 설과는 달리, 단순히 학생수의 증가에 따른 分班이었다는 것이다. 그것은 재와 재 사이에 진학·승급의 흔적을 찾을 수 없다는 사실과 재 상호간의 강력한 독립적 성격에서 확인할 수 있다. 그리고 9재의 齋名이 유교 경전에서 따온 것이기는 하지만, 단지 교훈적인 의미만 취했을 뿐 경전과 결부하여 특별한 의미를 부여할 수는 없다.

셋째, 사학 12도(9재)를 고려 전 시기에 걸쳐, 동일한 것으로 파악하는 것은 재고되어야 한다 따라서 전후기로 나누어 명칭이나 성격이 다르다는 전제하에 검토되어야 할 것이다. 12도와 9재는 그 본래의 어원은 별개의 것이었으나 고려 후기 일시 중단되었던 사학이 부활되면서 동일한 호칭으로 불리어졌다. 그리고 전기에는 개인이 운영하던 12도가 후기에 오면서 운영 주체가 국가로 바뀜으로써 관학의 체계 속에 포함되었다. 12도의 官學化 문제는 고려 전기 한때, 사학 12도가 국자감을 압도했다는 선입관에 빠져 있는 한 선뜻 수긍하기 어려운 문제이다. 그러나 본론에서 살펴본 대로 시대적 배경과 여러 정황을 검토한 결과 필연적인 귀결이었다. 그렇다고 고려 후기의 교육은 관학에 의해 완전히 주도되었다는 것도 아니다. 단언할 수는 없지만 12도가 관학화한 반면 문신 학자의 사숙 교육도 활발히 이루어지고 있었을 것이다.

附 錄

Ⅰ. 고려 國子監 變遷沿革

Ⅱ. 國子監職 先生案

1. 大司成

2. 祭酒(典酒)

3. 司業(司藝)

4. 丞·直講

5. 國子博士

6. 太學博士

7. 四門博士

8. 學正

9. 學錄

10. 學諭

11. 直學

Ⅰ. 고려 國子監 變遷沿革

品階	成宗代	文宗代	睿宗11 (1116)	忠烈元年 (1275)	忠烈24 (1298)	忠烈34 (1308)	恭愍5 (1356)	恭愍11 (1362)
	國子監	國子監	國子監	國學	成均監	成均館	國子監	成均館
	국자사업	提擧 2						
		同提擧2						
		管勾 2						
		判事(이상兼官)						
正3	國子博士/助敎				大司成 (陞品)	大司成	大司成	
從3		祭酒	大司成 (←判事)			祭酒	祭酒	司成 (18年)
正4			祭酒 (降品)	典酒 (改稱)	祭酒 (환원)			
從4	太學博士/助敎	司業		司藝 (改稱)	司業- (환원)	樂正(→司藝)	司業	司藝
正5								
從5						丞(→直講)	直講	
正6	四門博士/助敎							
從6		丞						
正7	(成宗代는 品階 未定)	國子博士2			成均博士 (改稱)	成均博士2	國子博士	成均博士
從7		大學博士2, 注簿1				諄諭博士2	大學博士	諄諭博士
正8		四門博士			明經博士 (加置)		四門博士 明經博士	
從8						進德博士	律學博士	
正9		學正2 學錄2				學正2 學錄2	學正 學錄	
從9		學諭4 直學2 書博2 算博2			明經學諭 (加置)	直學2 學諭4	直學學諭 書學博士 明經學諭 算博律助	
吏屬		書吏2 記官2						

Ⅱ. 國子監職 先生案*

1. 大司成 : 文宗代에 兼官이던 判事가 睿宗 11년 종3품 專任職으로 國子監 최고
   　　　　관리직이 됨. 忠烈王 24년에 정3품으로 올림.

姓　名	時　期	最高職	典　據
金　沽	睿宗 12년	平章事(정3)	史14·98卷
金　纁	仁宗 初	知樞密院事(종2)	史13·98卷
鄭　沆	仁宗 6년?	〃	史15~17卷, 麗墓集28 鄭沆墓誌
金富徹(儀)	仁宗 7년	〃	史17·97, 朝金98 清平山文殊院記
林　光(完)	仁宗 20?	樞密院事(종2)	麗墓集67 林光墓誌
崔惟淸	毅宗卽位년	平章事(정2)	史17·19, 麗墓集 115 崔惟淸墓誌
文公裕	毅宗 1년	知樞密院事(종2)	麗墓集90 文公裕墓誌
崔　誠	毅宗 2년	平章事(정2)	麗墓集 95 崔誠墓誌
金　端	毅宗 3년	大司成(종3)	史13·98
劉　碩	毅宗 7년	右散騎常侍(정3)	麗墓集 74 劉碩墓誌
金永胤	毅宗 10년	平章事(정2)	史18·19·74·96
金敦中	毅宗 22년	承宣(정3)	史73·98 麗墓集140 李勝章墓誌
李知深	毅宗 24	大司成(종3)	史17·73, 節要
尹鱗瞻	明宗즉위년	平章事(정2)	史17·19, 節要
皇甫倬	明宗 16년	大司成(종3)	史18·19·74
柳公權	明宗 20년	政堂文學(종2)	史25·99, 麗墓集 144 柳公權墓誌
李純佑(祐)	明宗 26년	大司成(종3)	史99, 節要
趙　通	明宗 27년	大司成(종3)	史22·102, 節要
崔　讜	神宗	平章事(정2)	麗墓集156 崔讜 墓誌銘
金　平	神宗 4년	樞密院事(종2)	史73·74
張允文	熙宗 3년	大司成(종3)	史20·74, 麗墓集157 張允文墓誌
趙　冲	熙宗 7년	平章事(정2)	史74·95·99·103
任永齡	高宗 2년	大司成(종3)	史21·74, 李相國集 등

---

* 典據의 略稱은 다음과 같다.
　①史 : 『高麗史』
　②節要 : 『高麗史節要』
　③麗墓集 : 『高麗墓誌銘集成』
　④朝金 : 『朝鮮金石總覽』
　⑤科擧事蹟 : 『高麗科擧事蹟』

姓　名	時　期	最高職	典　據
劉冲基	高宗 初?	〃	史74·99, 補閑集 등
李宗規	高宗 7년	〃	史73
李　某	高宗 11년	大司成(종3)	朝金158 寶鏡寺圓眞國師碑
李白順	高宗 21년	〃	史73·74 補閑集 등
鄭　晏	高宗 28년	參知政事(종2)	史73·100
閔仁鈞	高宗 29년	太僕卿(종3)	史73·74
薛　愼	高宗 30년	樞密副使(정3)	史23·24, 麗墓集190 薛愼墓誌
崔　滋(宗裕)	高宗 35년	平章事(정2)	史24·102, 補閑集 등
李藏用(仁稙)	高宗 40년	門下侍中(종1)	史26·27·74·102
許　珙	元宗 11년	僉議中贊(종1)	史30·105, 麗墓集200 許珙墓誌
韓　康(璟)	元宗 12년	僉議中贊(종1)	史32·74·105, 節要
郭汝(如)弼	忠烈 4년	國學大司成(종3)	史25·27·73, 節要
白文節	忠烈 6년	大司成(종3)	史28·106
郭　豫(王府)	忠烈 8년	知密直司事(종2)	史24·73·106
尹　諧	忠烈 後半	大司成(정3)	史106, 節要 忠烈王 33년 6월
李　稷	忠肅?	成均大司成(종3)	史106
高用賢	忠肅 16년		節要
金承仁	忠肅?	大司成(정3)	史74·106
閔思平	忠惠 復位3년	贊成事(정2)	史37·39·108, 麗墓集274 閔思平墓誌
薛文遇	忠穆?	大司成(정3)	史122 薛景成傳附
金臺卿	忠定	檢校成均大司成	史33, 麗墓集272, 朴元桂墓誌
許　佺	恭愍 10년	?	史74
金安利	恭愍 11년	?	史74
李　穡	恭愍 16년	判門下府事(종1)	史73·74·115, 牧隱文藁
林　樸	恭愍 20년?	判典校寺事(정3)	史111, 節要
朴宜中(朴實)	恭愍·禑王	密直提學(정3)	史40·73·137, 鄭齋集碑銘
鄭夢周	禑王 1년	守門下侍中(종1)	史39·45·73·117
金九容(齊閔)	禑王 8년?	大司成(정3)	史104, 節要
權　近	禑王 11년	簽書密直司事(정3)	史106, 陽村年譜
尹紹宗	昌王 1년	禮曹判書(정3)	史41·120·126·135
崔　咸	恭讓?	大司成(정3)	科擧事蹟
金子粹	恭讓 3년	大司成 ?	節要

2. 祭酒 : 文宗 처음 설치, 종3품의 國子監 최고 專任職, 睿宗 11년 정4품으로 내
　　　　림, 忠烈 元年 典酒로 개칭, 24년 祭酒로 환원, 34년 종3품으로 올림,
　　　　恭愍 18년 司成으로 교쳐 朝鮮朝에 계승.

姓　名	時　期	最高職	典　據	비고
劉徵弼	顯宗 11년	平章事(정2)	史5·6·73	
徐　訥	顯宗 12년	門下侍中(종1)	史4·5·94	
李子琳	顯宗 13년	平章事(정2)	史3·5·73·74	
黃周亮	顯宗 20년	門下侍中(종1)	史5·6·95	
李周佐	德宗　3년	刑部尙書(정3)	史4·6·94	
金尙賓	文宗 初?	國子祭酒(종3)	史74, 麗墓集61 閔瑛墓誌	
鄭惟產	文宗 20년경?	平章事(정2)	史10·73	
金　覲	文宗 36년	國子祭酒(종3)	史73·97, 麗墓集68 金義元墓誌	
李　碩	宣宗대	尙書(정3)	麗墓集68 金義元墓誌	
韓儉三	宣宗 11년	?	史10	
洪　器	肅宗　3년	工部尙書(정3)	史9·11·73	
李　載(軌)	睿宗　3년	平章事(정2)	史11·14·15·17, 節要	
金黃元	睿宗　6년	簽書樞密院事(정3)	史13·14·97, 節要	
朴景綽(仁)	睿宗　8년	參知政事(종2)	史95, 節要	
洪　瓘	睿宗 11년	左僕射(정2)	史11·15·121, 節要	
朴昇中	睿宗 11년	平章事(정2)	史15·125, 節要	
鄭克永(恭)	睿宗 14년	翰林學士(정4)	史10·73·98, 節要	
金富佾	睿宗末	平章事(정2)	史14·15·16·97, 節要	
安稷崇(謂)	仁宗　3년	工部尙書(정3)	史13·16, 麗墓集27 安稷崇墓誌	
韓　冲	仁宗　5년	中樞副使(정3)	史13·15·97, 節要	
鄭　沆	仁宗 11년	禮部尙書(정3)	史15·16·97, 麗墓集28 鄭沆墓誌	
林　光(完)	仁宗 18년	樞密院事(종2)	史73·98, 麗墓集67 林光墓誌	
朴景山	仁宗 20년	判衛尉事(정3)	史16·95, 麗墓集86 朴景山墓誌	
權　適	仁宗 23년	國子祭酒(종3)	史14·17, 麗墓集46 權適墓誌	試職
張公脩(鴻羽)	仁宗末	秘書監(종2)	麗墓集79 張公脩墓誌	
元　沆	毅宗 卽位	國子祭酒(종3)	麗墓集55 元沆墓誌	
朴　脩	毅宗　7년	國子祭酒(정4)	麗墓集78 朴脩墓誌	

金永(東)夫	毅宗　8년	平章事(정2)	史11・18, 麗墓集113　金永夫墓誌	
廉直諒	毅宗　12년	?	史74	
李德壽	毅宗　13년	秘書監(종3)	史74	
許洪材	毅宗　19년	平章事(정2)	史19	
廉信若	明宗　원년	政堂文學(종2)	史20・99	
李文鐸	明宗　4년	刑部尙書(정3)	麗墓集12　李文鐸墓誌	
崔洵諧	明宗　6년	政堂文學(종2)	史74	
崔孝思	明宗　6년	樞密院事(종2)	麗墓集167　崔孝思墓誌	
崔遇淸	明宗　6년	左僕射(정2)	史101, 조위총의 난에 귀경 후 祭酒	
尹宗誠	明宗　10년	國子祭酒(정3)	史73	
林民庇	明宗　12년	國子祭酒(정4)	史73・99, 節要	
李資文	明宗　26년	國子祭酒(정4)	史73	
崔孝著	神宗　元年	國子祭酒?	史73	
趙　冲	熙宗　5년	平章事(정2)	麗墓集169　趙冲墓誌	
高瑩中	康宗?	禮賓卿(종4)	麗墓集151, 高瑩中墓誌銘	
李得紹	高宗　3년	國子祭酒(정4)	史74	
韓光衍	高宗　6~7년	樞密院事(종2)	麗墓集184　韓光衍墓誌	
李奎報	高宗　11년	平章事(정2)	麗墓集188　李奎報墓誌	
劉冲奇	高宗　17년	大司成(종3)	史22・73	
文廷軾	高宗　20년대	?	李相國集	
鄭　晏	高宗　28년	參知政事(종2)	史73・100, 節要	
朴　暄(文秀)	高宗　33년	刑部尙書(정3)	史23・73・125, 節要	
白文節	高末・元初?	大司成(종3)	史106	
張　鎰	元宗　5년	?	節要	
李　湊	元宗　3년	左僕射(정2)	史28・106, 節要	
金　坵	元宗　5년	?	節要	
金　㻶	元宗　9년	副承宣(정3)	史73・130	
金　惰	忠烈　3년	?	節要	
李行儉	忠烈代	讞部典書(정3)	史33・106	
李益培	忠烈　12년	副知密直司事(종2)	史73・102	
崔　雍	忠烈　17년	副知密直司事(종2)	史30・99, 節要	
金　咺	忠烈　21년	贊成事(정2)	麗墓集207　金咺墓誌銘	
安于器	忠烈　27년	密直副使(정3)	史35・74・105	
李齊賢	忠肅　2년	門下侍中(종1)	麗墓集284　李齊賢墓誌	

姓名	時期	最高職	典據	비고
禹 倬	忠肅 ?	成均祭酒(종3)	史109, 節要	
金右鏐	忠惠 元年	?	史74	
閔恩平	忠肅 復位年	贊成事(정2)	史109, 麗墓集274 閔思平墓誌	
金光載	忠惠 復位元	三司右使(정3)	麗墓集275 金光載墓誌	
朴 理	忠惠 ?	祭酒(종3)	史32・73	
李 嵒	忠惠 ?	守門下侍中(종1)	麗墓集276 李嵒墓誌銘	
田叔蒙	忠穆초	?	史74, 節要	
李達衷(中)	忠穆 4년	政堂文學(종2)	史39・74・112	
金 卿	忠定 2년	成均祭酒(종3)	史74	
李 挺	恭愍 2년	〃	史74	
李 穡	恭愍 6년	判門下府事(종1)	史38・73・74・115・137	試職
韓 脩	恭愍 7년	知密直司事(종2)	麗墓集293 韓脩墓誌	
任景儒	恭愍 전반기	成均祭酒(종3)	輿地勝覽43, 豊川人物條	
林 樸	恭愍 17년	判典校事(정3)	史111, 石灘集 등	
鄭夢周	恭愍 18년	守門下侍中(종1)	史46・117, 圃隱年譜	
成石璘	恭愍 18년	贊成事(정2)	史117, 獨谷集	
李崇仁	恭愍末	知密直司事(종3)	史46・115	
金文鉉	恭愍末	成均祭酒(종3)	史44・45・116, 騎牛集	
姜淮伯	禑王代	政堂文學(종2)	史74	
權 近	禑王 6년	簽書密直司事(정3)	史74	
尹 珪	禑王 14년	成均祭酒(종3)	節要	

3. 司業・司藝 : 成宗代 始置 國子司業, 文宗代 司業始置(從4品), 忠烈元年 司藝
로 개칭, 忠烈 24년 다시 司業으로 환원, 同 34년 樂正으로 개칭했다
가 얼마 後 다시 司藝로 고침, 恭愍王 5년 다시 司業, 同 11년 다시
司藝로 고쳐 麗末을 거쳐 正4品으로 陞品하여 朝鮮에 이어짐.

姓名	時期	最高職	典據	비고
柳邦憲	成宗 14년	平章事(정2)	史4, 麗墓集4 柳邦憲墓誌	
孫夢周	顯宗 元年	禮部尙書(정3)	史4・73 등	
李 瓊	顯宗 13년	?	史4, 節要	
李抗之	文宗 16년	國子司業(종4)	史6・73, 節要 등	
洪 灌	睿宗 6년	左僕射(정2)	史11・121, 節要 등	
金富佾	睿宗 11년	平章事(정2)	史14~19・97	
李 仲	仁宗 5년	平章事(정2)	節要9 仁宗5년・11 毅宗5년	

李之氐	仁宗 6년이전	政堂文學(종2)	史14·73·95	
尹彦頤	仁宗 10년	政堂文學(정2)	史96, 麗墓集56 尹彦頤墓誌	
林 完(宋人)	仁宗 12년	樞密院事(종2)	史73·98, 節要 등	
朴景山	仁宗 13년	判衛尉事(정3)	史16 麗墓集86 朴景山墓誌	
權 適	仁宗 15년	國子祭酒(종3)	史14·17, 麗墓集46 權適墓誌	
崔 誠	仁宗 15년?	平章事(정2)	史16·18, 麗墓集95 崔誠墓誌	
鄭襲明	仁宗 23년?	知奏事(정3)	史16·17·96	
元 沆	毅宗初?	國子祭酒(정4)	麗墓集55, 元沆墓誌	
李知深	毅宗 11년	樞密副使(정3)	史73·74, 節要 등	
崔婁伯	毅宗 12년	國子祭酒(성4)	史74·121, 麗墓集150 崔婁伯墓誌	
朴孝音	明宗代?	國子司業(종4)	麗墓集176 任益惇墓誌	
李世章	明宗 21년	?	節要	
金 冲	神宗代	禮部侍郞(정4)	麗墓集155 金冲墓誌	
高瑩中	明宗代	禮賓卿(종4)	麗墓集151 高瑩中墓誌銘	
崔甫淳	明宗 2년	平章事(정2)	史22, 麗墓集178 崔甫淳墓誌	
李唐髦	高宗初?	國子司業(종4)	史99, 李知命傳	
韓光衍	高宗初	樞密院事(종2)	史22, 麗墓集184 韓光衍墓誌	
尹 威	高宗代	西京留守	東國李相國集 卷37	
安劉勃	高宗代	國子司業(종4)	史101, 安劉勃傳	
許 珙(儀)	高宗 46년	僉議中贊(종1)	史24, 麗墓集200 許珙墓誌	
李淳益	高宗 9년	?	史103	
潘 阜	元宗 15년	?	史27	
安 珦(裕)	忠烈 3년	贊成事(종1)	史30·32·105, 節要	
金 晅	忠烈 3년	政堂文學(종2)	史74, 麗墓集207 金晅墓誌	
郭 預(王府)	忠烈 7년	知密直司事(종2)	史73·106	
崔 雍	忠烈 12년	副知密直司事(종2)	史29·30·99	
尹莘傑	忠烈代	評理(종2)	麗墓集242 尹莘傑墓誌	
李齊賢	忠宣 4년	都僉議政丞(종1)	麗墓集284 李齊賢墓誌	
安 軸	忠肅代	贊成事(정2)	麗墓集264 安軸墓誌	
李公遂	忠惠 復3	領都僉議(종1)	麗墓集278 李公遂墓誌	
鄭思度(道)	忠穆 卽位年	政堂文學(종2)	麗墓集289 鄭思度墓誌	
鄭云敬	忠穆 3년	檢校密直提學(종2)	三峰集 鄭云敬行狀	
韓 脩	恭愍 4년	知密直司事(종2)	史107, 麗墓集293 韓脩墓誌	

鄭夢周	恭愍 17년	守門下侍中(종1)	史117, 圃隱年譜	
朴宜中(朴完)	恭愍 17년?	密直提學(정3)	史112, 貞齋集 등	
朴尙衷	恭愍 18년	判典校寺事(정3)	潘陽世藁	
鄭道傳	禑王 1년	政堂文學(종2)	三峰集	
鄭摠	禑王 11년	政堂文學(종2)	史74	
尹紹宗	禑王代	禮曹判書(정3)	史120, 牧隱文藁	
柳伯淳	恭讓 3년	成均司藝(종4)	節要	
宋 興	恭讓 末?	?	石灘集 下 附錄	

4. 丞·直講 : 文宗 때 從6品의 丞 1인을 두었는데 忠烈王 34년 忠宣王이 成均
監을 成均館으로 고치면서 丞을 從5品으로 올렸다가 뒤에 直講으로
고치고, 麗末까지 계속되다가 조선시대에 정5品으로 降品되었다.

姓 名	時 期	最高職	典 據	비고
白玄禮	顯宗 17년	?	朝金76 弘慶寺碣	
朴得齡	毅宗 11년	刑部侍郎(정4)	麗墓集81 朴得齡墓誌	
金于蕃	毅宗代	判禮賓省事(정3)	麗墓集103 崔允儀墓誌	
柳公權	明宗 12년	政堂文學(종2)	麗墓集144 柳公權墓誌	
琴(克)儀	明宗	平章事(정2)	麗墓集181 琴儀墓誌	
高瑩中	神宗 1년	禮賓卿(종4)	麗墓集151 高瑩中墓誌銘	
任絪壽	熙宗代	國學直講(종6)	麗墓集208 崔瑞墓誌	
許 珙(儀)	高宗 45년	僉議中贊(종1)	麗墓集200 許珙墓誌	
金 坵(百鎰)	元宗 2년	平章事(정2)	史106, 麗墓集196 金坵墓誌	
元 傳(公植)	元宗代	僉議中贊(종1)	史30, 麗墓集198 元傳墓誌	
崔絪壽	元宗代	?	麗墓集198 崔瑞墓誌銘	
全 信	忠烈 30년	同知密直(종2)	麗墓集247 全信墓誌	試職
李公遂	忠惠 復2년	領都僉議(종1)	麗墓集278 李公遂墓誌	
韓 脩	恭愍 4년	知密直司事(종2)	麗墓集293 韓脩墓誌	
鄭夢周	恭愍 13년	守門下侍中(종1)	圃隱年譜	
金 湊(輳)	恭愍 後半	門下評理(종2)	史46·114·136 등	
金九容	恭愍代	大司成(정3)	惕若齋集 年譜	
朴尙衷	恭愍 21년	判典校寺事(정3)	潘陽世藁	
李崇仁	恭愍 22년	知密直司事(종2)	節要 卷29 恭愍22년 3월	
權 近	恭愍 23년	簽書密直(정3)	史106, 陽村年譜	

5. 國子博士 : 成宗朝에 始置했으나 品階는 미상, 文宗朝에 정7품 2人을 둠. 忠
　　　　烈王 24년 國學을 成均監으로 바꾸면서 成均博士로 개칭. 恭愍王 5
　　　　년 成均館을 國子監으로 환원하면서 國子博士로 환원. 동 11년 國子
　　　　監을 成均館으로 개칭하면서 또 成均博士로 바꾸어 麗末까지 계속.

姓　名	時　期	最高職	典　據	비고
宋承演	成宗　8년	?	史74 學校 成宗 8년 4월	
張公脩(鴻羽)	睿宗代	秘書監(종3)	麗墓集79 張公脩墓誌	
李仁實	睿宗 7년?	平章事(정2)	麗墓集70 李仁實墓誌	
林　光(完)	睿宗代	樞密院事(종2)	麗墓集67 林光墓誌	
朴永文	毅宗 3년	?	麗墓集55 元沆墓誌	
王　冲	毅宗代	參知政事	麗墓集91 王冲墓誌銘	
黃文莊	毅宗24년	國子博士(정7)	史18・19・73・74	
金　胼	元宗 10년	都僉議參理(종2)	史103, 麗墓集203 金胼墓誌銘	
魏文愷(卿)	元宗 12년	御史(종6)	節要 卷19 元宗12년 6월	
朴尙衷	恭愍 6년?	判典校寺事(정3)	潘陽世藁	
鄭夢周	恭愍 16년	守門下侍中(종1)	史46・117	
鄭道傳	恭愍 19년	政堂文學(종2)	三峰集	
河得孚	高麗末	成均博士(종7)	科擧事蹟	
吉　再	高麗末	成均博士(정7)	冶隱言行拾遺	
金　貂	恭讓 3년	?	節要	

6. 太學博士 : 성종조 始置, 文宗朝에 종7품 2인, 忠烈 34년 종7품의 諄諭博士 2
　　　　인이 등장하는데 이것이 太學博士의 개칭으로 보인다. 恭愍王 5년
　　　　成均館을 國子監으로 환원하자 다시 太學博士로 환원.

姓　名	時　期	最高職	典　據	비고
田拱之	穆宗 10년	中樞院副使(정3)	史94, 節要	
崔允儀	仁宗 6년	平章事(정2)	史18, 麗墓集103 崔允儀墓誌	
郭東珣	仁宗代	?	史16, 東文選 卷36	
吳孝元	仁宗初?	檢校禮部侍郎(정4)	麗墓集63 吳孝元墓誌銘	
崔祐甫	毅宗 中期	判少府監事(종3)	麗墓集112 崔祐甫墓誌	
尹□信	毅宗 12년	?		
李德壽	毅宗 13년	秘書監(종3)	史17・18・73・74	
高陽堅	明宗代?	?	麗墓集1478 崔証墓誌銘	
李勝章	明宗	監察御使(종6)	麗墓集140 李勝章墓誌	

崔宗連	神宗代	?	李相國集	
韓昌綏	高宗初	?	李相國集	
許 珙	高宗 46년	僉議中贊(종1)	史24·105, 麗墓集200, 許珙墓誌	
李仁成(尊庇)	元宗 8년	判密直司事(종2)	麗墓集197 李尊庇墓誌	
柳 衍	忠宣末期	?	節要	

7. 四門博士 : 成宗 때 설치. 文宗代에 정8품 2인. 恭愍王 11년 國子監을 成均館
  으로 개칭하면서 없어짐.

姓 名	時 期	最高職	典 據	비고
柳邦憲	成宗初?	門下侍郎平章事(정2)	麗墓集4 柳邦憲墓誌	
芮樂全	仁宗 12년	?	麗墓集26 張文緯墓誌	
崔祐甫	仁宗 18년?	判小府監事	麗墓集112 崔祐甫墓誌	
柳公權	明宗 卽位	政堂文學(정2)	麗墓集144 柳公權墓誌	
高瑩中	明宗初	禮賓卿(종4)	麗墓集151 高瑩中墓誌銘	
李勝章	明宗代	監察御史(종6)	麗墓集140 李勝章墓誌	
薛挺叔	明宗代	四門博士(정8)	麗墓集90 薛愼墓誌銘	薛愼祖

8. 學正 : 文宗朝 정9품 2인 始置.

姓 名	時 期	最高職	典 據	비고
宋工交	毅宗	?	麗墓集115 崔惟淸墓誌銘	
高瑩中	毅宗末	禮賓卿(종4)	麗墓集151 高瑩中墓誌銘	
陳 澕	高宗初?	右司諫(정6)	梅湖遺稿	
尹復圭	高宗初?	?	李相國集	
朴元桂	忠肅 4년	典法判書(정3)	麗墓集272 朴元桂墓誌	

9. 學錄 : 文宗朝. 정9품 2인 始置

姓 名	時期	最高職	典 據	비고
徐 陵	明宗末?	?	李相國集	
尹世儒	神宗代?	?	李相國集	
朱 悅	忠烈初?	知都僉議府使(종2)	史106 朱悅傳	

10. 學諭 : 文宗朝 종9품 4인 始置. 忠烈 24년 明經學諭 加置

姓　名	時　期	最高職	典　據	비고
李仁實	睿宗初	平章事(정2)	麗墓集70 李仁實墓誌	
金守雌	仁宗初	禮州防禦使(5品)	史98 金守雌傳	
金大齡	仁宗末	?	麗墓集47 金誠墓誌	
王世慶	毅宗初	司宰卿(종3)	史99 王世慶列傳	
蘇良遇	毅宗 5년		麗墓集60 崔梓墓誌	
全代予	毅宗 17년	?	麗墓集105 崔精墓誌	
崔 詵	毅宗代	?	麗墓集109 崔惟淸妻鄭氏墓誌銘	
庾 靖	神宗代	?	麗墓集179 庾資諒墓誌	
崔 滋(宗裕)	熙宗初	平章事(정2)	史102 崔滋傳 등	
皇甫瓘	熙宗 4년	?	史21・73	
梁公老	高宗代?	?	李相國集	
崔守璜	高宗代	贊成事(정2)	史106 崔守璜傳	
洪惟敍	元宗 9년	?		
金應文	元宗 10년	判三司事	史26・30	
崔 瀣	忠烈初	檢校大司成(종3)	麗墓集252 崔瀣墓誌	
權 溥(永)	忠烈 6년경	僉議政丞(종1)	麗墓集261 權溥墓誌	
柳仁明	忠烈 13년	?	麗墓集197 李尊庇墓誌	
尹莘傑	忠烈 21년경	評理(종2)	麗墓集242 尹莘傑墓誌	
韓用和(盂)	忠烈末	?	史130 崔坦傳	
兪 迪	忠宣末		節要	
金光載	忠宣 5년경	三司右使(정3)	史110, 麗墓集275 金光載墓誌	
朴尙衷	恭愍 3년	判典校寺事(정3)	瀋陽世藁	
安 純	昌王代	?	史137	
黃 喜	恭讓元年	朝鮮 領議政(정1)	史120 金子粹傳 등	

11. 直學 : 文宗朝 종9품 始置 朝鮮朝에 들어와 學諭에 흡수됨.

姓　名	時　期	最高職	典　據	비고
鄭復卿	仁宗卽位年	禮部郎中(정5)	麗墓集71 鄭復卿墓誌	
洪之慶	高宗 29년	?	史23·73	
沈宗淑	忠肅 11년		節要	
柳乙淸	恭愍　2년	直學(종9)	列朝榜目	
鄭習仁	恭愍　4년	散騎常侍(정3)	史112, 列朝榜目	
閔　霽	恭愍　6년	開城尹(종2)	史108·135	
成石璘	恭愍　6년	贊成事(정2)	史117 獨谷集 行狀	
王　康	恭愍 20년	密直副使(정3)	史44·45·116, 騎牛集	

찾아보기

＜ㄱ＞

刻燭賦詩　273, 278
監試　80
監試 실시 시기　101, 103
監試 응시 자격　76
甲科　72
江都 國子監　266
江陵鄕校誌　221
姜民瞻　198, 235
講藝　259
講藝齋　93
江漲詩　272
江華　199
江華 國子監　165, 166
江華 國子監 창건　205
江華 천도　164
江華鄕校　165, 196, 198, 205, 209,
　266
開京學校　49
개경 학교 설립　32
改定田柴科　70, 119
客省　58
居館 의무 일수　150
거란병 江東城 침입　165
擧子試　276
居齋 생원 수　180
經館　194
經德　259
經德齋　93
經史敎授　167, 168
經史敎授都監　169, 173
經史敎授都監使　174

京師 6學　42
京山(星州)鄕校　209
敬順王　39
敬業　241, 243, 257
經筵　92
經義　95, 100, 101, 102, 105
經義 시험　89, 90, 94
庚寅禦寇　169
경전 수업 연한　154
更定兩班田柴科　68
經學博士　53, 55, 75
經學博士 파견　187, 225
經學 풍조　181
誡百寮書　28
界首官試　79, 80, 189, 194, 216
界首官鄕校　80, 234
界首官鄕校都會　194
고려 관학체계의 출발　62
고려 초기 국자감 職官　68
高麗圖經　256
高麗儒學提擧　170
高麗朝科擧事蹟　100, 139
高榮嵓　58
高瑩中　134, 135
古雲→李嵓
穀梁傳　123, 151, 152, 154
攻文博士　47, 48, 49, 66
公羊傳　123, 151, 152, 154
孔子廟　256
孔子廟圖 전래　220
公州東亭記　199
公州鄕校　196, 199
공통필수 과목　123

科擧三層法　100, 178, 180
科擧三層法 혁파　181
科文體　231
科首　72
郭元　245
官員 재교육　169
관제 개혁　53
官制 복구　176
光文校書郎　47, 66
光文郎　66
光文院　40, 44, 47, 48, 50, 62
光文院書生　41, 44, 49
光儒侯　245
光宗 改革政治　52
匡憲公徒　244, 246
喬桐　199
喬桐鄕校　196
敎授 功效 考課　225
敎授 초빙　176
교육기관 설립 목적　40
敎育機能　221
敎條的 유교주의　29
敎學機能　219
9經　256
龜庵長老　208, 227
求仁　259
求仁齋　93
求仁齋生　115, 133
9齋　272, 273, 277
9齋敎導　272, 275
9齋 명칭 出典　258, 259
9齋 性格　257
9齋 所在地　278
9齋 典校　273, 275
9齋 진학 階梯　257, 258
9齋朔試　272, 276

9齋生徒　269
9齋生徒 夏課　166
9齋 夏課　268, 278
9齋學堂　272
9齋學舍　280
9주 5소경　25
鞠具瞻　125
國語　124, 153
國子監　176, 177, 272
國子監 課業 연한　123
國子監 敎科　123
國子監 교과 과정　151
國子監 敎職　119
國子監 명칭 변경　168
國子監 母胎　61
國子監 설치　61
國子監 성립　56
國子監 수업 연한　151, 153, 154
國子監 입학 자격　146
국자감 재학 의무 규정　107
國子監 職官　64
國子監 창건　56, 75
國子監 폐지론　254
國子監 學官　123
國子監 學舍 창건　92
國子監 학생 수　122
國子監 학생 정원　148
國子監 鄕校 감독권　190
國子監更試　80
國子監上梁文　198
國子監生 신분　72, 74
國子監生 입학 자격　72
國子監試　81, 106, 147
國子監試 실시　78
國子監試 응시 자격　82, 106
國子博士　64, 119

國子司業 64, 119
國子丞 68, 69, 72
國子祭酒 67, 69, 72
國子助敎 64, 119
國子主簿 66, 68
國子學 117, 119, 122, 124, 143, 277
國學 39
國學 개칭 63
國學 설립(新羅) 23
國學 二重 構造 97
國學 입학 연령 148
국학 7재 93
국학 창건 하례 표문 87
국학 폐지론 88
국학 行幸 114
國學 호칭 문제 62
國學博士 시험 173
國學進士 141
君亥→李㟁
軍候所 183
權近 99, 218
權適 111
歸寧敎書 60, 61
歸寧學生 58
歸法寺 243, 261, 271, 279, 280
歸法寺 僧房 278
歸法寺 川上有感 280
龜山徒 244, 248
今有 58
琴儀 129, 130, 131, 147
급제자 수 급증 60
及第者 王代別 推移 77
及第前 資格 100, 139, 140
技術學部 123
金契 128
金九容 178, 179

金君綏 209, 214
金郎鼎 128
金大節 126
金無滯 244, 246
金文鼎 171
金復尹 125, 126
金富轍 114, 133
金尙賓 244, 246
金守剛 100, 140
金守雌 幸學記 193
金舜次 125
金承印 140, 174, 205, 214, 227
金若溫 128
金遠 44, 45
金元祥 173
金元軾 174
金義珍 244, 246
金仁鏡傳 247
金鼎臣 245
金正英 128
金周鼎 246
金瑨 125
金滋齡 129
金存中 130, 131, 128, 147140
金質 140, 142
金冲 129, 147, 130, 131
金敞 261, 262, 264, 267, 268, 269, 280
金漢寶 114
金海府鄕校水軒記 227
金海鄕校 210
金行昌 125
金玄具 272

〈ㄴ〉

羅州牧 경학박사 67

樂聖齋學堂 279
刺史六條之文 51
南北庸人 29
南山徒 244, 246
南省試 147
南宋 太學 齋名 259
南原鄉校 211
內舍 110
盧旦 244, 246
論語 123, 151, 154, 231

<ㄷ>

丹城鄉校 209
丹陽 199
丹陽鄉校 196, 198
湛若→趙冲
唐 國子監 三學 137
당나라 관제 46
당나라 홍문관 47
唐虞 55
大經 152
大內 46
大內 재상 46
待聘 241, 243, 257, 259
待聘齋 93
待聘齋生 115, 133
大司殿 신설 92
大成殿 219, 221, 222, 223
大成殿 준공 172
大中 241, 243, 257
大賢 101, 102
大和 241, 243, 257
徒官 271, 274
都元興 272
徒의 내력 251

圖讖說 52
都顯→都元興
讀書三品科 23, 24
東堂監試給暇 80
동당시 95
東西廊廡 223
東西廡 219, 222
東西齋 219, 222, 223
東西學堂 177, 223, 271, 274
東西學堂 설립 167
東西學堂 수리 175
東坡集 258
冬夏天都會 194

<ㅁ>

盲僧 法宗 134
명경업 78
명경업 급제자 수 77
명경업 응시 자격 107
明倫堂 219, 221, 222, 223
毛詩 123, 151, 154
廟學同宮 221
무신 병용 161
無衣子→惠諶
武學生 132
武學齋 폐지 94
文武官 8품 이상 229
文武交差法 161
文師 190
文宣王洞 206, 210
文宣王廟圖 53
文臣(官) 私塾 250, 251
文臣 승려 228
文正 244, 247
問罪東倭 169

文忠公徒 244, 246
文學 190
文學 加置 225
文翰機關 43, 49, 50, 62
문한직 49
文憲公 273
文憲公徒 205, 243, 244, 249, 252,
    255, 265, 266
閔祥伯 196, 198
閔中理 140

<ㅂ>

朴啓陽 140
朴理 174
朴明保 244, 248
朴尙衷 178, 179
朴犀 164
朴元彬 140, 142
朴儒→王儒
朴贇 140
朴宜中 178, 179
朴仁厚 228
朴椿齡 226, 260
朴忠淑 67
朴忠佐 208
朴孝修 272
防禦鎭 225
方于宣 173
裵玄慶 27
百官 官號 개정 53
白翎鎭將 197, 199
白翎鎭鄕校 197, 201
白龍變榜 162
白玄禮 68
伐叛耽羅 169

辟雍 110
兵學 183
寶文閣 91, 92
保安 199
保安鄕校 197
幞頭 58, 61
卜業 33, 34, 42
服膺 259
服膺齋 93
福州牧鄕校 209
福州鄕校 234, 276
服中上疏 176, 216, 276
卜智謙 27
奉祀機能 219, 221
鳳山 37
富平鄕校 196
緋衫公服 70
賓貢科 24

<ㅅ>

司馬試 147
四門博士 64, 119, 134
四門助敎 64, 119, 134
四門進士 134, 136, 138, 142
四門太學博士 134, 135, 136, 137,
    138, 261
四門學 117, 119, 122, 124, 134, 137,
    143, 272, 277
四門學 성격 138
四門學生 138
四書五經齋 177
四書疑 101, 102, 105, 232
4書齋 177
司譯院 183
司藝 142

詞章 풍조 181
社稷壇圖 53
私學 발달 배경 255
私學 12徒 244
私學十二徒 官學化 269
私學十二徒 表 248
산술 124
算學 119, 122, 123, 183
三史 256
三舍制 110, 115, 116
三舍制 성격 112
三舍制 성립 110
三省 53
三場連卷法 109
三倉 124, 153
三學 124
三學部 구분 143
上京習業 60
上洛(安東)鄕校 197
上舍 96, 110, 113, 116
尙書 123, 151, 152, 154
常養國學生 수 104
尙州鄕校 210
生員 100
생원시 100, 101, 106
書 123
書學博士 119
西京留守京 38
西京學 35
서경학교 35, 41
西京學院 33, 34, 42, 49
徐鈞 140
徐兢 193
徐訥 67
西伯寺僧統 228
書舍 194

徐碩 247
徐淑 129
徐侍郎徒 244, 247
書雲觀 183
西園徒 244, 246
書齋 236
書學 119, 122
書學博士 33, 34, 36, 41, 42, 43, 224
徐贊 174
徐熙 54
選擧志 서문 31, 32
宣聖堂 256
宣聖堂 私賣 265
說文 124, 153
說苑 51
薛超 173
贍學錢 172, 208
成均館 176, 177, 223, 271, 272, 274,
    276
成均館 교육 강화 177 180
成均館 비품 구입 172 208
성균관 수업 광경 180
성균관 수용 능력 179
成均館 재정 확보 173
成均館 중건 177, 178
成均館 중흥 177
성균관 피폐 원인 182
成均博士 142
成均試 147
成均進士 141
誠明 241, 243, 257
誠明齋 262, 266
誠明齋 夏課 166, 261
誠明齋 夏課 복구 267
城上齋 273, 275
成宗 교육 이념 54

成宗 就學詔書　57
成宗 下敎(詔)　56
成宗 興學 政策　52
小經　152
邵台輔　88, 90, 96, 149
邵台輔 上奏　254
屬縣 鄕校　199
孫夢周　67, 69
率性　241, 243, 257
率性齋　260, 262
송나라 三舍制　111
宋承演　67, 70, 72, 75, 118
守令 7事　53
秀才　34, 36, 41, 224
諄諭博士　143
諄諭進士　142
崇文館 舊址　177
習之→李皐
丞　72
僧房　243
升補試　98, 101, 100, 102, 142, 180
升補試 고시 과목　105
升補試 시관　105
升補試 실시 시기　101, 103
升補試 중단　165
升補試 합격생　100
詩　152
時務 10條　24
時務策　124
時務策 28조　44
詩賦　100
時義　228
始定田柴科　70, 71
式目都監　117, 118
申槩　212
神劍　28

新唐書 百官志 國子監 職制　71
神文王　23
申崇謙　27
神駿　160, 228
新進士　142
申采浩　251
12徒　176, 177, 223, 270, 271, 272, 274, 276
12徒 기원　252, 253
12徒 命名 시기　252
12徒 朔試　272
十二徒生 연령　277
十二徒 수리　175
12徒 施設　265
12도 혁파　275
10學 설치　183

〈ㅇ〉

樂聖　241, 243, 257, 263
樂學　183
安孚　170
安碩　140
安心寺　273, 279
安裕→安珦　170
安鼎福　57, 58
安稷崇　140
安軸　206, 208, 214, 215
安珦　170, 171, 273, 208
耶律希逸　172
兩大業　76
良愼公徒　244, 246
襄陽鄕校　210
揚子法言　258
養正　259
養正齋　93

養賢庫 관원 증원 165
養賢庫 설립 92
養賢庫 확충 172
魚世謙 198
嚴守安 233, 234
麗(이)澤齋 93, 259
易 152
易姓革命思想 27
燕尾亭 166, 268
連山鄕校 212
延安鄕校 211
列評 37, 38
鹽州 37
廉行若 130, 131, 147
廉興邦 182
靈光鄕校 211
永郎徒 251
榮州鄕校 209, 233
禮經 231
禮記 123, 151, 152, 154, 258
芮樂全 134, 135
예문관 44
禮部試 예비고시 80
禮部試 응시자 수 162
禮部試 直赴 94, 108
豫備試 種類 140
禮儀詳定所 92
睿宗 史評 91
禮州(寧海)鄕校 211
禮州小學 226
5經 23
5經 4書齋 100
5經齋 177
悟生 160, 228
吳□實 130, 131, 147, 155
吳闡猷 129, 131, 140, 147, 155, 233,

234
玉和 261
王脩 128
王式廉 37
王儒 26
王子琳 67
外舍 110
龍潭鄕校 212
龍頭寺鐵幢記 44
龍興寺 271, 279
祐達 25
禹倬 140
熊川徒 244
熊川州助敎 24
原郎徒 251
元鳳省 40, 44, 45, 46, 48, 50, 62
원봉성 학생 43
원봉성 대조 47
元鳳省大學士 46, 47
元鳳省學生 41
元聖王 23
猬島 199
柳監 244, 247
留京學習所 81
柳公權 127, 130, 131, 142, 147, 155
儒敎 政治理念 구현 54
유교적 禮敎主義 28
유교적 正統論 27
儒敎政治理念 51
유교화 정책 52, 53
柳矜順 25
劉邦儀 128
柳邦憲 26, 47, 48, 66, 68
柳寶春 127
維新 15개조 192
儒臣 수령 학사 겸임 191

劉穎 130, 131
柳仁著 89, 145
劉徽弼 67, 69
柳寵 127
儒學教授官 파견 183, 218
兪咸 子 174
6部生徒 36, 43
6韻詩 80
六正六邪 244
六正六邪之文 51
六曹 53
六行 110
尹瓘 128
尹惇義 128, 130, 131, 147
尹鱗瞻 128
尹莘傑 135, 137, 174
尹彦頤 113, 114, 128
尹澤 209
律 123
律學 119, 122, 183
律學博士 119
律學助教 119
殷純臣 표문 87, 95
殷鼎 244, 246
陰陽學 183
邑誌 197, 213
醫業 33, 34, 42
儀禮 152, 154
醫學 183
醫學博士 53, 55, 75
醫學博士 파견 187, 225
李可道 67
李瓊 67
耳溪 258
李穀 114, 206, 208, 215, 216
李玖 100

李國香 210, 214
李奎報 196, 198, 199, 231, 261, 262,
    264, 267, 268, 277, 280
李奎報 策題 204
李湛之 261
李棟民 260
李夢游 42
李文鐸 113, 128, 130, 131, 140, 147,
    155
李思絺 134
二舍制 116
李憻 173
李穡 178, 179, 216, 228, 270, 271,
    277
李穡 服中上疏 176
李晟 173, 214
李成功 63, 74, 144
李聖予 114, 115, 133
李世華 199, 201
李需(李宗冑) 262, 267, 280
李崇仁 140, 178, 179, 181
李勝章 134, 136, 137, 260, 262
爾雅 124, 153
李嵒 234
李允甫 232
李仁老 199
李仁實 142, 234
李子庸 140, 142
李作 198
李藏用 198
李齊老 134, 136
李齊賢 30, 160, 168, 204, 207, 208,
    228
李齊賢 成宗贊 54
李兆年 208
李存吾 277

李宗冑 166, 268, 269
李周佐 63, 67, 74, 128, 144
李瑱 173
李天年 211, 214, 226
李詹 234, 272
李就 100
吏學 183
李漢佐 128
仁川鄕校 212
일반 국학생 97
林幹 125
林景軾 125
林球 126
任老成 53
林得侯 256, 265
林樸 104, 179
林樸 상소 177
任裕公 100
林椿 196, 198

<ㅈ>

字林 124, 153
刺史六條 244
紫霞洞口 280
紫霞洞九齋遺墟碑 278
字學 183
張端說 42, 45
張文緯 134, 135, 140
長淵縣開國伯 247
張仔 111, 112
齋生 143
재생 선발고사 99
籍田 親耕 53
전공 과목 151
田拱之 67

典校寺 183
全伯英 100
典法司 183
全輔仁 67, 70, 72, 118, 225
殿試 178, 181, 217
田柴科 體制下 國子監職官 65
典醫寺 183
典儀寺 183
典籍 교정 47
鄭可臣 榜 141
貞敬公徒 244, 247, 249
政誠 28
鄭坤 101
政觀政要 30
鄭達蒙 214
征東役 168
鄭夢周 140, 178, 179
鄭文 245
鄭倍傑 244, 245
鄭僐 173
廷鶚 33, 36, 42, 43, 224
鄭云敬 209, 233, 234, 276
鄭乙輔 235
鄭以吾 235
鄭子野 114, 115, 133
鄭仲訓 214
靜眞大師圓悟塔碑 42, 45
丁亥勤王 169
貞憲公徒 244, 247
祭器圖 53
祭器保管所 219
諸生謝就養表 111
제술과 106
제술업 78
제술업 급제자 수 77
제술업 응시 자격 107

堤州鄉校 209
諸學院 公廨田 223
詔 56
趙簡 173
造道齋 241, 243, 257, 261, 262, 266,
  267
조선 초기 성균관 실태 150
趙永仁 129
租藏 58
趙浚 182, 218
趙冲 114, 129, 130, 131, 147
曹漢卿 271, 274
左傳 154
州郡鄉校 223
周易 123, 151, 154
周禮 123, 151, 152, 154
朱子 170, 171
朱子集註 171
州縣 歲貢 인원 79
州縣學 123
朱晦庵→朱子
中經 152
지방관 파견 53
地方官 學事 兼管 191,   226
地方學生 귀향 55
知州郡 225
眞覺國師→惠諶
晉光仁 130, 147
晋兢 26, 47
進德 241, 243, 257, 263
進士 141
진사시 81, 106
晉陽誌 198
晉州鄉校 196, 198
晋州鄉校記 198
晋仲宣 129

質榮 38
集賢館 46

<ㅊ>

車若松子 147
天命思想 27
貼經 95
貼經 시험 89, 94
靑衿錄 251
淸讌閣 91, 92
淸州 學院 25, 33
淸河侯 44
遞減淘汰方式 115
崔公徒 243, 244
崔均 226
崔敏庸 132
崔思濟 127
崔思諏 247
崔松年 226
崔承老 31, 43, 44, 46, 48, 52
崔承老 時務策 29, 52
崔承佑 24
崔時允 129
崔寔 131, 147
崔寔→惠諶
崔彦父 179
崔彦撝 24, 29, 45, 46
崔永壽 278
崔雍 272
崔琬 129
崔湧 127
崔瑀 164, 266
崔祐甫 136, 137
崔雄 167
崔元中 272, 275

崔元冲　173
崔允儀　127, 130, 131, 142, 147
崔凝　25, 26, 28
崔怡→崔瑀
崔滋　199
崔子英　126
崔知夢　26
崔陟卿　226
崔椿命　164
崔冲　68, 244, 246, 252
崔冲傳　243
崔忠獻　198, 203, 265
崔致遠　24
崔沆　67, 244
崔瀣　208
秋適　173
推忠贊道協謀同德致理功臣　245
推忠贊化蕩寇靜塞功臣　247
春秋左氏傳　123, 151, 152, 258
忠宣王　30
忠平公徒　244, 247
취학 조서　61
7管 12徒　171, 174
七館十二徒 生徒　271
七寺　53
72賢 圖像　220
72賢贊記　53
72賢讚記 전래　220
7齋　259
7齋 성격　96
7齋 成立　93
7齋 입학 사은 표문　98
7齋生　97
7齋生 선발고사　98
沈德符　214, 227

<ㅌ>

炭峴門　279
太廟 낙성　56
太廟圖　53
泰安　199
泰安鄕校　196, 198
太祖 敎育思想　29
太祖 西京 行幸　33
泰評　25, 26
太學　117, 119, 122, 124, 127, 137, 143, 272, 277
太學博士　64, 67, 119
太學生 입학 형식　147
太學生 입학전 자격　147
太學助敎　64, 119
太學進士　142
兎山鄕校　212
통문박사　49
統一三韓 도읍지　39

<ㅍ>

版圖司　183
八關會　52
평양 경영　37
平壤大都護府　37, 38
平壤土姓　38
風流黃卷　251
風水　183
필수 과목　151

<ㅎ>

河敬復　235
夏課　243

夏課 복구　264, 266
河崙　235
下舍　116
河演　105
河永深　114, 115, 133
河允潾　233, 234
河允源　235
河乙沚　235
河楫　235
河千旦　261, 262, 268
夏天都會　264, 265, 270
學官 從軍令　177
학교 생도 徵募　164
學記　258
學堂　176, 276, 277
학사원　44, 45
학생 소집 시기　58
學式 내용　121
學式과 唐 選擧志 비교　121
學田 지급　75, 223
翰林(院) 學生　44, 45
翰林供俸　47
翰林待詔　47
翰林院　40, 44, 45, 46, 48, 50, 62
翰林院書博士　42
翰林院學生　41
韓恕意　24
韓安人　91
韓彦　130
韓彦恭　44, 48, 49
韓英　130
韓自純　132
韓宗愈　130, 131, 147, 148
韓聰禮　44
咸淳　261
咸陽鄉校　211

海東孔子　244, 266
海州　37
行藝分數　109
鄉貢 인원 제한　78
鄉貢進士　66, 141
鄉校　176, 276
鄉校 教科　230
鄉校 교육 강화　182
鄉校 교육 개방　237
鄉校 교육 담당자　214
향교 기능　219
鄉校 부속 건물　219
鄉校 생도 신분　229
鄉校 설치 主役　214
鄉校 始設　187
향교 施設　219
鄉校 제도(高麗)　221
鄉校 제도(朝鮮)　222
鄉校 피폐상　206
鄉校 확산　192
鄉校敎授 파견　53
鄉校敎授 褒貶　54
鄉校敎育 시작　61
鄉校都會　194, 195
鄉校案　197, 213
鄉校誌　197
鄉先生　194
鄉試　178, 181, 217
許時　140
惠諶　129, 131
胡愼思　126
胡愼修　126
浩然　244
胡仁穎　125
胡宗旦　91, 92
胡從迪　125

胡晉卿　125
弘慶寺碣記　68
洪良浩　258, 278
弘文公徒　243, 245, 246, 256, 265
弘文館　46, 47
弘文廣學推誠贊化功臣　245
洪尙彬　99
洪儒　27
花山洞　166
圜丘 祈穀　53
黃驪　199
黃驪鄕校　196
黃元哲　140
黃州　37
黃周亮　67
黃瑩　244, 247, 249
會試　178, 181, 217
晦庵　170
晦軒　170
孝經　123, 151, 154, 231
興學敎書　54, 56
興學詔書　206
義陽山鳳岩寺　45

<저자소개>

박찬수 朴贊洙

慶北 聞慶에서 출생
高麗大學校 史學科 卒業
高麗大學校 大學院 卒業(文學博士)
民族文化推進會 附設 國譯硏修院 卒業 後 同會 勤務
國譯室長·企劃室長·事務局長·電算化推進委員長 歷任.

고려사학회 연구총서 6

高麗時代 敎育制度史 研究

2001년 2월 26일 초판발행
2002년 10월 15일 재판발행

저　　자：朴　贊　洙
발 행 인：韓　政　熙
발 행 처：景仁文化社
편　　집：申　鶴　泰
서울시 麻浦區 麻浦洞 324 - 3
電話：718 - 4831~2, 팩스：703 - 9711
E-mail：kyunginp@chollian.net
登錄番號：제10 - 18號(1973. 11. 8)

ISBN：89-499-0114-5 93910　　　　　　정가：18,000원

* 파본 및 훼손된 책은 교환해 드립니다.